U0136943

群生莫不有心　而真心難悟

大佛頂首楞嚴經正脈疏（上）

修心莫不有定　而性定難明

（明）京都西湖沙門交光真鑑◎著述

本元覺海。在纏名如來藏心。
湛寂性天。當體號首楞嚴定。
豈惟世出世間從來不動。
答慶喜會妄歸真。顯空藏不變之體。

大佛頂首楞嚴經正脈疏序

明京都西湖沙門交光真鑑述

本元覺海。在纏名如來藏心。湛寂性天。當體號首楞嚴定。豈惟世出世間從來不動。亦且情與無情法爾無生。奈何華起翳睛。夢沈長夜。於不動中而見遷流動轉。於無生內而受生死輪迴。若是。則豈但凡外狂走。不能脫於瀑流。是雖權小劬勞。亦未免於細注。率由未見天真之本定。徒攻縛識之枯禪。所謂生滅為因。終無實果也。故我釋尊。因中悟此為密因。果中證此為極果。寂場海印。非不欲普灌醍醐。而夢夜昏狂。要須待多方淘汰。及其機熟。仍示元心。法華方以開端。斯經乃以竟說。多聞示墮。警狂慧策力於深禪。答定徵心。破凡小全迷於偽定。是必偽定全捨。而後大定可聞。由是向六根而指見性。令親驗乎不動之本真。會四科而示藏心。令備明乎常住之自體。復通七大。極顯周圓。阿難遂以讚不動尊。謝希有定。是尚未及於請修。而所謝首楞嚴王。非指自性本定而何哉。此方答慶喜會妄歸真。顯空藏不變之體。下乃酬滿慈從真起妄。顯不空隨緣之用。又復雙明性相。見空與不空二俱無礙。而圓彰三藏之全體大用。然後知一切事究竟堅固之定體。本自圓成。徹法源不動不壞之楞嚴。非由造作。所謂奢摩他微密觀照。發盡無餘。回視強制識心。思惟影相之定。天淵未足為喻矣。然而定雖本有。根結未開。體固無虧。用終不發。

由是當機思契入而喻屋求門。如來示決定而指根明結。於中列數量所以令其選圓。推攬塵所以明其可盡。疑斷滅。則擊鐘以驗其不滅。疑別有。則現佛以證其無他。乃至綰巾而六結有倫。冥授而諸門悉啟。及敕文殊之推選。獨取觀音之耳門。蓋必寂滅之真體現前。而後圓應之妙用備發。真所謂如幻三摩提。彈指超無學矣。若夫道場三學。祕咒四壇。但為修圓通而障重者加行耳。非別有異門也。是則華屋之門方入。而升堂入室。不無所歷之位。故當機繼是以請位焉。佛乃揲加行圓通以為三漸。束三漸以為乾慧。即以此心中中流入。由是生佛家而名十住。行佛事而名十行。攝歸三處名十向。實證一真名十地。以至等覺覆涅槃海。即大寂滅海。而生死永寂。妙覺入莊嚴海。即萬德果海。而菩提永成。顧謂歸無所得者。明但復還乎本不動體。而出現其本有家珍。非從外得也。豈同非因非果空無所獲哉。斯乃依禪那以修進聖位。而首楞嚴大定成始成終。故結五名而囑其奉持焉。至於七趣勸離。五魔教識。亦前文要義。特重伸以加詳耳。最後深慈。曷有窮已乎。是則斯經也。一乘終實。圓頓指歸。語解悟。則密因本具。非假外求。語修證。則了義妙門。不勞肯綮。十方如來得成菩提之要道。無有越於斯門者矣。夫何經本分明。而註多鹵莽。正脈既失。本旨多乖。後賢指摘成帙。甚至但說本文。學者莫決從違。而臨文浩歎者多矣。鑑長夜迷徒。釋宗晚學。賴聖賢加被。發薄少善根。偶窺華屋之門。輒憫宮牆之望。僭伸管見。請正大方。實非橫陳臆說而蔑先賢。意惟曲順佛言而資後學。知我罪我。靡恤靡逃。所冀暫結喜緣。普碎阿鼻而成樂國。儻開妙悟。咸歸大定而證菩提。他日於諸佛會下。寧非同行眷屬哉。特撮略以冠篇端。而其詳在懸示云。

大佛頂首楞嚴經正脈疏序

夫群生莫不有心。而真心難悟。修心莫不有定。而性定難明。故茲首楞嚴經者。指真心而示性定也。予也。叨育潢流。素餐尸位。自弱冠來。志尚禪宗。潛心內典。亦嘗耽玩斯經。每病其註之未善。萬曆壬辰。妙峰登上人來自上黨。告余曰。登遇僧交光。諱真鑑。京都人也。蚤歲為弟子員。因閱楞嚴有悟。遂從釋專其學。寓上黨廿餘載。改正楞嚴註解。發明性定。極其精切。登見之。不勝羨服。因招請來蒲不日矣。既至。與語甚契。朝夕聆誨。滌謬祛迷。遂師事之。及讀楞嚴新註。尤合鄙見。而諸疑盡釋。夙緣克諧。即諷妙峰輩倡眾刊之。不歲餘而功竣。師囑予序。予以七旬病叟。知見昏庸。曷敢僭言。取咎聖道。師索之不已。乃勉強構思所為說曰。梵語首楞嚴。華言一切事究竟堅固。曰一切事者。蓋總攝乎身心世界。非獨制乎孤調之心。曰究竟堅固者。特取乎本來不動。非全恃乎修治之功。此心此定。具自在神用。卷舒世界。存泯身心。無不可者。眾生所以不能者。因無始來根本無明所覆。致境界妄現。如人作夢。無中現有。世界身心。總一大夢。夢惟心之虛影。誤認為真。橫起貪著。自取流轉。劫歷塵沙。彌恣昏擾。若不指歸性定。則生死尚如瀑流。安有自在神用。以故如來雖設三學。理惟一定。蓋戒為定之前導。慧乃定之後功。

無異體也。定有二。一曰識心定。二曰根性定。識心定者。謂未見性者。姑制雜念。令其不起。外道。諸天。小乘羅漢。權教菩薩。皆居此定。此定虛偽非真。靜則成。動則壞。非常住大定。終不成無上菩提。此經初即破妄心。禁止斯定。教人舍而勿修。為其似是而非。恐妨性定也。根性定者。謂近具六根。遠該萬法。總是寂照無邊之體。因帶無明。結為六根。六根體用雖同。而見聞最勝。故悟由於眼。修依於耳。然此根中之性。本不動搖。亦無生滅。既非修之而成。亦非制之而定。知之既真。功惟一守。守其本有。不假多方。然此性於未悟之前。未嘗不定。既悟之後。安有動移。動靜之境無礙。起滅之念無干。故曰那伽常在定。無有不定時。然須辨別。令其根識分明。方可決擇。如眼見物時。但如鏡中。無別分析。是即眼根見性。若起一念分別。便屬識心。耳之照聲。亦同此辨。斯經破識之後。即從眼根指真實心。示本來定。而不動不滅無還等義。曲盡無遺。至於除二見之妄。但去其所帶無明而已。非破斥也。自是而後。四科七大。雖廣彰萬法全性一一常住周徧。總不離於前之根性。而明其法體通貫。理極圓融。舉一全該。坦然平等。令修根性定者知其不遺一法也。如是則奢摩他中。所以發明真心本定者。略無餘蘊矣。至於阿難說喻請修。但令其挽迴聞聲之聞根。反聞聞性之自體。此則以無分別根。合無分別性。全不用覺觀思惟。故經初破盡六識。但指根性也。繼說道場。不過加行而已。而妙三摩提。豈離圓通而別有哉。由是修門既入。歷位宜明。復因當機之請而條列焉。始有三漸而攝圓通。

次躡乾慧而臻十信。以至住。行。向。地。行部分明。等覺。妙覺。圓融證極。是皆禪那清淨修證聖位。而楞嚴全體大用。始復其初。無不自在矣。厥後七趣五魔。大意惟以警淹留。護墮落。而一經妙旨終矣。經文十卷。可一言而蔽之曰。斥識用根。四字而已。以依識不得漏盡。依根得成菩提故也。至哉楞嚴。歸真捷徑。天竺珍尚。嚴禁其傳。天台師西向祝祈。竟不諧願。般剌師冒禁賫來。後學受賜。所病者。諸賢誤引台宗三觀。翻易成難。幸賴吾師劬勞訂證。撰著歷年。一其異詞。刪其支說。俾楞嚴正脈湮晦數百年。始獲昭著。嘉惠來學。厥功溥博。法門之光。吾儕之幸也。有緣遇者。允宜虛心察理。改轍更絃。從其正而免踐迂途。不假功而坐登覺岸。贅詞僭序。愧汗交頤。所冀同人。俯垂玄鑒

萬曆二十八年庚子孟秋之吉

皇明代藩七十翁山陰王樂善道人朱俊柵撰於

欽賜樂善書院

科判使用凡例

甲、科判【標示】說明

一　經文卷　↓　指楞嚴經經文之卷數

二　疏卷、疏　↓　指正脈疏之卷數

三　字體說明　↓　例：丙一、標信與聞「科判字體」**如是**「經文字體」

乙、科判【使用方法】說明

一　查閱「科判」本文之方法

例：頁16　甲二乙一丙二丁一戊一說奢摩他令悟妙心本具圓定（見頁十八）↓

頁18　戊一己一庚一辛一壬二癸一如來備破三迷（見頁十九）↓

頁19　癸一子一丑一按定徵處

二　由「科判」查閱「正脈疏」內文

例：頁16　乙一、[疏卷八]經中具示妙定始終

……↓意指：疏卷八開始之文句為「經中具示妙定始終」

例：頁21　丑二隨執隨破[疏八]……↓意指：疏卷八中可查閱「丑二隨執隨破」之內容

三　由「正脈疏」內文查閱「科判」　↓　見頁12～頁13

大佛頂首楞嚴經正脈疏　目次

大佛頂首楞嚴經正脈疏　科判表　目錄

大佛頂首楞嚴經正脈疏卷一【科上】

經文卷一之一　疏卷七

一、題目　大佛 疏卷七

二、譯人
- 主譯人天竺
- 譯語人烏萇
- 潤文人菩薩

三經文
- 甲一序分 （見頁十五）
  - 乙一六種證信序
    - 丙一標信與聞如是
    - 丙二時主及處一時
    - 丙三廣列聽眾
  - 乙二示墮發起序
    - 丙一誤墮因緣
    - 丙二正墮婬室
    - 丙三如來救脫
- 甲二正宗分 （見頁十六）
  - 乙一經中具示妙定始終
    - 丙一阿難哀求
    - 丙二如來委示
    - 丙三阿難悟證
  - 乙二經後別詳初心緊要
    - 丙一談七趣勸離以警淹留
    - 丙二談五魔令辨以護墮落
- 甲三流通分 （見頁一〇四）
  - 乙一極顯經功
    - 丙一開二利而況顯福報
    - 丙二合二利而深許極果依我
  - 乙二結眾法喜佛說

經文：　甲一、序分

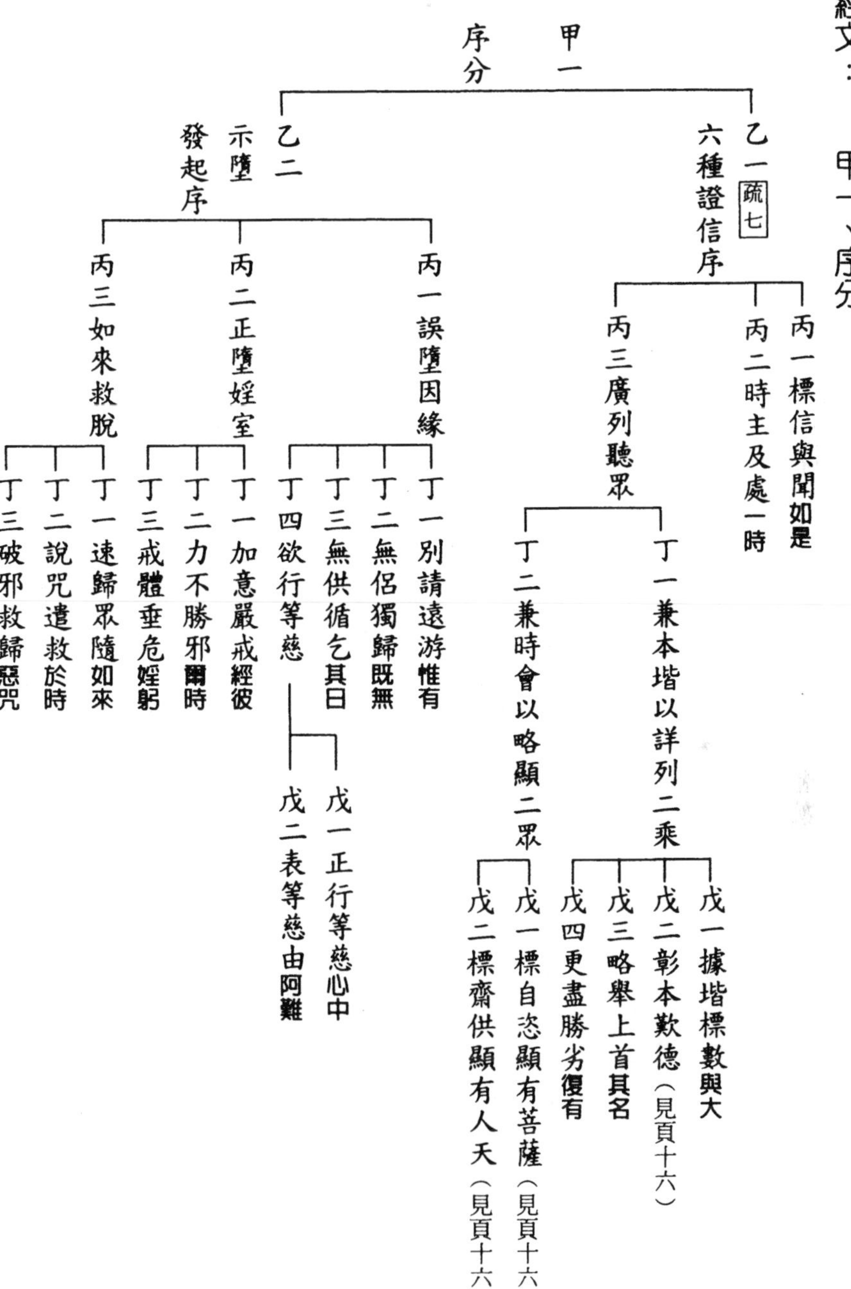

甲一 序分
乙一 疏七 六種證信序
丙一 標信與聞如是
丙二 時主及處一時
丙三 廣列聽眾
丁一 兼本皆以詳列二乘
戊一 據皆標數與大
戊二 彰本歎德（見頁十六）
戊三 略舉上首其名
戊四 更盡勝劣復有
丁二 兼時會以略顯二眾
戊一 標自恣顯有菩薩（見頁十六）
戊二 標齋供顯有人天（見頁十六）
乙二 示墮發起序
丙一 誤墮因緣
丁一 別請遠游惟有
丁二 無侶獨歸既無
丁三 無供循乞其日
丁四 欲行等慈
戊一 正行等慈心中
戊二 表等慈由阿難
丙二 正墮婬室
丁一 加意嚴戒經彼
丁二 力不勝邪爾時
丁三 戒體垂危婬躬
丙三 如來救脫
丁一 速歸眾隨如來
丁二 說咒遣救於時
丁三 破邪救歸惡咒

〔續頁十五〕

- 戊二 彰本歎德
  - 己一 總名似同皆是
  - 己二 別德迴異
    - 庚一 德體超異佛子
    - 庚二 德用超異
      - 辛一 上助佛化從佛
      - 辛二 下度眾生
        - 壬一 盡本界嚴淨
        - 壬二 盡十方應身
        - 壬三 盡未來拔濟
- 戊一 標自恣顯有菩薩
  - 己一 時會先在眾
  - 己二 音感後至眾迦陵
    - 庚一 時會誠求屬諸
    - 庚二 如來妙應即時
    - 庚三 會眾蒙益法筵
- 戊二 標齋供顯有人天
  - 己一 國王齋供時波
  - 己二 臣民齋供城中

經文：　甲二、正宗分（總目）

- 乙一 疏卷八 經中具示妙定始終
  - 丙一 阿難哀求
    - 丁一 哀求妙定阿難
    - 丁二 大眾欣聞於時
  - 丙二 如來委示
    - 丁一 正說經 疏卌二
      - 戊一 說奢摩他令悟妙心本具圓定（見頁十八）
      - 戊二 說三摩提令依妙心一門深入（見頁五七）
      - 戊三 說禪那令住圓定歷位修證（見頁八七）
    - 丁二 說經名
      - 戊一 文殊請名（見頁九一）
      - 戊二 如來備說（見頁九一）

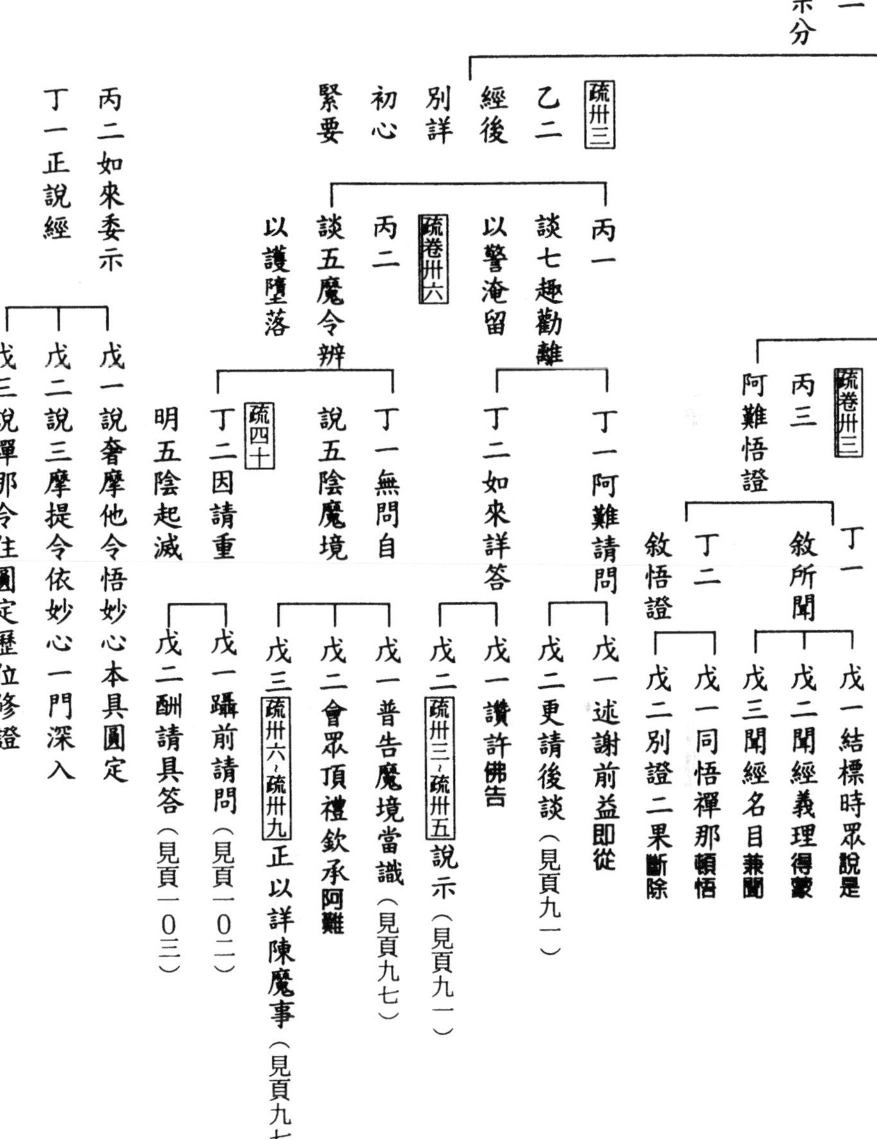

甲二 正宗分
丙三 疏卷卅三 阿難悟證
丁一 敘所聞
戊一 結標時眾說是
戊二 聞經義理得蒙
戊三 聞經名目兼聞
丁二 敘悟證
戊一 同悟禪那頓悟
戊二 別證二果斷除
乙二 疏卅三 經後別詳初心緊要
丙一 談七趣勸離以警淹留
丁一 阿難請問
戊一 述謝前益即從
戊二 更請後談（見頁九一）
丁二 如來詳答
戊一 讚許佛告
戊二 疏卅三～疏卅五 說示（見頁九一）
丙二 疏卷卅六 談五魔令辨以護墮落
丁一 無問自說五陰魔境
戊一 普告魔境當識（見頁九七）
戊二 會眾頂禮欽承阿難
戊三 疏卅六～疏卅九 正以詳陳魔事（見頁九七）
丁二 疏四十 因請重明五陰起滅
戊一 躡前請問（見頁一〇二）
戊二 酬請具答（見頁一〇三）
丙二 如來委示
丁一 正說經
戊一 說奢摩他令悟妙心本具圓定
戊二 說三摩提令依妙心一門深入
戊三 說禪那令住圓定歷位修證

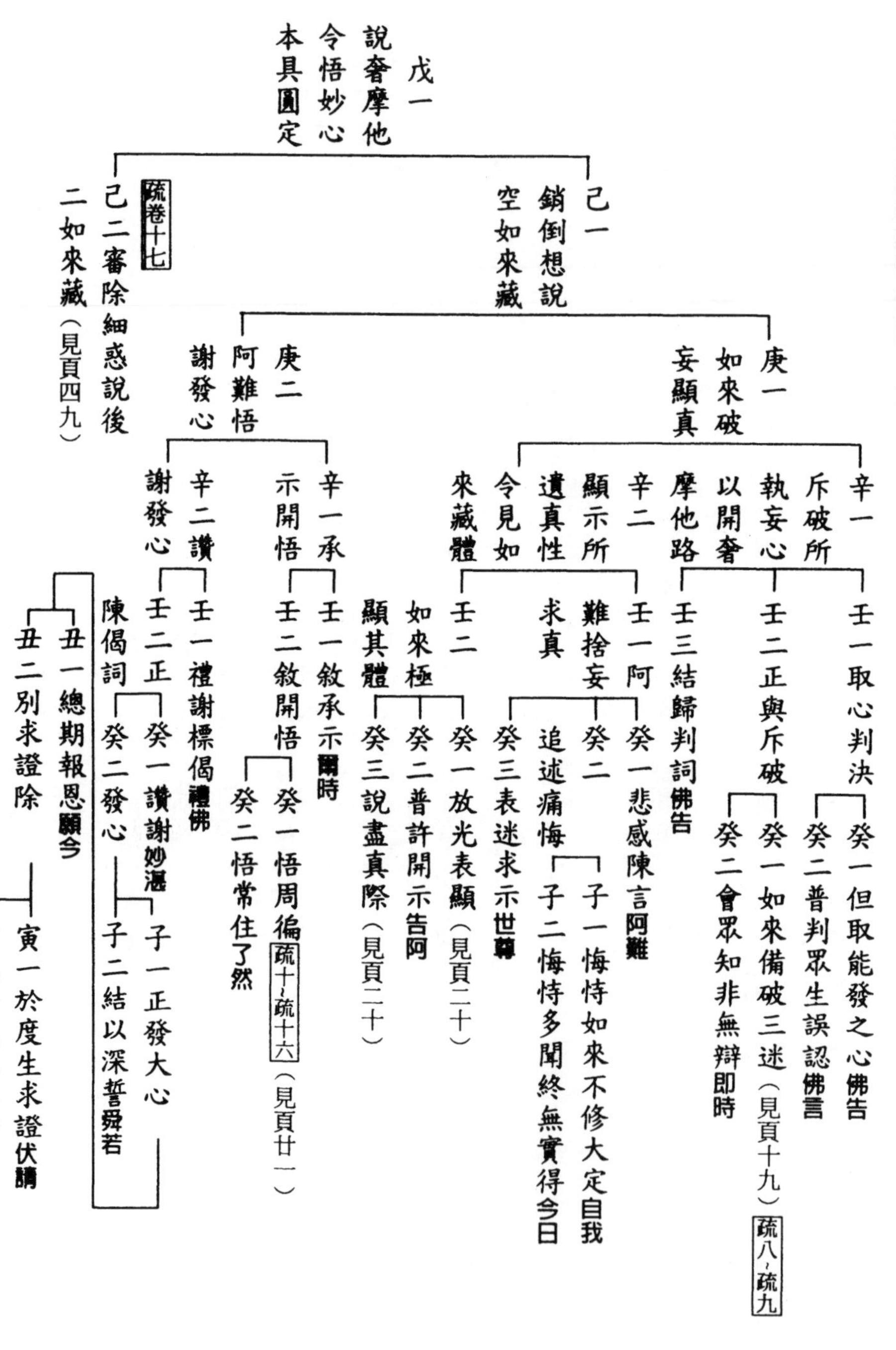
戊一 說奢摩他令悟妙心本具圓定
己一 銷倒想說空如來藏
己二 審除細惑說後二如來藏（見頁四九）
疏卷十七
庚一 如來破妄顯真
辛一 斥破所執妄心以開奢摩他路
壬一 取心判決
癸一 但取能發之心佛告
癸二 普判眾生誤認佛言
壬二 正與斥破
癸一 如來備破三迷（見頁十九）
疏八~疏九
癸二 會眾知非無辯即時
壬三 結歸判詞佛告
辛二 顯示所遺真性令見如來藏體
壬一 阿難捨妄求真
癸一 悲感陳言阿難
癸二 追述痛悔
子一 悔恃如來不修大定自我
子二 悔恃多聞終無實得今日
癸三 表迷求示世尊
壬二 如來極顯其體
癸一 放光表顯（見頁二十）
癸二 普許開示告阿
癸三 說盡真際（見頁二十）
庚二 阿難悟謝發心
辛一 承示開悟
壬一 敘承示爾時
壬二 敘開悟
癸一 悟周徧
疏十~疏十六
（見頁廿一）
癸二 悟常住了然
辛二 讚謝發心
壬一 禮謝標偈禮佛
壬二 正陳偈詞
癸一 讚謝妙湛
癸二 發心
子一 正發大心
子二 結以深誓舜若
丑一 總期報恩顯今
丑二 別求證除
寅一 於度生求證伏請
寅二 於成佛求除大雄

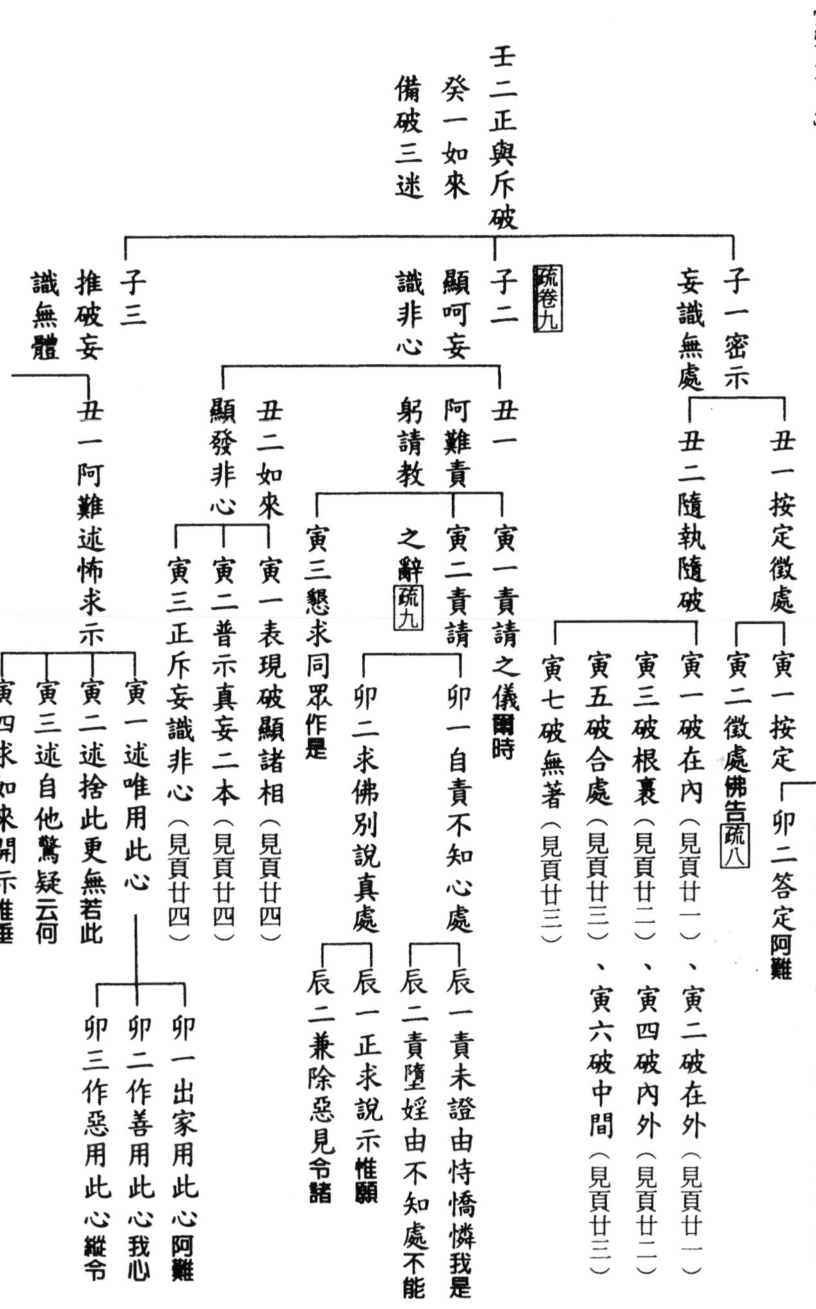

- 壬二正與斥破
  - 癸一如來備破三迷
    - 子一密示妄識無處
      - 丑一按定徵處
        - 寅一按定
          - 卯一問定
            - 辰一教以直心應徵汝今
            - 辰二雙徵能見能愛阿難
          - 卯二答定阿難
        - 寅二徵處佛告 疏八
      - 丑二隨執隨破
        - 寅一破在內（見頁廿一）、寅二破在外（見頁廿一）
        - 寅三破根裏（見頁廿二）、寅四破內外（見頁廿二）
        - 寅五破合處（見頁廿三）、寅六破中間（見頁廿三）
        - 寅七破無著（見頁廿三）
    - 子二顯呵妄識非心 疏卷九
      - 丑一阿難責躬請教
        - 寅一責請之儀爾時
        - 寅二責請之辭 疏九
          - 卯一自責不知心處
            - 辰一責未證由恃憍憐我是
            - 辰二責墮婬由不知處不能
          - 卯二求佛別說真處
            - 辰一正求說示惟願
            - 辰二兼除惡見令諸
        - 寅三懇求同眾作是
      - 丑二如來顯發非心
        - 寅一表現破顯諸相（見頁廿四）
        - 寅二普示真妄二本（見頁廿四）
        - 寅三正斥妄識非心（見頁廿四）
    - 子三推破妄識無體
      - 丑一阿難述怖求示
        - 寅一述唯用此心
          - 卯一出家用此心阿難
          - 卯二作善用此心我心
          - 卯三作惡用此心縱令
        - 寅二述捨此更無若此
        - 寅三述自他驚疑云何
        - 寅四求如來開示惟垂

丑二如來安慰顯發
- 寅一安慰許有
  - 卯一先標垂教深意爾時
  - 卯二示己常說惟心於師
  - 卯三舉況真心有體阿難
- 寅二顯發虛偽
  - 卯一托塵似有
    - 辰一反難離塵當有若汝
      - 巳一外緣不離如汝
      - 巳二內守不離縱滅
    - 辰二正言不能離塵
  - 卯二離塵實無
    - 辰一暫縱離有即許為心我非
    - 辰二隨奪離無不得為心
      - 巳一離無即是塵影若分
      - 巳二塵影即同斷滅塵非
      - 巳三斷滅誰成至道則汝

〔續頁十八〕

壬二如來極顯其體
- 癸一放光表顯
  - 子一真智洞開相即時
  - 子二圓照法界相十方
  - 子三上齊佛界相徧灌
  - 子四下等生界相旋至
- 癸二普許開示告阿
- 癸三說盡真際
  - 子一剋就根性直指真心
    - 丑一帶妄顯真（見頁廿五）疏十~疏十二
    - 丑二剖妄出真（見頁廿五）疏十二~疏十三
  - 子二會通四科即性常住
    - 丑初總為剖出（見頁廿五）
    - 丑二別為剖出（見頁廿五）疏十三~疏十五
  - 子三圓彰七大即性周徧
    - 丑一阿難轉疑雙非（見頁廿五）
    - 丑二佛與進示圓旨（見頁廿五）疏十五~疏十六

[續頁十八]

- 壬二敘開悟
  - 子一總標身心
    - 丑一心蕩然
      - 寅一標能徧意是諸
        - 卯一轉大為小見十
      - 寅二徵悟依報
        - 卯二轉他為自一切
- 癸一悟周徧
  - 子二詳敘
    - 丑二身蕩然
      - 寅一標能包義心精
        - 卯一轉麤為細反觀
      - 寅二徵悟正報
        - 卯二轉實為虛如湛

[續頁十九]丑二隨執隨破 疏八

- 寅一破在內
  - 卯一阿難引十生同計在內阿難
  - 卯二如來以不見身中為破
    - 辰一喻定次第
      - 巳一定境內外佛告
      - 巳二定見次第阿難
      - 巳三遠見之由阿難
    - 辰二出定總名爾時
    - 辰三正與決破
      - 巳一按定所答佛告
      - 巳二反難失次
        - 午一如來即喻反難亦有
        - 午二阿難於喻知謬阿難
      - 巳三就謬難破
        - 午一先與合定阿難
        - 午二詳申其謬
          - 未一在內不見謬
            - 申一正難當見汝之
            - 申二以淺況深縱不
          - 未二昧內知外謬必不
        - 午三遂與決破是故
- 寅二破在外
  - 卯一阿難引燈在室外為喻：辰一轉成謬悟阿難、辰二徵引燈喻所以、辰三自決同佛是義
  - 卯二如來以身心相知為破
    - 辰一先以喻明
      - 巳一如來喻明外不相干佛告
      - 巳二阿難於喻了知不迷阿難
    - 辰二正與決破
      - 巳一合喻無干佛告、巳二驗非無干我今
      - 巳三遂與決破是故

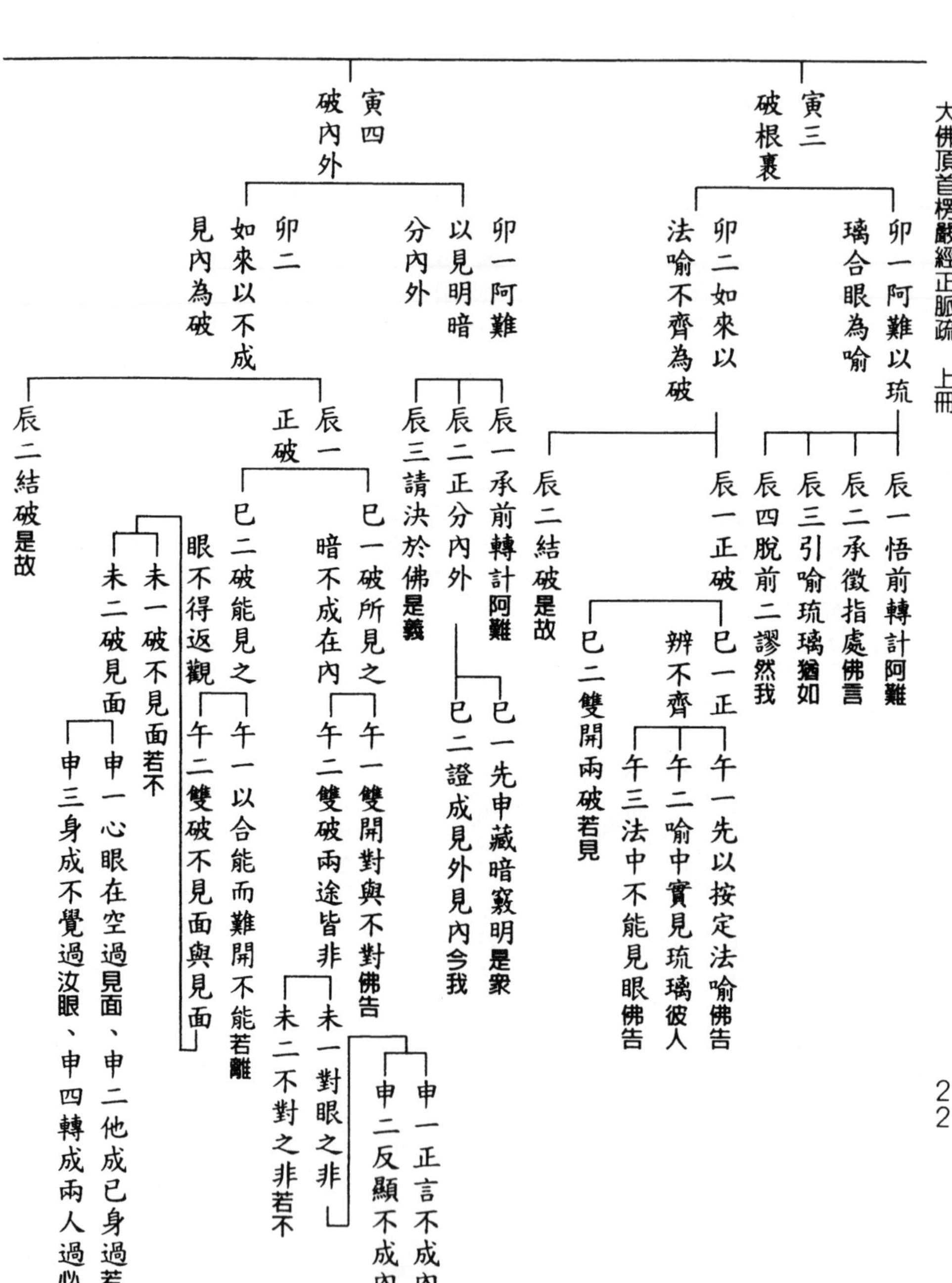
寅三 破根裏
卯一 阿難以琉璃合眼為喻
辰一 悟前轉計阿難
辰二 承徵指處佛言
辰三 引喻琉璃猶如
辰四 脫前二謬然我
卯二 如來以法喻不齊為破
辰一 正破
巳一 正辨不齊
午一 先以按定法喻佛告
午二 喻中實見琉璃彼人
午三 法中不能見眼佛告
巳二 雙開兩破若見
辰二 結破是故
寅四 破內外
卯一 阿難以見明暗分內外
辰一 承前轉計阿難
辰二 正分內外
巳一 先申藏暗竅明是衆
巳二 證成見外見內今我
辰三 請決於佛是義
卯二 如來以不成見內為破
辰一 正破
巳一 破所見之暗不成在內
午一 雙開對與不對佛告
午二 雙破兩途皆非
未一 對眼之非
申一 正言不成內若與
申二 反顯不成內若成
未二 不對之非若不
巳二 破能見之眼不得返觀
午一 以合能而難開不能若離
午二 雙破不見面與見面
未一 破不見面若不
未二 破見面
申一 心眼在空過見面、申二 他成已身過若在
申三 身成不覺過汝眼、申四 轉成兩人過必汝
辰二 結破是故

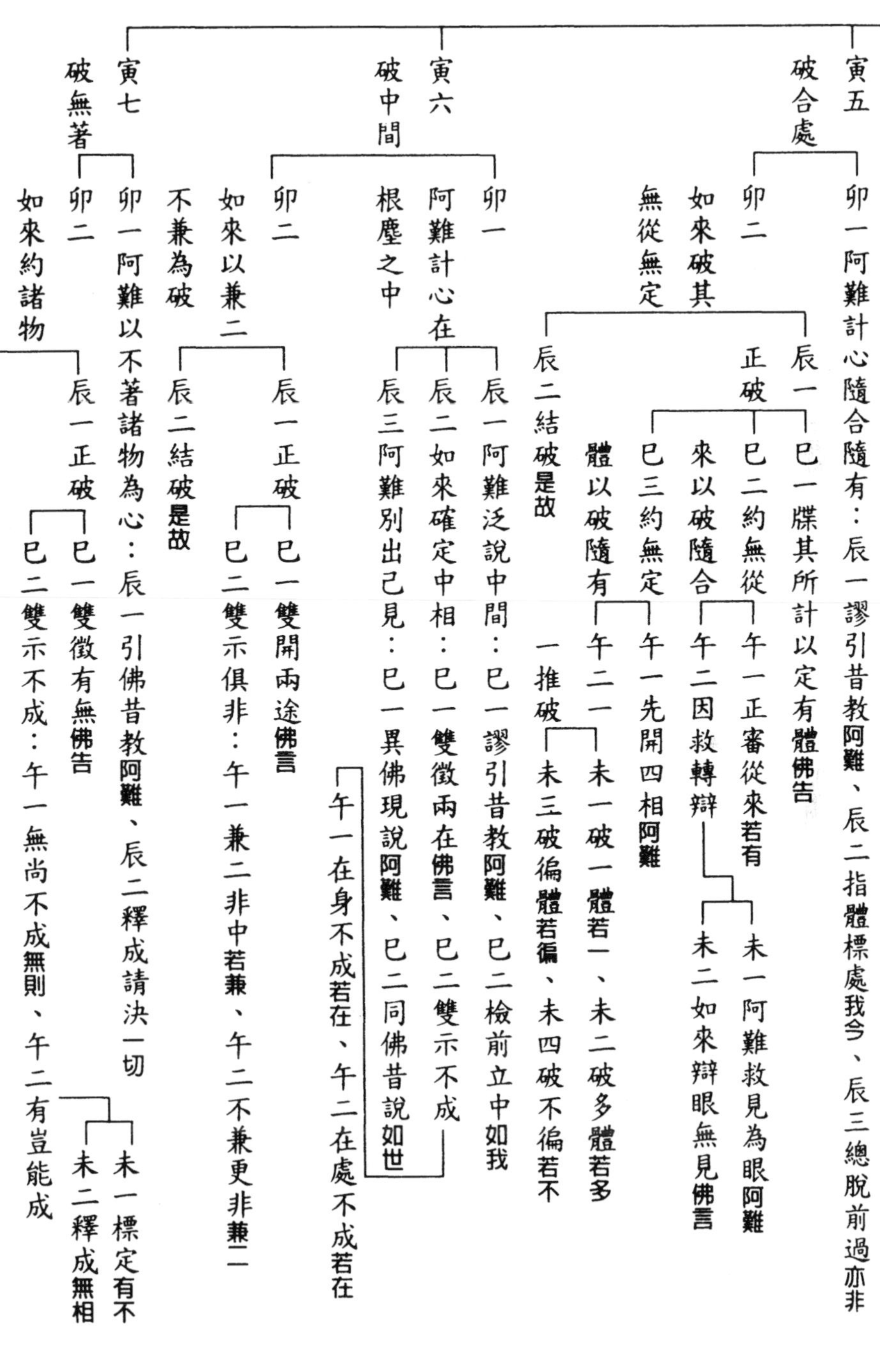

- 寅五 破合處
  - 卯一 阿難計心隨合隨有：辰一謬引昔教阿難、辰二指體標處我今、辰三總脫前過亦非
  - 卯二 如來破其無從無定
    - 辰一 正破
      - 巳一 牒其所計以定有體佛告
      - 巳二 約無從來以破隨合
        - 午一 正審從來若有
        - 午二 因救轉辯
          - 未一 阿難救見為眼阿難
          - 未二 如來辯眼無見佛言
      - 巳三 約無定體以破隨有
        - 午一 先開四相阿難
        - 午二 一一推破
          - 未一 破一體若一、未二破多體若多
          - 未三 破偏體若偏、未四破不偏若不
    - 辰二 結破是故
- 寅六 破中間
  - 卯一 阿難計心在根塵之中
    - 辰一 阿難泛說中間：巳一謬引昔教阿難、巳二檢前立中如我
    - 辰二 如來確定中相：巳一雙徵兩在佛言、巳二雙示不成
      - 午一 在身不成若在、午二在處不成若在
    - 辰三 阿難別出己見：巳一異佛現說阿難、巳二同佛昔說如世
  - 卯二 如來以兼二不兼為破
    - 辰一 正破
      - 巳一 雙開兩途佛言
      - 巳二 雙示俱非：午一兼二非中若兼、午二不兼更非兼二
    - 辰二 結破是故
- 寅七 破無著
  - 卯一 阿難以不著諸物為心：辰一引佛昔教阿難、辰二釋成請決一切
    - 未一 標定有不
    - 未二 釋成無相
  - 卯二 如來約諸物有無為破
    - 辰一 正破
      - 巳一 雙徵有無佛告
      - 巳二 雙示不成：午一無尚不成無則、午二有豈能成
    - 辰二 結破是故

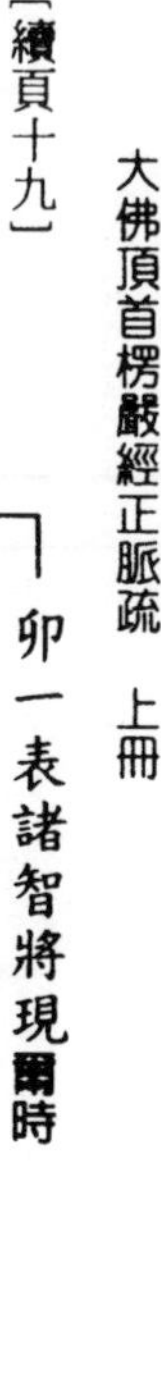

［續頁十九］

- 丑二如來顯發非心
  - 寅一表現破顯諸相
    - 卯一表諸智將現**爾時**
    - 卯二表眾識將破**普佛**
    - 卯三表覆蔽將開**如是**
    - 卯四表分隔將合**佛之**
    - 卯五表流轉將息**其世**
  - 寅二普示真妄二本
    - 卯一舉過出由
      - 辰一法說
        - 巳一歷舉眾過
          - 午一任運受淪人過**佛告**
          - 午二權小修學人過**諸修**
          - 午三凡夫修學人過**及成**
        - 巳二總出其由**皆由**
      - 辰二喻說**猶如**
    - 卯二徵釋名體
      - 辰一徵起**云何**
      - 辰二正釋
        - 巳一所執妄本名體**阿難**
        - 巳二所迷真本名體**二者**
      - 辰三結歸**由諸**
  - 寅三正斥妄識非心
    - 卯一如來重徵直呵
      - 辰一應求垂問**阿難**
      - 辰二徵令現前
        - 巳一於見詳徵
          - 午一總徵於見**即時**
          - 午二別徵所見**佛言**
          - 午三別徵能見**佛言**
        - 巳二就答徵心**佛告**
        - 巳三舉心以答**阿難**
      - 辰三直呵非心**佛言**
    - 卯二阿難驚索名目**阿難**
    - 卯三如來指名出過**佛告**

- 丑一帶妄顯真
  - 寅一指見是心（見頁廿五）
  - 寅二顯見不動（見頁廿六）
  - 寅三顯見不滅 疏卷十（見頁廿七）
  - 寅四顯見不失（見頁廿八）
  - 寅五顯見無還（見頁廿九）
  - 寅六顯見不雜 疏卷十一（見頁卅）
  - 寅七顯見無礙（見頁卅）
  - 寅八顯見不分（見頁卅一）
  - 寅九顯見超情（見頁卅二）
  - 寅十顯見離見（見頁卅三）疏卷十二
- 丑二剖妄出真：寅一請許懸應（見頁卅三）、寅二分別開示（見頁卅四）疏十二、疏十三
  - 丑一總為剖出：寅初剖出但知虛法（見頁卅四）、寅二剖出似實有法（見頁卅四）
  - 丑二別為剖出
    - 寅一五陰（見頁卅七）、寅二六入（見頁卅八）疏卷十四
    - 寅三十二處（見頁卅九）、寅四十八界（見頁四一）疏十四~疏十五
  - 丑一阿難轉疑雙非：寅一執權疑實**阿難**、寅二請佛開示**帷垂**
  - 丑二佛與進示圓旨
    - 寅一責迷許說（見頁四四）、寅二阿難佇聽**阿難**
    - 寅三正與開示（見頁四四）疏十五~疏十六

- 丑一帶妄顯真
  - 寅一指見是心
    - 卯一雙舉法喻現前
      - 辰一如來雙徵拳見**阿難**
      - 辰二阿難各答其由**阿難**
    - 卯二辨定眼見是心
      - 辰一辨無眼有見顯真不假眼緣
        - 巳一雙陳法喻令審**佛告**
        - 巳二阿難未覺不齊**阿難**
        - 巳三如來斥非詳示
          - 午一正斥其非**佛告**
          - 午二明其不齊**何以**
          - 午三令其詢驗**所以**
          - 午四結申有見**以是**

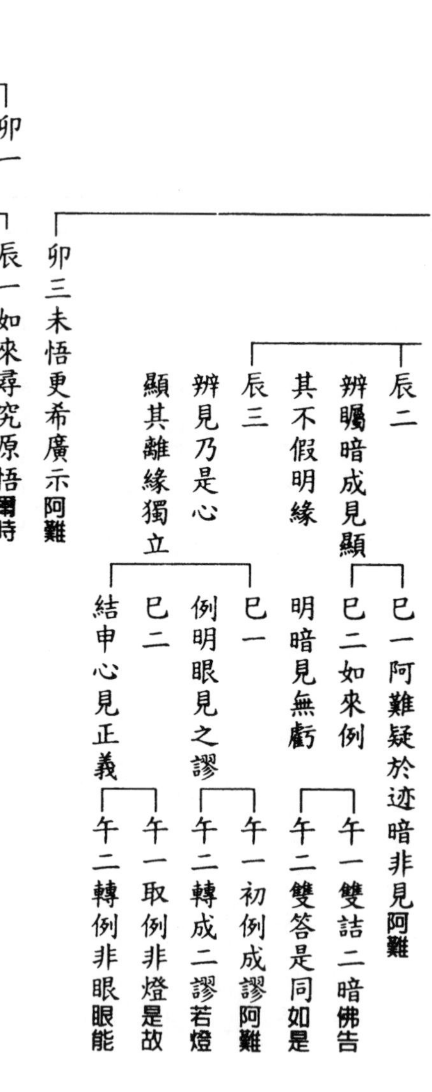

- 辰二 辨矚暗成見顯其不假明緣
  - 巳一 阿難疑於迹暗非見阿難
  - 巳二 如來例明暗見無虧
    - 午一 雙詰二暗佛告
    - 午二 雙答是同如是
- 辰三 辨見乃是心顯其離緣獨立
  - 巳一 例明眼見之謬
    - 午一 初例成謬阿難
    - 午二 轉成二謬若燈
  - 巳二 結申心見正義
    - 午一 取例非燈是故
    - 午二 轉例非眼眼能

卯三 未悟更希廣示阿難

寅二 顯見不動
- 卯一 辯定客塵二字
  - 辰一 如來尋究原悟爾時
  - 辰二 陳那詳答二義：巳一自陳得悟時憍、巳二喻明客字世尊、巳三喻明塵字又如
  - 辰三 如來印許其說佛言
- 卯二 正以顯見不動
  - 辰一 對外境以顯不動
    - 巳一 辨定所見即時、巳二辨定開合佛告
    - 巳三 辨分動靜佛言、巳四印許其言佛言
  - 辰二 就內身以顯不動
    - 巳一 光引頭動如來、巳二審問動由佛告
    - 巳三 辨分動靜阿難、巳四印許其言佛言
- 卯三 普責自取流轉
  - 辰一 取昔所悟客塵於是
  - 辰二 令觀現前動靜汝觀
  - 辰三 正以怪責妄淪
    - 巳一 怪其明知妄由身境云何
    - 巳二 責其依舊認妄遺真
      - 午一 曲分三障
        - 未一 惑從始
        - 未二 業遺失
        - 未三 苦性心
      - 午二 總結長淪輪迴

疏十

- 寅三 顯見不滅
  - 卯一 會眾領悟更請
    - 辰一 敘述眾悟：巳一得悟安樂爾時、巳二悔前迷執念無、巳三以喻狀喜今日
    - 辰二 通別兩請
      - 巳一 會眾通請合掌
        - 午一 教前邪惑時波、午二教後仍疑我雖
      - 巳二 匿王別請
        - 午三 願聞不滅云何、午四明眾心同今此
  - 卯二 如來徵顯不滅
    - 辰一 顯身有變
      - 巳一 略彰變滅
        - 午一 徵定必滅佛告
        - 午二 徵定滅由
          - 未一 怪問預知佛言、未二略舉變相世尊
          - 未三 明知必滅殞亡
        - 午三 印許其言佛言
      - 巳二 詳敘變滅
        - 午一 令較量老少：未一故問令敘大王、未二甚言不同世尊
        - 午二 令詳敘變狀
          - 未一 如來引問佛言
          - 未二 匿王具答
            - 申一 不覺漸至王言
            - 申二 徵釋推知
              - 酉一 麤推且限十年何以
              - 酉二 細推乃至剎那世尊
        - 午三 乃總結必滅故知
    - 辰二 指見無變
      - 巳一 徵定不知佛告
      - 巳二 許以指示佛言
      - 巳三 引敘觀河大王
      - 巳四 詳彰不變
        - 午一 先彰所見不變
          - 未一 躡前變滅佛言、未二令較所見則汝
          - 未三 直答不變王言
        - 午二 次彰能見不變
          - 未一 躡前身變佛言、未二令較能見則汝
          - 未三 直答不變王言
    - 辰三 正申二性
      - 巳一 詳與區分
        - 午一 因皺以分變與不變佛言
        - 午二 因變以分滅與不滅變者
      - 巳二 責留斷見而猶
  - 卯三 王等極為喜慶王聞

- 寅四 顯見不失
  - 卯一 阿難因悟反疑前語阿難
  - 卯二 如來發明因倒說失
    - 辰一 即臂倒無失為喻
      - 巳一 定臂之倒相即時
      - 巳二 定臂之正相佛告
      - 巳三 明顛倒非失佛即
    - 辰二 以心倒無失合喻
      - 巳一 據名略以合定則知
      - 巳二 徵顯身無正倒隨汝
      - 巳三 詳示正倒從心
        - 午一 標如來慈悲告眾佛興
        - 午二 引昔教以明正相
          - 未一 示為尋常之教諸善
          - 未二 萬法唯心所現色心
          - 未三 萬法常在心中汝身
        - 午三 責遺認以明倒相
          - 未一 怪責遺真認妄云何
          - 未二 詳彰認遺之相
            - 申一 法說
              - 酉一 彰認妄之相
                - 戌一 誤認器界晦昧
                - 戌二 誤認根身色雜
                - 戌三 誤認心性聚緣
                - 戌四 遂成顛倒一迷
              - 酉二 彰遺真之相不知
            - 申二 喻說
              - 酉一 喻遺真認妄譬如
              - 酉二 喻以妄為真目為
          - 未三 深責迷倒之甚汝等
      - 巳四 結合前喻無失如我

- 寅五 顯見無還
  - 卯一 阿難求決取捨
    - 辰一 述聞法雖悟本心阿難
    - 辰二 明不捨悟法緣心而我
    - 辰三 明未敢認取本心徒獲
    - 辰四 願如來與決取捨顯佛
  - 卯二 如來破顯二心
    - 辰一 破緣心有還
      - 巳一 先破所緣之法
        - 午一 法說佛告
        - 午二 喻說
          - 未一 因法觀心喻如人
            - 申一 正舉執忘若復
            - 申二 雙出兩過
              - 酉一 併法俱失過此人
              - 酉二 兼迷法相過豈惟
          - 未二 執法忘心喻
        - 午三 結定汝亦
      - 巳二 正破能緣之心
        - 午一 正破緣聲之心
          - 未一 縱言離聲當有若以
          - 未二 喻明離聲無性
            - 申一 舉喻
              - 酉一 正以客喻譬如
              - 酉二 反以主顯而掌
            - 申二 法合
              - 酉一 先合主喻此亦
              - 酉二 後合客喻云何
        - 午二 兼破緣色之心斯則
        - 午三 廣至緣法之心如是
      - 巳三 結指此心有還則汝
    - 辰二 顯本心無還
      - 巳一 阿難求示無還阿難
      - 巳二 如來詳與顯示
        - 午一 指喻見精切真佛告
        - 午二 許示無還之旨汝應
        - 午三 備彰八相皆還
          - 未一 具列八相阿難
          - 未二 各還本因
            - 申一 許還本因阿難
            - 申二 徵起詳釋
              - 酉一 釋成一相云何
              - 酉二 以類俱成暗還
          - 未三 更明該盡則諸
        - 午四 獨顯見性無還汝見
  - 卯三 承前判決取捨諸可
  - 卯四 結嘆自迷淪溺則知

- 寅六 顯見不雜 疏十一
  - 卯一 阿難以物見混雜疑自性阿難
  - 卯二 如來以物見分明顯自性
    - 辰一 先列能所
      - 巳一 列能見之性
        - 午一 聖眾見
          - 未一 聲聞見佛告
          - 未二 菩薩見諸菩
          - 未三 如來見十方
        - 午二 凡品見衆生
      - 巳二 列所見之物阿難
    - 辰二 就中揀擇
      - 巳一 先令自擇汝應
      - 巳二 次與代擇今吾
    - 辰三 物見分明
      - 巳一 正言物不是見阿難
      - 巳二 正言見不是物阿難
      - 巳三 反辨見不是物
        - 午一 辨定非物
          - 未一 先用轉難破其可見
            - 申一 是物必成可見若見
            - 申二 可見必依同見若同
            - 申三 難其當見不見吾不
          - 未二 躡開兩途俱證非物
            - 申一 以可見證成若見
            - 申二 以不見證成若不
        - 午二 結成自性云何
      - 巳四 反辨物不是見
        - 午一 物混例成人混又則
        - 午二 人分例成物分阿難
    - 辰四 責疑自性云何
- 寅七 顯見無礙
  - 卯一 阿難疑見不定而有礙
    - 辰一 躡上疑端阿難
    - 辰二 雙舉兩見我與
    - 辰三 陳疑以請
      - 巳一 怪問不定世尊
      - 巳二 擬度由礙為復
      - 巳三 總結疑請我今

- 卯二如來各出其由而教之
  - 辰一總示大略佛告
  - 辰二詳與釋教
    - 巳一喻塵教忘
      - 午一明不定由塵
        - 未一示二皆無定
          - 申一略舉一喻譬如
          - 申二開途兩問吾復
          - 申三兩義皆非若定
        - 未二示義性無在汝言
      - 午二教忘塵自徧阿難
    - 巳二斥謬教轉
      - 午一顯謬出由
        - 未一以反難顯謬若如
        - 未二出成礙之由一切
      - 午二教以轉物
        - 未一標轉物同佛若能
          - 申一體自在身心
          - 申二用自在於一
        - 未二明自在無礙

- 寅八顯見不分
  - 卯一阿難執身見各體而疑見在前
    - 辰一領上義而定前相阿難
    - 辰二標認見必遺身心見必
    - 辰三懼墮於過失
      - 巳一約分別以定親疏而今
      - 巳二明向疏背親之過若實
      - 巳三引佛言反證其失何殊
    - 辰四求如來開示惟垂
  - 卯二如來約萬法一體而破前相
    - 辰一直斥妄擬前相佛告
    - 辰二辯定本無是非
      - 巳一以無是非發其疑
        - 午一辯無是非（見頁四七）
        - 午二大衆惶悚於是
        - 午三佛慈安慰如來
        - 午四文殊代問（見頁四七）
      - 巳二曉以無是非之故
        - 午初一真無是非（見頁四八）
        - 午二於一真總喻（見頁四八）
        - 午三總以法合喻佛告

- 辰三 教出是非之法
  - 巳一 曲顯真妄二相本是
  - 巳二 別舉真妄二喻
    - 午一 二月終墮是非如第
    - 午二 一月方出是非文殊
  - 巳三 以法各合二喻
    - 午一 合二月終墮是非是以
    - 午二 合一月方出是非由是

疏十二

- 寅九 顯見超情
  - 卯一 正遣情計
    - 辰一 隨問別遣
      - 巳一 非自然
        - 午一 阿難約偏常義而疑自然
          - 未一 領性徧常阿難
          - 未二 躡之起疑
            - 申一 疑濫於外計與先
            - 申二 疑違於自宗：酉一 舉昔宗世尊、酉二 疑今違我今
          - 未三 求佛開示與彼
        - 午二 如來約隨緣義以破之
          - 未一 直斥其非佛告
          - 未二 詳破其非
            - 申一 牒索自然之體阿難
            - 申二 即與甄明見性：酉一 標列詰問汝且、酉二 詳與難破阿難
      - 巳二 非因緣
        - 午一 阿難翻自然而疑因緣阿難
        - 午二 如來約不變義以破之
          - 未一 躡問對現佛言
          - 未二 別為破斥
            - 申一 破因
              - 酉一 標列此見
              - 酉二 逐破阿難
            - 申二 破緣
              - 酉一 標列復次
              - 酉二 逐破阿難
    - 辰二 更與迭拂
      - 巳一 拂已說者當知
      - 巳二 拂未說者非不、巳三 情盡法真離一
  - 卯二 責其滯情：辰一 正責用情汝今、辰二 喻明無益如以

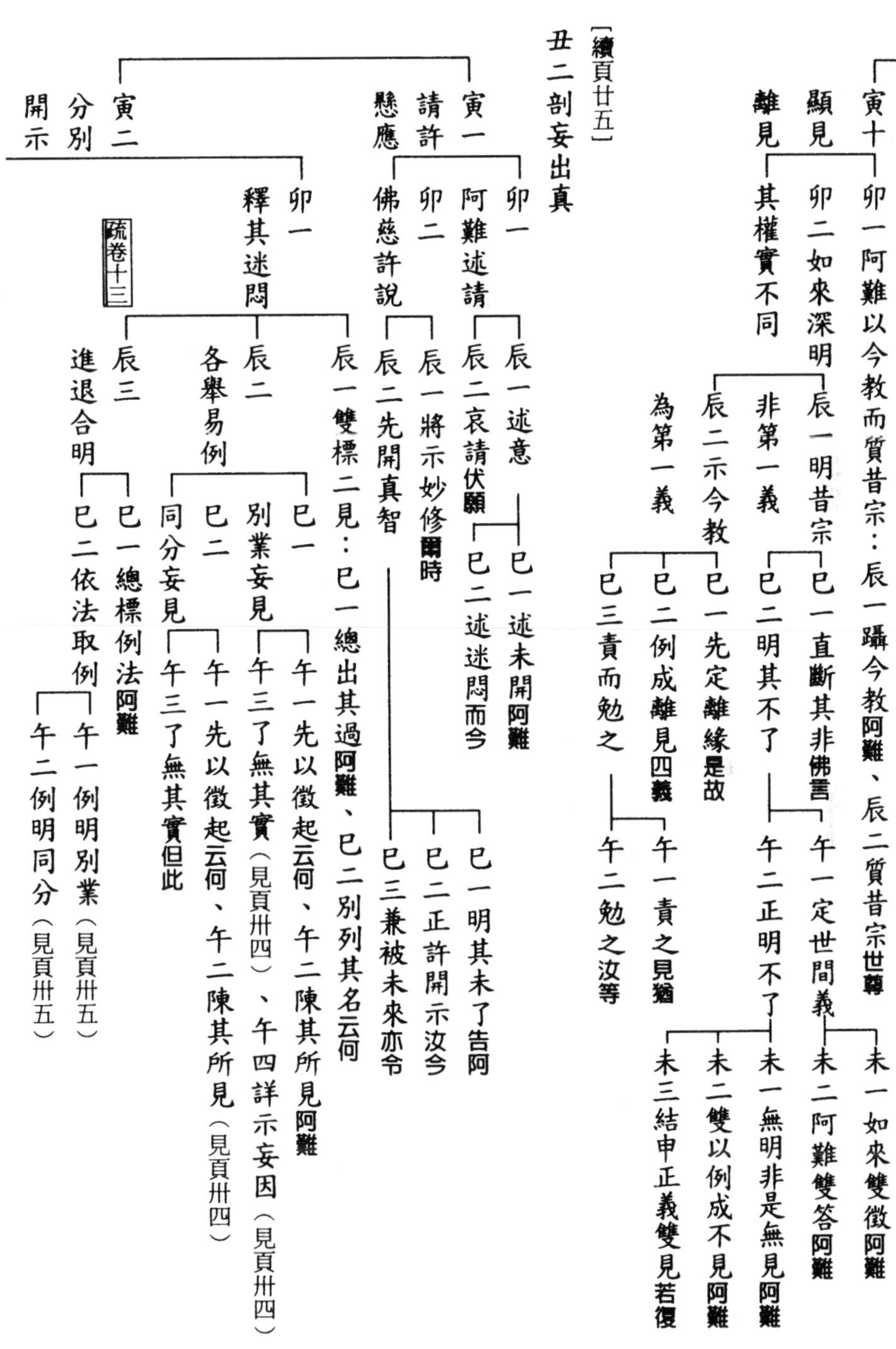

- 寅十 顯見離見
  - 卯一 阿難以今教而質昔宗：辰一躡今教阿難、辰二質昔宗世尊
    - 未一 如來雙徵阿難
    - 未二 阿難雙答阿難
  - 卯二 如來深明其權實不同
    - 辰一 明昔宗非第一義
      - 巳一 直斷其非佛言
        - 午一 定世間義
      - 巳二 明其不了
        - 午二 正明不了
          - 未一 無明非是無見阿難
          - 未二 雙以例成不見阿難
          - 未三 結申正義雙見若復
    - 辰二 示今教為第一義
      - 巳一 先定離緣是故
      - 巳二 例成離見四義
      - 巳三 責而勉之
        - 午一 責之見猶
        - 午二 勉之汝等

[續頁廿五]

丑二 剖妄出真
- 寅一 請許懸應
  - 卯一 阿難述請
    - 辰一 述意
      - 巳一 述未開阿難
      - 巳二 述迷悶而今
    - 辰二 哀請伏願
  - 卯二 佛慈許說
    - 辰一 將示妙修爾時
    - 辰二 先開真智
      - 巳一 明其未了告阿
      - 巳二 正許開示汝今
      - 巳三 兼被未來亦令
- 寅二 分別開示
  - 卯一 釋其迷悶 [疏卷十三]
    - 辰一 雙標二見：巳一總出其過阿難、巳二別列其名云何
    - 辰二 各舉易例
      - 巳一 別業妄見
        - 午一 先以徵起云何、午二陳其所見阿難
        - 午三 了無其實（見頁卅四）、午四詳示妄因（見頁卅四）
      - 巳二 同分妄見
        - 午一 先以徵起云何、午二陳其所見（見頁卅四）
        - 午三 了無其實但此
    - 辰三 進退合明
      - 巳一 總標例法阿難
      - 巳二 依法取例
        - 午一 例明別業（見頁卅五）
        - 午二 例明同分（見頁卅五）

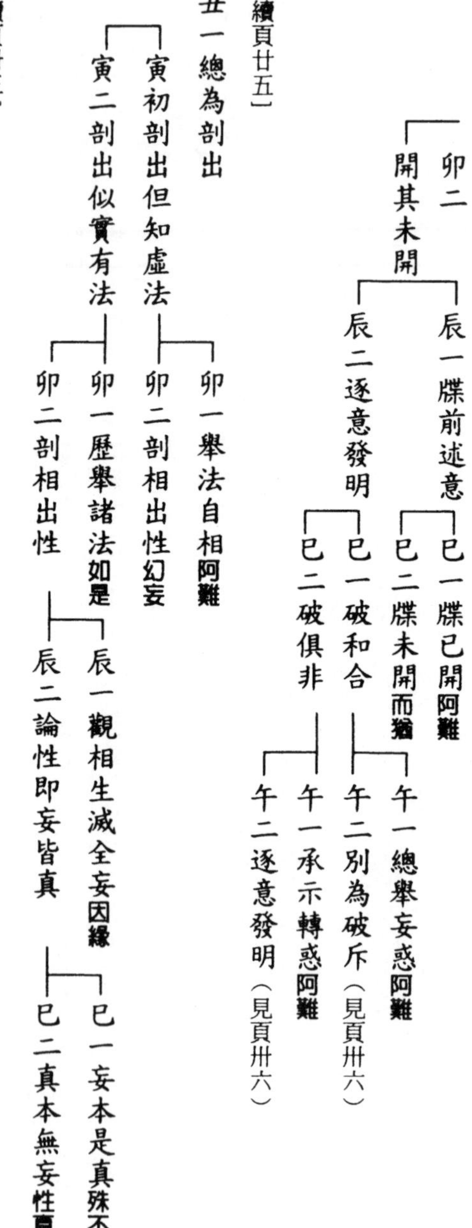

［續頁卅三］

- 巳一午三 了無其實
  - 未一 審於二處於意
    - 申一 難即燈即見阿難
    - 申二 難離燈離見復次
  - 未二 難其即離
- 巳一午四 詳示妄因
  - 未一 正指妄因是故、未二見體無干影見、未三誡人妄情終不
  - 未四 喻明所以如第、未五以法合顯此亦
- 巳二午二 陳其所見
  - 未一 總舉洲國
    - 申一 海中洲數阿難
      - 酉一 大洲國數正中
      - 酉二 小洲國數其餘
    - 申二 洲中國數
  - 未二 別舉所見
    - 申一 兩國同洲阿難
    - 申二 一國所見惟一

[續頁卅三]

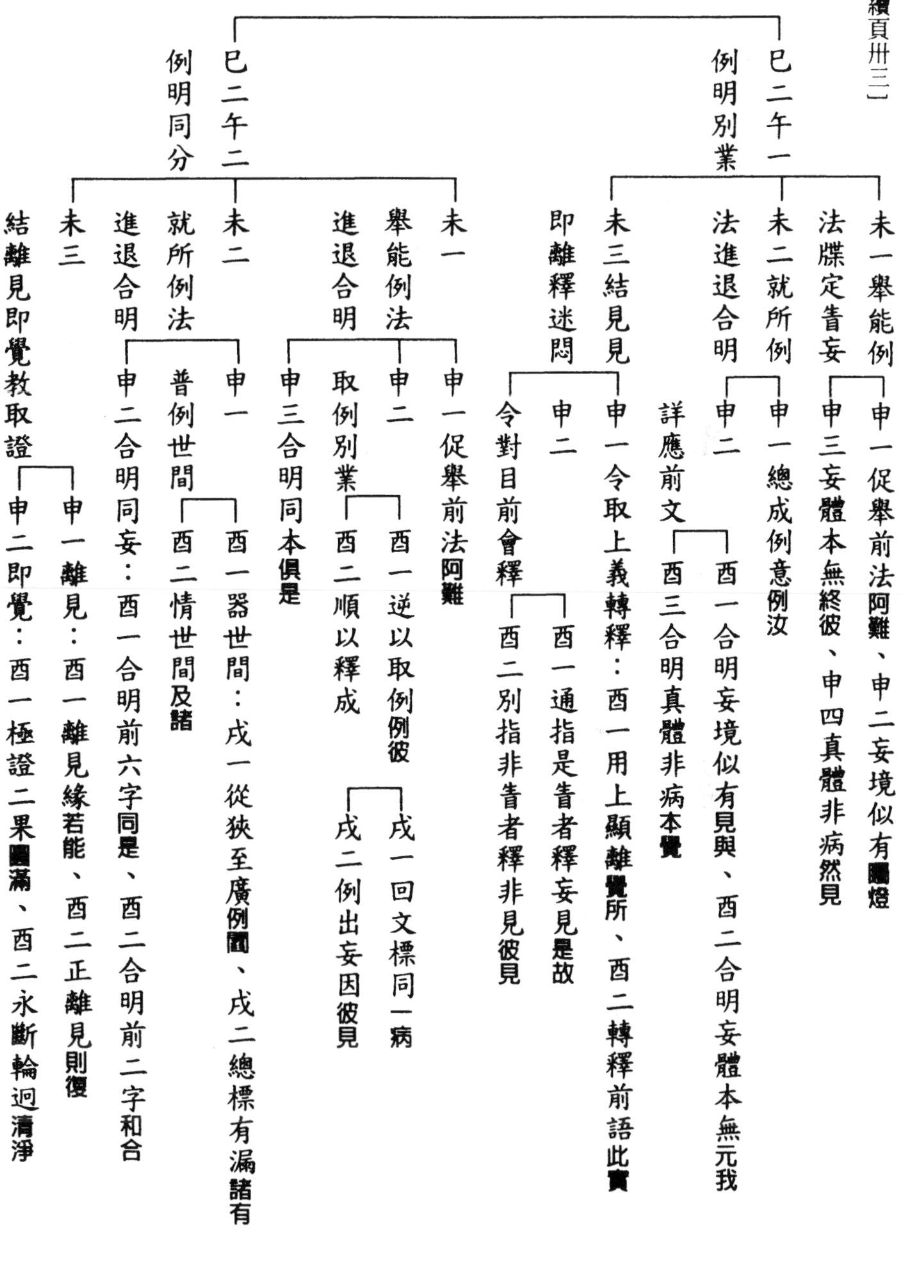

巳二午一 例明別業
未一舉能例法牒定眚妄
申一促舉前法阿難、申二妄境似有圓燈
申三妄體本無終彼、申四真體非病然見
未二就所例法進退合明
申一總成例意例汝
申二詳應前文
酉一合明妄境似有見與、酉二合明妄體本無元我
酉三合明真體非病本覺
未三結見見即離釋迷悶
申一令取上義轉釋：酉一用上顯離覺所、酉二轉釋前語此實
申二令對目前會釋
酉一通指是眚者釋妄見是故
酉二別指非眚者釋非見彼見
巳二午二 例明同分
未一舉能例法進退合明
申一促舉前法阿難
申二取例別業
酉一逆以取例例彼
戌一回文標同一病
戌二例出妄因彼見
酉二順以釋成
申三合明同本俱是
未二就所例法進退合明
申一普例世間
酉一器世間：戌一從狹至廣例閻、戌二總標有漏諸有
酉二情世間及諸
申二合明同妄：酉一合明前六字同是、酉二合明前二字和合
未三結離見即覺教取證
申一離見：酉一離見緣若能、酉二正離見則復
申二即覺：酉一極證二果圓滿、酉二永斷輪迴清淨

［續頁卅四］

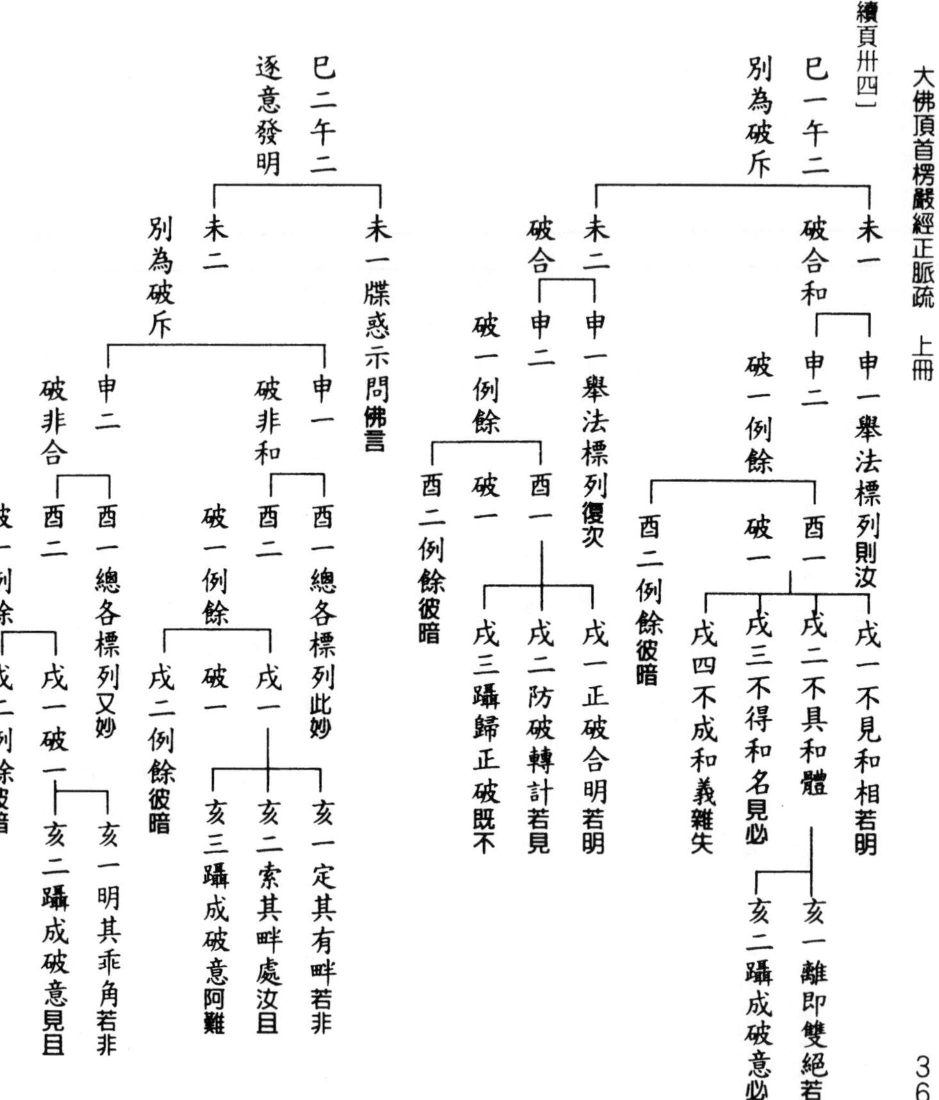
巳一午二　別為破斥
未一　破合和
申一　舉法標列則汝
申二　破一例餘
酉一　破一
戌一　不見和相若明
戌二　不具和體
亥一　離即雙絕若非
亥二　躡成破意必見
戌三　不得和名見必
戌四　不成和義雜失
酉二　例餘彼暗
未二　破合
申一　舉法標列復次
申二　破一例餘
酉一　破一
戌一　正破合明若明
戌二　防破轉計若見
戌三　躡歸正破既不
酉二　例餘彼暗
巳二午二　逐意發明
未一　牒惑示問佛言
未二　別為破斥
申一　破非和
酉一　總各標列此妙
酉二　破一例餘
戌一　破一
亥一　定其有畔若非
亥二　索其畔處汝且
亥三　躡成破意阿難
戌二　例餘彼暗
申二　破非合
酉一　總各標列又妙
酉二　破一例餘
戌一　破一
亥一　明其乖角若非
亥二　躡成破意見且
戌二　例餘彼暗

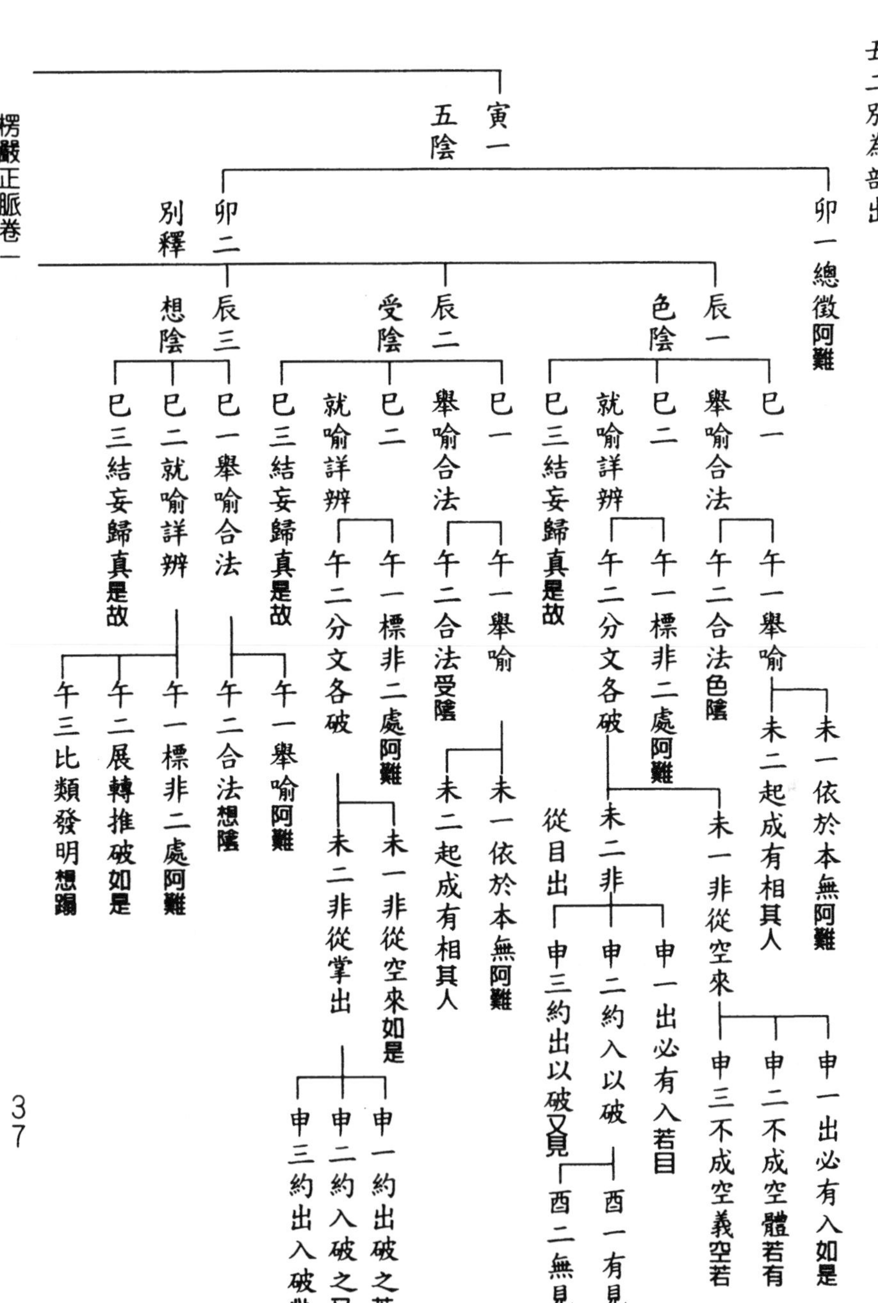
〔續頁廿五〕
丑二別為剖出
寅一五陰
卯一總徵阿難
卯二別釋
辰一色陰
巳一舉喻合法
午一舉喻
未一依於本無阿難
未二起成有相其人
午二合法色陰
巳二就喻詳辨
午一標非二處阿難
午二分文各破
未一非從空來
申一出必有入如是
申二不成空體若有
申三不成空義空若
未二非從目出
申一出必有入若目
申二約入以破
酉一有見即此
酉二無見若無
申三約出以破又見
巳三結妄歸真是故
辰二受陰
巳一舉喻合法
午一舉喻
未一依於本無阿難
未二起成有相其人
午二合法受陰
巳二就喻詳辨
午一標非二處阿難
午二分文各破
未一非從空來如是
未二非從掌出
申一約出破之若從
申二約入破之又掌
申三約出入破必有
巳三結妄歸真是故
辰三想陰
巳一舉喻合法
午一舉喻阿難
午二合法想陰
巳二就喻詳辨
午一標非二處阿難
午二展轉推破如是
午三比類發明想蹋
巳三結妄歸真是故

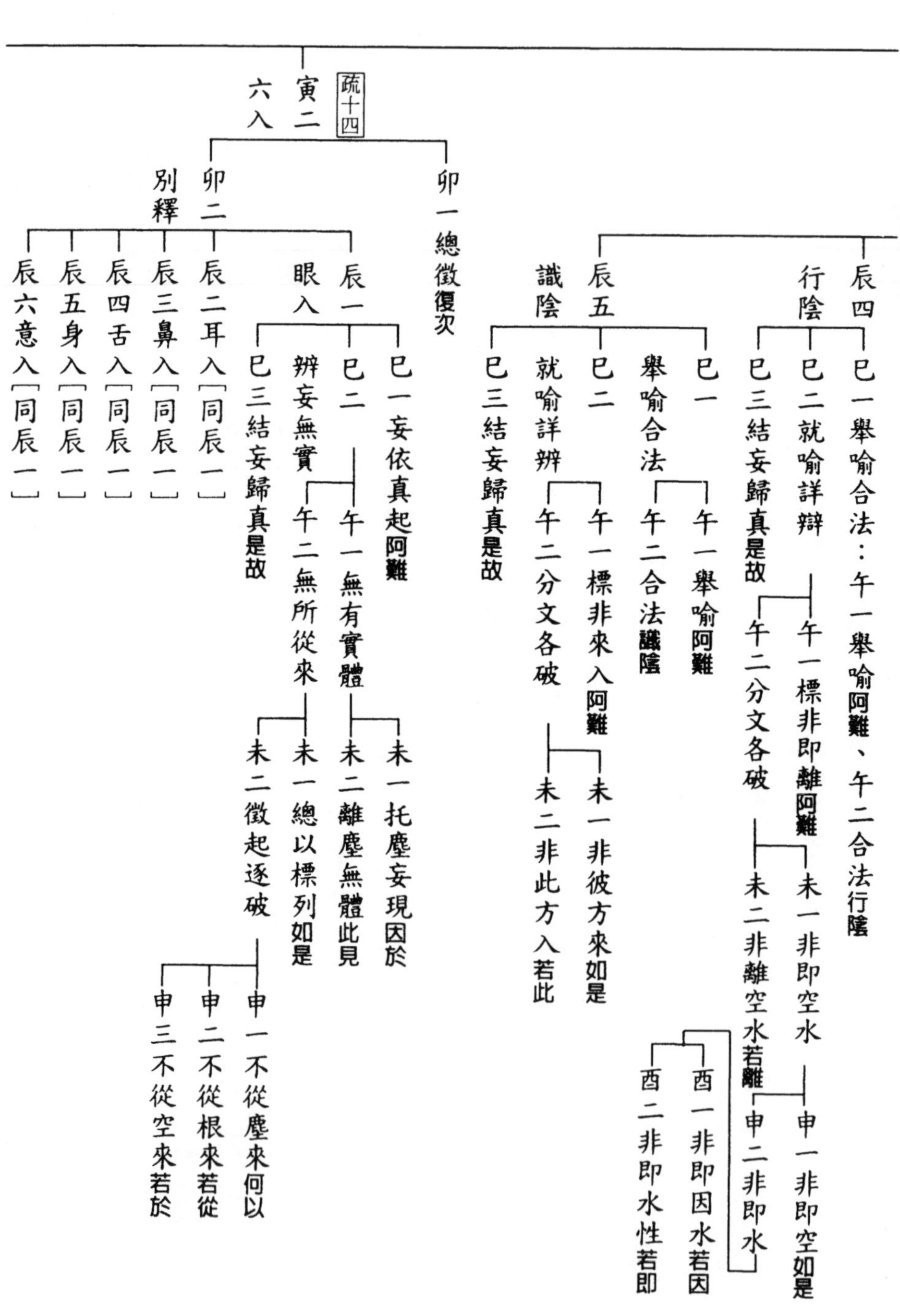
辰四 行陰
巳一 舉喻合法：午一舉喻阿難、午二合法行陰
巳二 就喻詳辯
午一 標非即離阿難
未一 非即空水
申一 非即空如是
未二 非離空水若離
申二 非即水
酉一 非即因水若因
酉二 非即水性若即
午二 分文各破
巳三 結妄歸真是故
辰五 識陰
巳一 舉喻合法
午一 舉喻阿難
午二 合法識陰
巳二 就喻詳辨
午一 標非來入阿難
未一 非彼方來如是
未二 非此方入若此
午二 分文各破
巳三 結妄歸真是故
寅二 六入 疏十四
卯一 總徵復次
卯二 別釋
辰一 眼入
巳一 妄依真起阿難
巳二 辨妄無實
午一 無有實體
未一 托塵妄現因於
未二 離塵無體此見
午二 無所從來
未一 總以標列如是
未二 徵起逐破
申一 不從塵來何以
申二 不從根來若從
申三 不從空來若於
巳三 結妄歸真是故
辰二 耳入［同辰一］
辰三 鼻入［同辰一］
辰四 舌入［同辰一］
辰五 身入［同辰一］
辰六 意入［同辰一］

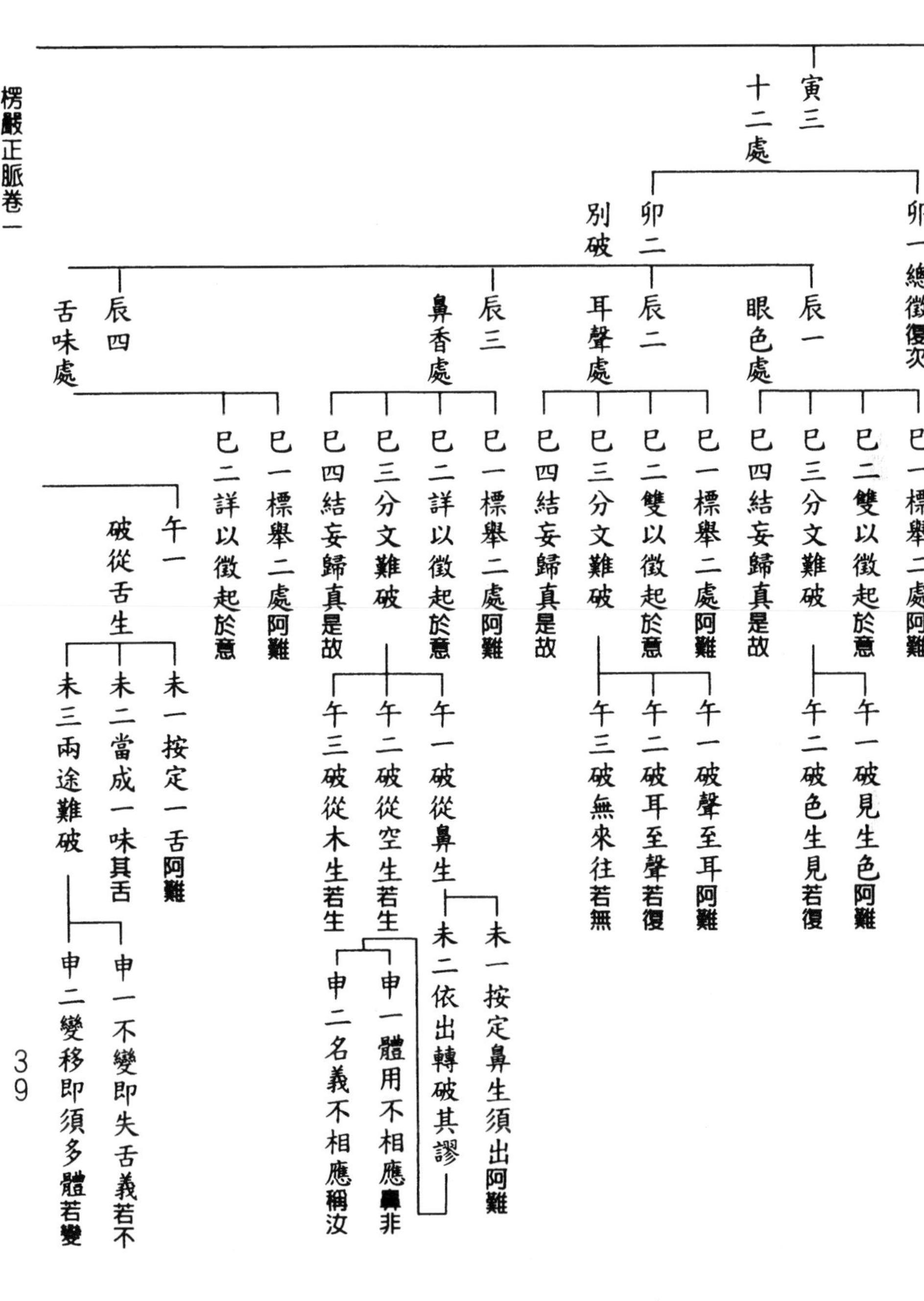
寅三十二處
卯一總徵復次
巳一標舉二處阿難
巳二雙以徵起於意
巳三分文難破
午一破見生色阿難
午二破色生見若復
巳四結妄歸真是故
卯二別破
辰一眼色處
巳一標舉二處阿難
巳二雙以徵起於意
巳三分文難破
午一破聲至耳阿難
午二破耳至聲若復
午三破無來往若無
巳四結妄歸真是故
辰二耳聲處
辰三鼻香處
巳一標舉二處阿難
巳二詳以徵起於意
巳三分文難破
午一破從鼻生
未一按定鼻生須出阿難
未二依出轉破其謬
午二破從空生若生
申一體用不相應鼻非
申二名義不相應稱汝
午三破從木生若生
巳四結妄歸真是故
辰四舌味處
巳一標舉二處阿難
巳二詳以徵起於意
午一破從舌生
未一按定一舌阿難
未二當成一味其舌
未三兩途難破
申一不變即失舌義若不
申二變移即須多體若變

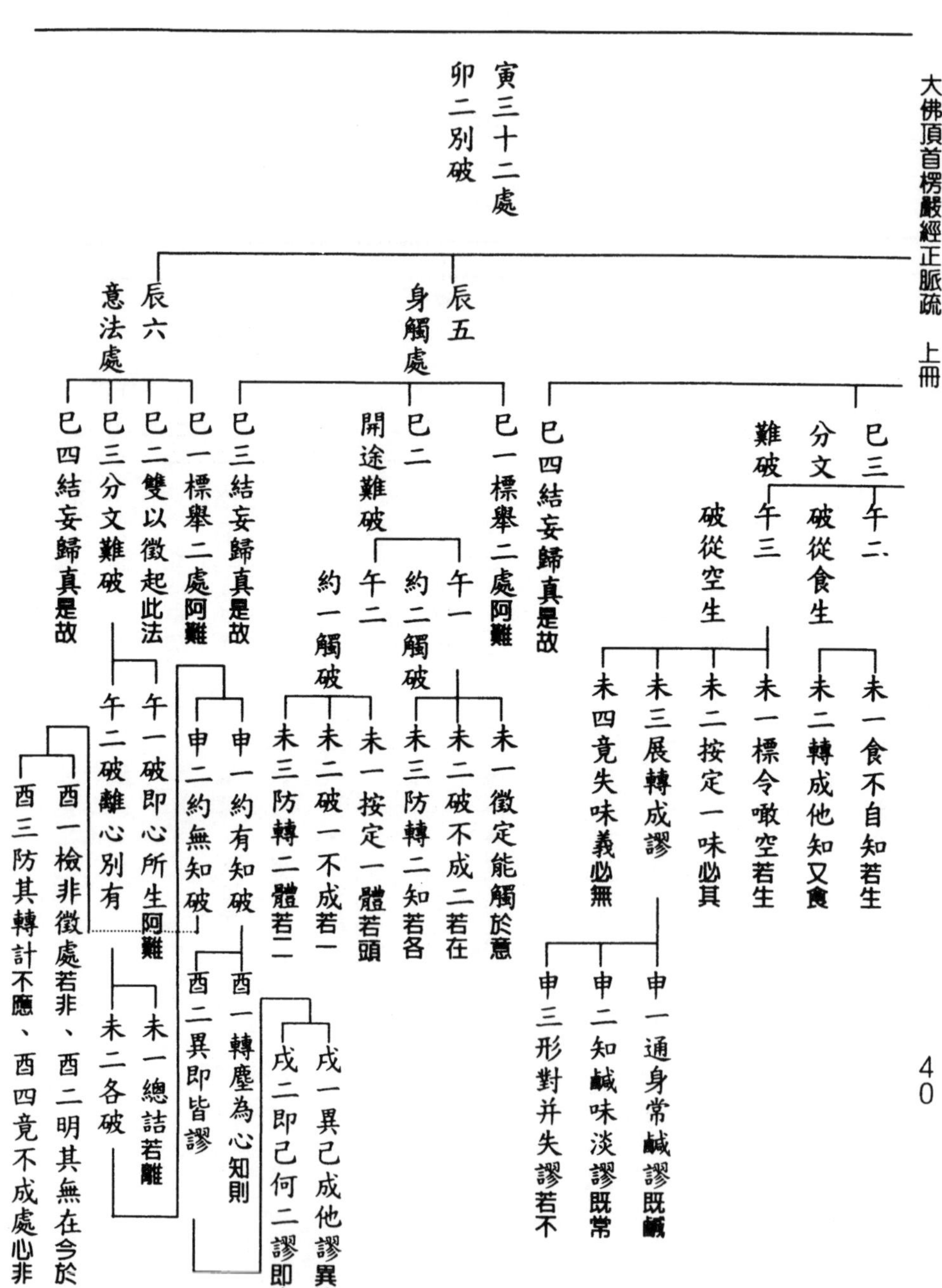

寅三十二處
卯二別破
巳三分文難破
午二破從食生
未一食不自知若生
未二轉成他知又食
午三破從空生
未一標令嗽空若生
未二按定一味必其
未三展轉成謬
申一通身常鹹謬既鹹
申二知鹹味淡謬既常
申三形對并失謬若不
未四竟失味義必無
巳四結妄歸真是故
辰五身觸處
巳一標舉二處阿難
巳二開途難破
午一約二觸破
未一徵定能觸於意
未二破不成二若在
未三防轉二知若各
午二約一觸破
未一按定一體若頭
未二破一不成若一
未三防轉二體若二
巳三結妄歸真是故
辰六意法處
巳一標舉二處阿難
巳二雙以徵起此法
巳三分文難破
午一破即心所生阿難
申一約有知破
酉一轉塵為心知則
戌一異己成他謬異汝
戌二即己何二謬即汝
酉二異即皆謬
申二約無知破
午二破離心別有
未一總詰若離
未二各破
酉一檢非徵處若非、酉二明其無在今於
酉三防其轉計不應、酉四竟不成處心非
巳四結妄歸真是故

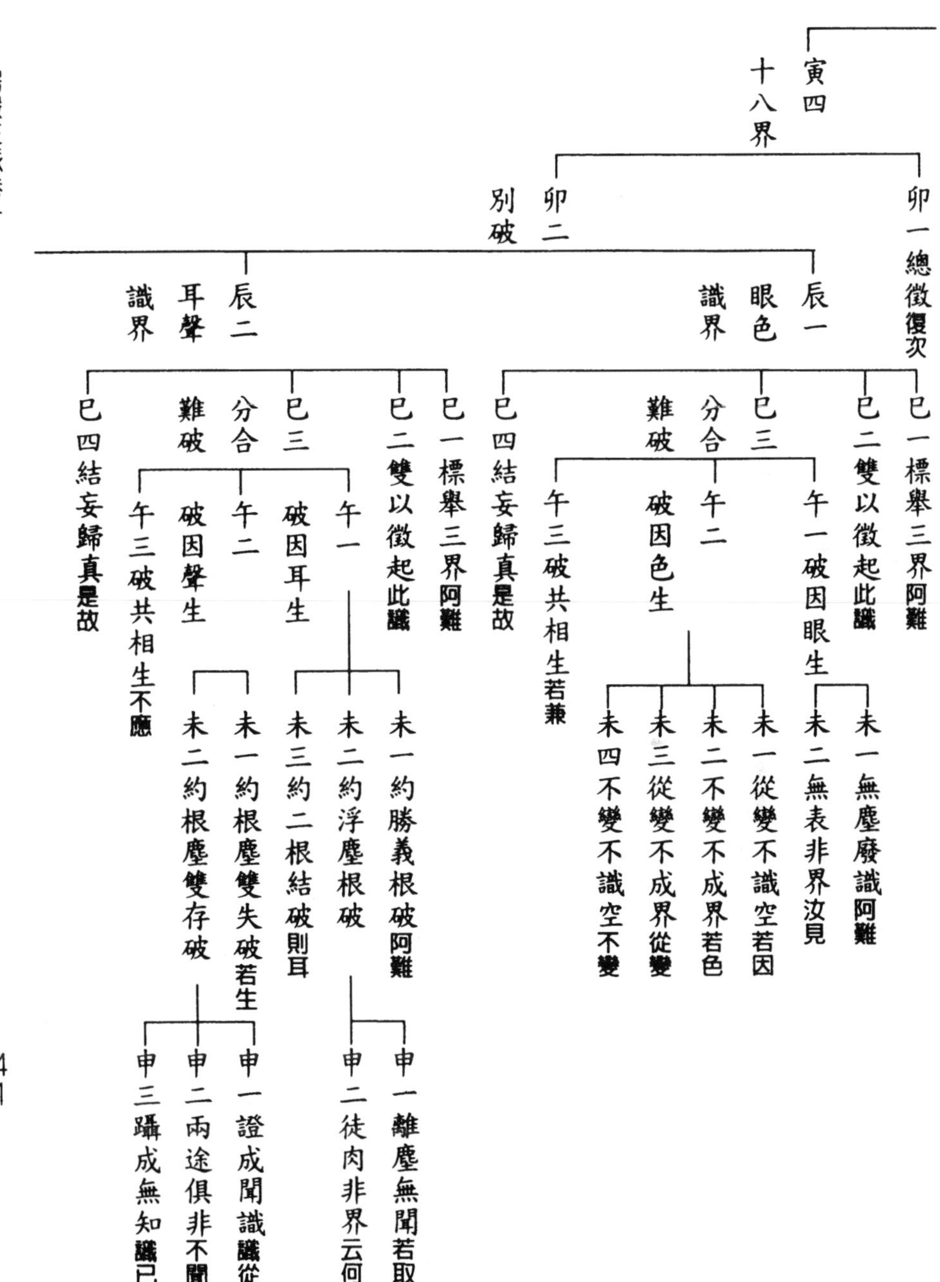
寅四
十八界
卯一總徵復次
卯二
別破
辰一
眼色
識界
辰二
耳聲
識界
巳一標舉三界阿難
巳二雙以徵起此識
巳三
分合
難破
午一破因眼生
未一無塵廢識阿難
未二無表非界汝見
午二
破因色生
未一從變不識空若因
未二不變不成界若色
未三從變不成界從變
未四不變不識空不變
午三破共相生若兼
巳四結妄歸真是故
巳一標舉三界阿難
巳二雙以徵起此識
巳三
分合
難破
午一
破因耳生
未一約勝義根破阿難
未二約浮塵根破
申一離塵無聞若取
申二徒肉非界云何
未三約二根結破則耳
午二
破因聲生
未一約根塵雙失破若生
未二約根塵雙存破
申一證成聞識識從
申二兩途俱非不聞
申三躡成無知識已
午三破共相生不應
巳四結妄歸真是故

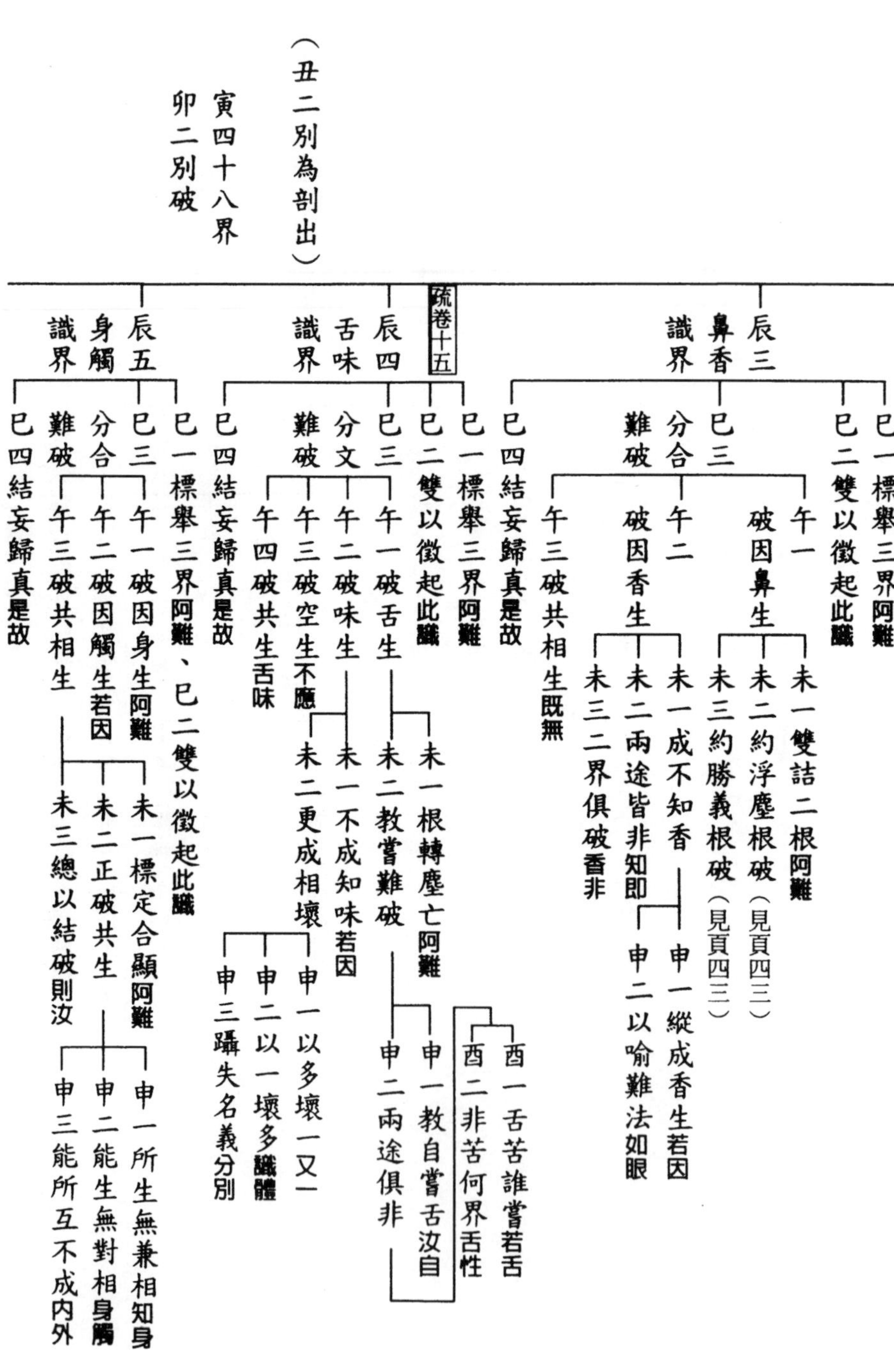
（丑二別為剖出）
寅四十八界
卯二別破
辰三鼻香識界
巳一標舉三界阿難
巳二雙以徵起此識
巳三分合難破
午一破因鼻生
未一雙詰二根阿難
未二約浮塵根破（見頁四三）
未三約勝義根破（見頁四三）
午二破因香生
未一成不知香
申一縱成香生若因
申二以喻難法如眼
未二兩途皆非知即
未三二界俱破香非
午三破共相生既無
巳四結妄歸真是故
疏卷十五
辰四舌味識界
巳一標舉三界阿難
巳二雙以徵起此識
巳三分文難破
午一破舌生
未一根轉塵亡阿難
未二教嘗難破
申一教自嘗舌汝自
酉一舌苦誰嘗若舌
酉二非苦何界舌性
申二兩途俱非
午二破味生
未一不成知味若因
未二更成相壞
申一以多壞一又一
申二以一壞多識體
申三躡失名義分別
午三破空生不應
午四破共生舌味
巳四結妄歸真是故
辰五身觸識界
巳一標舉三界阿難、巳二雙以徵起此識
巳三分合難破
午一破因身生阿難
午二破因觸生若因
午三破共相生
未一標定合顯阿難
未二正破共生
申一所生無兼相知身
申二能生無對相身觸
申三能所互不成內外
未三總以結破則汝
巳四結妄歸真是故

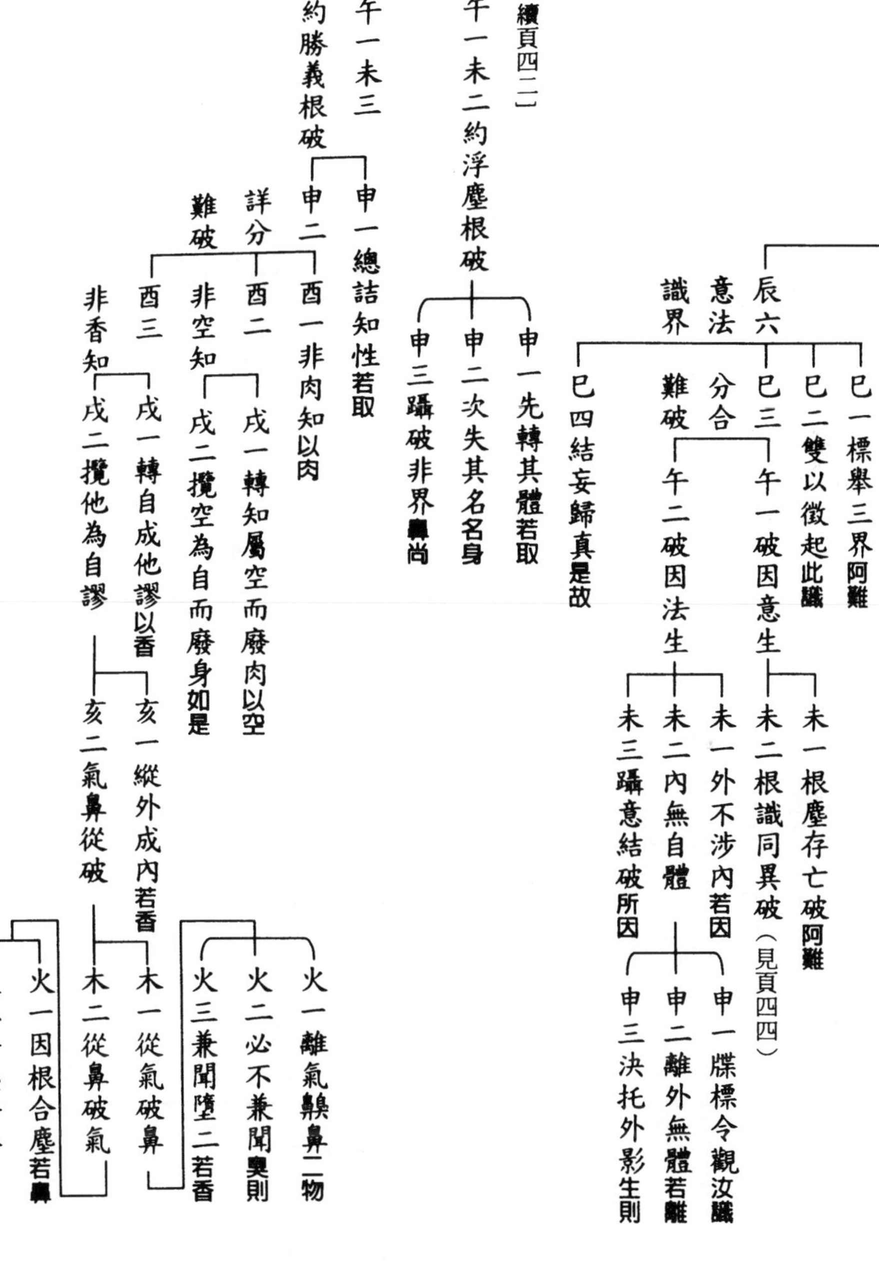
辰六 意法 識界
巳一 標舉三界阿難
巳二 雙以徵起此識
巳三 分合 難破
午一 破因意生
未一 根塵存亡破阿難
未二 根識同異破
（見頁四四）
午二 破因法生
未一 外不涉內若因
申一 牒標令觀汝識
申二 離外無體若離
申三 決托外影生則
未二 內無自體
未三 躡意結破所因
巳四 結妄歸真是故
［續頁四二］
午一未二 約浮塵根破
申一 先轉其體若取
申二 次失其名名身
申三 躡破非界鼻尚
午一未三 約勝義根破
申一 總詰知性若取
申二 詳分難破
酉一 非肉知以肉
酉二 非空知
戌一 轉知屬空而廢肉以空
戌二 攬空為自而廢身如是
酉三 非香知
戌一 轉自成他謬以香
戌二 攬他為自謬
亥一 縱外成內若香
亥二 氣鼻從破
木一 從氣破鼻
火一 離氣齅鼻二物
火二 必不兼聞臭則
火三 兼聞墮二若香
木二 從鼻破氣
火一 因根合塵若鼻
火二 合塵廢界臭既

- 午一未二　根識同異破
  - 申一雙審同異又汝
  - 申二別為致詰
    - 酉一詰同意同意
    - 酉二詰異意
      - 戌一正破異意異意
      - 戌二兩途俱非若無
  - 申三雙承結破惟同

[續頁廿、廿五]　丑二佛與進示圓旨

- 寅一　責迷許說
  - 卯一責迷
    - 辰一明應求施教爾時
    - 辰二責取捨昏悋如何
  - 卯二許說汝今
- 寅三　正與開示
  - 卯一　總喻性相
    - 辰一牒取前語阿難
    - 辰二異喻別明
      - 巳一明非不和合阿難
      - 巳二明非是和合若和
    - 辰三同喻總明阿難
  - 卯二　別詳七大
    - 辰一　地大
      - 巳一標性約析汝觀
      - 巳二就析詳辨
        - 午一因析入而定生出阿難
        - 午二總牒起而詳推破：未一牒標汝今、未二詳破
          - 申一約空無數量破汝目
            - 酉一故難成空之謬又鄰
            - 酉二例明成色之謬若色
          - 申二約色不成空破
          - 申三約空無合義破色猶
      - 巳三　結顯斥執
        - 午一結顯：未一全體圓融汝元、未二大用無限隨衆
        - 午二斥執循業
    - 辰二　火大
      - 巳一標性約求阿難
      - 巳二就求詳辯
        - 午一舉例阿難、午二牒定阿難、午三標徵彼手
          - 酉一破從日生阿難、酉二破從鏡生若鏡
          - 酉三破從艾生若生
        - 午四　逐破
          - 未一開破例審：申一開破、申二例審汝又
          - 未二合破直審：申一合破日鏡、申二直審不應
      - 巳三結顯斥執
        - 午一結顯：未一全體圓融汝猶、未二大用無限
          - 申一正明大用隨衆、申二驗其無限阿難
        - 午二斥執循業

丑二

佛與進示圓旨

寅三正與開示

卯二別詳七大

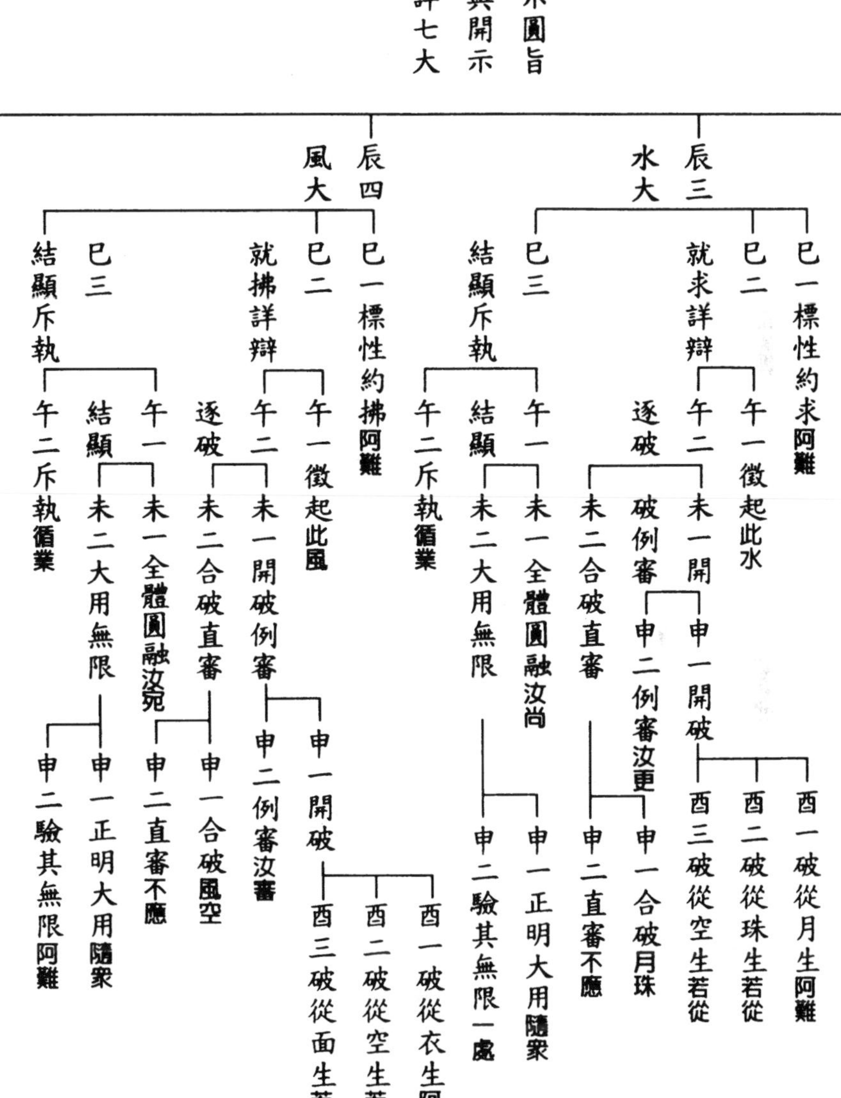

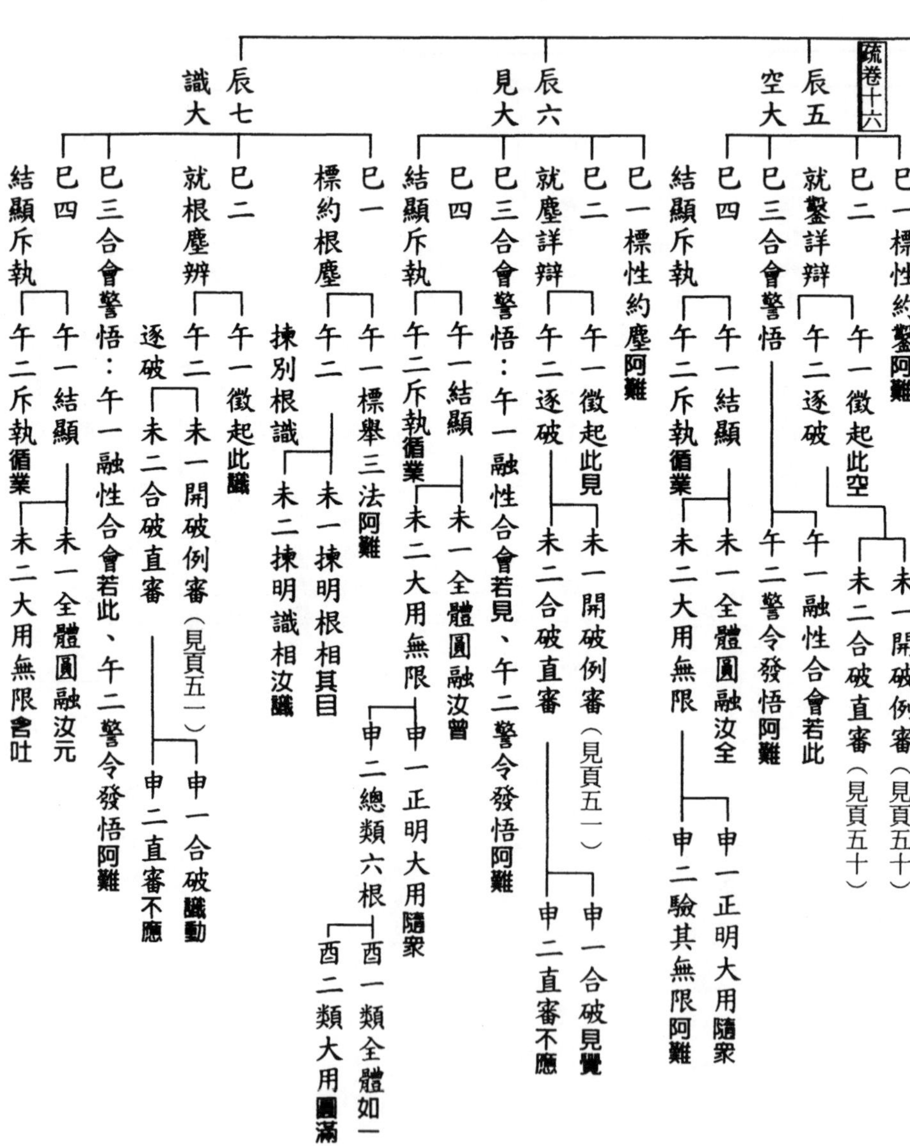

疏卷十六

- 辰五　空大
  - 巳一　標性約鑿阿難
  - 巳二　就鑿詳辯
    - 午一　徵起此空
    - 午二　逐破
      - 未一　開破例審（見頁五十）
      - 未二　合破直審（見頁五十）
  - 巳三　合會警悟
    - 午一　融性合會若此
    - 午二　警令發悟阿難
  - 巳四　結顯斥執
    - 午一　結顯
      - 未一　全體圓融汝全
      - 未二　大用無限
        - 申一　正明大用隨眾
        - 申二　驗其無限阿難
    - 午二　斥執循業
- 辰六　見大
  - 巳一　標性約塵阿難
  - 巳二　就塵詳辯
    - 午一　徵起此見
    - 午二　逐破
      - 未一　開破例審（見頁五一）
      - 未二　合破直審
        - 申一　合破見覺
        - 申二　直審不應
  - 巳三　合會警悟：午一　融性合會若見、午二　警令發悟阿難
  - 巳四　結顯斥執
    - 午一　結顯
      - 未一　全體圓融汝曾
      - 未二　大用無限
        - 申一　正明大用隨眾
        - 申二　總類六根
          - 酉一　類全體如一
          - 酉二　類大用圓滿
    - 午二　斥執循業
- 辰七　識大
  - 巳一　標約根塵
    - 午一　標舉三法阿難
    - 午二　揀別根識
      - 未一　揀明根相其目
      - 未二　揀明識相汝識
  - 巳二　就根塵辨
    - 午一　徵起此識
    - 午二　逐破
      - 未一　開破例審（見頁五一）
      - 未二　合破直審
        - 申一　合破識動
        - 申二　直審不應
  - 巳三　合會警悟：午一　融性合會若此、午二　警令發悟阿難
  - 巳四　結顯斥執
    - 午一　結顯
      - 未一　全體圓融汝元
      - 未二　大用無限含吐
    - 午二　斥執循業

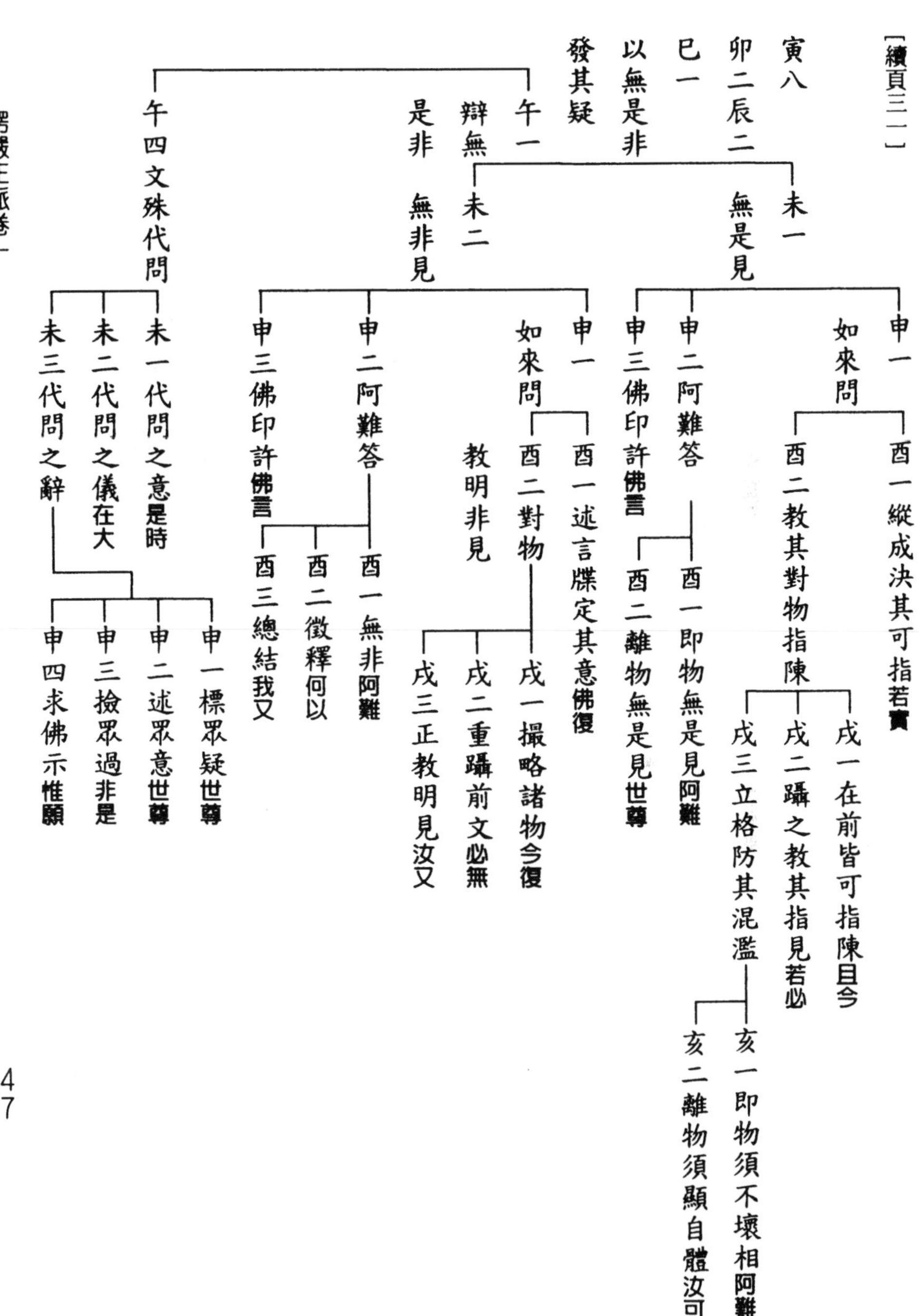

[續頁三一]
寅八
卯二辰二
巳一以無是非發其疑
午一辯無是非
未一無是見
申一如來問
酉一縱成決其可指若實
酉二教其對物指陳
戌一在前皆可指陳且今
戌二躡之教其指見若必
戌三立格防其混濫
亥一即物須不壞相阿難
亥二離物須顯自體汝可
申二阿難答
酉一即物無是見阿難
酉二離物無是見世尊
申三佛印許佛言
未二無非見
申一如來問
酉一述言牒定其意佛復
酉二對物教明非見
戌一撮略諸物今復
戌二重躡前文必無
戌三正教明見汝又
申二阿難答
酉一無非阿難
酉二徵釋何以
酉三總結我又
申三佛印許佛言
午四文殊代問
未一代問之意是時
未二代問之儀在大
未三代問之辭
申一標眾疑世尊
申二述眾意世尊
申三撿眾過非是
申四求佛示惟願

〔續頁三二〕

寅八、卯二、辰二、巳二曉以無是非之故

- 午初一真無是非
  - 未一舉諸聖正定佛告
  - 未二了妄無自體見與
  - 未三達妄即一真此見
  - 未四結無是無非云何
- 午二於一真總喻
  - 未一佛喻一真索是非文殊
  - 未二文殊直答無二相
    - 申一領惟一相如是
    - 申二答無二相
      - 酉一無是相無是
      - 酉二無非相然我
    - 申三結無二相於中

大佛頂首楞嚴經正脈疏卷二【科中】

經文卷四之一　疏卷十七

戊一、說奢摩他令悟妙心本具圓定：己一銷倒想說空如來藏、己二審除細惑說後二如來藏。

【續頁十八】

- 己二 [疏卷十七] 審除細惑說後二如來藏
  - 庚一 問答辯劾諸惑
    - 辛一 滿慈躡前以質二疑
      - 壬一 泛敘有疑：癸一讚嘆妙示爾時、癸二正舉疑情（見本頁）
      - 壬二 確陳以請：癸一確陳二疑（見本頁）、癸二請佛開示而我
    - 辛二 如來次第以除二惑
      - 壬一 佛慈許說：癸一經家敘眾爾時、癸二正舉佛言（見頁五十）
      - 壬二 大眾欽承富樓
      - 壬三 正為宣說
        - 癸一 正答滿慈 [疏十七~疏十九]（見頁五十）
        - 癸二 兼示阿難（見頁五十）
  - 庚二 [疏卷廿] 大眾領悟感謝
    - 辛一 領悟阿難
    - 辛二 感謝
      - 壬一 感謝之儀重復
      - 壬二 感謝之言
        - 癸一 稱讚善開無上
        - 癸二 詳申謝益能以

壬一泛敘有疑

- 癸二正舉疑情
  - 子一 自疑：丑一敘昔未聞世尊、丑二求今斷惑佛難 [疏十七]
  - 子二 眾疑：丑一有學明其習漏世尊、丑二無學述其疑悔我等

壬二確陳以請

- 癸一確陳二疑
  - 子一 疑萬法生續：丑一牒佛語世尊、丑二正舉疑云何
  - 子二 疑五大圓融：丑一牒佛語又如、丑二正舉疑世尊

- 壬一佛慈許說
- 癸二正舉佛言
  - 子一示所說勝如來、子二示所被機令汝
  - 子三示所獲益皆獲、子四囑聽許說汝今
- 壬三正為宣說
  - 癸一正答滿慈
    - 子一說不空藏以示生續之由
      - 丑一正答初問 疏卷十八
        - 寅一牒定所疑佛言（見頁五一）
        - 寅二舉所依真（見頁五一）
        - 寅三辨得妄本（見頁五二）
        - 寅四正明生續（見頁五二）
        - 寅五雙關結答（見頁五二）
      - 丑二兼釋轉難 疏十八
        - 寅一滿慈執因疑果（見頁五三）
        - 寅二佛分真妄喻釋（見頁五三）
    - 子二說空不空藏以示圓融之故
      - 丑一正答次問 疏十八~疏十九
        - 寅一按定所疑富樓
        - 寅二正以開示（見頁五三）
      - 丑二兼釋轉難
        - 寅一滿慈索妄因而擬進修（見頁五五）
        - 寅二如來喻無因而示頓歇（見頁五五）
  - 癸二兼示阿難
    - 子一阿難躡佛語而執因緣
      - 丑一起問即時
      - 丑二正問
        - 寅一躡牒佛言世尊
        - 寅二證成怪問斯則
        - 寅三昔教有益我從
        - 寅四今濫自然今說
      - 丑三結問惟垂
    - 子二如來拂深情而責執恪
      - 丑一就喻拂情
        - 寅一拂情伸意（見頁五六）
        - 寅二迭拂諸情（見頁五六）
      - 丑二切責執恪
        - 寅一抑斥戲論（見頁五六）
        - 寅二激修無漏（見頁五六）

［續頁四六］

- 辰五
- 巳二
- 午二
  - 未一開破例審
    - 申一開破
      - 酉一依無因破阿難
      - 酉二依出土破
        - 戌一破有出入若因
        - 戌二破無出入若無
      - 酉三依鑿以破
        - 戌一破因鑿以出若因
        - 戌二破不因鑿出不因
    - 申二例審汝更
  - 未二合破直審：申一合破鑿空、申二直審不應

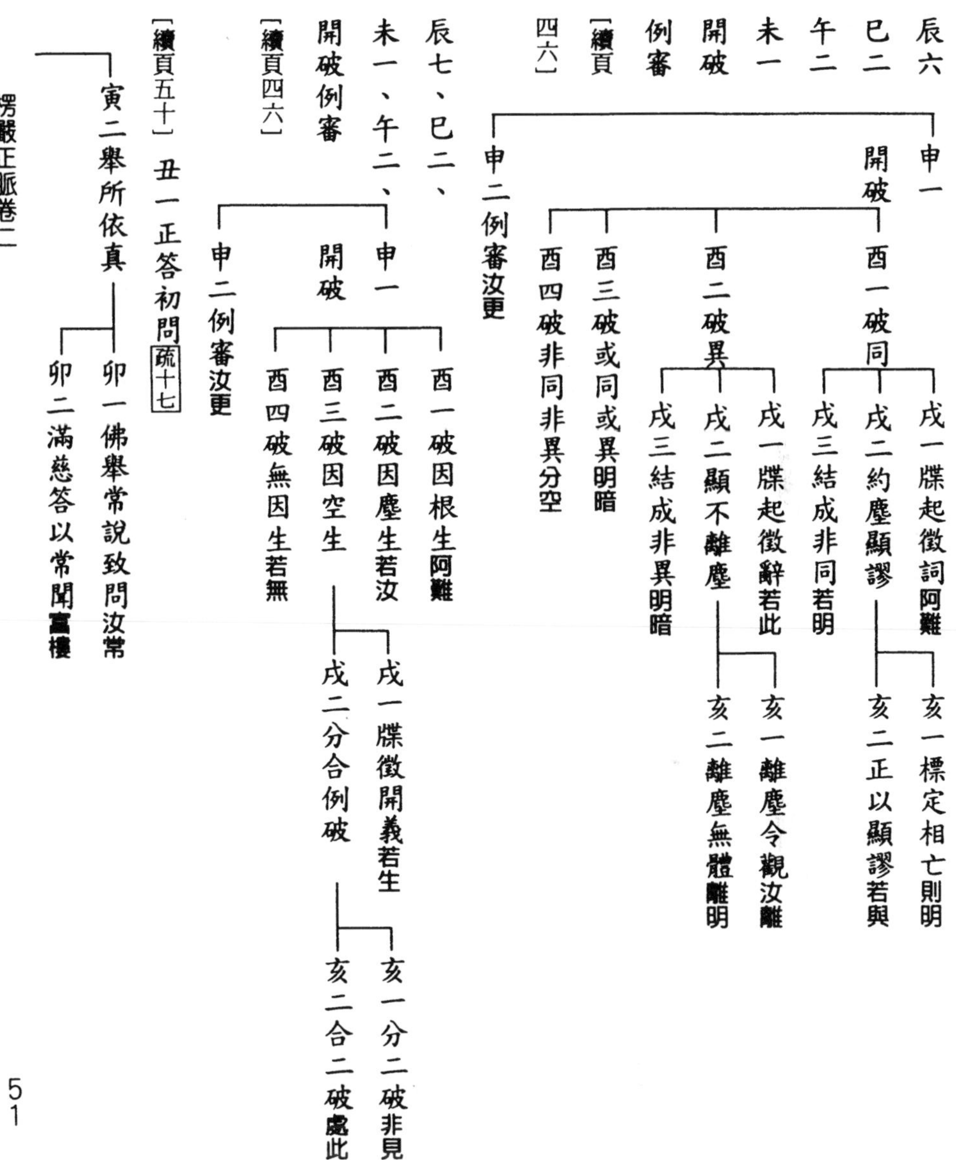

辰六 巳二 午二 未一 開破 例審〔續頁四六〕
申一 開破
酉一 破同
戌一 牒起徵詞阿難
亥一 標定相亡則明
亥二 正以顯謬若與
戌二 約塵顯謬
戌三 結成非同若明
酉二 破異
戌一 牒起徵辭若此
戌二 顯不離塵
亥一 離塵令觀汝離
亥二 離塵無體離明
戌三 結成非異明暗
酉三 破或同或異明暗
酉四 破非同非異分空
申二 例審汝更
辰七、巳二、未一、午二、開破例審〔續頁四六〕
申一 開破
酉一 破因根生阿難
酉二 破因塵生若汝
酉三 破因空生
戌一 牒徵開義若生
戌二 分合例破
亥一 分二破非見
亥二 合二破處此
酉四 破無因生若無
申二 例審汝更
〔續頁五十〕丑一 正答初問 疏十七
寅二 舉所依真
卯一 佛舉常說致問汝常
卯二 滿慈答以常聞富樓

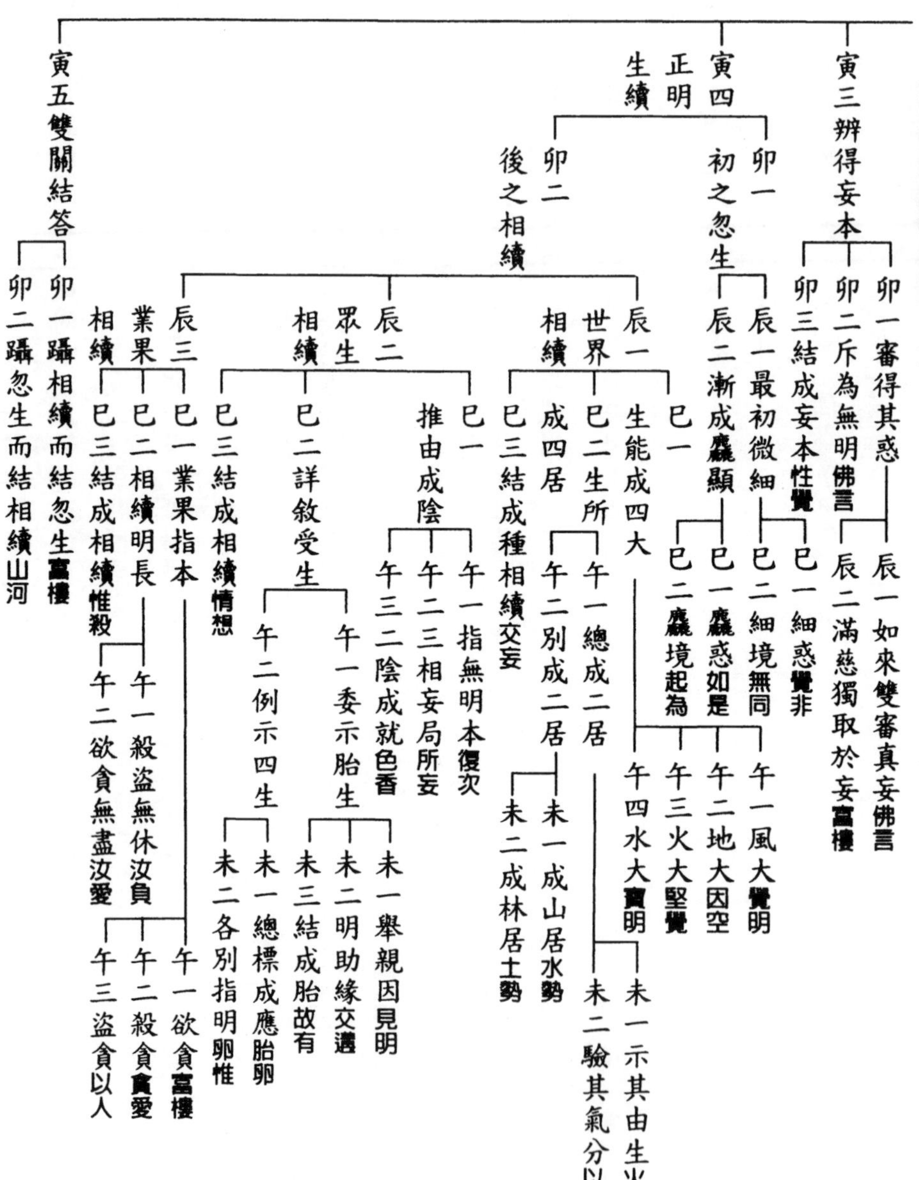

寅三辨得妄本
卯一審得其惑
辰一如來雙審真妄佛言
辰二滿慈獨取於妄富樓
卯二斥為無明佛言
卯三結成妄本性覺
寅四正明生續
卯一初之忽生
辰一最初微細
巳一細惑覺非
巳二細境無同
辰二漸成麤顯
巳一麤惑如是
巳二麤境起為
午一風大覺明
午二地大因空
午三火大堅覺
午四水大寶明
卯二後之相續
辰一世界相續
巳一生能成四大
巳二生所成四居
午一總成二居
未一示其由生火騰
未二驗其氣分以是
午二別成二居
未一成山居水勢
未二成林居土勢
巳三結成種相續交妄
辰二眾生相續
巳一推由成陰
午一指無明本復次
午二三相妄局所妄
午三二陰成就色香
巳二詳敘受生
午一委示胎生
未一舉親因見明
未二明助緣交遘
未三結成胎故有
午二例示四生
未一總標成應胎卵
未二各別指明卵惟
巳三結成相續情想
辰三業果相續
巳一業果指本
午一欲貪富樓
午二殺貪貪愛
午三盜貪以人
巳二相續明長
午一殺盜無休汝負
午二欲貪無盡汝愛
巳三結成相續惟殺
寅五雙關結答
卯一躡相續而結忽生富樓
卯二躡忽生而結相續山河

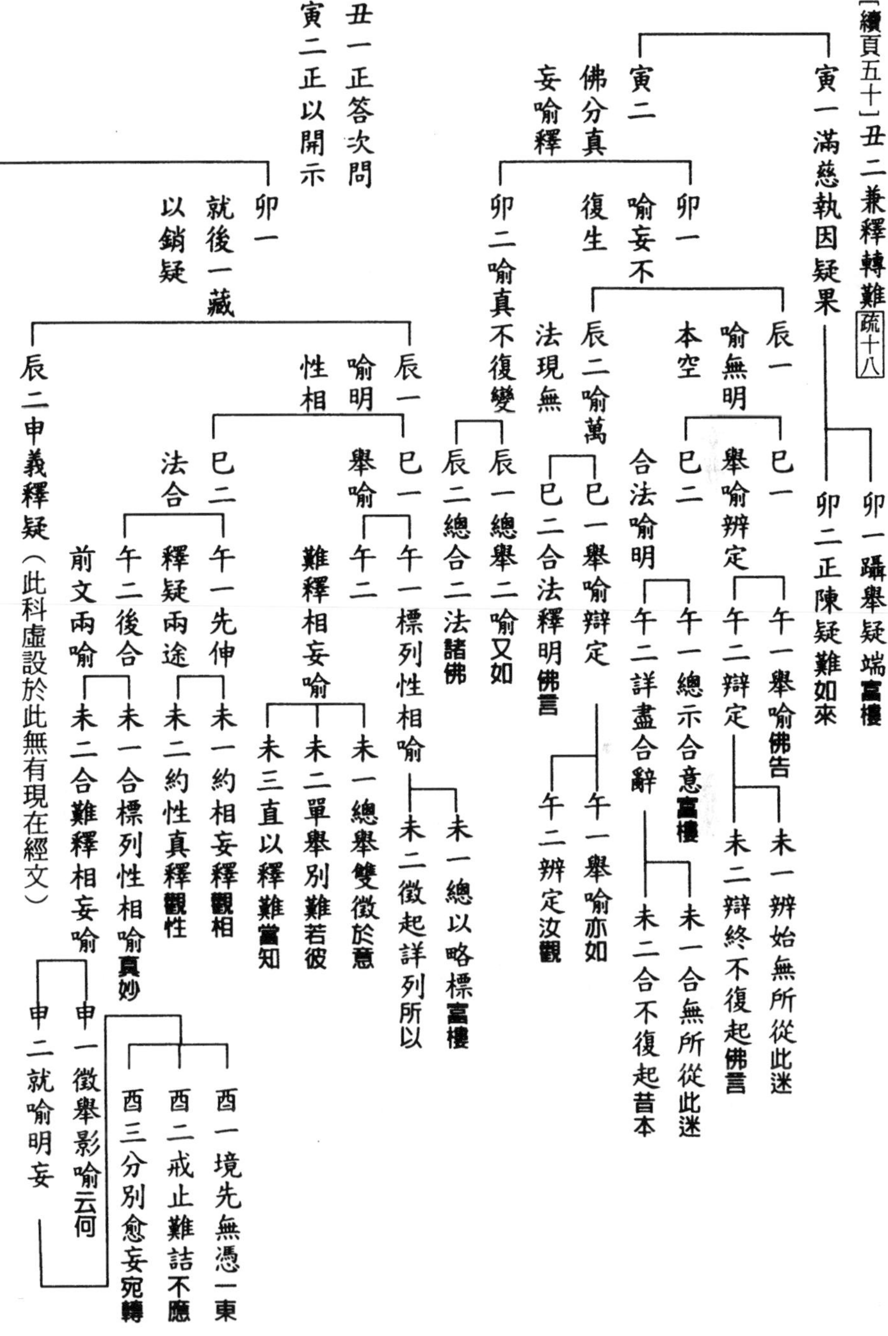

[續頁五十]丑二兼釋轉難[疏十八]

- 寅一滿慈執因疑果
  - 卯一躡舉疑端富樓
  - 卯二正陳疑難如來
- 寅二佛分真妄喻釋
  - 卯一喻妄不復生
    - 辰一喻無明本空
      - 巳一舉喻辨定
        - 午一舉喻佛告
        - 午二辯定
          - 未一辨始無所從此迷
          - 未二辯終不復起佛言
      - 巳二合法喻明
        - 午一總示合意富樓
        - 午二詳盡合辭
          - 未一合無所從此迷
          - 未二合不復起昔本
    - 辰二喻萬法現無
      - 巳一舉喻辯定
        - 午一舉喻亦如
        - 午二辨定汝觀
      - 巳二合法釋明佛言
  - 卯二喻真不復變
    - 辰一總舉二喻又如
    - 辰二總合二法諸佛

丑一正答次問

- 寅二正以開示
  - 卯一就後一藏以銷疑
    - 辰一喻明性相
      - 巳一舉喻
        - 午一標列性相喻
          - 未一總以略標富樓
          - 未二徵起詳列所以
        - 午二難釋相妄喻
          - 未一總舉雙徵於意
          - 未二單舉別難若彼
          - 未三直以釋難當知
      - 巳二法合
        - 午一先伸釋疑兩途
          - 未一約相妄釋觀相
          - 未二約性真釋觀性
        - 午二後合前文兩喻
          - 未一合標列性相喻真妙
          - 未二合難釋相妄喻
            - 申一徵舉影喻云何
            - 申二就喻明妄
              - 酉一境先無憑一東
              - 酉二戒止難詰不應
              - 酉三分別愈妄宛轉
    - 辰二申義釋疑（此科虛設於此無有現在經文）

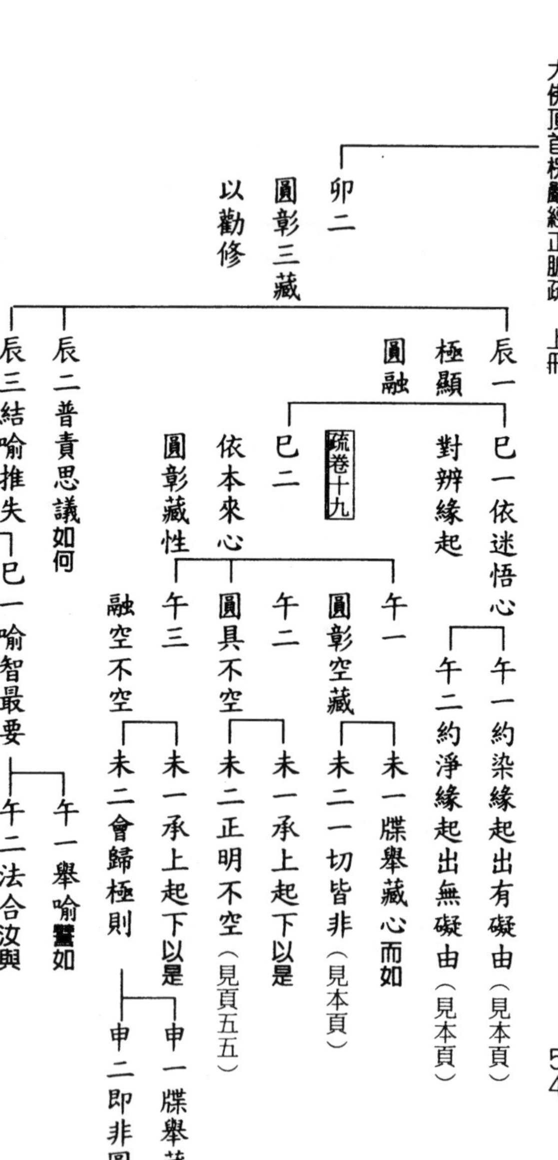

- 卯二 圓彰三藏以勸修
  - 辰一 極顯圓融
    - 巳一 依迷悟心對辨緣起
      - 午一 約染緣起出有礙由（見本頁）
      - 午二 約淨緣起出無礙由（見本頁）
    - 巳二 依本來心圓彰藏性 疏卷十九
      - 午一 圓彰空藏
        - 未一 牒舉藏心而如
        - 未二 一切皆非（見本頁）
      - 午二 圓具不空
        - 未一 承上起下以是
        - 未二 正明不空（見頁五五）
      - 午三 融空不空
        - 未一 承上起下以是
        - 未二 會歸極則
          - 申一 牒舉藏心即如
          - 申二 即非圓融離即
  - 辰二 普責思議如何
  - 辰三 結喻推失
    - 巳一 喻智最要
      - 午一 舉喻譬如
      - 午二 法合汝與
    - 巳二 責其不求由不

- 午一 約染緣起出有礙由
  - 未一 執成有礙：申一 以相隱性富樓、申二 全性皆相而如、申三 結成諸礙是故
  - 未二 原始要終衆生
- 午二 約淨緣起出無礙由
  - 未一 融成無礙：申一 以性融相我以、申二 全相皆性而如、申三 結成無礙
    - 酉一 標發四義是故
    - 酉二 別示其相不動
  - 未二 原始要終滅塵
- 未二 一切皆非
  - 申一 非世間：酉一 攝非七大非心、酉二 攝非四科非眼
  - 申二 非出世間
    - 酉一 非緣覺法非明、酉二 非聲聞法非苦
    - 酉三 非菩薩法非檀、酉四 非如來法如是

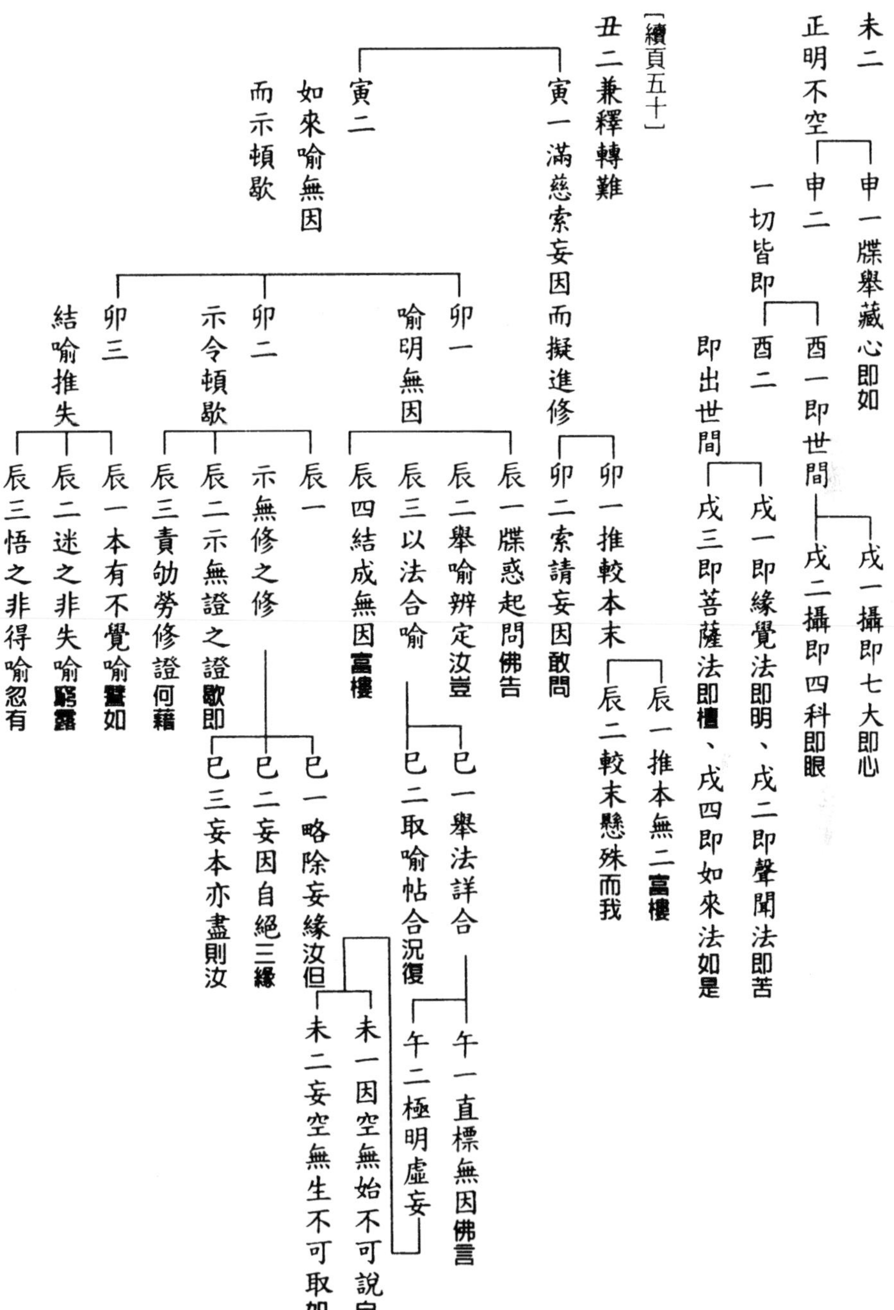

未二 正明不空
申一 牒舉藏心即如
申二 一切皆即
酉一 即世間
戌一 攝即七大即心
戌二 攝即四科即眼
酉二 即出世間
戌一 即緣覺法即明、戌二即聲聞法即苦
戌三 即菩薩法即檀、戌四即如來法如是
[續頁五十]
丑二 兼釋轉難
寅一 滿慈索妄因而擬進修
卯一 推較本末
辰一 推本無二富樓
辰二 較末懸殊而我
卯二 索請妄因敢問
寅二 如來喻無因而示頓歇
卯一 喻明無因
辰一 牒惑起問佛告
辰二 舉喻辨定汝豈
辰三 以法合喻
巳一 舉法詳合
午一 直標無因佛言
午二 極明虛妄
巳二 取喻帖合況復
辰四 結成無因富樓
卯二 示令頓歇
辰一 示無修之修
巳一 略除妄緣汝但
未一 因空無始不可說自諸
未二 妄空無生不可取如是
巳二 妄因自絕三緣
巳三 妄本亦盡則汝
辰二 示無證之證歇即
辰三 責劬勞修證何藉
卯三 結喻推失
辰一 本有不覺喻譬如
辰二 迷之非失喻窮露
辰三 悟之非得喻忽有

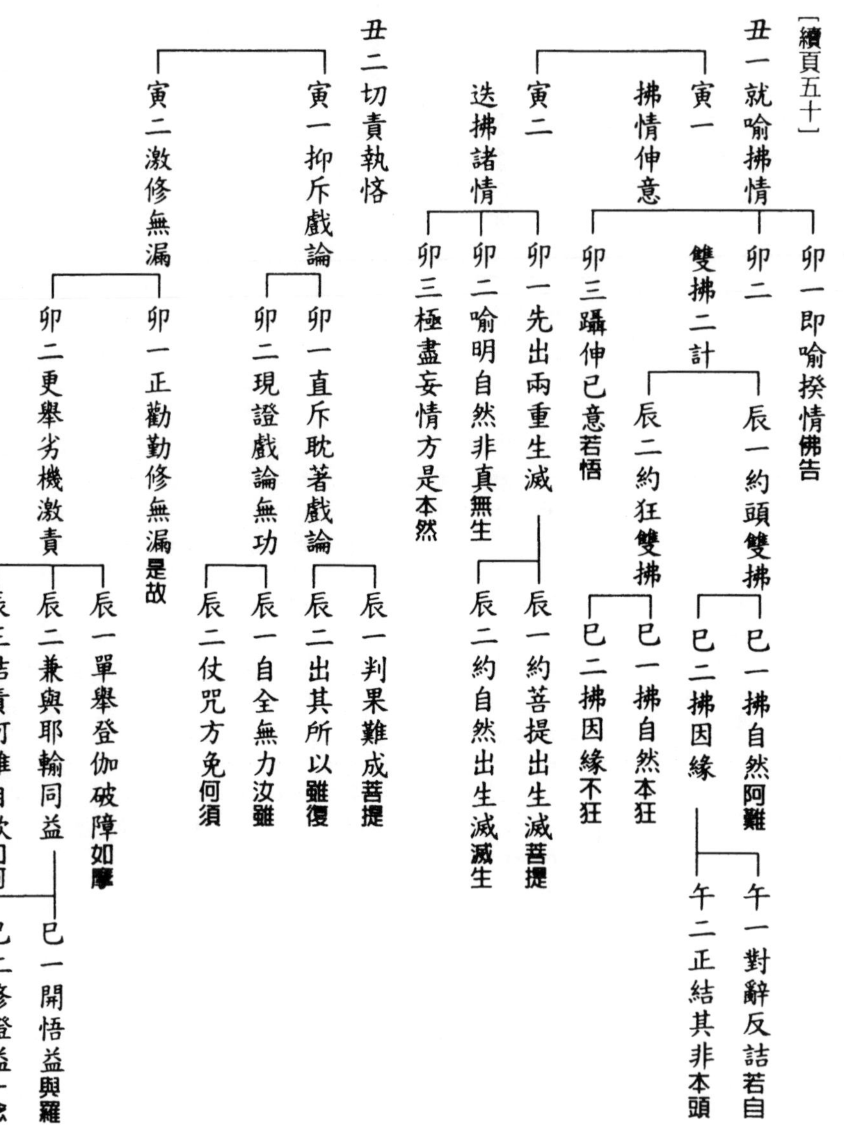

〔續頁五十〕
丑一就喻拂情
寅一拂情伸意
卯一即喻揆情佛告
卯二雙拂二計
辰一約頭雙拂
巳一拂自然阿難
巳二拂因緣
午一對辭反詰若自
午二正結其非本頭
辰二約狂雙拂
巳一拂自然本狂
巳二拂因緣不狂
卯三躡伸已意若悟
寅二迭拂諸情
卯一先出兩重生滅
辰一約菩提出生滅菩提
辰二約自然出生滅滅生
卯二喻明自然非真無生
卯三極盡妄情方是本然
丑二切責執悋
寅一抑斥戲論
卯一直斥耽著戲論
辰一判果難成菩提
辰二出其所以雖復
卯二現證戲論無功
辰一自全無力汝雖
辰二仗咒方免何須
寅二激修無漏
卯一正勸勤修無漏是故
卯二更舉劣機激責
辰一單舉登伽破障如摩
辰二兼與耶輸同益
巳一開悟益與羅
巳二修證益一念
辰三詰責阿難自欺如何

〔續頁一七〕

- 丁一、正說經
  - 戊一、說奢摩他令悟妙心本具圓定
  - 戊二、說三摩提令依妙心一門深入
  - 戊三、說禪那令住圓定歷位修證

- 戊二 說三摩提令依妙心一門深入
  - 己一 選根直入
    - 庚一 阿難說喻求門證入
      - 辛一 述領佛旨
        - 壬一 領開心之旨世尊
        - 壬二 領勸修之旨如來
      - 辛二 正喻須門我今
      - 辛三 求佛指示
        - 壬一 普求入大之路惟願
        - 壬二 別求有學總持令有
      - 辛四 拜懇候教作是
    - 庚二 如來教示一門深入
      - 辛一 分門以定二義：壬一 欲開修路（見頁五八）、壬二 建立義門（見頁五八） 疏廿~疏廿一
      - 辛二 證驗以釋二疑
        - 壬一 驗釋根性斷滅疑（見頁六一）
        - 壬二 證釋別有結元疑（見頁六二） 疏廿二
      - 辛三 綰巾以示倫次
        - 壬一 阿難敘請（見頁六四）
        - 壬二 如來巧示（見頁六四）
        - 壬三 大眾悟明阿難
      - 辛四 冥授以選本根
        - 壬一 阿難請示本根（見頁六五）
        - 壬二 佛疊諸聖各說（見頁六五） 疏廿三~疏廿五
        - 壬三 佛疊文殊揀選（見頁七四） 疏廿六~疏廿七
    - 庚三 大眾承示開悟證入 疏卷廿八
      - 辛一 阿難一類開悟
        - 壬一 正明開悟於是
        - 壬二 復以喻明觀佛
      - 辛二 登伽一類證入
        - 壬一 得法眼淨普會
        - 壬二 成阿羅漢性比
        - 壬三 發菩提心無量

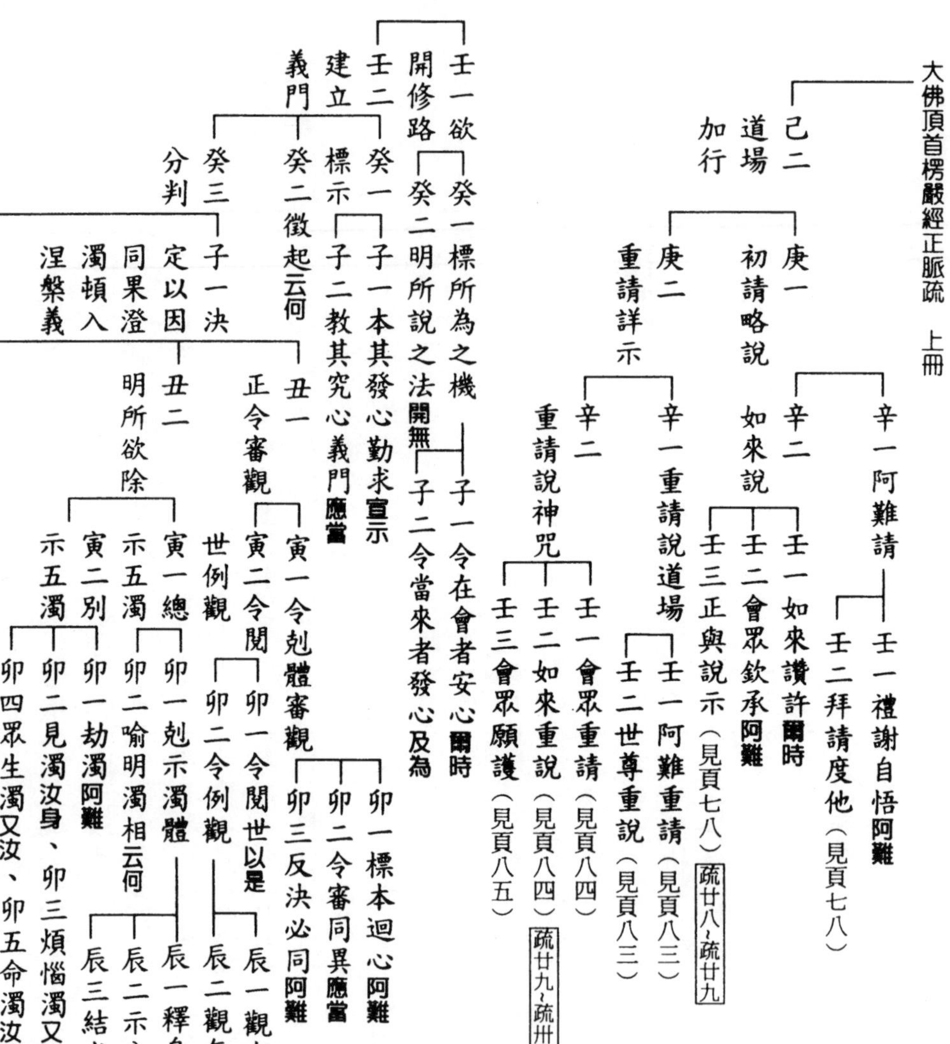

- 己二　道場加行
  - 庚一　初請略說
    - 辛一　阿難請
      - 壬一　禮謝自悟阿難
      - 壬二　拜請度他（見頁七八）
    - 辛二　如來說
      - 壬一　如來讚許爾時
      - 壬二　會眾欽承阿難
      - 壬三　正與說示（見頁七八）疏廿八~疏廿九
  - 庚二　重請詳示
    - 辛一　重請說道場
      - 壬一　阿難重請（見頁八三）
      - 壬二　世尊重說（見頁八三）
    - 辛二　重請說神咒
      - 壬一　會眾重請（見頁八四）
      - 壬二　如來重說（見頁八四）疏廿九~疏卅
      - 壬三　會眾願護（見頁八五）

- 壬一　欲開修路
  - 癸一　標所為之機
    - 子一　令在會者安心爾時
    - 子二　令當來者發心及為
  - 癸二　明所說之法開無
- 壬二　建立義門
  - 癸一　標示
    - 子一　本其發心勤求宣示
    - 子二　教其究心義門應當
  - 癸二　徵起云何
  - 癸三　分判
    - 子一　決定以因同果澄濁頓入涅槃義
      - 丑一　正令審觀
        - 寅一　令剋體審觀
          - 卯一　標本迴心阿難
          - 卯二　令審同異應當
          - 卯三　反決必同阿難
        - 寅二　令閱世例觀
          - 卯一　令閱世以是
          - 卯二　令例觀
            - 辰一　觀有作必壞可作
            - 辰二　觀無作不壞然終
      - 丑二　明所欲除
        - 寅一　總示五濁
          - 卯一　剋示濁體
            - 辰一　釋身中四大則汝
            - 辰二　示分隔圓明由此
            - 辰三　結成濁標數從始
          - 卯二　喻明濁相云何
        - 寅二　別示五濁
          - 卯一　劫濁阿難
          - 卯二　見濁汝身、卯三　煩惱濁又汝
          - 卯四　眾生濁又汝、卯五　命濁汝等

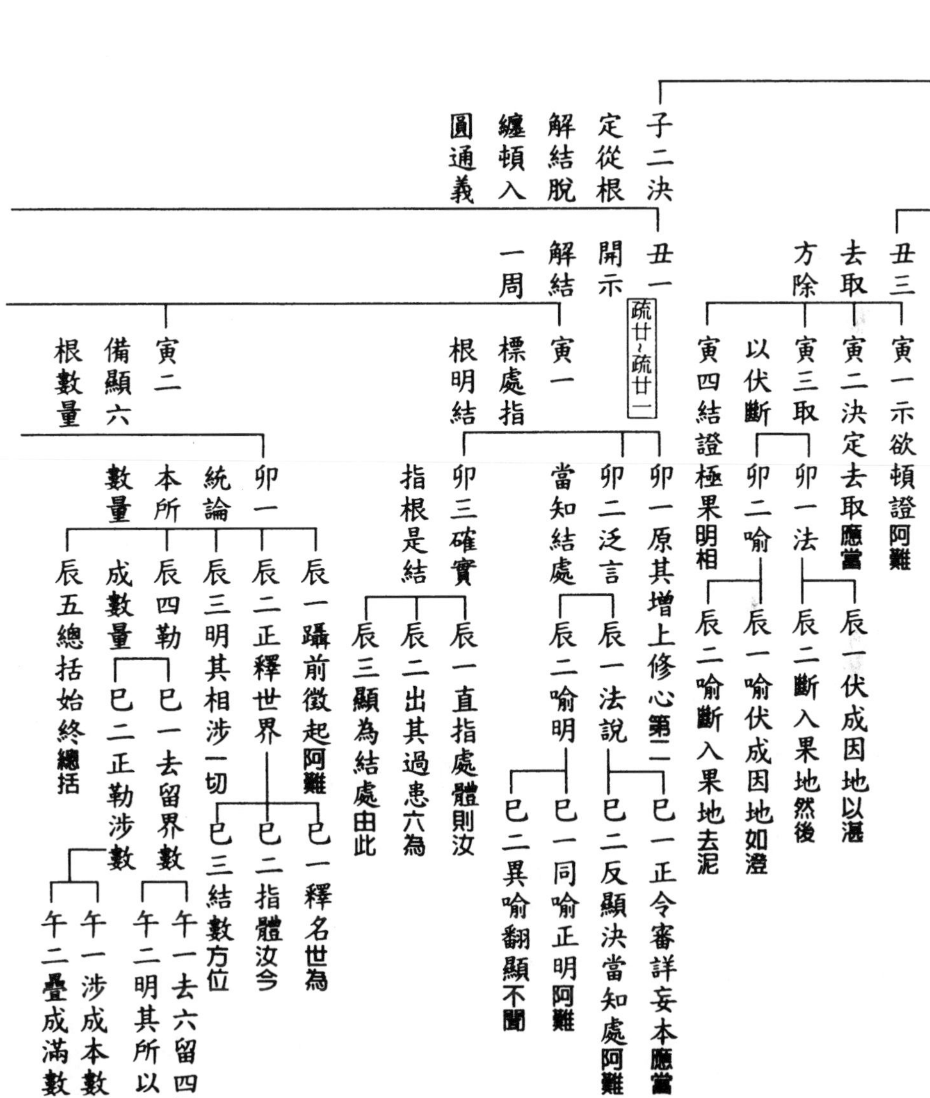
子二決定從根解結脫纏頓入圓通義
丑三去取方除
寅一示欲頓證阿難
寅二決定去取應當
寅三取以伏斷
卯一法
辰一伏成因地以濕
辰二斷入果地然後
卯二喻
辰一喻伏成因地如澄
辰二喻斷入果地去泥
寅四結證極果明相
丑一開示解結一周
疏廿~疏廿一
寅一標處指根明結
卯一原其增上修心第二
巳一正令審詳妄本應當
卯二泛言當知結處
辰一法說
巳二反顯決當知處阿難
辰二喻明
巳一同喻正明阿難
巳二異喻翻顯不聞
卯三確實指根是結
辰一直指處體則汝
辰二出其過患六為
辰三顯為結處由此
寅二備顯六根數量
卯一統論本所數量
辰一躡前徵起阿難
辰二正釋世界
巳一釋名世為
巳二指體汝今
巳三結數方位
辰三明其相涉一切
辰四勒成數量
巳一去留界數
午一去六留四而此
午二明其所以上下
巳二正勒涉數
午一涉成本數四數
午二疊成滿數流變
辰五總括始終總括

- 卯二 揀別隨方數量
  - 辰一 總令克定阿難
  - 辰二 別示具缺
    - 巳一 眼根缺如眼、巳二 耳根具如耳
    - 巳三 鼻根缺如鼻、巳四 舌根具如舌
    - 巳五 身根缺如身、巳六 意根具如意

疏卷廿一

- 寅三 教其悟圓入一
  - 卯一 令驗六悟圓
    - 辰一 本其欲證無生阿難
    - 辰二 令其驗六推詳當驗
    - 辰三 顯示圓通勝進若能
  - 卯二 令入一解六
    - 辰一 舉前數量我今
    - 辰二 令其擇修隨汝
    - 辰三 出擇一由
      - 巳一 十方統論則無擇十方
      - 巳二 此方就機故須擇但汝
    - 辰四 一入六解入一

- 丑二 因問重申委悉
  - 寅一 阿難躡前發問阿難
  - 寅二 如來就問重申
    - 卯一 申惑執尚深
      - 辰一 直明我執未盡佛告
      - 辰二 況顯法執全在何況
    - 卯二 申一六由妄
      - 辰一 雙以徵起今汝
      - 辰二 別破二計
        - 巳一 破計一阿難
        - 巳二 破計六若此
      - 辰三 承明上義是故
      - 辰四 推原由妄阿難
      - 辰五 判示當機汝須
      - 辰六 更以喻明
        - 巳一 舉喻
          - 午一 從一成六喻如太
          - 午二 除六說一喻除器
          - 午三 真體無干喻彼太
        - 巳二 合法則汝

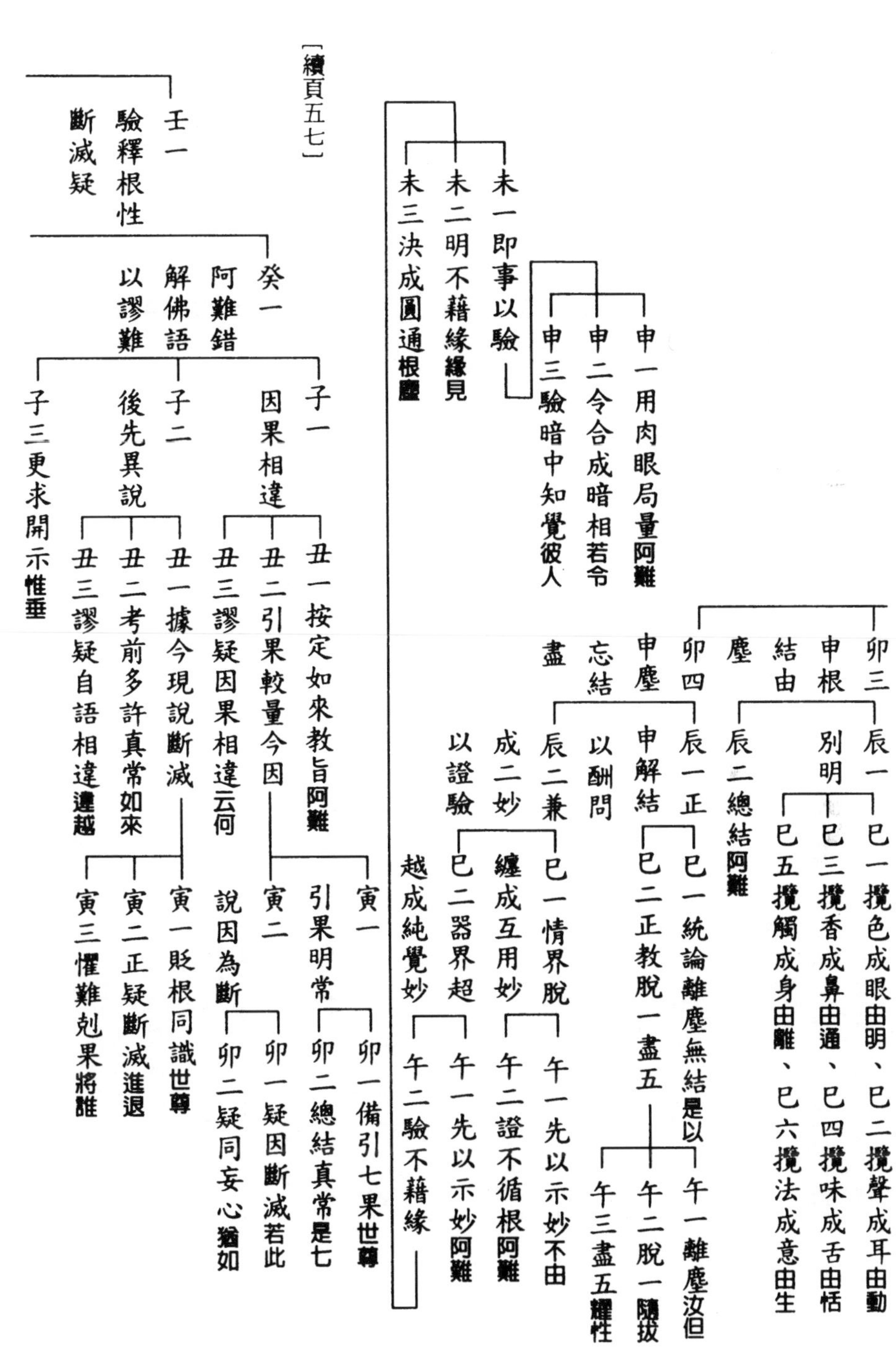

卯三 申根結由塵
辰一 別明
巳一 攬色成眼由明、巳二 攬聲成耳由動
巳三 攬香成鼻由通、巳四 攬味成舌由恬
巳五 攬觸成身由離、巳六 攬法成意由生
辰二 總結阿難
卯四 申塵忘結盡
辰一 正申解結以酬問
巳一 統論離塵無結是以
巳二 正教脫一盡五
午一 離塵汝但
午二 脫一隨拔
午三 盡五耀性
辰二 兼成二妙以證驗
巳一 情界脫纏成互用妙
午一 先以示妙不由
午二 證不循根阿難
巳二 器界超越成純覺妙
午一 先以示妙阿難
午二 驗不藉緣
未一 即事以驗
申一 用肉眼局量阿難
申二 令合成暗相若令
申三 驗暗中知覺彼人
未二 明不藉緣緣見
未三 決成圓通根塵
〔續頁五七〕
壬一 驗釋根性斷滅疑
癸一 阿難錯解佛語以謬難
子一 因果相違
丑一 按定如來教旨阿難
丑二 引果較量今因
寅一 引果明常
卯一 備引七果世尊
卯二 總結真常是七
寅二 說因為斷
卯一 疑因斷滅若此
卯二 疑同妄心猶如
丑三 謬疑因果相違云何
子二 後先異說
丑一 據今現說斷滅
寅一 貶根同識世尊
寅二 正疑斷滅進退
寅三 懼難剋果將誰
丑二 考前多許真常如來
丑三 謬疑自語相違違越
子三 更求開示惟垂

- 癸二 如來即事驗常以釋疑
  - 子一 許以除疑：丑一責徒聞未識佛告、丑二許即事除疑恐汝
  - 子二 擊鐘驗常
    - 丑一 兩翻問答：寅一問聞答聞（見頁六四）、寅二問聲答聲（見頁六四）
    - 丑二 責其矯亂：寅一直責矯亂佛語、寅二因問勘定大衆
    - 丑三 破申正義
      - 寅一 先破滅無之見
        - 卯一 取更擊以驗未滅阿難
        - 卯二 取知無以驗不無知有
      - 寅二 後申真常正義是故
    - 丑四 責迷戒謬汝尚
  - 子三 引夢驗常
    - 丑一 驗夢不昧
      - 寅一 夢外實境如重、寅二夢中誤認其人
      - 寅三 分別不昧即於、寅四寤時述誤於時
    - 丑二 決定性常：寅一即離塵不昧阿難、寅二知形銷不滅縱汝
  - 子四 申迷教守
    - 丑一 普申迷常故墮無常：寅一明逐妄迷真以諸、寅二結無常流轉不循
    - 丑二 教令守常必成正覺
      - 寅一 正教守常若棄、寅二六解一忘
        - 卯一 常光現而六解常光
        - 卯二 緣影盡而一忘想相
      - 寅三 決成正覺云何

- 壬二 證釋別有結元疑　疏卷廿二
  - 癸一 阿難別求結元
    - 子一 就喻索元阿難
    - 子二 引入合喻
      - 丑一 先與合定世尊
      - 丑二 詳開合文
        - 寅一 遠敘妄纏從無、寅二願佛慈示惟願
        - 寅三 兼被未來亦令　疏廿二
    - 子三 哀求指示作是
  - 癸二 如來證無他物
    - 子一 諸佛同證
      - 丑一 慰衆摩頂
        - 寅一 慰念現在爾時、寅二慰念未來亦為
        - 寅三 摩當機頂以圓
      - 丑二 動十方界即時
        - 寅一 各放頂光微塵、寅二來灌佛頂其光
        - 寅三 大衆喜慶是諸
      - 丑三 感諸佛瑞
      - 丑四 聞諸佛言
        - 寅一 標普聞同音於是
        - 寅二 述諸佛教言
          - 卯一 告結無他物善哉
          - 卯二 告解無他物汝復

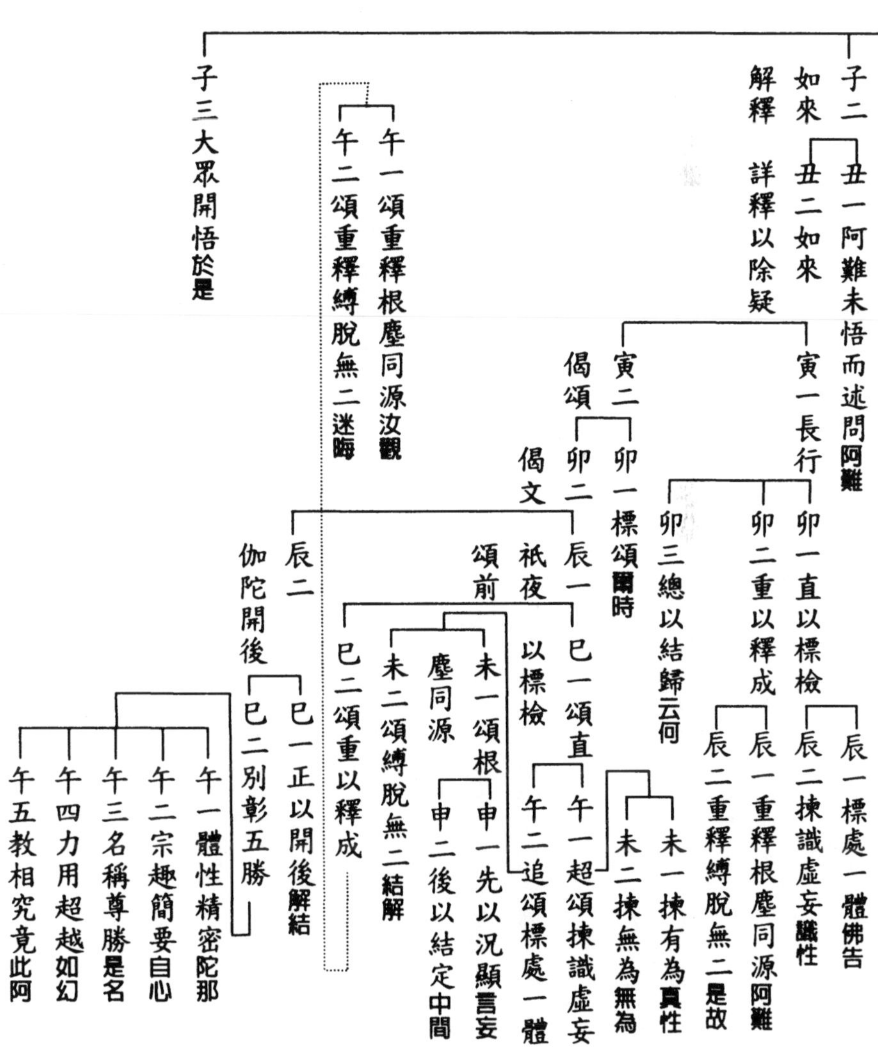

子二 如來解釋
丑一 阿難未悟而述問阿難
丑二 如來詳釋以除疑
寅一 長行
卯一 直以標檢
辰一 標處一體佛告
辰二 揀識虛妄識性
卯二 重以釋成
辰一 重釋根塵同源阿難
辰二 重釋縛脫無二是故
卯三 總以結歸云何
寅二 偈頌
卯一 標頌爾時
卯二 偈文
辰一 祇夜頌前
巳一 頌直以標檢
午一 超頌揀識虛妄
未一 揀有為真性
未二 揀無為無為
午二 追頌標處一體
未一 頌根塵同源
申一 先以況顯言妄
申二 後以結定中間
未二 頌縛脫無二結解
巳二 頌重以釋成
午一 頌重釋根塵同源汝觀
午二 頌重釋縛脫無二迷晦
辰二 伽陀開後
巳一 正以開後解結
巳二 別彰五勝
午一 體性精密陀那
午二 宗趣簡要自心
午三 名稱尊勝是名
午四 力用超越如幻
午五 教相究竟此阿
子三 大眾開悟於是

〔續頁六二〕

- 丑一兩翻問答
  - 寅一問聞答聞
    - 卯一三次致審
      - 辰一先審有聞即時
      - 辰二次審無聞鐘歇
      - 辰三復審有聞時羅
    - 卯二重與確定佛問
  - 寅二問聲答聲
    - 卯一三次致審
      - 辰一先審有聲如來
      - 辰二次審無聲少選
      - 辰三復審有聲有頃
    - 卯二重與確定佛問

〔續頁五七〕

- 壬一阿難敘請：癸一敘已領阿難、癸二敘未明心猶、癸三請垂示惟垂
- 壬二如來巧示
  - 癸一巧立喻本
    - 子一元依一巾即時
    - 子二綰成六結
      - 丑一歷問以顯次第於大
      - 丑二故問以示結同佛告
  - 癸二分答二問
    - 子一答六解一亡
      - 丑一示從至同而遂成至異
        - 寅一就喻辯定
          - 卯一按定同異佛告、卯二強異為同於意
          - 卯三阿難不許不也、卯四如來印定佛言
        - 寅二以法合喻則汝
      - 丑二示除至異而仍成至同：寅一就喻辯定佛告、寅二以法合喻佛言
    - 子二答舒結倫次
      - 丑一結之倫次
        - 寅一順次成結由汝、寅二更以喻明如勞
        - 寅三逆次合喻一切
      - 丑二舒之倫次
        - 寅一阿難求解倫次阿難
        - 寅二如來因問發明（見頁六五）

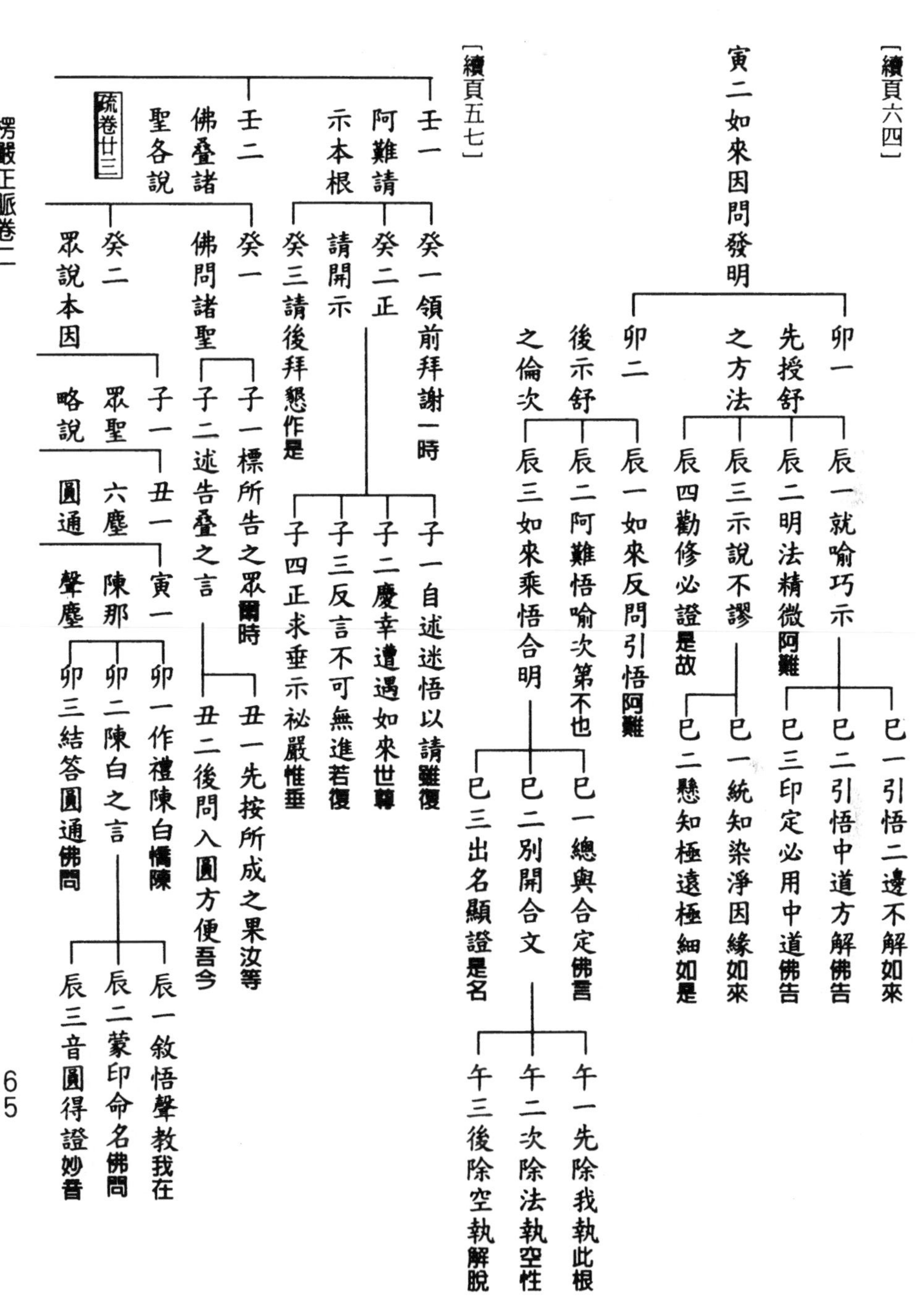
[續頁六四]
寅二如來因問發明
卯一先授舒之方法
辰一就喻巧示
巳一引悟二邊不解如來
巳二引悟中道方解佛告
巳三印定必用中道佛告
辰二明法精微阿難
辰三示說不謬
巳一統知染淨因緣如來
巳二懸知極遠極細如是
辰四勸修必證是故
卯二後示舒之倫次
辰一如來反問引悟阿難
辰二阿難悟喻次第不也
辰三如來乘悟合明
巳一總與合定佛言
巳二別開合文
午一先除我執此根
午二次除法執空性
午三後除空執解脫
巳三出名顯證是名
[續頁五七]
壬一阿難請示本根
癸一領前拜謝一時
癸二正請開示
子一自述迷悟以請雖復
子二慶幸遭遇如來世尊
子三反言不可無進若復
子四正求垂示祕嚴惟垂
癸三請後拜懇作是
壬二佛疊諸聖各說
疏卷廿三
癸一佛問諸聖
子一標所告之眾爾時
子二述告疊之言
丑一先按所成之果汝等
丑二後問入圓方便吾今
癸二眾說本因
子一眾聖略說
丑一六塵圓通
寅一陳那聲塵
卯一作禮陳白憍陳
卯二陳白之言
辰一敘悟聲教我在
辰二蒙印命名佛問
辰三音圓得證妙音
卯三結答圓通佛問

- 寅二 優波 色塵
  - 卯一 作禮陳白優波
  - 卯二 陳白之言
    - 辰一 敘悟色性我亦
    - 辰二 蒙印命名如來
    - 辰三 色圓得果塵色
  - 卯三 結答圓通佛問
- 寅三 香嚴 香塵
  - 卯一 作禮陳白香嚴
  - 卯二 陳白之言
    - 辰一 敘悟香塵
      - 巳一 因觀有為我聞
      - 巳二 靜處聞香我時
      - 巳三 即香發明我觀
    - 辰二 蒙印命名如來
    - 辰三 香圓得果塵氣
  - 卯三 結答圓通佛問
- 寅四 藥王 味塵
  - 卯一 作禮陳白藥王
  - 卯二 陳白之言
    - 辰一 敘悟味塵
      - 巳一 宿因嘗藥我無
      - 巳二 備達藥性如是
      - 巳三 即味開悟承事
    - 辰二 蒙印命名蒙佛
    - 辰三 覺味得果因味
  - 卯三 結答圓通佛問
- 寅五 跋陀 觸塵
  - 卯一 作禮陳白跋陀
  - 卯二 陳白之言
    - 辰一 敘悟觸塵
      - 巳一 宿因入室我等
      - 巳二 即觸發悟忽悟
      - 巳三 習留今證宿習
    - 辰二 蒙印命名彼佛
    - 辰三 觸明得果妙觸
  - 卯三 結答圓通佛問
- 寅六 迦葉 法塵
  - 卯一 作禮陳白摩訶
  - 卯二 陳白之言
    - 辰一 敘悟法塵
      - 巳一 宿因感報我於
      - 巳二 兼同眷屬此紫
      - 巳三 觀法得果我觀
    - 辰二 蒙佛印可世尊
    - 辰三 法明滅漏妙法
  - 卯三 結答圓通佛問

- 丑二 五根圓通
  - 寅一 那律眼根
    - 卯一 作禮陳白阿那
    - 卯二 陳白之言
      - 辰一 因訶失目我初、辰二承示三昧世尊
      - 辰三 遂得心眼我不、辰四蒙佛印證如來
    - 卯三 結答圓通佛問
  - 寅二 周利鼻根
    - 卯一 作禮陳白周利
    - 卯二 陳白之言
      - 辰一 因闕誦持我闕、辰二奉教調息佛愍
      - 辰三 開悟得果其心、辰四蒙佛印證住佛
    - 卯三 結答圓通佛問
  - 寅三 憍梵舌根
    - 卯一 作禮陳白憍梵
    - 卯二 陳白之言
      - 辰一 口業招報我有、辰二奉教止觀如來
      - 辰三 超離得果應念、辰四蒙佛印證如來
    - 卯三 結答圓通佛問
  - 寅四 畢陵身根
    - 卯一 作禮陳白畢陵
    - 卯二 陳白之言
      - 辰一 聞談苦諦我初、辰二注思傷足乞食
      - 辰三 研窮身覺
        - 巳一 敘述二覺我念
        - 巳二 研窮無二我又
      - 辰四 入空得果攝念
      - 辰五 蒙佛印證得親
    - 卯三 結答圓通佛問
  - 寅五 空生意根
    - 卯一 作禮陳白須菩
    - 卯二 陳白之言
      - 辰一 宿命知空
        - 巳一 遠通宿命不忘我曠
        - 巳二 依正自他皆空初在
      - 辰二 承教證入
        - 巳一 悟證自果蒙如
        - 巳二 同佛知見頓入
      - 辰三 蒙佛印證印成
    - 卯三 結答圓通佛問

- 丑三 六識圓通
  - 寅一 鶖子眼識
    - 卯一 作禮陳白舍利
    - 卯二 陳白之言
      - 辰一 眼識夙利我曠
      - 辰二 逢教增悟我於
      - 辰三 從佛高證從佛
    - 卯三 結答圓通佛問
  - 寅二 普賢耳識
    - 卯一 作禮陳白普賢
    - 卯二 陳白之言
      - 辰一 輔化垂範我已
      - 辰二 耳識鑑機世尊
      - 辰三 普護行人若於
    - 卯三 結答圓通佛問
  - 寅三 孫陀鼻識
    - 卯一 作禮陳白孫陀
    - 卯二 陳白之言
      - 辰一 出家心散我初、辰二奉教觀鼻世尊
      - 辰三 從鼻悟證
        - 巳一 初見息煙而悟徹我初
        - 巳二 次化息光而證果心開
      - 辰四 蒙佛授記世尊
    - 卯三 結答圓通佛問
  - 寅四 滿慈舌識
    - 卯一 作禮陳白富樓
    - 卯二 陳白之言
      - 辰一 宿辯說法
        - 巳一 久弘權實我曠
        - 巳二 廣衍微妙如是
      - 辰二 承教得果
        - 巳一 承教音輪世尊
        - 巳二 輔化得果我於
      - 辰三 蒙佛印許世尊
    - 卯三 結答圓通佛問
  - 寅五 波離身識
    - 卯一 作禮陳白優波
    - 卯二 陳白之言
      - 辰一 親見成佛我親
      - 辰二 秉戒得果承佛
      - 辰三 蒙佛印許我是
    - 卯三 結答圓通佛問
  - 寅六 目連意識
    - 卯一 作禮陳白大目
    - 卯二 陳白之言
      - 辰一 遇教發心我初
      - 辰二 蒙度證通如來
      - 辰三 諸佛印許寧惟
    - 卯三 結答圓通佛問

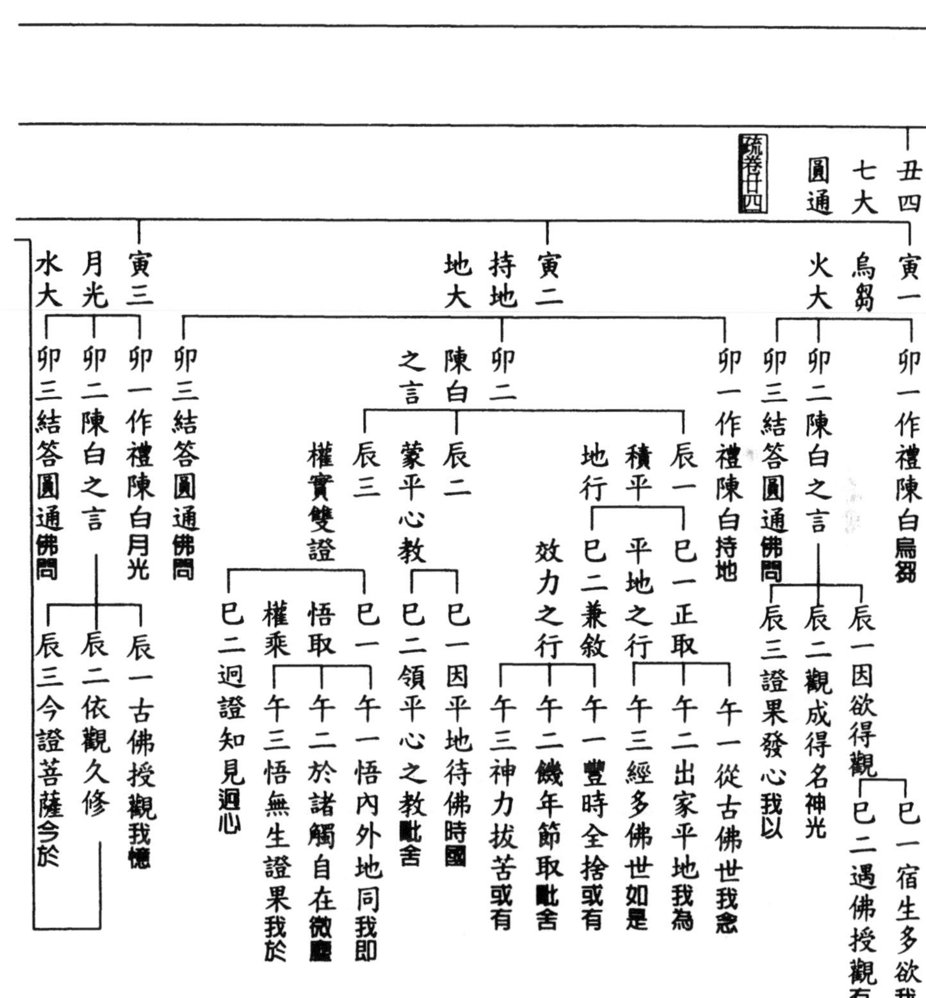
丑四 七大圓通
疏卷廿四
寅一 烏芻火大
卯一作禮陳白烏芻
卯二陳白之言
辰一因欲得觀
巳一宿生多欲我常
巳二遇佛授觀有佛
辰二觀成得名神光
辰三證果發心我以
卯三結答圓通佛問
寅二 持地地大
卯一作禮陳白持地
卯二陳白之言
辰一積平地行
巳一正取平地之行
午一從古佛世我念
午二出家平地我為
午三經多佛世如是
巳二兼敘效力之行
午一豐時全捨或有
午二饑年節取畝舍
午三神力拔苦或有
辰二蒙平心教
巳一因平地待佛時國
巳二領平心之教畝舍
辰三權實雙證
巳一悟取權乘
午一悟內外地同我即
午二於諸觸自在微塵
午三悟無生證果我於
巳二迴證知見迴心
卯三結答圓通佛問
寅三 月光水大
卯一作禮陳白月光
卯二陳白之言
辰一古佛授觀我憶
辰二依觀久修
辰三今證菩薩今於
卯三結答圓通佛問

- 巳一　習觀初後：午一初觀身中觀於、午二後合界外見水
- 巳二　觀成淺深
  - 午一　初成未得忘身
    - 未一　標身未忘我於
    - 未二　即事以證
      - 申一　定中現水當為
      - 申二　投物心痛
        - 酉一　正敘痛由童稚
        - 酉二　無知起惑我自
      - 申三　除去如初
        - 酉一　童子具陳爾時
        - 酉二　教以除去我則
        - 酉三　復見依除童子
        - 酉四　出定無恙我後
  - 午二　後方忘身合界逢無

- 寅四　琉璃風大
  - 卯一　作禮陳白琉璃
  - 卯二　陳白之言
    - 辰一　古佛示觀
      - 巳一　標遠劫佛名我憶
      - 巳二　示能觀本智開示
      - 巳三　示所觀風力觀此
    - 辰二　觀破群動
      - 巳一　歷觀動同我於
      - 巳二　了動虛妄我時
      - 巳三　閱世喻狂如是
    - 辰三　頓證徹悟
      - 巳一　逢佛速證逢佛
      - 巳二　心開事佛爾時
      - 巳三　身心無礙身心
  - 卯三　結答圓通佛問

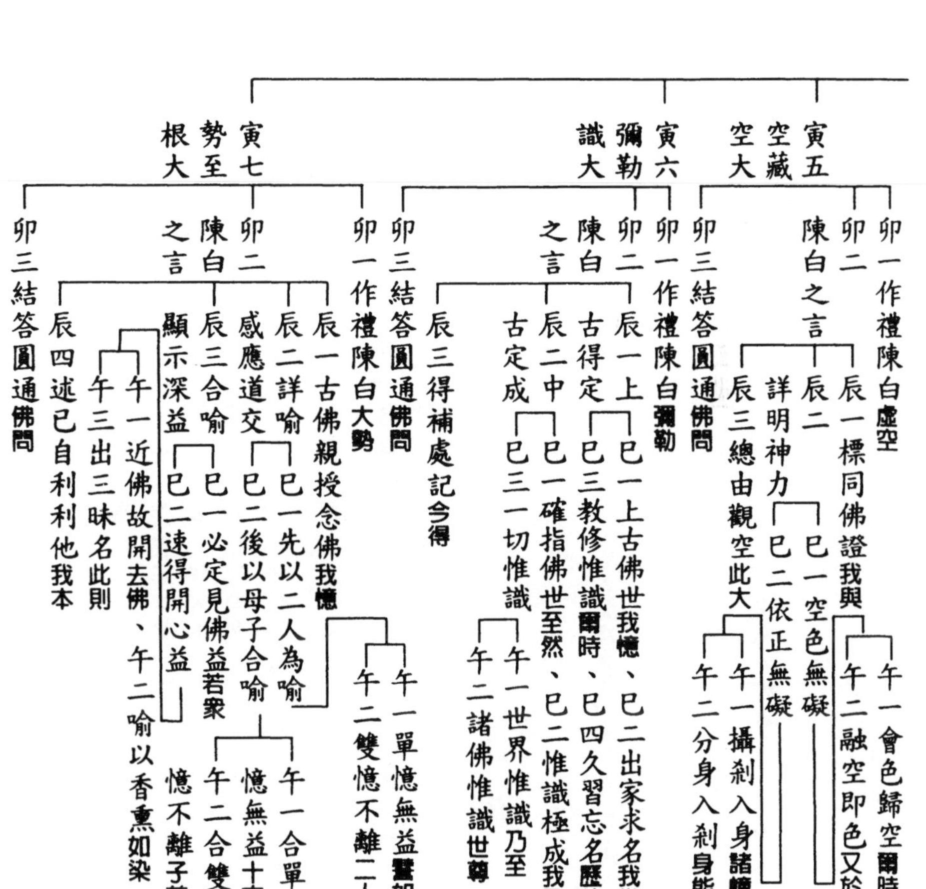
寅五 空藏空大
卯一 作禮陳白虛空
卯二 陳白之言
辰一 標同佛證我與
午一 會色歸空爾時
午二 融空即色又於
辰二 詳明神力
巳一 空色無礙
巳二 依正無礙
辰三 總由觀空此大
午一 攝剎入身諸幢
午二 分身入剎身能
卯三 結答圓通佛問
寅六 彌勒識大
卯一 作禮陳白彌勒
卯二 陳白之言
辰一 上古得定
巳一 上古佛世我憶、巳二 出家求名我從
巳三 教修惟識爾時、巳四 久習忘名歷劫
辰二 中古定成
巳一 確指佛世至然、巳二 惟識極成我乃
巳三 一切惟識
午一 世界惟識乃至
午二 諸佛惟識世尊
辰三 得補處記今得
卯三 結答圓通佛問
寅七 勢至根大
卯一 作禮陳白大勢
卯二 陳白之言
辰一 古佛親授念佛我憶
午一 單憶無益譬如
午二 雙憶不離二人
辰二 詳喻感應道交
巳一 先以二人為喻
巳二 後以母子合喻
午一 合單憶無益十方
午二 合雙憶不離子若
辰三 合喻顯示深益
巳一 必定見佛益若衆
巳二 速得開心益
辰四 述已自利利他我本
午一 近佛故開去佛、午二 喻以香熏如染
午三 出三昧名此則
卯三 結答圓通佛問

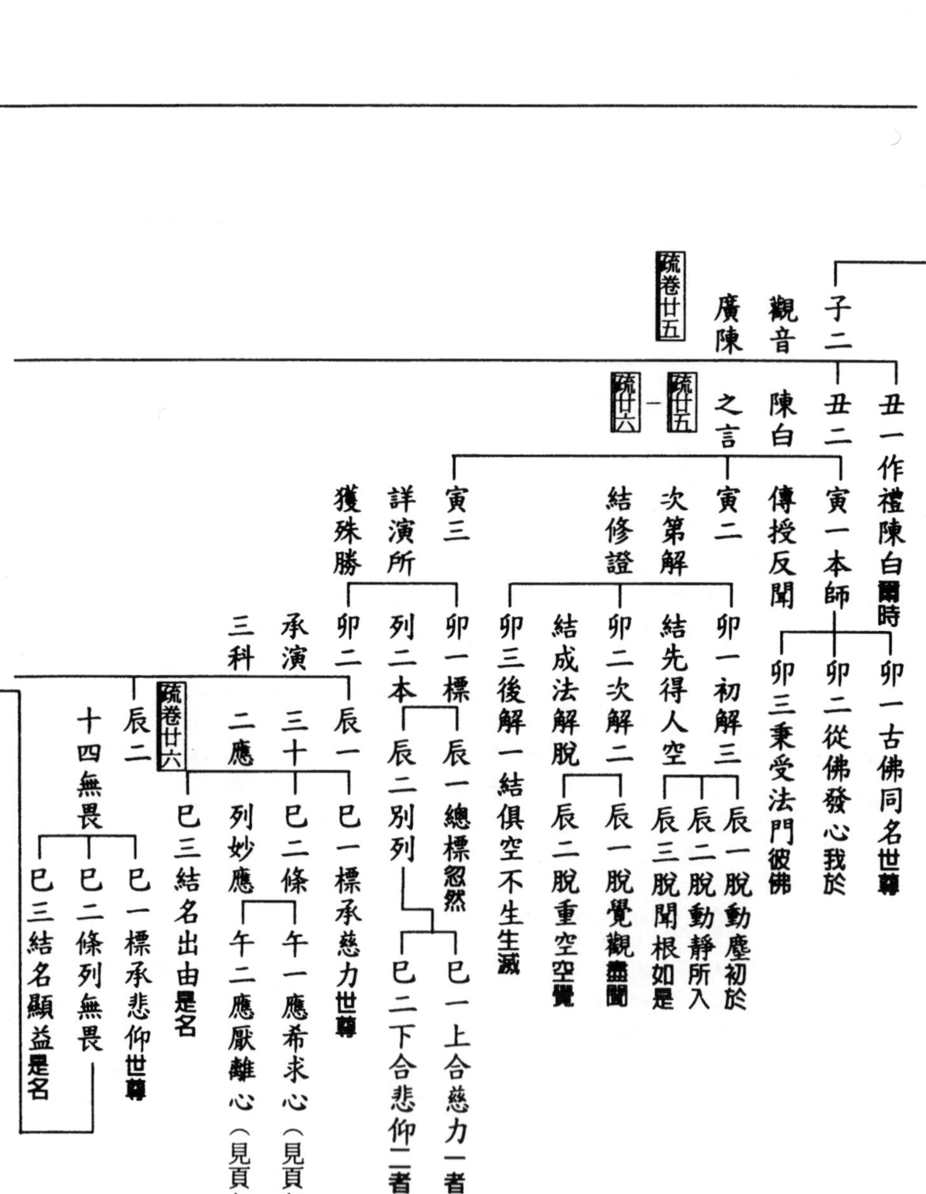
子二 觀音陳白 廣陳之言
疏卷廿五
丑一 作禮陳白圓時
卯一 古佛同名世尊
卯二 從佛發心我於
卯三 秉受法門彼佛
丑二
疏廿五
疏廿六
寅一 本師傳授反聞
寅二 次第解結修證
卯一 初解三 結先得人空
辰一 脫動塵初於
辰二 脫動靜所入
辰三 脫聞根如是
卯二 次解二 結成法解脫
辰一 脫覺觀盡聞
辰二 脫重空空覺
卯三 後解一結俱空不生生滅
寅三 詳演所獲殊勝
卯一 標列二本
辰一 總標忽然
巳一 上合慈力一者
巳二 下合悲仰二者
辰二 別列
卯二 承演三科
辰一 三十二應
疏卷廿六
巳一 標承慈力世尊
巳二 條列妙應
午一 應希求心（見頁七四）
午二 應厭離心（見頁七五）
巳三 結名出由是名
辰二 十四無畏
巳一 標承悲仰世尊
巳二 條列無畏
巳三 結名顯益是名

- 午一 八難無畏
  - 未一 苦惱難一者、未二 火燒難二者
  - 未三 水溺難三者、未四 鬼害難四者
  - 未五 刀兵難五者、未六 鬼見難六者
  - 未七 枷鎖難七者、未八 賊盜難八者
- 午二 三毒無畏
  - 未一 貪毒九者、未二 瞋毒十者
  - 未三 癡毒十一
- 午三 二求無畏
  - 未一 求男十二
  - 未二 求女十三
- 午四 持名無畏
  - 未一 合界菩薩功德十四
  - 未二 一己圓通徧含由我
  - 未三 一號功齊眾號能令
  - 未四 更出同功之由世尊

- 辰三 四不思議
  - 巳一 總承圓通世尊
  - 巳二 分條別列 （見頁七五）

- 丑三 結答圓通
  - 寅一 正結圓通佛問、寅二 兼明授記世尊
  - 寅三 更述名稱由我 疏廿七

- 癸三 佛現瑞應
  - 子一 彰圓通總相：丑一 以自徹他因果瑞爾時、丑二 以他徹自因果瑞彼諸
  - 子二 顯圓通別相
    - 丑一 聲色微妙瑞林木、丑二 悟證相應瑞是諸
    - 丑三 行智妙嚴瑞即時、丑四 相性融一瑞此娑
  - 子三 示圓通法樂梵唄

- 壬三 佛叠文殊揀選
  - 癸一 如來叠選
    - 子一 先示諸說平等
      - 丑一 令觀能說諸聖於是、丑二 次示所說圓通各說
      - 丑三 正明平等無別彼等
    - 子二 後出揀選本意
      - 丑一 欲契對當機我今、丑二 欲垂範未來兼我
      - 丑三 問何門易成何方
  - 疏卷廿七
  - 癸二 文殊偈對
    - 子一 敘儀標偈文殊
    - 子二 詳演偈文
      - 丑一 發源開選（見頁七五）、丑二 了揀諸門（見頁七六）
      - 丑三 獨選耳根（見頁七六）、丑四 普勸修持（見頁七七）
      - 丑五 結答請加（見頁七七）、丑六 總結義盡真實

［續頁七二］午一 應希求心

- 未一 應求聖乘：申一 菩薩世尊、申二 獨覺若諸、申三 緣覺若諸、申四 聲聞若諸
- 未二 應求雜趣
  - 申一 諸天
    - 酉一 天主
      - 戌一 梵天王若諸、戌二 帝釋天若諸
      - 戌三 自在天若諸、戌四 大自在若諸
    - 酉二 天臣：戌一 上將若諸、戌二 四王若諸、戌三 太子若諸
  - 申二 人趣
    - 酉一 世諦男子
      - 戌一 人主若諸
      - 戌二 臣民
        - 亥一 長者若諸、亥二 居士若諸
        - 亥三 宰官若諸、亥四 術士若諸
    - 酉二 奉教男女
      - 戌一 出家二眾：亥一 比丘若有、亥二 比丘尼若有
      - 戌二 在家二眾：亥一 優婆塞若有、亥二 優婆夷若有
    - 酉三 世諦女人若有
    - 酉四 童真男女：戌一 童男若有、戌二 童女若有

［續頁七二］午二應厭離心
- 未一八部眾
  - 申一天眾若有、申二龍眾若有、申三藥叉眾若有、申四乾闥婆若乾、申五阿修羅若阿、申六緊那羅若緊、申七摩呼羅伽若摩
- 未二人非人眾：申一人眾若諸、申二非人眾若諸

［續頁七三］巳二分條別列
- 午一同體形勅不思議
  - 未一由根不隔一者
  - 未二一體多用故我
  - 未三偏詳現形
    - 申一備彰多相
      - 酉一多首其中
      - 酉二多臂二臂
      - 酉三多目二目
    - 申二差別護生或慈
- 午二異體形勅不思議
  - 未一由聞脫塵二者
  - 未二令生脫畏
    - 申一各形各勅故我
    - 申二雙顯護生其形
    - 申三結得名稱是故
- 午三破慳感求不思議三者
- 午四供養佛生不思議
  - 未一由得究竟四者
  - 未二故廣供養
    - 申一上供十方佛能以
    - 申二傍及六道品
      - 酉一總標及生傍及
      - 酉二歷舉應求求妻
      - 酉三超至究竟如是

［續頁七四］丑一發源開選 疏廿七
- 寅一雙示二源：卯一所依真源覺海、卯二能依妄源元明
- 寅二略彰生滅：卯一萬法生起迷妄、卯二萬法還滅
  - 辰一先彰劣妄空生
  - 辰二後明頓滅漏滅
- 寅三正明須選：卯一諸門平等歸元、卯二須選當根初心

［續頁七四］丑二了揀諸門

- 寅一揀六塵
  - 卯一色塵不徹色想、卯二聲塵言偏音聲、卯三香塵不恆香以
  - 卯四味塵不一味性、卯五觸塵不定觸以、卯六法塵不徧法稱
- 寅二揀五根
  - 卯一眼根不圓見性、卯二鼻根缺中鼻息、卯三舌根不常舌非
  - 卯四身根不會身與、卯五意根雜念知根
- 寅三揀六識
  - 卯一眼識無定識見、卯二耳識非初心聞、卯三鼻識有住鼻想
  - 卯四舌識有漏說法、卯五身識不徧持犯、卯六意識緣物神通
- 寅四揀七大
  - 卯一地大非通若以、卯二水大非真若以、卯三火大非初若以、卯四風大有對若以
  - 卯五空大非覺若以、卯六識大虛妄若以、卯七根大殊感諸行

丑三獨選耳根

- 寅一備彰門妙
  - 卯一隨方定門我今
  - 卯二讚人殊勝
    - 辰一略讚自利離苦
    - 辰二廣讚利他
      - 巳一總明常徧於恆、巳二自在護生得大
      - 巳三音備眾美妙音、巳四恩沾凡聖救世
  - 卯三示法真實
    - 辰一標啟佛述說我今
    - 辰二列三種真實
      - 巳一圓真實靈如
      - 巳二通真實
        - 午一揀他非通目非
        - 午二顯自為通隔垣
      - 巳三常真實
        - 午一對塵顯常
          - 未一動靜無關音聲
          - 未二生滅雙離聲無
        - 午二離思顯常縱令
  - 卯四顯行當根
    - 辰一舉此方教體今此
    - 辰二明病在循聲
      - 巳一泛論失旨眾生
      - 巳二剋指證驗阿難
    - 辰三顯應病與藥豈非

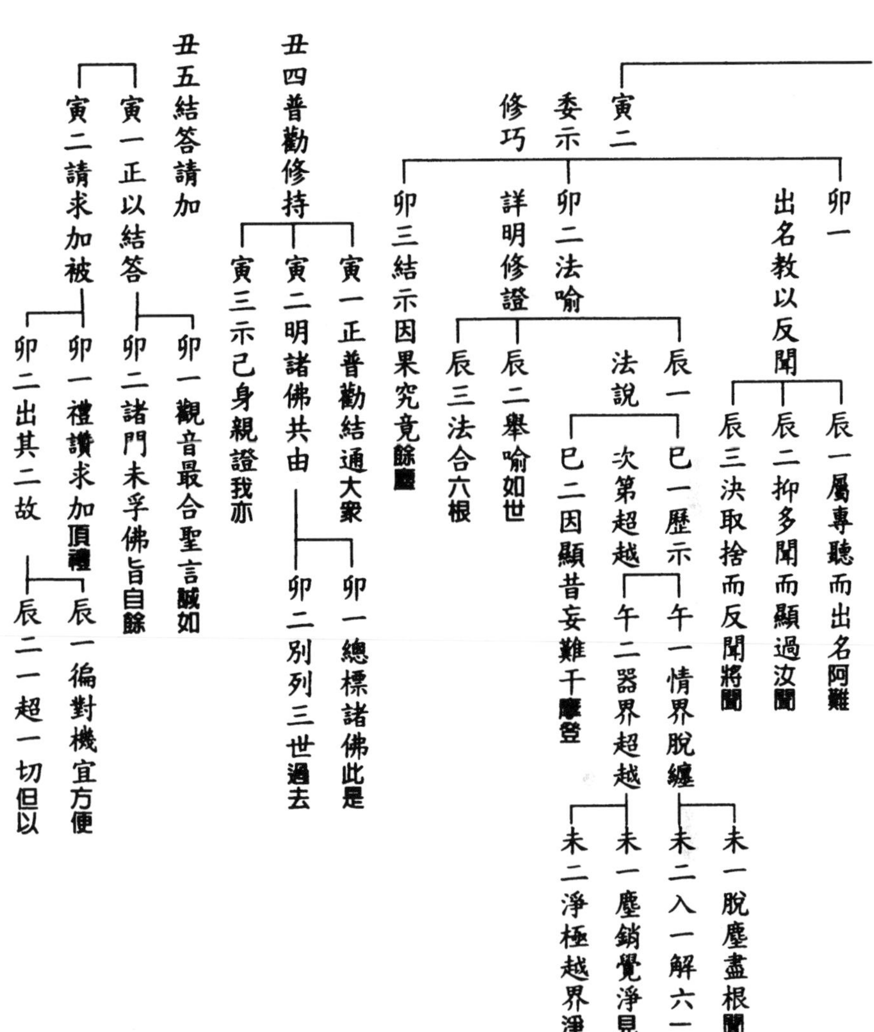

寅二委示修巧
卯一出名教以反聞
辰一屬專聽而出名阿難
辰二抑多聞而顯過汝聞
辰三決取捨而反聞將聞
卯二法喻詳明修證
辰一法說
巳一歷示次第超越
午一情界脫纏
未一脫塵盡根聞非
未二入一解六一根
午二器界超越
未一塵銷覺淨見聞
未二淨極越界淨極
巳二因顯昔妄難干塵登
辰二舉喻如世
辰三法合六根
卯三結示因果究竟餘塵
丑四普勸修持
寅一正普勸結通大衆
寅二明諸佛共由
卯一總標諸佛此是
卯二別列三世過去
寅三示己身親證我亦
丑五結答請加
寅一正以結答
卯一觀音最合聖言誠如
卯二諸門未孚佛旨自餘
寅二請求加被
卯一禮讚求加頂禮
卯二出其二故
辰一偏對機宜方便
辰二一超一切但以

〔續頁五八〕

- 壬二 拜請度他 疏廿八
  - 癸一 標意禮稱欲益
  - 癸二 求請之言
    - 子一 述己請意
      - 丑一 先明自悟我今
      - 丑二 後表為他
        - 寅一 引證佛言常聞
        - 寅二 願同菩薩我雖
    - 子二 正請道場
      - 丑一 明聖遠邪興世尊
      - 丑二 求遠離魔事欲攝
- 壬三 正與說示
  - 癸一 總舉三學
    - 子一 引律標義佛告
    - 子二 指實定名所謂
  - 癸二 別列三學
    - 子一 歷明預先嚴戒
      - 丑一 正教持戒 疏廿八～疏廿九
        - 寅一 躡前徵起阿難
        - 寅二 開釋四重（見頁八十）
        - 寅三 總結遠魔（見頁八二） 疏卷廿九
      - 丑二 助以咒力
        - 寅一 正以勸持讚勝（見頁七九）
        - 寅二 況顯除習無難（見頁七九）
    - 子二 略示場中定慧（見頁七九）

大佛頂首楞嚴經正脈疏卷三【科下】

經文卷七之一　疏卷二十九

- 壬三正與說示
  - 癸二別列三學
    - 子一歷明預先嚴戒
      - 丑一正教持戒 疏廿八、疏廿九 （接頁七八）
      - 丑二助以咒力
        - 寅一正以勸持讚勝
          - 卯一戒不能除若有
          - 卯二轉教勅遣汝教
          - 卯三讚勅最勝斯是
        - 寅二況顯除習無難
          - 卯一促舉無修尚證
            - 辰一舉愛習甚深且汝
            - 辰二示蒙宣脫證我一
            - 辰三表無修速資彼尚
          - 卯二況顯發心必除
            - 辰一明發無上心云何
            - 辰二喻除之最易譬如
    - 子二略示場中定慧
      - 丑一因戒生定
        - 寅一牒戒擇師
          - 卯一牒前持戒若有
          - 卯二正教擇師要當
          - 卯三不遇難成若其
        - 寅二誦勅結界戒成
        - 寅三定中求佛求於
      - 丑二因定發慧
        - 寅一約戒願久定
          - 卯一歷舉行人阿難
          - 卯二牒戒明願心滅
          - 卯三剋期久定出入
        - 寅二許顯加發慧我自

疏廿八

- 丑一正教持戒
  - 辰一曲分損益之相
    - 巳一首陳持犯利害
      - 午一持則必出生死若諸
      - 午二犯則必落魔道
        - 未一必不出塵汝修
        - 未二必墮魔類縱有
        - 未三兼成增慢彼等
    - 巳二預辨魔佛教儀
      - 午一貪婬化世即魔教
        - 未一預記末法我滅
        - 未二魔盛宣婬多此
        - 未三陷人壞道令諸
      - 午二教人斷婬即佛誨汝教

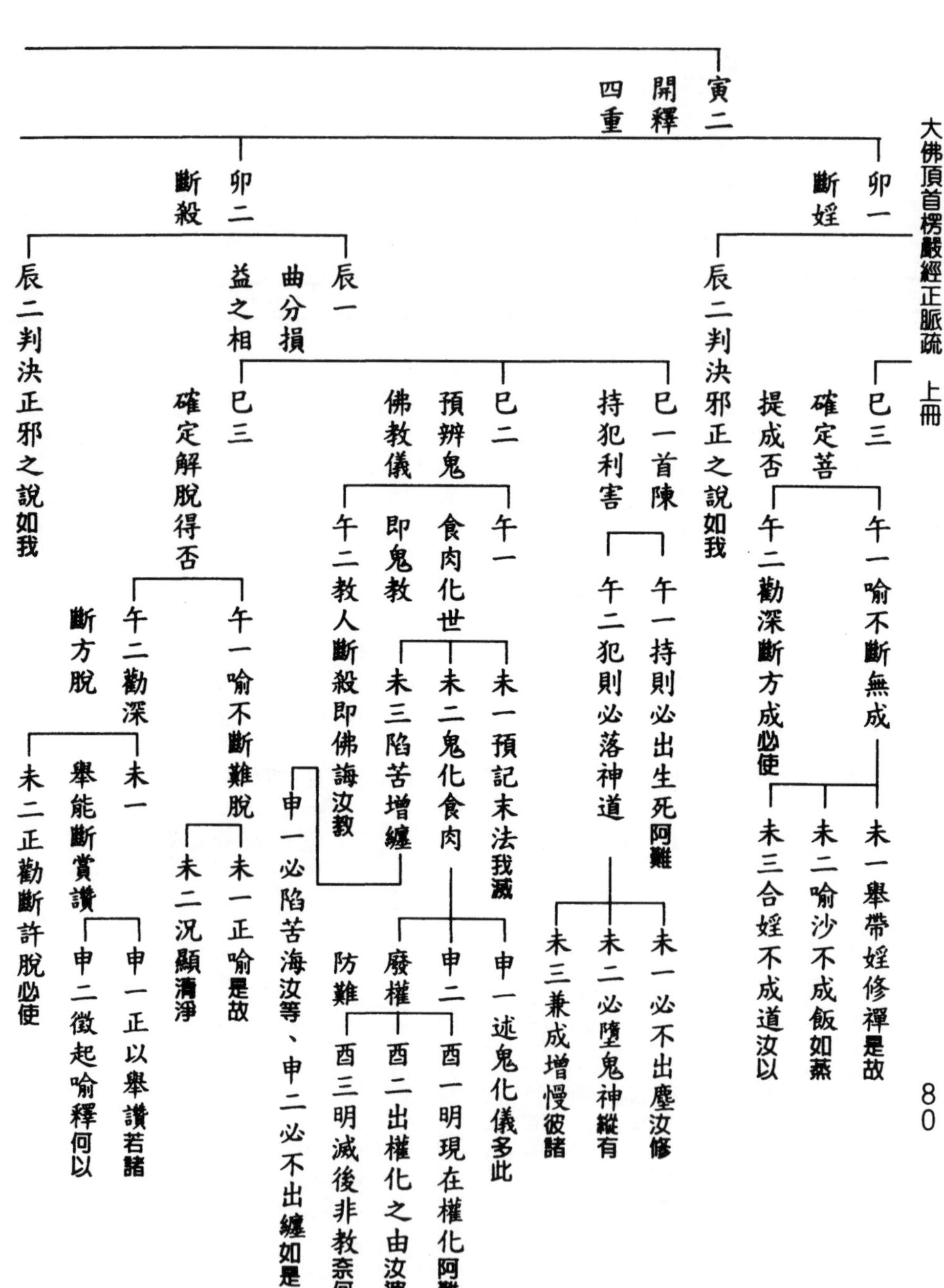
寅二 開釋四重
卯一 斷婬
巳三 確定菩提成否
午一 喻不斷無成
未一 舉帶婬修禪是故
未二 喻沙不成飯如蒸
未三 合婬不成道汝以
午二 勸深斷方成必使
辰二 判決邪正之說如我
卯二 斷殺
辰一 曲分損益之相
巳一 首陳持犯利害
午一 持則必出生死阿難
午二 犯則必落神道
未一 必不出塵汝修
未二 必墮鬼神縱有
未三 兼成增慢彼諸
巳二 預辨鬼佛教儀
午一 食肉化世即鬼教
未一 預記末法我滅
未二 鬼化食肉
申一 述鬼化儀多此
申二 廢權防難
酉一 明現在權化阿難
酉二 出權化之由汝婆
酉三 明滅後非教奈何
未三 陷苦增纏
申一 必陷苦海汝等、申二 必不出纏如是
午二 教人斷殺即佛誨汝教
巳三 確定解脫得否
午一 喻不斷難脫
未一 正喻是故
未二 況顯清淨
午二 勸深斷方脫
未一 舉能斷賞讚
申一 正以舉讚若諸
申二 徵起喻釋何以
未二 正勸斷許脫必使
辰二 判決正邪之說如我

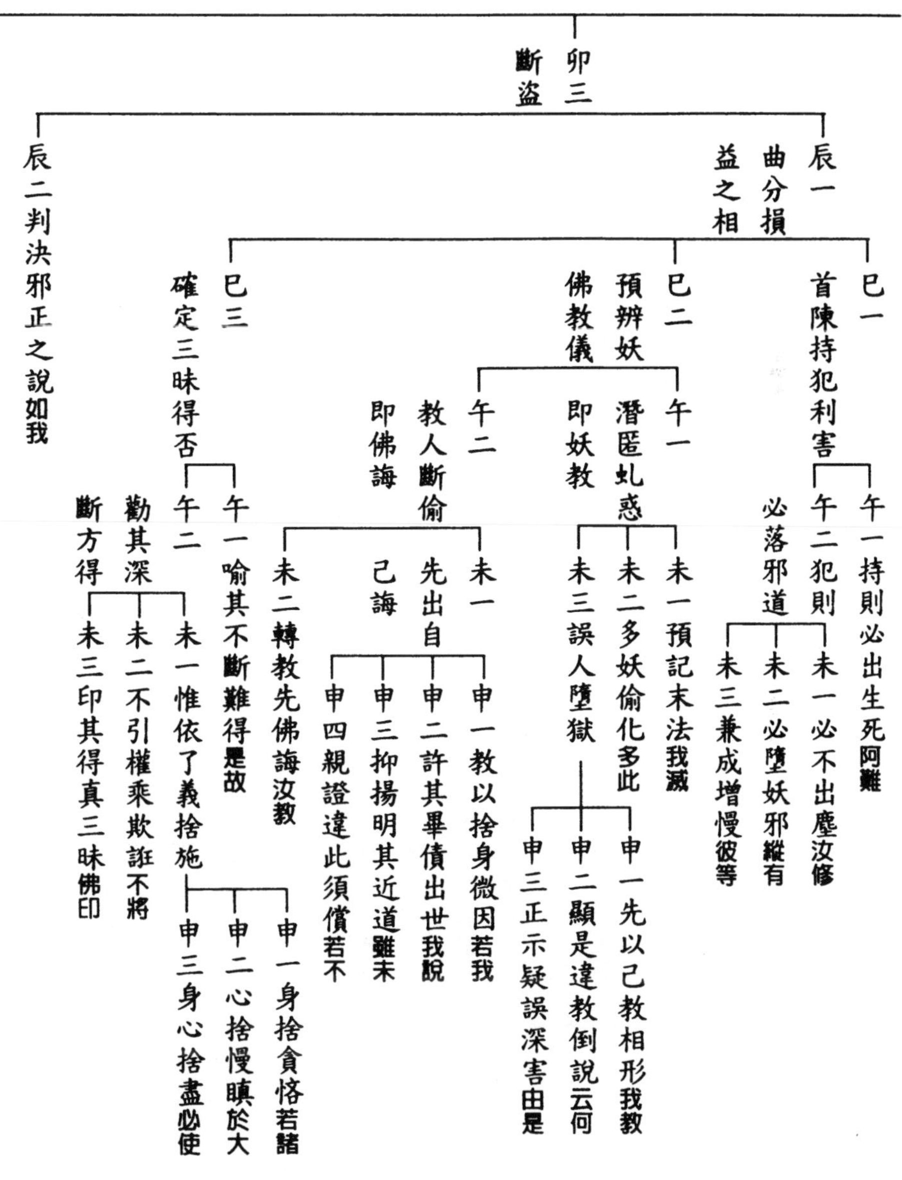
卯三
斷盜
辰一
曲分損益之相
巳一
首陳持犯利害
午一
持則必出生死阿難
午二
犯則必落邪道
未一
必不出塵汝修
未二
必墮妖邪縱有
未三
兼成增慢彼等
巳二
預辨妖佛教儀
午一
潛匿虬惑即妖教
未一
預記末法我滅
未二
多妖倫化多此
未三
誤人墮獄
申一
先以己教相形我教
申二
顯是違教倒說云何
申三
正示疑誤深害由是
午二
教人斷偷即佛誨
未一
先出自己誨
申一
教以捨身微因若我
申二
許其畢債出世我說
申三
抑揚明其近道雖末
申四
親證違此須償若不
未二
轉教先佛誨汝教
巳三
確定三昧得否
午一
喻其不斷難得是故
午二
勸其深斷方得
未一
惟依了義捨施
申一
身捨貪悋若諸
申二
心捨慢瞋於大
申三
身心捨盡必使
未二
不引權乘欺誑不將
未三
印其得真三昧佛印
辰二
判決邪正之說如我

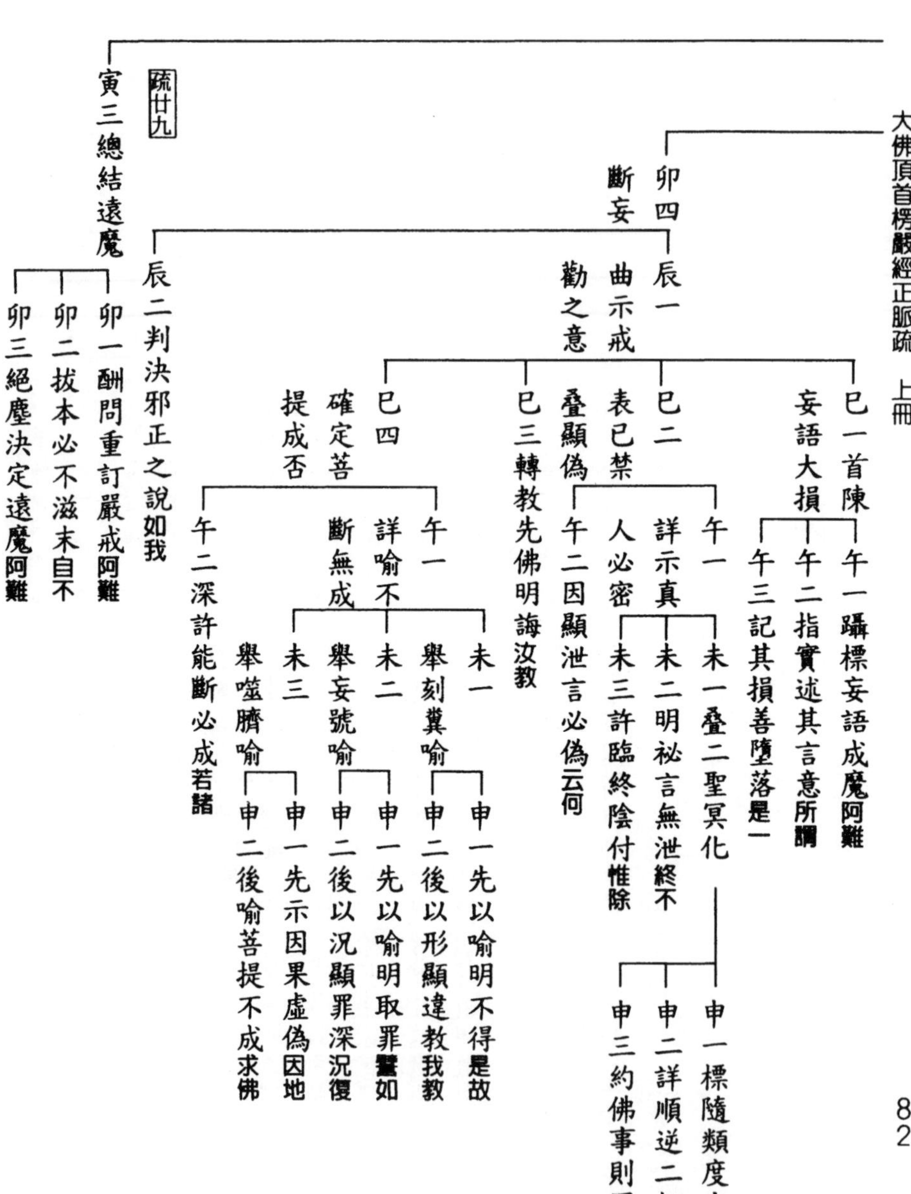
卯四斷妄
辰一曲示戒勸之意
巳一首陳妄語大損
午一躡標妄語成魔阿難
午二指實述其言意所謂
午三記其損善墮落是一
巳二表已禁疊顯偽
午一詳示真人必密
未一疊二聖冥化
申一標隨類度生我滅
申二詳順逆二相或作
申三約佛事則同與其
未二明祕言無泄終不
未三許臨終陰付惟除
午二因顯泄言必偽云何
巳三轉教先佛明誨汝教
巳四確定菩提成否
午一詳喻不斷無成
未一舉刻糞喻
申一先以喻明不得是故
申二後以形顯違教我教
未二舉妄號喻
申一先以喻明取罪譬如
申二後以況顯罪深況復
未三舉噬臍喻
申一先示因果虛偽因地
申二後喻菩提不成求佛
午二深許能斷必成若諸
辰二判決邪正之說如我
疏廿九
寅三總結遠魔
卯一酬問重訂嚴戒阿難
卯二拔本必不滋末自不
卯三絕塵決定遠魔阿難

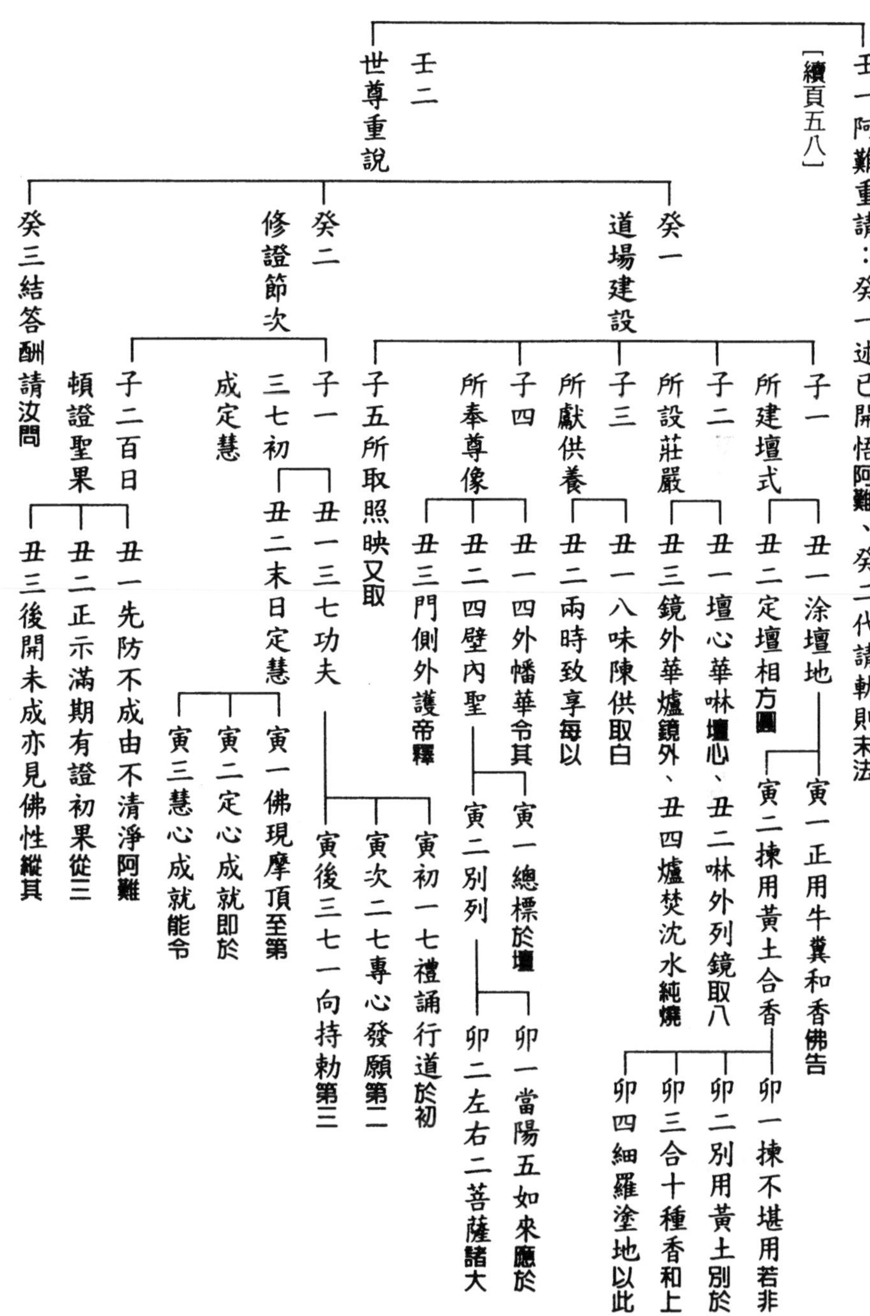
壬一阿難重請：癸一述己開悟阿難、癸二代請軌則末法
〔續頁五八〕
壬二世尊重說
癸一道場建設
子一所建壇式
丑一涂壇地
寅一正用牛糞和香佛告
寅二揀用黃土合香
卯一揀不堪用若非
卯二別用黃土別於
卯三合十種香和上
卯四細羅塗地以此
丑二定壇相方圓
子二所設莊嚴
丑一壇心華啉壇心、丑二啉外列鏡取八
丑三鏡外華爐鏡外、丑四爐焚沈水純燒
子三所獻供養
丑一八味陳供取白
丑二兩時致享每以
子四所奉尊像
丑一四外幡華令其
丑二四壁內聖
寅一總標於壇
寅二別列
卯一當陽五如來應於
卯二左右二菩薩諸大
丑三門側外護帝釋
子五所取照映又取
癸二修證節次
子一三七初成定慧
丑一三七功夫
寅初一七禮誦行道於初
寅次二七專心發願第二
寅後三七一向持勅第三
丑二末日定慧
寅一佛現摩頂至第
寅二定心成就即於
寅三慧心成就能令
子二百日頓證聖果
丑一先防不成由不清淨阿難
丑二正示滿期有證初果從三
丑三後開未成亦見佛性縱其
癸三結答酬請汝問

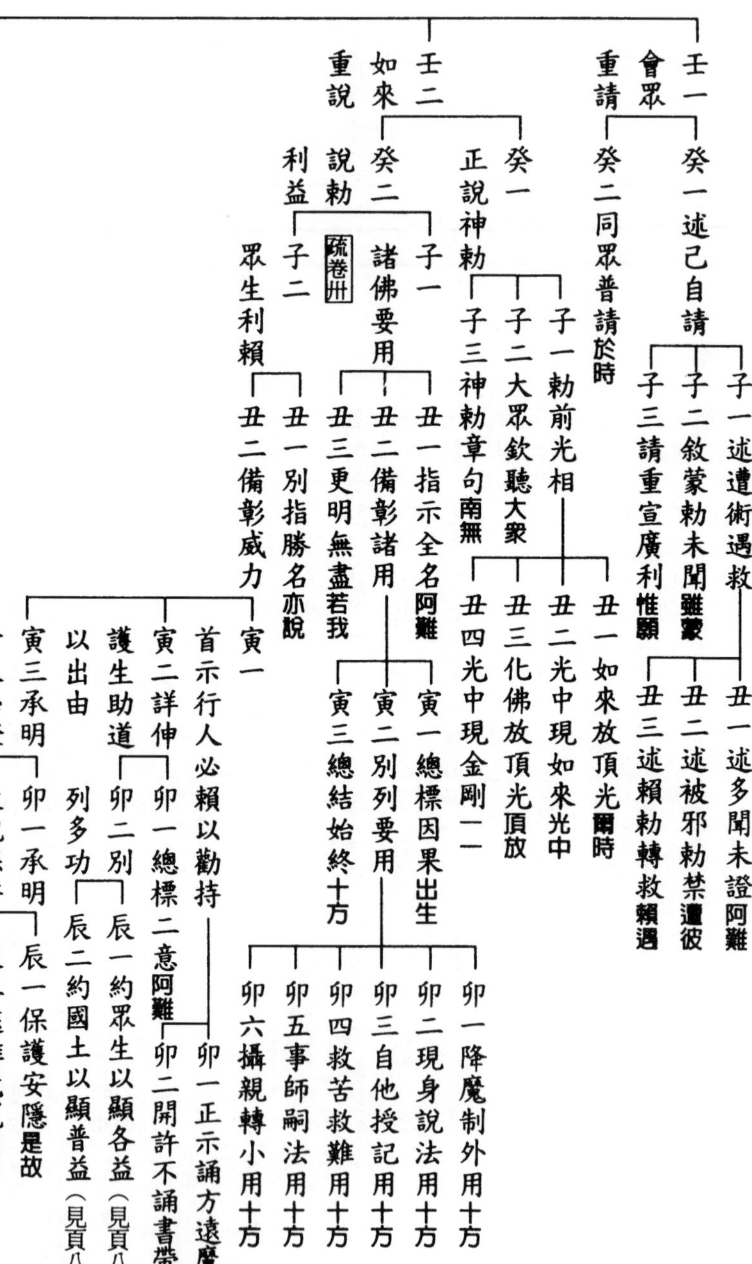

壬一 會眾重請
癸一 述己自請
子一 述遭術遇救
丑一 述多聞未證阿難
丑二 述被邪勅禁遭彼
丑三 述賴勅轉救賴遇
子二 敘蒙勅未聞雖蒙
子三 請重宣廣利惟願
癸二 同眾普請於時
壬二 如來重說
癸一 正說神勅
子一 勅前光相
丑一 如來放頂光爾時
丑二 光中現如來光中
丑三 化佛放頂光頂放
丑四 光中現金剛一一
子二 大眾欽聽大眾
子三 神勅章句南無
癸二 說勅利益
子一 諸佛要用
疏卷卅
丑一 指示全名阿難
丑二 備彰諸用
寅一 總標因果出生
寅二 別列要用
卯一 降魔制外用十方
卯二 現身說法用十方
卯三 自他授記用十方
卯四 救苦救難用十方
卯五 事師嗣法用十方
卯六 攝親轉小用十方
寅三 總結始終十方
丑三 更明無盡若我
子二 眾生利賴
丑一 別指勝名亦說
丑二 備彰威力
寅一 首示行人必賴以勸持
卯一 正示誦方遠魔汝等
卯二 開許不誦書帶阿難
寅二 詳伸護生助道以出由
卯一 總標二意阿難
卯二 別列多功
辰一 約眾生以顯各益（見頁八五）
辰二 約國土以顯普益（見頁八六）
寅三 承明行人必證以結勸
卯一 承明故說保安
辰一 保護安隱是故
辰二 遠離魔冤更無
卯二 正示無過必證
辰一 舉現未之人汝及
辰二 明不犯四過依我
辰三 決必得心通是善

- 壬三 會眾願護
  - 癸一 外眾護持
    - 子一 金剛力士眾說是、子二 兩天統尊眾爾時
    - 子三 八部統尊眾復有、子四 照臨主宰眾復有
    - 子五 地祇天神眾復有
  - 癸二 內聖護持
    - 子一 指人敘儀爾時
    - 子二 顯本久護世尊
    - 子三 正明護持
      - 丑一 定散俱護世尊
      - 丑二 魔魅盡祛
        - 寅一 正明盡祛縱令
        - 寅二 開除發心除彼
      - 丑三 違越必滅世尊
      - 丑四 常令如意恒令

[續頁八四]

- 辰一 約眾生以顯各益
  - 巳一 救護災難
    - 午一 紀時指人若我
    - 午二 正明救難
      - 未一 惡緣不能成害當知
      - 未二 惡生不能加害
        - 申一 不能加害
          - 酉一 加勅不著如是
          - 酉二 加毒即化心得
          - 酉三 起惡不得一切
        - 申二 仍加守護頻那
  - 巳二 助成道業
    - 午一 資發通明
      - 未一 明聖眷護勅阿難
      - 未二 舉散心亦從設有
      - 未三 況菩提心人
        - 申一 先以標人何況
        - 申二 冥加開發此諸
        - 申三 圓證通明是人
    - 午二 遠離雜趣：未一 標時至果從第、未二 不生神鬼生生、未三 不生貧賤是善
    - 午三 常生佛前：未一 共佛功德此諸、未二 共佛生處由是、未三 共佛熏修無量
    - 午四 眾行成就
      - 未一 成具戒行是故、未二 成精進行未精、未三 成智慧行無智
      - 未四 成清淨行不清、未五 成齋戒行不持

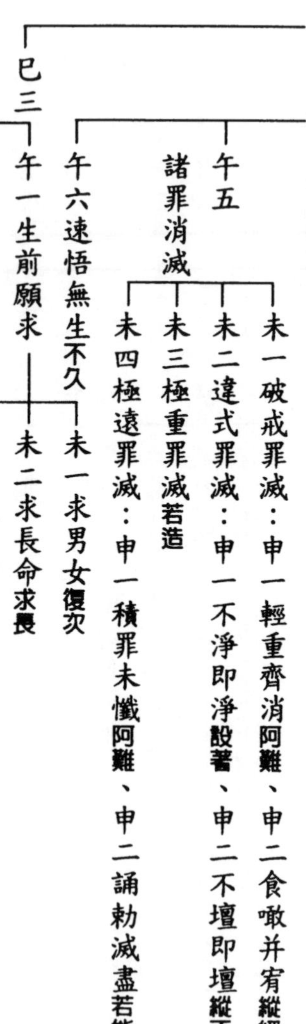

- 午五 諸罪消滅
  - 未一 破戒罪滅：申一 輕重齊消阿難、申二 食噉并宥縱經
  - 未二 違式罪滅：申一 不淨即淨設著、申二 不壇即壇縱不
  - 未三 極重罪滅若造
  - 未四 極遠罪滅：申一 積罪未懺阿難、申二 誦勅滅盡若能
- 午六 速悟無生不久

巳三 稱遂願求
- 午一 生前願求
  - 未一 求男女復次
  - 未二 求長命求長
  - 未三 求果報欲求
  - 未四 求身色身命
- 午二 命終往生命終

〔續頁八四〕辰二 約國土以顯普益
- 巳一 諸難消除
  - 午一 先舉難處阿難
  - 午二 安城迎供
    - 未一 教以安勅寫此
    - 未二 供佩身家令其
  - 午三 結難消除一切
- 巳二 兆民豐樂阿難
- 巳三 惡星不現
  - 午一 略標亦復
  - 午二 詳釋
    - 未一 釋諸星現災是娑
    - 未二 釋鎮消方量有此

丁一、正說經
- 戊一、說奢摩他令悟妙心本具圓定
- 戊二、說三摩提令依妙心一門深入
- 戊三、說禪那令住圓定歷位修證

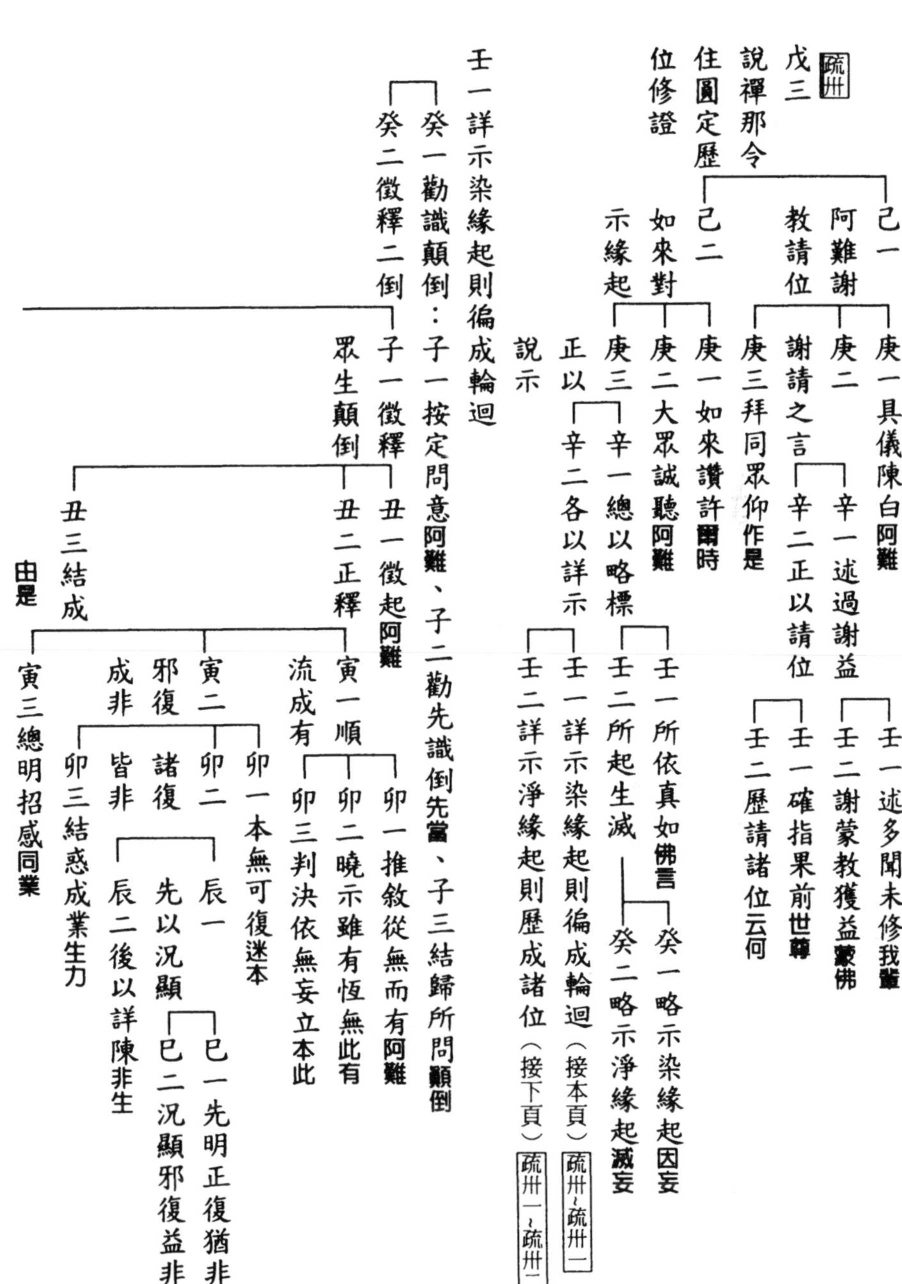
疏卅
戊三 說禪那令住圓定歷位修證
己一 阿難謝教請位
庚一 具儀陳白阿難
庚二 謝請之言
辛一 述過謝益
壬一 述多聞未修我輩
壬二 謝蒙教獲益蒙佛
辛二 正以請位
壬一 確指果前世尊
壬二 歷請諸位云何
庚三 拜同眾仰作是
己二 如來對示緣起說示
庚一 如來讚許爾時
庚二 大眾誠聽阿難
庚三 正以說示
辛一 總以略標
壬一 所依真如佛言
壬二 所起生滅
癸一 略示染緣起因妄
癸二 略示淨緣起滅妄
辛二 各以詳示
壬一 詳示染緣起則徧成輪迴（接本頁）疏卅～疏卅一
壬二 詳示淨緣起則歷成諸位（接下頁）疏卅一～疏卅二
壬一 詳示染緣起則徧成輪迴
癸一 勸識顛倒：子一 按定問意阿難、子二 勸先識倒先當、子三 結歸所問顛倒
癸二 徵釋二倒
子一 徵釋眾生顛倒
丑一 徵起阿難
丑二 正釋
寅一 順流成有
卯一 推敘從無而有阿難
卯二 曉示雖有恆無此有
卯三 判決依無妄立本此
寅二 邪復成非
卯一 本無可復迷本
卯二 諸復皆非
辰一 先以況顯
巳一 先明正復猶非將欲
巳二 況顯邪復益非非真
辰二 後以詳陳非生
卯三 結惑成業生力
寅三 總明招感同業
丑三 結成由是

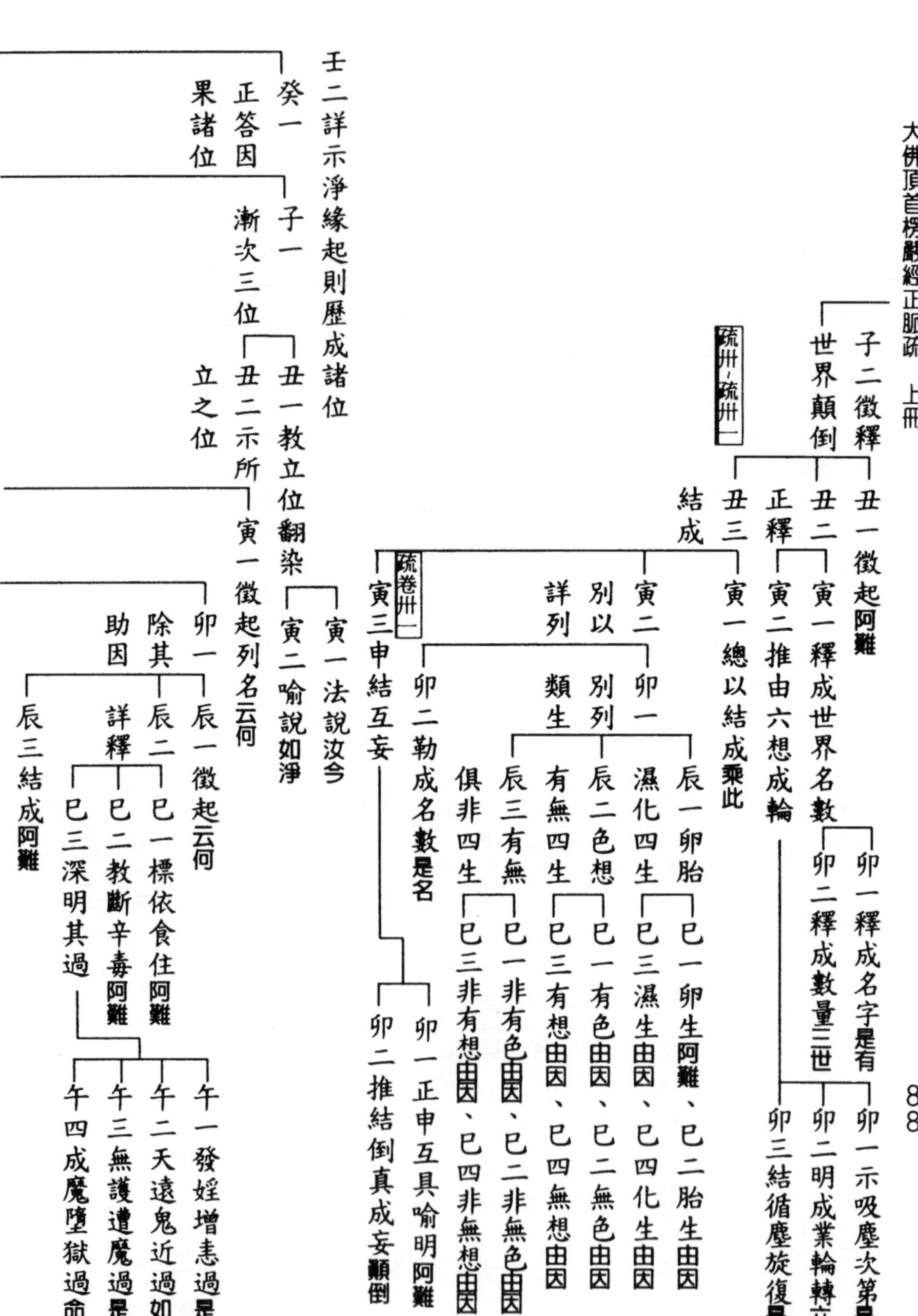
子二徵釋世界顛倒
丑一徵起阿難
丑二正釋
寅一釋成世界名數
卯一釋成名字是有
卯二釋成數量三世
寅二推由六想成輪
卯一示吸塵次第是故
卯二明成業輪轉六亂
卯三結循塵旋復是故
丑三結成
疏卅、疏卅一
寅一總以結成乘此
寅二別以詳列
卯一別列類生
辰一卵胎溼化四生
巳一卵生阿難、巳二胎生由因
巳三溼生由因、巳四化生由因
辰二色想有無四生
巳一有色由因、巳二無色由因
巳三有想由因、巳四無想由因
辰三有無俱非四生
巳一非有色由因、巳二非無色由因
巳三非有想由因、巳四非無想由因
卯二勒成名數是名
寅三申結互妄
疏卷卅一
卯一正申互具喻明阿難
卯二推結倒真成妄顛倒
壬二詳示淨緣起則歷成諸位
癸一正答因果諸位
子一漸次三位
丑一教立位翻染
寅一法說汝今
寅二喻說如淨
丑二示所立之位
寅一徵起列名云何
卯一除其助因
辰一徵起云何
辰二詳釋
巳一標依食住阿難
巳二教斷辛毒阿難
巳三深明其過
午一發婬增恚過是五
午二天遠鬼近過如是
午三無護遭魔過是食
午四成魔墮獄過命終
辰三結成阿難

- 子二 乾慧一位
  - 丑一 不受後有 阿難
  - 丑二 定名乾慧 執心
  - 丑三 出其所以 欲習
- 子三 信位十位
  - 丑一 信心 即以
  - 丑二 念心 信真
  - 丑三 精進心 妙圓
  - 丑四 慧心 心精
  - 丑五 定心 執持
  - 丑六 不退心 定光
  - 丑七 護法心 心進
  - 丑八 迴向心 覺明
  - 丑九 戒心 心光
  - 丑十 願心 住戒

- 寅二 條分別釋
  - 卯二 刳其正性
    - 辰一 徵起 云何
    - 辰二 詳釋
      - 巳一 教令持戒
        - 午一 首示定因戒生 阿難
        - 午二 次示先斷婬殺
          - 未一 正教永斷 永斷
          - 未二 反言決定 阿難
          - 未三 特教觀婬 當觀
        - 午三 後教漸進戒品 先持
      - 巳二 戒成利益
        - 午一 生死解脫
          - 未一 斷婬殺所脫 禁戒
          - 未二 斷偷劫所脫 偷劫
        - 午二 業報清淨 是清
    - 辰三 結成 則是
  - 卯三 違其現業
    - 辰一 徵起 云何
    - 辰二 詳釋
      - 巳一 根塵雙泯
        - 午一 牒前持戒離塵 阿難
        - 午二 進獲塵忘根盡 因不
      - 巳二 妙性圓彰
        - 午一 依報明淨 十方
        - 午二 正報妙圓 身心
        - 午三 諸佛理現 一切
      - 巳三 許速證位 是人
    - 辰三 結成 是則

疏卷卅二

- 子四　住位十位
  - 丑一發心住阿難、丑二治地住心中、丑三修行住心地、丑四生貴住行與
  - 丑五具足住既遊、丑六正心住容貌、丑七不退住身心、丑八童真住十身
  - 丑九王子住形成、丑十灌頂住表以
- 子五　行位十位
  - 丑一歡喜行阿難、丑二饒益行善能、丑三無瞋行自覺、丑四無盡行種類
  - 丑五離癡亂行一切、丑六善現行則於、丑七無著行如是、丑八尊重行種種
  - 丑九善法行如是、丑十真實行一一
- 子六　回向十位
  - 丑一離相回向阿難、丑二不壞回向壞其、丑三等佛回向本覺
  - 丑四至處回向精真、丑五無盡回向世界、丑六平等回向於同
  - 丑七等觀回向真根、丑八真如回向即一、丑九解脫回向真得
  - 丑十無量回向性德
- 子七　加行四位
  - 丑一結前起後阿難
  - 丑二別明四位
    - 寅一煖地位即以、寅二頂地位又以
    - 寅三忍地位心佛、寅四世第一位數量
- 子八　地上十位
  - 丑一歡喜地阿難、丑二離垢地異性、丑三發光地淨極、丑四燄慧地明極
  - 丑五難勝地一切、丑六現前地無為、丑七遠行地盡真、丑八不動地一真
  - 丑九善慧地
    - 寅一正明本地發真
    - 寅二結釋通名阿難
  - 丑十法雲地慈陰
- 子九等覺一位
  - 丑一正明本位如來
  - 丑二出所得慧阿難
- 子十妙覺一位如是

癸二總揀非實非染是種、癸三歸重初心勸進阿難、癸四判決邪正令辨作是

甲二、乙一、丙二、丁二　說經名
- 戊一、文殊請名
- 戊二、如來備說 [續頁十六]

疏卅二

戊一　文殊請名
- 己一具禮陳白爾時
- 己二請名問持當何

戊二　如來備說
- 己一從境智為名佛告、己二從機益為名亦名、己三從性修為名亦名
- 己四從要妙為名亦名、己五從因果為名亦名

甲二、乙二、丙一、丁一、戊二　更請後談 [續頁十七]

疏卅三

戊二　更請後談
- 己一　總問諸趣
  - 庚一領惟心真實
    - 辛一心體本真世尊
    - 辛二萬法唯心如是
  - 庚二問何有諸趣佛體
  - 庚三質自然因緣世尊
- 己二　別詳地獄
  - 庚一略舉墮人
    - 辛一貪婬墮者世尊
    - 辛二怒癡墮者琉璃
  - 庚二雙質同別此諸
  - 庚三求示護戒惟垂

甲二、乙二、丙一、丁二、戊二　說示 [續頁十七]

己一　備明諸趣
- 庚一　略示升墜根由
  - 辛一約積習分判情想
    - 壬一依真妄分內外阿難
      - 子一略釋其名阿難
      - 子二轉愛屬水
        - 丑一正明愛水因諸
        - 丑二歷舉驗證是故
      - 子三結墜原名阿難
    - 壬二釋成升墜所以
      - 癸一釋墜所以
      - 癸二釋升所以
        - 子一略釋其名阿難
        - 子二轉想屬飛
          - 丑一正明想飛因諸
          - 丑二歷舉驗證是故
        - 子三結昇原名阿難

- 己一 備明諸趣
  - 庚一 略示升墜根由
    - 辛二 約臨終別示升墜
      - 壬一 約臨終相現阿難
      - 壬二 判墜升分量
        - 癸一 升而不墜
          - 子一 先示純想極升
            - 丑一 無兼止於天上純想
            - 丑二 有兼往生佛國若飛
          - 子二 後示雜想差別
            - 丑一 正論雜想情少
            - 丑二 兼論護教其中
        - 癸二 不升不墜情想
        - 癸三 墜而不升
          - 子一 先示雜情差別
            - 丑一 墜畜生情多
            - 丑二 墜餓鬼七情
            - 丑三 墜地獄九情
          - 子二 後示純情極墜
            - 丑一 無兼止於阿鼻純情
            - 丑二 有兼更生十方若沈
    - 辛三 結有處以顯別同循造
  - 庚二 詳示墜升因果
    - 辛一 地獄趣
      - 壬一 發明因習果交
        - 癸一 躡前標後阿難
        - 癸二 開因示果
          - 子一 列十習因以明感招
            - 丑一 婬習
              - 寅一 正明感招云何〔一者至十者〕
              - 寅二 即喻驗知如人、寅三所感苦事二習
              - 寅四 引聖示戒是故
            - 丑二 貪習〔同上〕、丑三 慢習〔同上〕
            - 丑四 瞋習〔同上〕、丑五 詐習〔同上〕
            - 丑六 誑習〔同上〕、丑七 冤習〔同上〕
            - 丑八 見習〔同上〕、丑九 枉習〔同上〕
            - 丑十 訟習〔同上〕

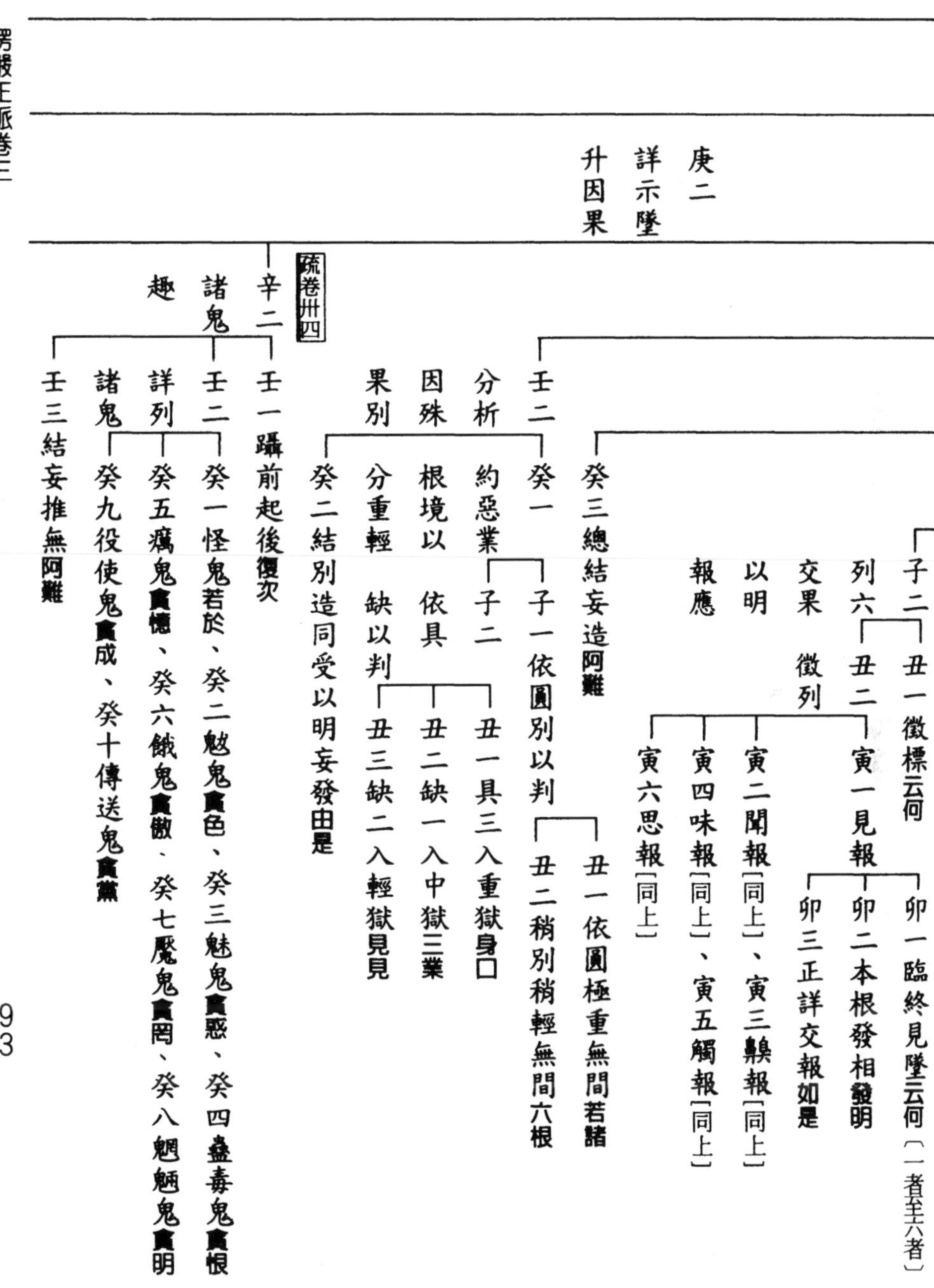
子二列六交果以明報應
丑一徵標云何
卯一臨終見鑒云何〔一者至六者〕
丑二徵列
寅一見報
卯二本根發相發明
卯三正詳交報如是
寅二聞報〔同上〕、寅三齅報〔同上〕
寅四味報〔同上〕、寅五觸報〔同上〕
寅六思報〔同上〕
癸三總結妄造阿難
庚二詳示墜升因果
壬二分析因殊果別
癸一約惡業根境以分重輕
子一依圓別以判
丑一依圓極重無間若諸
丑二稍別稍輕無間六根
子二依具缺以判
丑一具三入重獄身口
丑二缺一入中獄三業
丑三缺二入輕獄見見
癸二結別造同受以明妄發由是
辛二諸鬼趣
疏卷卅四
壬一躡前起後復次
壬二詳列諸鬼
癸一怪鬼若於、癸二魃鬼貪色、癸三魅鬼貪惑、癸四蠱毒鬼貪恨
癸五癘鬼貪憶、癸六餓鬼貪傲、癸七魘鬼貪罔、癸八魍魎鬼貪明
癸九役使鬼貪成、癸十傳送鬼貪黨
壬三結妄推無阿難

- 戊二 說示
  - 庚二 詳示墜升因果
    - 辛三 畜生趣
      - 壬一 躡前起後復次
      - 壬二 詳列諸畜
        - 癸一梟類物怪、癸二咎徵風魃、癸三狐類一切、癸四毒類蟲蠱
        - 癸五蛔類衰癘、癸六食類受氣、癸七服類縣幽、癸八應類和精
        - 癸九休徵明靈、癸十循類一切
      - 壬三 結妄推無阿難
      - 壬四 通前結答如汝
    - 辛四 人趣
      - 壬一 躡前警起
        - 癸一 負債反覆徵償
          - 子一 明本償先債復次
          - 子二 因越分反徵若彼
          - 子三 隨勝劣償直
            - 丑一 有力人償如彼
            - 丑二 無力畜償若無
        - 癸二 負命吞殺不已
          - 子一 先明剩債易償阿難、子二正明負命難解如於
          - 子三 惟許法佛能止除奢
      - 壬二 正列人類
        - 癸一頑類汝今、癸二異類彼咎、癸三庸類彼狐、癸四很類彼毒
        - 癸五微類彼蛔、癸六柔類彼食、癸七勞類彼服、癸八文類彼應
        - 癸九明類彼休、癸十達類彼諸
      - 壬三 總結可憐阿難
    - 辛五 諸仙趣
      - 壬一 躡前標後阿難
      - 壬二 正列諸仙
        - 癸一地行仙堅固、癸二飛行仙堅固
        - 癸三遊行仙堅固、癸四空行仙堅固
        - 癸五天行仙堅固、癸六通行仙堅固
        - 癸七道行仙堅固、癸八照行仙堅固
        - 癸九精行仙堅固、癸十絕行仙堅固
      - 壬三 判同輪迴阿難

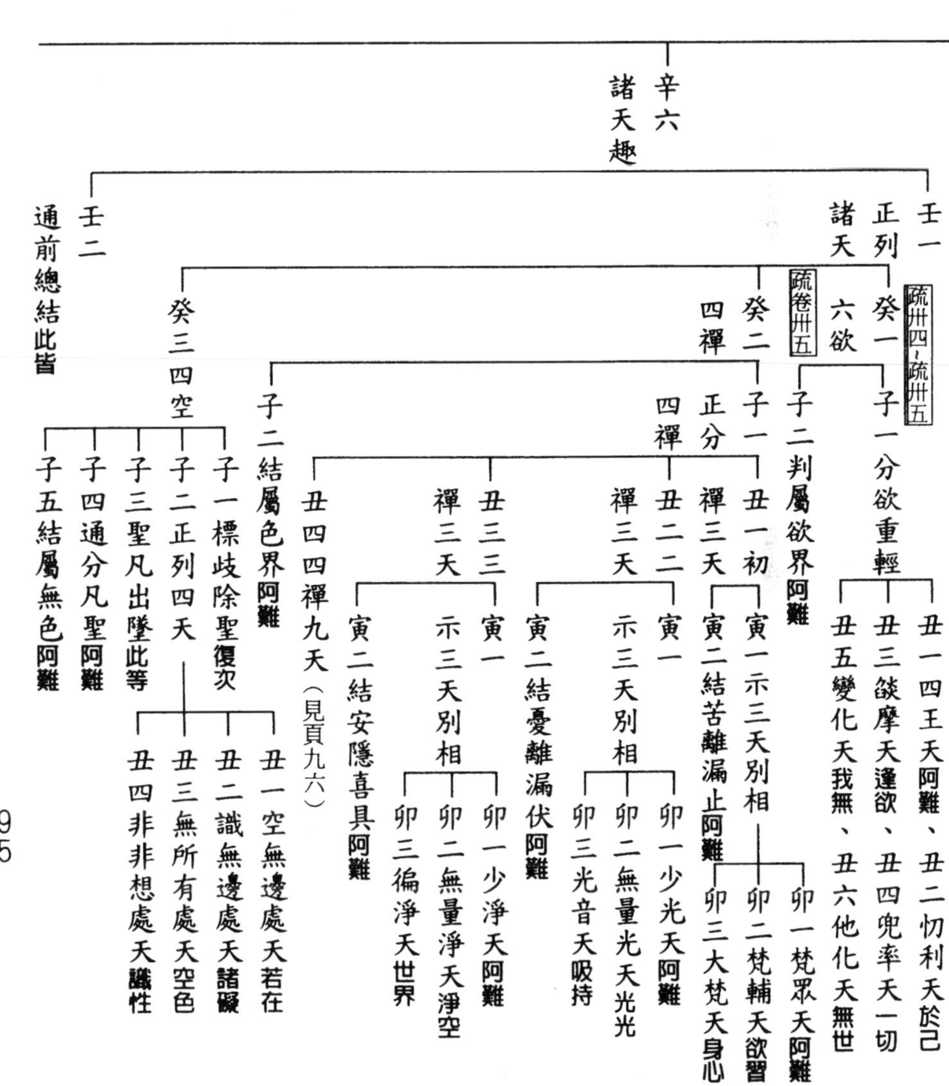
辛六 諸天趣
壬一 正列諸天
癸一 六欲
疏卅四~疏卅五
子一 分欲重輕
丑一 四王天阿難、丑二 忉利天於己
丑三 燄摩天逢欲、丑四 兜率天一切
丑五 變化天我無、丑六 他化天無世
子二 判屬欲界阿難
癸二 四禪
疏卷卅五
子一 正分四禪
丑一 初禪三天
寅一 示三天別相
卯一 梵眾天阿難
卯二 梵輔天欲習
卯三 大梵天身心
寅二 結苦離漏止阿難
丑二 二禪三天
寅一 示三天別相
卯一 少光天阿難
卯二 無量光天光光
卯三 光音天吸持
寅二 結憂離漏伏阿難
丑三 三禪三天
寅一 示三天別相
卯一 少淨天阿難
卯二 無量淨天淨空
卯三 徧淨天世界
寅二 結安隱喜具阿難
丑四 四禪九天（見頁九六）
子二 結屬色界阿難
癸三 四空
子一 標歧除聖復次
子二 正列四天
丑一 空無邊處天若在
丑二 識無邊處天諸礙
丑三 無所有處天空色
丑四 非非想處天識性
子三 聖凡出墜此等
子四 通分凡聖阿難
子五 結屬無色阿難
壬二 通前總結此皆

- 辛七修羅趣
  - 壬一總標名數復次
  - 壬二別釋趣攝
    - 癸一卵生鬼攝若於、癸二胎生人攝若於
    - 癸三化生天攝有脩、癸四濕生畜攝阿難
- 己二結妄勸離
  - 庚一病藥雙舉：辛一總舉妄病阿難、辛二指病深根阿難、辛三定藥能除若得
  - 庚二同別俱妄阿難
  - 庚三正勸須除
    - 辛一欲修須除汝勖
    - 辛二不除必墮不盡
    - 辛三增偽自取離欲
- 己三判決邪正作是

〔續頁九五〕丑四四禪九天

- 寅一四勝流天
  - 卯一示四天別相
    - 辰一示前二天
      - 巳一福生天阿難
      - 巳二福愛天捨心
    - 辰二判二歧路阿難
    - 辰三示後二天
      - 巳一廣果天若於
      - 巳二無想天若於
  - 卯二結不動純熟阿難
- 寅二五那含天
  - 卯一標聖果寄居阿難
  - 卯二示五天別相
    - 辰一無煩天阿難、辰二無熱天機括、辰三善見天十方
    - 辰四善現天精見、辰五色究竟天究竟
  - 卯三結四天不見阿難

甲二、乙二、丙二、丁一　無問自說五陰魔境

- 戊一、普告魔境當識
- 戊三、正以詳陳魔事

〔續頁十七〕

疏卅六

- 戊一普告魔境當識
  - 己一將罷迴告即時
  - 己二陳所欲言
    - 庚一先明已說汝等
    - 庚二後示未說
      - 辛一總標魔害汝猶
      - 辛二略陳魔相
        - 壬一略示前三內外魔相或汝
        - 壬二略示後二心見魔相又復
  - 己三疊聽許說汝應

- 戊三正以詳陳魔事
  - 己一標示動成之由
    - 庚一驚動諸魔由定
      - 辛一推真妄生滅相關
        - 壬一先明本覺同佛佛告
        - 壬二次示妄生空界
          - 癸一迷妄有虛空由汝
          - 癸二依空立世界化迷
        - 壬三比況空界微茫當知
        - 壬四歸元必壞空界汝等
      - 辛二示大定致魔之相
        - 壬一定合聖流汝輩
        - 壬二諸有壞動一切
        - 壬三諸魔不容
          - 癸一先除凡愚訛謬凡夫
          - 癸二後示魔通必知彼等
        - 壬四故來惱亂是故
    - 庚二成就破亂由迷
      - 辛一分客主而推破亂
        - 壬一示喻客不成害然彼
        - 壬二正推迷亂由主成就
      - 辛二約悟迷而示勝敗
        - 壬一悟則必能超勝
          - 癸一直斷無奈當處
          - 癸二示其所由陰消
          - 癸三總結必祛如何
        - 壬二迷則必成敗墮若不
      - 辛三舉前墮而較淺深
        - 壬一示墮婬害淺如摩
        - 壬二示墮魔害深此乃

- 己二 詳分五魔境相
  - 庚一 色陰魔相
    - 辛一 具示始終
      - 壬一 始修未破區宇
        - 癸一 銷念工夫阿難
        - 癸二 在定相狀當住
        - 癸三 結成區宇精性
      - 壬二 終破顯露妄源若目
    - 辛二 中間十境
      - 壬一 身能出礙阿難、壬二 內徹拾蟲阿難、壬三 聞空說法又以
      - 壬四 境變佛現又以、壬五 空羅寶色又以、壬六 暗中見物又以
      - 壬七 身同草木又以、壬八 迹界迹佛又以、壬九 遙見遙聞又以
      - 壬十 見善知識又以
    - 辛三 結害囑護
      - 壬一 示因交互阿難
      - 壬二 迷則成害衆生
      - 壬三 囑令保護汝等
  - 疏卷卅七
  - 庚二 受陰魔相
    - 辛一 具示始終
      - 壬一 始初未破區宇
        - 癸一 躡前色陰盡相阿難
        - 癸二 狀示受陰區宇若有
      - 壬二 終破顯露妄源若魔
    - 辛二 中間十相
      - 壬一 抑己悲生
        - 癸一 發端現相阿難
        - 癸二 指名教悟此名
        - 癸三 示迷必墜若作
      - 壬二 揚己齊佛[同上]、壬三 定偏多憶[同上]、壬四 慧偏多狂[同上]
      - 壬五 覺險多憂[同上]、壬六 覺安多喜[同上]、壬七 見勝慢他[同上]
      - 壬八 慧安自足[同上]、壬九 著空毀戒[同上]、壬十 著有恣婬[同上]
    - 辛三 結害囑護：壬一 示因交互阿難、壬二 迷則成害衆生、壬三 囑令保護汝等

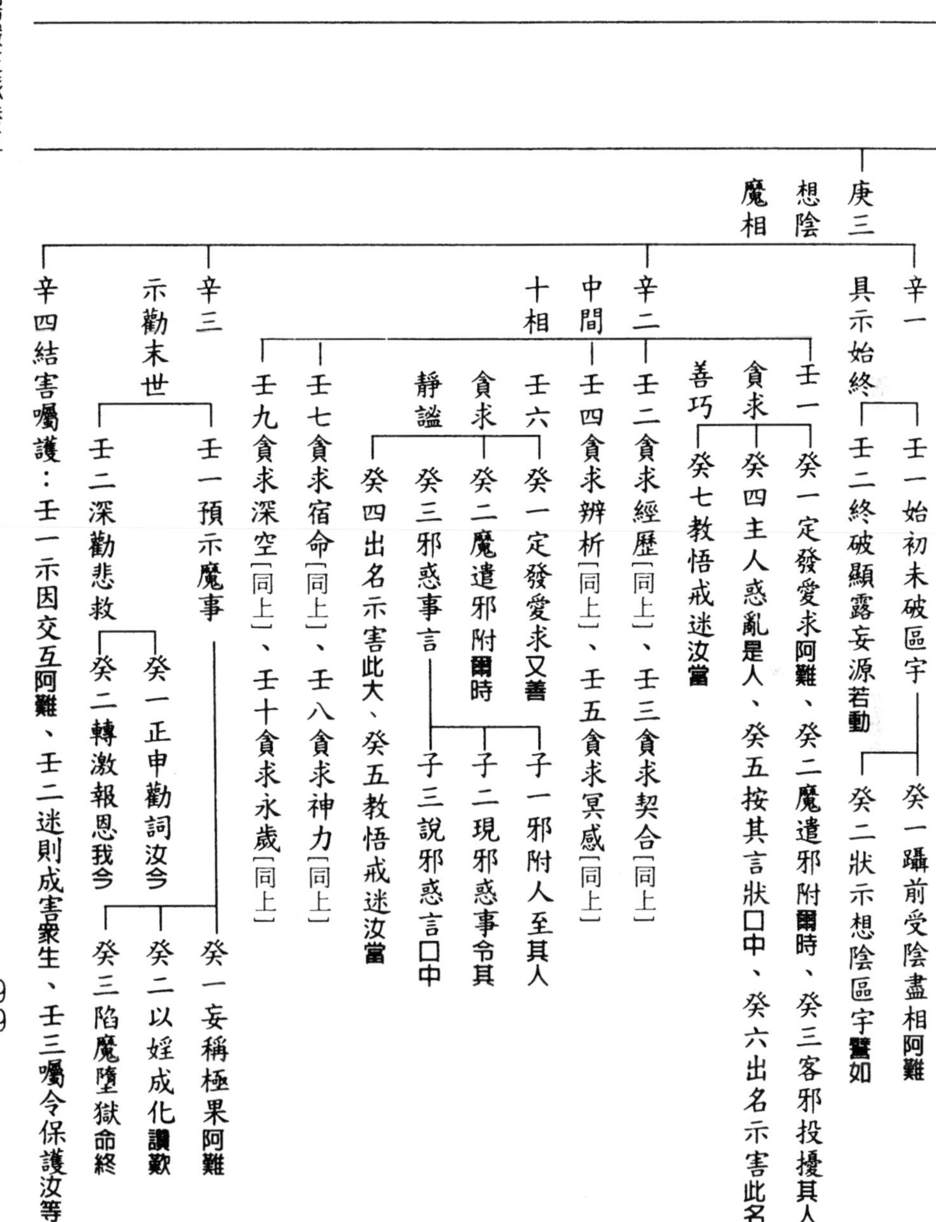
庚三 想陰魔相
辛一 具示始終
壬一 始初未破區宇
癸一 躡前受陰盡相阿難
壬二 終破顯露妄源若動
癸二 狀示想陰區宇譬如
辛二 中間十相
壬一 貪求善巧
癸一 定發愛求阿難、癸二 魔遣邪附爾時、癸三 客邪投擾其人
癸四 主人惑亂是人、癸五 按其言狀口中、癸六 出名示害此名
癸七 教悟戒迷汝當
壬二 貪求經歷[同上]、壬三 貪求契合[同上]
壬四 貪求辨析[同上]、壬五 貪求冥感[同上]
壬六 貪求靜謐
癸一 定發愛求又善
癸二 魔遣邪附爾時
癸三 邪惑事言
子一 邪附人至其人
子二 現邪惑事令其
子三 說邪惑言口中
癸四 出名示害此大、癸五 教悟戒迷汝當
壬七 貪求宿命[同上]、壬八 貪求神力[同上]
壬九 貪求深空[同上]、壬十 貪求永歲[同上]
辛三 示勸末世
壬一 預示魔事
癸一 妄稱極果阿難
癸二 以婬成化讚歎
癸三 陷魔墮獄命終
壬二 深勸悲救
癸一 正申勸詞汝今
癸二 轉激報恩我今
辛四 結害囑護：壬一 示因交互阿難、壬二 迷則成害衆生、壬三 囑令保護汝等

疏卷卅八

- 庚四 行陰魔相
  - 辛一 具示始終
    - 壬一 始初未破區宇
      - 癸一 躡前想陰盡相阿難
    - 壬二 終破顯露妄源若此
      - 癸二 狀示行陰區宇生滅
  - 辛二 中間十計
    - 壬一 二種無因
      - 癸一 標由示墜阿難
      - 癸二 分條詳釋
        - 子一 本無因
          - 丑一 據己見量一者
          - 丑二 謬成邪計便作
          - 丑三 失真墮外由此
        - 子二 末無因〔同上〕
      - 癸三 結成外論是則
    - 壬二 四種徧常
      - 癸一 標由示墜阿難
      - 癸二 分條詳釋
        - 子一 心境計常一者
        - 子二 四大計常二者
        - 子三 八識計常三者
        - 子四 想盡計常四者
      - 癸三 結成外論由此
    - 壬三 四種顛倒
      - 癸一 標由示墜又三
      - 癸二 分條詳釋
        - 子一 雙約自他一者
        - 子二 約他國土二者
        - 子三 約自身心三者
        - 子四 雙非他自四者
      - 癸三 結成外論由此
    - 壬四 四種有邊
      - 癸一 標由示墜又三
      - 癸二 分條詳釋
        - 子一 約三際一者
        - 子二 約見聞二者
        - 子三 約彼我三者
        - 子四 約生滅四者
      - 癸三 結成外論由此

- 壬五 四種矯亂
  - 癸一 標由示墜又三
    - 子一 八亦矯亂一者
    - 子二 惟無矯亂二者
    - 子三 惟是矯亂三者
    - 子四 有無矯亂四者
  - 癸二 分條詳釋
  - 癸三 結成外論由此
- 壬六 十六有相
  - 癸一 標由示墜又三
  - 癸二 詳釋其相
    - 子一 正成本計
      - 丑一 分條例顯或自
      - 丑二 總勒名數皆計
    - 子二 更成轉計從此
  - 癸三 結成外論由此
- 壬七 八種無相〔同上〕
- 壬八 八種俱非〔同上〕
- 壬九 七際斷滅
  - 癸一 標由示墜又三
  - 癸二 具顯其相
    - 子一 分條詳釋或計
    - 子二 總勒名數如是
  - 癸三 結成外論由此
- 壬十 五現涅槃〔同上〕

辛三 結害囑護
- 壬一 示因交互阿難
- 壬二 迷則成害衆生
- 壬三 囑令保護
  - 癸一 囑作摧邪知識汝等
  - 癸二 囑作趣真導師教其

庚五 識陰魔相 〔疏卷卅九〕
- 辛一 具示始終
  - 壬一 始初未破區宇
    - 癸一 躡前行陰盡相阿難
    - 癸二 狀示識陰區宇於涅
  - 壬二 終破顯露妄原若於
- 辛二 中間十執
  - 壬一 因所因執
    - 癸一 兩楹之間阿難
    - 癸二 邪解執背能令
    - 癸三 結名異種是名
  - 壬二 能非能執〔同上〕、壬三 常非常執〔同上〕、壬四 知無知執〔同上〕
  - 壬五 生無生執〔同上〕、壬六 歸無歸執〔同上〕、壬七 貪非貪執〔同上〕
  - 壬八 真無真執〔同上〕、壬九 定性聲聞〔同上〕、壬十 定性辟支〔同上〕

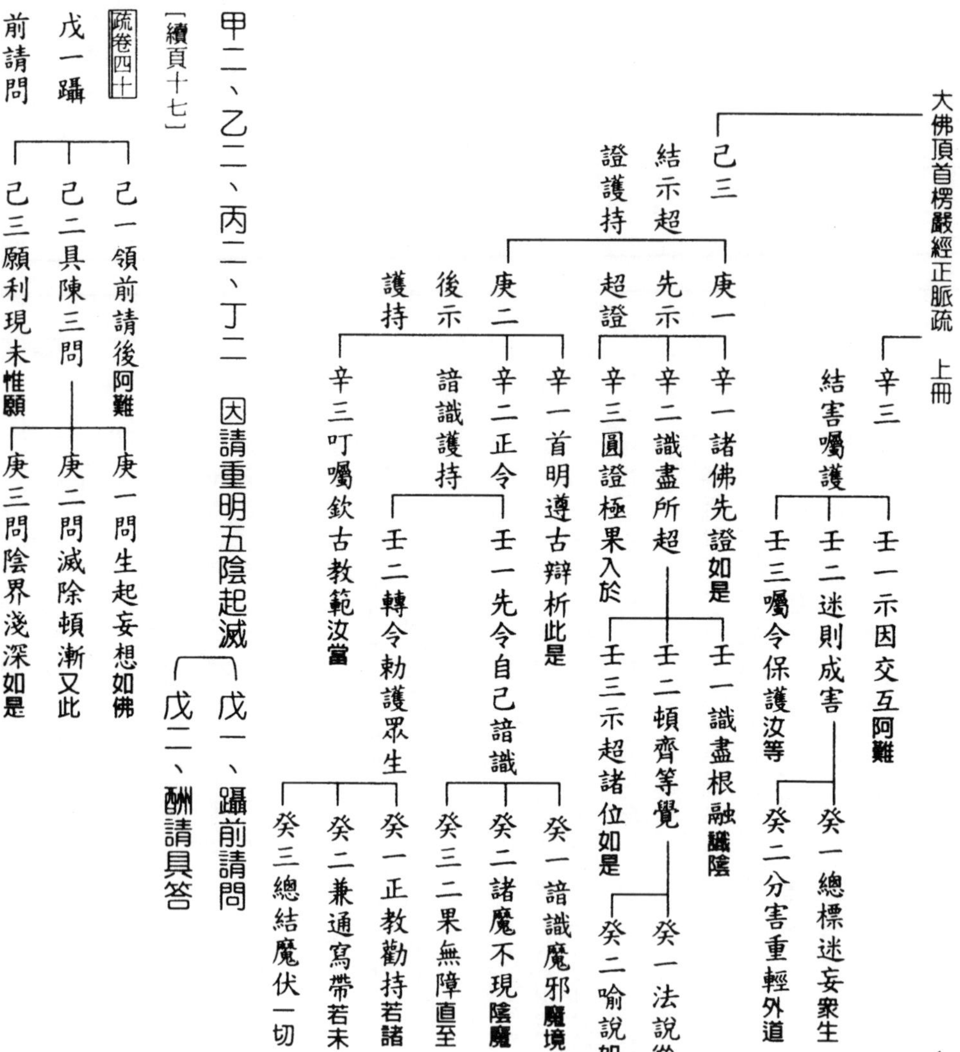
辛三 結害囑護
壬一 示因交互阿難
壬二 迷則成害
癸一 總標迷妄衆生
癸二 分害重輕外道
壬三 囑令保護汝等
己三 結示超證護持
庚一 先示超證
辛一 諸佛先證如是
辛二 識盡所超
壬一 識盡根融識陰
壬二 頓齊等覺
癸一 法說從互
癸二 喻說如淨
壬三 示超諸位如是
辛三 圓證極果入於
庚二 後示護持
辛一 首明遵古辯析此是
辛二 正令諳識護持
壬一 先令自己諳識
癸一 諳識魔邪魔境
癸二 諸魔不現陰魔
癸三 二果無障直至
壬二 轉令勅護衆生
癸一 正教勸持若諸
癸二 兼通寫帶若未
癸三 總結魔伏一切
辛三 叮囑欽古教範汝當
甲二、乙二、丙二、丁二 因請重明五陰起滅
戊一、躡前請問
戊二、酬請具答
[續頁十七]
疏卷四十
戊一躡前請問
己一 領前請後阿難
己二 具陳三問
庚一 問生起妄想如佛
庚二 問滅除頓漸又此
庚三 問陰界淺深如是
己三 願利現未惟願

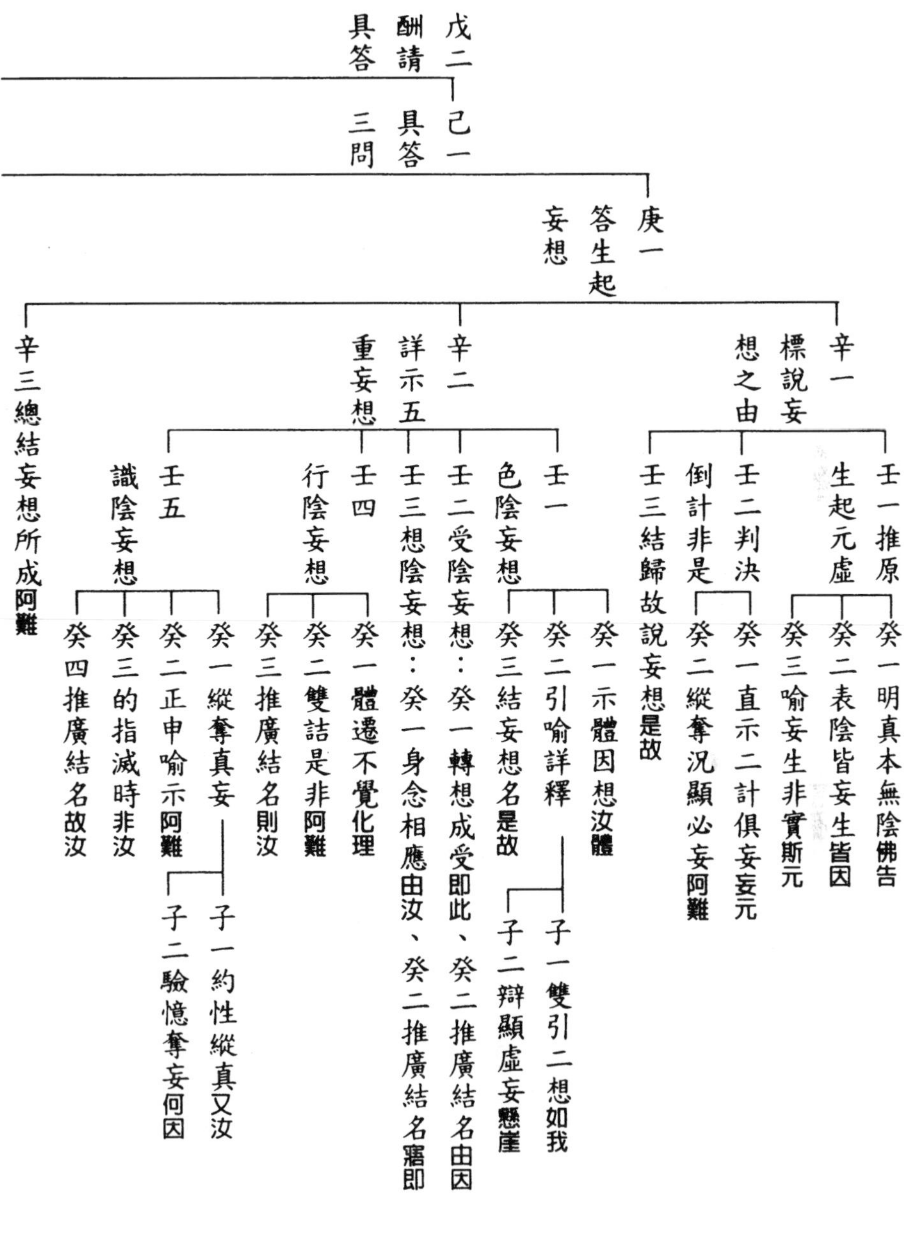

戊二 酬請具答
己一 具答三問
庚一 答生起妄想
辛一 標說妄想之由
壬一 推原生起元虛
癸一 明真本無陰佛告
癸二 表陰皆妄生皆因
癸三 喻妄生非實斯元
壬二 判決倒計非是
癸一 直示二計俱妄妄元
癸二 縱奪況顯必妄阿難
壬三 結歸故說妄想是故
辛二 詳示五重妄想
壬一 色陰妄想
癸一 示體因想汝體
癸二 引喻詳釋
子一 雙引二想如我
子二 辯顯虛妄懸崖
癸三 結妄想名是故
壬二 受陰妄想：癸一 轉想成受即此、癸二 推廣結名由因
壬三 想陰妄想：癸一 身念相應由汝、癸二 推廣結名寤即
壬四 行陰妄想
癸一 體遷不覺化理
癸二 雙詰是非阿難
癸三 推廣結名則汝
壬五 識陰妄想
癸一 縱奪真妄
子一 約性縱真又汝
子二 驗憶奪妄何因
癸二 正申喻示阿難
癸三 的指滅時非汝
癸四 推廣結名故汝
辛三 總結妄想所成阿難

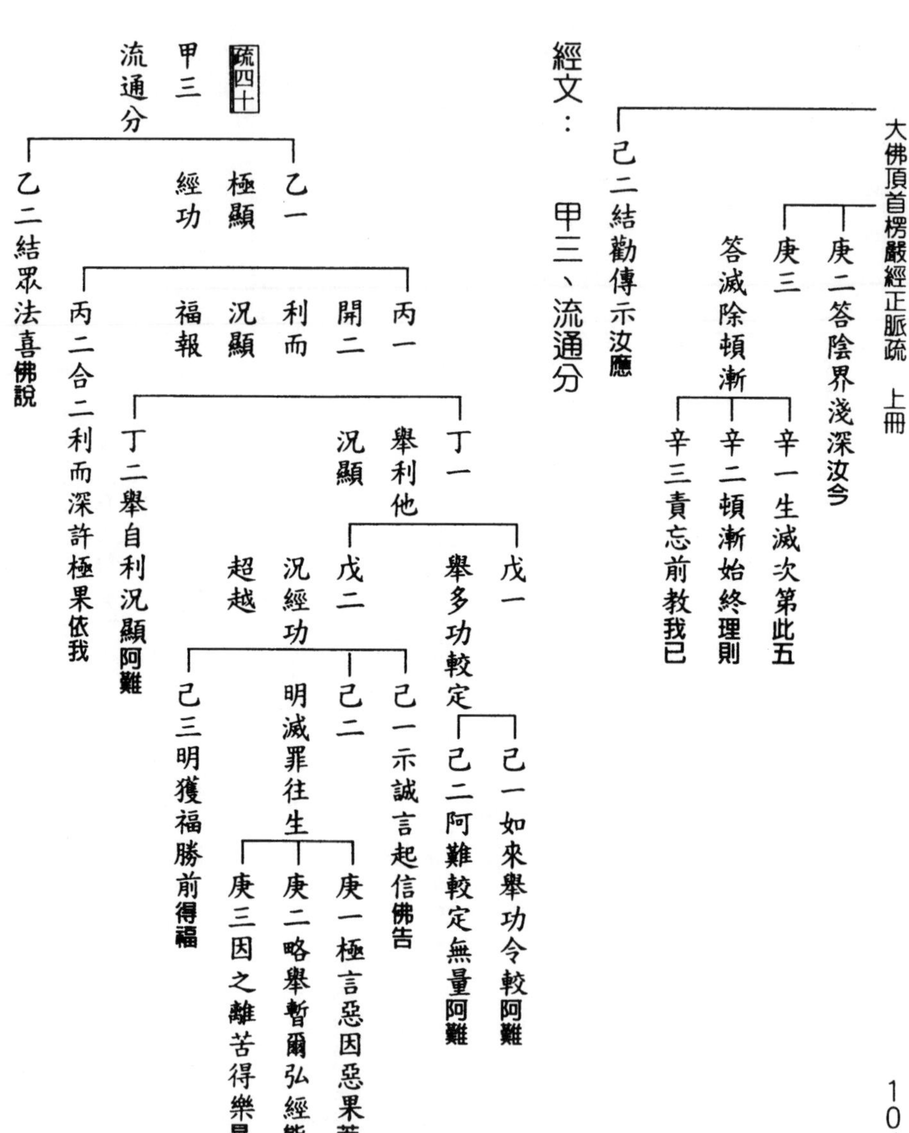
庚二答陰界淺深汝今
庚三答滅除頓漸
辛一生滅次第此五
辛二頓漸始終理則
辛三責忘前教我已
己二結勸傳示汝應
經文：甲三、流通分
疏四十
甲三流通分
乙一極顯經功
丙一開二利而況顯福報
丁一舉利他況顯
戊一舉多功較定
己一如來舉功令較阿難
己二阿難較定無量阿難
戊二況經功超越
己一示誠言起信佛告
己二明滅罪往生
庚一極言惡因惡果若復
庚二略舉暫爾弘經能以
庚三因之離苦得樂是人
己三明獲福勝前得福
丁二舉自利況顯阿難
丙二合二利而深許極果依我
乙二結眾法喜佛說

大佛頂首楞嚴經正脈疏卷四

明京都西湖沙門交光真鑑述
蒲州萬固沙門妙峰福登校

懸示上

舊解徒知慕經圓妙。不能曲順經文。深研本有圓妙的旨。而乃傍引他家彷彿圓妙之義以會釋之。故不惟文義了不相合。且將本經元來脈胳。悉成紊亂。而首尾不相通貫。故今新疏。但惟奉順佛經。曲搜本意令其脈胳貫通。則經中本有圓妙深意。豈他家所能比擬。故名正脈。意在此也。然解中判科釋意大異舊說。恐聞者遽成驚怪。或起嗤笑。故於未解經前懸遠出示其中要義。導人樂玩。不致廢擲也。章門有二。一申己解由。二法古提綱。

今初申己解由者。斯經流通震旦自唐及今。千有餘載。領其義理。形於文辭者。固不可勝紀。而部帙名家。幾滿十數。天如取九家著作。而會通去取。補以己意。目為十家會解。自謂具眾美而斷猶豫。義無不盡。人亦服其該博。而復樂其簡要。切中時機。是以交口讚善。而競相講習。自元末及今。二百餘年。海內慕楞嚴而講聽者。惟知有會解。而他非所尚。故尋經旨者。須從會解中通釋之。有不通者。則歸罪於經之玄奧難明。罕有敢疑註家通達之未盡也。間有略疑議者。則叢口交謗。如悖逆人。此緣尊習之久。恒物大情。無怪其然也。若是。則解家已多。而會家已定。從之者又紛然。宜無復解。而今乃復為是解者。必別有由。不首申之。何以導人進覽乎。又分為四。一曰制疏始終。二曰略遮疑慢。三曰較釋功過。四曰略剖是非。

今初制疏始終者。予初業儒。不知佛法為何物。時或加謗。自業師香林公。警以永嘉著作。忽於如來若識久迷之父母。大加痛悔。即誓出家。然未有深解也。無何。入京庠備員。尋求竺典。值友人西野郭居士。惠以是解。如不涉海而得摩尼。欣慶無量。於中恍惚有省解處。而實不盡通達。時詣青塔無紋師座下討論之。及徧歷暹公等。諸師講肆。兼同參輩相與折衷。得味漸深。嗜好無厭。頗領萬法惟心之旨。然智見多局促於會解註文。無敢逾越也。自是旁通於性相諸典。放曠於法華義句。華嚴疏鈔。飽飫台首之宗。樂其文義雙暢。無少留難。心光漸啟。回視會解。遂覺其識見未備。臆說多恣。與二大老之家法。頗不相似。自是儒業策之則意倦。釋典對之則神清。心專志定。夢出家而生淨土者。月常十餘番。忽遭骨肉彫敗。屢經喪葬。乃至丁內艱時。居士周姓者。請鎮圓寺過夏。與諸上人講四書。時彰德古風上人。出單傳門下。嗣法小山。諳練宗旨。未出世為人。遂強其交易而講。再四乃可。相與涵泳四家頌古。三師評唱。頗覺胸次豁然。忘言絕思。當下即是。虛懷宴如。山河人物。俱如影象。一日詣城中一動舊曹公家東軒書舍中。偶值無人。攝念靜坐移時。見架上會解一帙。隨取展玩。不知是何境界。忽然眼睛湛朗。心竅劃開。於如來所說。周迴曲折。無不洞見。譬如平日在一大宅中。幽房暗室。曲巷迴廊。東西莫辨。

前後難明。今乃忽如升一最高之臺。展目之間。於中纖悉委曲。無不備見。諸註有謬戾本經。如執繩墨較曲直。分寸難隱。於是悲欣交集。就經展拜。如親對如來。身毛皆豎。自誓畢竟出家。願祈壽年。註經遺世矣。數日間。值潞安庠生韓子希曾。酷好楞嚴二十年。徧歷講師。無悅其意者。遂至予前。申數難。悉與通釋。韓已異之。及予反難。韓遂瞢然莫曉。一詞莫措。乃大驚服。拜請裹糧謀住。欲延歲月。以徧討精微。予知其大家。有太行禪竇可以靜居。以遂出家註經之事。即吐其意。令先回俟之。韓不勝慶幸。予次年如約。至即下髮。誓閱教十年。以利其器。時萬曆四年丙子冬十月也。因韓子問答。成楞嚴通會四卷。寫本未刊。功多閱教。越四載。南遊不果。回住北董鎮。又二載。為李通府荊山公。請住法住寺。建華藏閣居之。復越四載。念十年之約已滿。猶未註疏。躊躇間。寺眾多病不安。予祝云。願我一身代之。隨即病。逾半月垂危。眷屬圍視。予在昏沈中。覺有人提臂警云。佛來矣。予驚起。跪西仰視。提警者。觀音也。見佛立於中。二大士夾於左右。皆黃金色。光明晃朗。各丈餘。予即知其接引往生。遽云。往生至願。奈楞嚴舊註雜亂。未註疏耳。聞佛琅然語云。誠然雜亂。語畢。即見三聖皆回身西去。猶瞻望後身金背。及青螺後髮。渺然漸遠。隨開目。身汗如雨。咸問慰之。予備述所見。仍曰。予已給假註經。且得不死。汝等勿慮也。眾咸念佛。聲動屋宇。時萬曆丙戌夏六月也。尋漸平復。寺眾果自予寢病時頓安。予感斯瑞。大警。至冬十月。禮懺禱觀音加被。遂命筆科經。至歲終而科成。次年春。安慶賢王招住城西南隅報恩堂。棲遲十載。其間人事。及內外講期。一切不廢。而註經朝夕亦無少輟。至萬曆丙申冬而疏成。次年丁酉仲春。瀋藩國主命五臺蘆芽山飯僧。遂於蘆芽過夏。而製斯懸判。因紀歲月。以見著疏之始終焉。

二略遮疑慢者。非敢要人之敬信也。良以三疑在念。七慢存心。極能礙人之虛懷。阻人之納善。於斯疏釋。必不能隨喜覽受。而或別生譏議。何以成結緣之益乎。故略遮之。以勸隨喜耳。予註疏時。經日既久。難盡隱密。風聞而交謗者。不可勝紀。亦有面斥之者。其略云。斯經古人已解。多學悟兼濟之大人。言從證據。理出自心。故曰後有作者。未之或過也。子何人。而敢是非古人。譬始操斧者。輒笑公輸。纔調音者。遽陵師曠。豈免智者之笑。而末學弗從。將貽愧之無已。請依予言。速已之為愈也。予徐謂曰。古人解盡。後人但宜遵之。而不容復解。此誠至教。予當叩謝。但有一問。敢對長者申之乎。即今會解中十家。皆出一時耶。亦有先後耶。彼曰。世代相次。前後千年。安謂一時。予曰。既有先後。則最初第一家解者應為古人。即應解盡。而第二家正當後解之時。全是今人笑古人解之未盡。即應智者譏之。末學悖之。何亦並行而不悖乎。何況今十家之解皆並行之乎。何又反謂會解最後者為獨善乎。昔清涼謂聖旨深遠。總遮斯難。子其未究彼文。良以法義無盡。佛語甚深。若一人解之即盡。何謂法無盡而語甚深乎。彼引身因各說。佛許無差。此據圓通異門。佛明不別。由此無礙義推。則雖百論並陳。何妨隨見以共光法施乎。子但究其義之短長。稽其理之當否。不應以古人已解而為拒也。彼復救之曰。諸家解雖疊出。異說多岐。是非未定。容許會通。今已經天如集諸說而辨別之。去取精當。至論已定。況今宗習已久。帖然不疑。何復為此惑亂人心乎。答。長水作義海時。前已有數家之解。而長水命名義海。豈不自以為收眾流而集統要乎。且海之取象。尚表其諸義大備。無復遺餘矣。況入藏已久。誰不習定。何後世復有會解方為定論乎。是義海未必收義之盡也。夫會解曾不以義海為足。而復敢更解。今何遽以會解為足。而不敢更解乎。且子謂人已習定。帖然不疑。自子言之耳。此前已有管見。指摘數條而非議之。已成傳誦。近聞南都有三槐師者。非之為甚。每講全不從於會解。惟說本文。人不盡非。從之者眾。又聞蘇州有人。未詳字號。廣辯諸註之非。已刊而未見大行。他如月川之別眼。澄印之懸鏡。皆各出己見。而非有局於會解。但皆少分自在之說。未據全文而大翻舊案。近亦有士大夫奉內教而具眼目者。往往愛經之無上而患註之未善。是足驗佛法深遠。妙義難窮。豈一會解所能發盡。特子之智。出會解之下。而無超拔之見。豈可強人人皆如子乎。彼更怫然不悅曰。古人著述者。皆有悟證。或原是聖流。故宜遵之。今子一介凡夫。別無異行。傳聞不滿人心者未必全無。而顧為此不思議事。我終不之信也。予曰。雖佛至聖。亦不能令人盡信。同世興謗者無數。況異時而異地者乎。子如不信。一任不信。而謂我非聖。無異行。且不盡滿人心迹。此數語未足與議也。子豈謂古之聖智者。皆存聖凡之見。而亦必為顯異之行以悚動於世乎。且佛以四聖真實之語。不但說人人皆當作佛。而更明眾生本來是佛。有不能信領者。則責之曰。薄德少福人。不自信作佛。故祖師門下。患人高推聖境。自輕退屈。極力以劃斯惡見。每每抑古揚今。信口道一句子。便謂超佛越祖之談。意在聖凡情盡。魔佛一如。甚至呵佛罵祖。豈得已哉。第緣人人為聖凡之見所覆。猥鄙陋弱。無丈夫氣。則何以負荷祖佛事業。故為是越格之激揚也。是則丈夫兒。尚當自信是佛作佛。而順佛語以發經本旨。吾何以非聖為歉哉。子又疑我無諸異行。豈知牛頭馬祖。未悟時各標異行。而悟後無不改轍。乃知不必異行中求。一帶祖門。皆重平實。飢餐困睡。悉謂玄微。運水搬柴。咸推妙用。且九峰謂紙衣舍利無數。不如當時道得一句。黃檗見羅漢神通。悔不打折脛骨。古人惟重智徹般若。而駭於異行神通者。庸夫之見也。且眾生善根。悉不可測。祖師警人疑慢。亦云。吾早曾經多劫修。不比等閒相誑惑。子無宿命神通。祇是彷佛見聞人之現生事迹。安知人億劫之修哉。如來金口。親謂信般若者。已於百千佛所種諸善根。況斯經醍醐至味。能信解之。與眾發明。吾豈敢以自輕哉。子不能自信信人。終至於慢人自慢。是誠大可惜也。且人事是非難定。人言真偽無憑。祖師處世。業緣飄鼓。是非莫逃。往往遭時貶罰。如妙喜石門等事迹相類者無數。豈盡滿於當時之人心耶。由此評量。則子之言豈為允當。大抵娑婆弊惡。常態如斯。今子獨推尊於古人。祇為其生不同時也。子若與彼同時。則無以異於今日。安能免於子之疑且慢耶。

三曰較釋功過。其人聞說。顏色始定。愧謝予曰承教。非但不復疑慢於子。亦不自疑慢矣。但有一意。竊所未安。請更伸之。夫凡著述。因修者易。創始者難。諸師創始製疏。吾輩資之以曉解經義。佩德不少。聞子亦十年涵泳於註文之下。而後方起別見。則亦被諸師之澤不淺。今一旦悖之。揚己之智。以掩諸師之美。子其忍為之乎。予撫掌笑曰。子知其小。未明其大。且所謂揚己之智。掩諸師之美。二說皆非也。子惟感諸師資發之德。而蒙昧遮護。曾不念如來無量僧祇之至恩在所當報。不應以諸師為礙。而避過不敢也。故予凡有一隙之明。窺見佛經或隱覆。晦其妙旨。或支離。失其本意。則日夕不安。愧負佛恩。凡以乖佛法旨。則損道脈而誤眾生。豈忍坐視而不建白明正。其何以報佛至恩哉。念惟在此。非區區揚己之智也。且子謂掩諸師之美。此語尤非。予之作疏。諸師有毫髮美處在會解者。則顯標字號而直書之。未嘗暗攘以為己有也。有不當者。則略之而不復言。此非掩其美也。泯其是非。不復為智者所指謫也。間有似是而非恐人不能決於取捨。或復大義所關。不得已而當辯者。但以舊註二字代其字號。不欲顯其人也。不如是。則終將掩佛旨而屈經義。子不忍掩諸師之美。寧忍晦如來之妙乎。當知違諸師之註。其過則淺。掩如來旨義。其過甚深。以即障眾生之智眼。塞學者之悟門。而辜盡佛恩故也。又護諸師之註。其功則小。闡如來本意。其功則大。以即開智眼。啟悟門。而真報佛恩也。且師之作養弟子。豈欲其智盡出於己之下乎。設有此心。即非明師。不足尊也。故宗門謂養子不及父。家門一世衰。又父聞子健。恨不殺身。凡以其心之公於為法。而不私於顯己也。縱予因初閱會解。於諸師亦有師資之分。而能增盛所傳。補全遺業。雖當仁不讓。略辯是非於一時。實幹蠱無愆。永泯瑕疵於百世。豈諸師本皆赤心為法之高賢。何至但私於顯己。而反不喜於光大其法乎。吾以是而自信諸師必不深咎於是疏矣。子將以為何如。

四曰略剖是非者。其人至是乃驚惕曰。如來本意妙旨。豈容一毫隱屈。眾生智眼悟門安可一日不開。但以不敏。亦久聽習會解。殊不覺其有斯欠闕。而聞子作疏。實不信其能更增明。今承示此。實大驚惕。竊恐未必其然耶。子疏隨文長廣。恐一時難徧。敢請略示大端。別其一二得失。使我信及。然後進領於全疏耳。予承斯問。斂袂凝神者久之。喟然歎曰。此其難言也哉。昔清涼申疏別意。亦表難言。其略曰。若是非混同。則掩明實而誤後學。若乖差指出。則黷心智而益是非。故撫心五頂。仰托三尊。不獲已而為也。吾不敢妄擬清涼。而籌慮難言。實類是矣。今亦仰憑三寶慈威。略申一二。夫舊解無乖。何勞改作。正緣未的。故此重煩。但願深諒予心。萬不獲已。非敢逞是非之惡念也。能少加察。脫有相契合處。則將慶幸無以為喻矣。今略開三條。以見大意。

第一多種不相應迷。此復有二。一者問答不相應。阿難最初問妙奢摩他。三摩禪那。譯人全存梵語。未翻華言。意令智者據經前後本文。兼較他文同異。量定其意耳。今據阿難明敘。所恨多聞致誤。已彰捨解求定之情。又惟特請佛所修持。亦顯厭權就實之意。則知所請。決是一乘圓融妙定也。諸師以平日所知圓定。無有過於天台三止觀者。又復眩於經未來時。梵僧懸記止觀同於楞嚴之語。主乎先入之見。輒謂所請決不出此。且以止順於定。而又偏取三止釋之。此即一大迷也。蓋凡問處。隱略未彰。不可造次臆斷。須察下文如來答處。反推之而意可得也。以如來鑑機。必問答相應。而不相悖也。今阿難所問。果即天台三止。則如來下答辭義。須即與三止功夫相似。而註家仍當指結何處是體真止。何處是方便隨緣止。何處是息二邊分別止。今細揀經文。了無如是義相。而註家亦不更銷歸前問。至於徵心顯見諸文。亦不明其與三止有何干涉。豈問處原是三止。而答處全不相應。則是如來錯答問端。何以為鑒機之教。又即使如來所答全與三止相應。當亦墮於天台所檢過中。以彼明言止觀偏取。如隻翼單輪。不能遠到。豈佛會問答。反出天台之下耶。此更不通之甚也。

二者科釋不相應迷。此則不但迷於經文。即於自所科釋。亦多自相矛盾。如舊解雖不細分小科。亦略分於三大科。一曰見道。二曰修道。三曰證道。初科既云見道。即應未及說於修道。而修道須有待於下科。及至釋文。往往搜尋三觀。應當即是修道。其實經文元無如是語脈。只是文外強判。而順文豈有教人修三觀之語。縱取一二相似之文附會說之。殊無情謂。近亦有不撥見道之科。而卻開大段以硬派為三觀者。不思見道者。開悟理性之謂也。三觀者。修進功夫之事也。既說止觀。即是修道。何須判成見道分哉。又若此處早是修道。即是如來但教眾生從三觀而修。至下耳根圓通又何用哉。客曰。吳興有通請別請之判。前之三觀。恐是應其通請。深心所修。後之圓通。應其別請。初心方便耳。答。審如是。即應通前俱科為修分。而於修分復分為兩科。一應通請之修。二應別請之修。方成彼說。何為同是修義。而乃一科為見道。一科為修道乎。且既分乎淺深二修。則初心者必先修圓通。後修三觀。敢問修圓通者。至何位次始是深心。方可修三觀乎。今據菩薩自敘。從初入流。乃至寂滅現前。了無接修三觀之相。而如來乃謂此根初解。先得人空。按位當至七信。齊小羅漢。而菩薩聞所聞盡似當此位。又曰空性圓明。成法解脫。按位當至八九信位。已超小乘無學。而菩薩空所空滅似當此位。又云解脫法已。俱空不生。按位當至十信滿心。後判無生忍位。按位即當初住。而菩薩寂滅現前即此位也。是尚未至於深心乎。何亦不見接修三觀之語。豈更在於後位方修耶。然菩薩此位。已超世出世間。發三科無邊妙用。豈天台所說三觀。尚非此等菩薩所能修乎。而今之習三觀者。皆初住以上之菩薩耶。是大不通也。客救曰。彼所謂通者。通十方可修也。所謂別者。別對此方之機也。答曰。諸門通對十方之機。文殊皆了揀。令人捨之。耳門別對此方之機。文殊獨選。令人取之。今三觀若是十方通修之法。非是此方對機之門。即屬文殊所揀。應捨之而不必修。且如來何於最初即以詳說不對機宜之法乎。是又不通也。又救曰。彼言通者。非通他世界也。或但通此娑婆深淺位人均可修之。而言別者。但局初心也。答曰。若依此方論通。則仍是耳門。良以如來密指耳根為十方薄伽梵一路涅槃門。文殊明選耳門。亦云此是微塵佛一路涅槃門。下復顯其三世如來通修之法。又揀諸門云。非是常修學。淺深同說法。反顯耳門乃是通常可修之法。淺深同用之門。誰謂圓通但局淺位。而非深位之所修耶。又三觀即通淺位可修。是亦初心方便。何必又指示於耳門。且耳門是深淺通修之法。經有明文。而三觀通於淺深。楞嚴中何文可證耶。當知迷性定為止觀。而輕圓通為淺修者。皆此等判辭以為迷根矣。痛宜刮洗之。然復有兩種不分辨。一者說理說行不分辨。蓋如來破妄心。指妙見。四科明性常住。七大顯性周圓。又十惑三續之本虛。四義四相之元妙。如是乃至圓彰三藏。是皆但以談吾心本具之妙理。而實未及開行門。立觀法也。何諸註競判三止觀耶。然則理性與觀行尚無分辯。安望其發經幽旨哉。二者教悟教修不分辨。蓋凡理性不明。解悟未發。則方與種種斷疑。重重啟悟。頗費巧辯。委曲誘引。而當機方且半疑半信。忽悟忽迷。又且轉辯轉深。愈窮愈妙。直至四卷半文。此理方得圓明。初成解悟。是則以上經文。方以教其解悟。而實未及張設觀門。教其進修。註家何敢擅專。亂指觀門令其修習乎。且佛意必待圓解既開。正信已定。當機自請修進之門。方以別指耳門為入此理之妙門。仍更推選叮囑。戒其不可雜修諸餘方便。今何於未指耳門之前。亂立三觀。以雜亂人心耶。若此。而不謂之公抗佛言。謬傳佛旨。吾不信矣。譬如國王將有事於東征。遣一使臣宣傳勅命。召令諸將聚集闕下。聽候指示廟算神謀。以決東征之勝。使臣妄傳諸將。即時起行。速往西征。久之。王問使臣。諸將何以不至。使臣對以彼日傳命。即令速往西征久矣。王大震怒。深怪使臣錯傳所命。此亦如是。佛欲專令行人修耳根圓通。如王將有事於東征也。乃先開其妙解。令悟本理。以為圓通入處。如王先欲宣示廟算神謀。決東征之勝。註家於未說圓通之前。輒立三觀。令其修習。如使臣妄傳所命。令其速往西征也。由是觀之。其為錯誤妄傳也必矣。大抵既釋佛經。即宜確尊佛語。佛本不曾顯立觀門令人修習。何緣妄為指授。更不闕疑耶。客曰。諸師剖判三觀。亦惟據己見得此處可為空觀。即判為空觀等。亦如王索先陀。智臣了達。奉之不錯。何必如來顯言止觀而後為觀耶。答。審如是。則是佛雖不曾顯立。而實意含。諸師智臣能了達之。今請不必諍此意是否。但問此之三觀。當在何時修耶。為復預於圓通前修耶。正當圓通中修耶。更於圓通後修耶。若於圓通前修。則前文即是修道。何判見道。又三觀應是初心方便。圓通當是深心。何圓通又名初心方便。若復正當圓通中修。則聞性本取其體無分別。但一反聞。單刀直入。故首廢六識。不用覺觀思惟。偈云。覺觀出思惟。身心不能及。今若加以三觀。則依舊思惟覺觀。安能離於六識。然則如來首破六識是不當也。若於圓通後修。則其謬當如前深淺位中所辯。是則三時既皆無有用處。何得誣佛意中有同天台之三觀耶。又彼智臣真解王意。不差不謬。則王當更無改令。即應佛於後文請修之時。惟指前文三觀令修。何必別說反聞為修法耶。今既別說而不用三觀。足驗前但開示性具理體。非含三觀。而諸師豈真輪王之智臣哉。客曰。既全談性具之理。而非談三觀。如來何故自呼為奢摩他。而又明其是微密觀照耶。答。我非撥其畢竟不是止觀。以阿難原本問定。而如來原本答定。則夫止觀定慧何違於經。但此中說定說觀。名似同於常途。而義實迥別。天台三觀。實非其類。故今反復但明其不是天台止觀而已。非並其本定本觀而總非之也。良以奢摩他微密觀照。若以天台觀意會釋。則甚為障隔經之本旨。請申明之。一者以修障性。蓋經初三卷半文。佛本發揮性定。而諸註竟以天台修意會釋之。則何能使人頓領性定。而識取本有家珍耶。客曰。天台三觀。專明性具圓理。極斥權乘偏漸。何言其屬權宗而全墮修成耶。吾未之聞也。答。我亦非是斥天台為權乘。而責其偏墮於修成。蓋此師於如來禪中。亦比他家殊勝。所說觀門。義亦圓妙。雅合性宗。但較之今經。旨趣迥別。良以台宗三諦。三觀。三止。敵體相對而立。至於本具理體。全在三諦境中。而三止。三觀。但是依性所修之定。非即說性為定也。今經最初三卷半文。發揮自性本具圓融不動之體即是奢摩他定。而領悟照見於此者。即是微密觀照。故此中語解語悟則誠有之。而修習全未涉也。今註家鹵莽。不加研究。而竟以修習止觀之意判之。則學者何由而知其為性定哉。客曰。承斯指示。研味經文。是誠說性而未說修。然則三如來藏。作天台之三諦可乎。答。諦者。理也。境也。若謂為三諦。則猶近之而不甚遠。以諦境原擬性具之理而立。如人為父母畫像。必相似焉。至於三止三觀。則是依諦理所起修習功夫。如對畫像祭祀恭敬思想。今經所示三如來藏。乃如父母現在生活本身。

尚非畫像可以全同。至於祭拜思敬。有何干涉耶。客曰。三諦固說性具之理。三如來藏亦說性具之理。何得三諦但如畫像。而三如來藏便如本身耶。答。子如不達此意。則孤負楞嚴多矣。夫三諦。但是大師為行人懸擬自心微妙圓融之相。立真。立俗。立中。而體會須用三觀三止。想像思修。久久方到不思議境。是其初門若離六識覺觀思惟。莫可措心也。今三如來藏全不同此。以其的實本體。即是眾生現前六根中見色聞聲無分別體。故佛最初開示。首先破除六識。不用一切思惟懸想之心。次乃即於現前眼根中。豎指伸拳。覿面指出朗然湛然無分別見性為心。又復曲指飛光。顯其本不動等。皆是令其當面親見自心。故阿難初悟自敘。如失乳兒。復見慈母。豈不同於父母現在。親身相見。何勞畫像思想哉。若捨父母現身不行禮敬。反拜畫像。是大顛倒。是則以三如來藏為三諦尚猶不可。何況迷為三止觀乎。客曰。三如來藏。是展轉入於深妙圓融之極理。何得言最初所示見性即是其體乎。予笑曰。子之迷根。其在是乎。諸師正由高推後之藏心。而不達其即前初示見根等性。體無有二。直謂離根性而別有。所以修時更不用根性。卻擬藏性立三諦而起三觀以為圓妙。不知依舊落於識心覺觀思惟之境。失盡經旨。孤盡佛心。今請以喻明之。譬如金獅子。被泥所塗。金體全隱。忽有智者。欲以金體顯示於人。將其眼睛擦透。露出金色。則人莫不喜躍。更求擦之。由是漸次大開。全體光明。熾然照耀。然終與初擦眼金無有異色。亦無異體。由斯喻以詳經旨。炳然可見。則知三如來藏雖極開顯圓融全體大用。其與初顯根中見性安有二體。特以言不頓彰。取次發揮。從微至著。亦如擦金然也。又當知見聞等性但是藏心之偏名。而實無偏體。如祖師直指人心。亦曰在眼曰見在耳曰聞。確然是斯旨也。故佛答請修。教其旋倒聞根。所聞根性。即是三如來藏性。豈有異體耶。客曰。若是。則三諦尚非。三觀有何交涉。而梵僧何以預傳斯經同於天台三觀。答。此有兩意推度。一者西天東土。人智昏明。亦多彷彿。焉知梵僧不惑於似是而非耶。二者彼或但謂略同天台三諦。則其言非謬。豈必謂其全同三觀乎。特是後人承虛接響。而謬成三觀耳。非梵僧之過也。客曰。阿難問成佛妙定。佛答必是圓定。則奢摩他。三摩。禪那。須是舉一即三。言三即一。方始為圓。今何三名各開。安得為圓定耶。答。舊見溺人。原本非淺。何怪子之深惑耶。良以前人性修既不能分。而堅謂決同天台三觀。又見斯定亦有三名。更不研審甄別其文其義為同與否。但見一名。輒補為三。強謂舉一即三。言三即一。祇欲附會台宗圓妙之像而已。迹此而論。不但不知斯定所以為圓之本旨。而台宗應亦未通達也。蓋台宗三觀。要如摩醯天眼。不縱不橫。方始為圓。蓋三皆頓具。而無前後。故非縱。三皆互攝。而不並列。故非橫。今處處兼齊。不明統攝。全墮於橫。是則台宗尚未徹知。安望其明斯經旨耶。且台宗中三觀。舉一即三。言三即一。乃大師親口自說。非假傍人註釋。今據如來親口。並不曾說奢摩他等三名有斯義焉。是皆後人不達斯定圓旨。全不係於三名互具。妄擬台定而立斯見也。客曰。斯定取何意為圓極耶。答。三如來藏。顯然明白。先由次第開顯。後乃統示圓彰。皆其性本具足。非由修習而然。若就此而明其舉一即三。言三即一。非縱非橫。極為允當。而圓融極旨。亦未有過於此者。何得捨斯義而謬取三名兼具為圓耶。客曰。的據佛心。約何義而立三名乎。答。𪓐據問處三名。似乎無異眾典。剋求答處三義。自見宛爾迥殊。當知如來約取大定者初中後三時而立此三名耳。謂約最初開解本具性定為奢摩他。約中間入此性定為三摩提。約最後住持修證性定為禪那。客曰。定之圓旨。既惟在於三如來藏。今經奢摩他中獨有三藏。應惟奢摩他獨具圓意。後二名中無有三藏。後應不圓。答。諸家之解。前後不相通者。正同子之所惑。將謂後之所談。全非前之所示。不知奢摩中。是教悟此本有三如來藏。三摩提中。是教入此本有三如來藏。禪那中。是教住持修證此本有三如來藏。始終通一藏性。豈前有而後無耶。若後之所入所證非前藏性。則入證之前。何勞廣陳藏性。而解悟之後。所入所證更是何性乎。大抵舊之解家。於經後分多不顧前。如談三藏。已早不達其即前初示之根性。及說圓通。何曾明其但入藏性。及陳諸位。又豈知其牒圓通而修證藏性乎。不思阿難既以華屋喻前藏性。則圓通所以進華屋之門。而五十五位。所以升華屋之堂。而入華屋之室也。豈離前華屋而他有所適哉。是則始終既惟一藏性則始終惟一圓融性定而已。何謂前圓而後不圓乎。辯不相應已竟。

二者多種不決定迷。此復有二。一者破識不決定。夫一大時教。權實攸分。全係於用識與不用識也。正以眾生背涅槃而永沈生死。全由身心二皆錯認。故圓覺云。妄認五蘊四大以為身相。緣塵分別以為心相。是雖二皆錯誤。然身之錯認。人或易曉。心之錯認。人所難知。故六識非心。豈惟界內人天所不覺知。雖出世二乘亦未了達。至於權教菩薩。雖知別有賴耶。而所取以為觀慧之體者。亦不能外此六識。所謂以生滅心為本修因。終不能取常住果。是以權教極果。但齊圓之二行。故斯楞嚴妙旨。豈惟深處難信難解。即此最初破識一節。即展轉猶豫不能成決定信。展轉迷混不能成分明解也。客曰。習楞嚴者。誰不知其最初破識。何有難信難解之相。答。子若深信朗解。何不覺舊註之非。曰。請示之。曰。如佛問阿難最初緣何發心。而阿難答以緣佛相好發心。是佛但欲取其緣相之識。破其非心而已。非責其不當執相好為實有也。舊註輒斷之曰。見相實有。生滅宛然。緣此發心。安趨常果。此若是佛本意。則佛向下即當破三十二相不是如來。仍戒不當執為實有。不當緣此發心。此註方為不謬。今向下了無此意。豈非大錯。又引後文以生滅心為因不獲常果證之。不知彼文正惟斥乎用識之非。豈是責其執相之過。是其前後總迷。盡將破識之旨轉為破相之宗。豈非迷混。何曾朗解破識非心之正意乎。會解列此註於前。而亦不言其非。後乃補曰。阿難見相。乃緣塵分別之見。其所發心。即妄想攀緣之心。後文七徵八辯。重重逐破者此也。夫既知破心。便非破相。何又並取破相之註乎。是雖似知。而亦未的。故為是兩岐之不決也。豈非猶豫而未成真信乎。且又不當將前在面之眼。誤濫後之見性。而謂八還辯見。亦同七徵逐破。且又將見性坐以緣塵分別之名。卻不知緣塵分別。獨識有之。

而佛所顯見性。乃白淨無記。並無緣塵分別之用。如佛云。但如鏡中。無別分析。是也。此皆法相不明。混濫之極。差錯非小。無暇並明。今且明不知破識之故。舊註又曰阿難厭多聞而欣妙定。如來欲談是義。先詰妄緣。故問發心見相之由。為止散入寂之本。若觀先詰妄緣。似知破識。而末言為止散入寂之本。則亦知之未的也。良以如來破識。非徒止其緣境散心。入於寂定而已。其曰縱滅一切見聞覺知。內守幽閒。猶為法塵分別影事。又曰諸修學人。現前雖成九次第定。不得漏盡。成阿羅漢。皆由執此妄想。誤為真實。是豈但以止散入寂為是乎。當知佛意要明此識不論散亂寂定。全不是心。但是塵影。無自體性。欲修奢摩等。最初要須捨盡此心而不用。然佛所以必取發心出家之識而破之者。別有深故。自古未明。良以此識勝善劣惡之用最多。破劣惡則必留勝善。破勝善豈復存於劣惡哉。且此識勝善之用略有五種。一者緣佛色相心。二者緣佛聲教心。三者聞法領悟心。四者止散入寂心。五者界外取證心。此等勝善識心。佛於斯經總皆破盡。故此首破出家所發之心者。即破第一緣佛色相心也。下文云。如汝今者承聽我法。此則因聲而有分別。即破第二緣佛聲教心也。又下文阿難不捨悟佛現說法音。佛告此法亦緣。乃至緣聲之心離聲無性。即破第三聞法領悟心也。又下文云。縱滅一切見聞。乃至猶為分別影事。即破第四止散入寂心也。又下文云。現前雖成九次第定。乃至皆由執此誤為真實。即破第五界外取證心也。此五尚皆破除。而其他劣惡者安有遺餘哉。然此更要知佛破意。不是為此五用有過差處而破之也。蓋五用仍是勝善功德。有何過差。但人認此發用之識為真實本心。方為大過。以無邊生死。皆為錯認。此識為心故也。觀佛呵云。咄。阿難。此非汝心。此是前塵虛妄相想。乃至認賊為子。故受輪轉。方是如來破之本意。但所以必帶五用而破之者有二意。一者離用則識無相。從何施破。二者五用是此識勝善功能。恐人重此功能。遂執恪此識不能捨盡。故但從此五施破。此而不恪。則妄識捨盡無餘矣。以是意甚深難識。故舊註不達。見佛首從見相發心破之。便向發心處求覓過差。而云見相實有等。豈知破意不在執相為有。但在執識為心耳。是則佛本決定分明全分破除此心。無毫髮姑息遲留之意。其奈眾生無始劫來執為己心。除此更不知其別有真心。極為難捨。雖以如來極力破奪。猶不能生決定信。成決定捨。而往復狐疑。執恪猶豫者。紛紛皆是。其他不足為怪。至於楞嚴解主。以著述之才。積禪講之習。發心會解。何止三二十年。到此見佛破得此心太甚。反乃救之曰。原夫妄無自性。全體即真。所謂破無所破。無明即明。乃至世尊前云。眾生不知真心。用諸妄想。今云執此妄想。誤為真實。然則妄想果非真心耶。當知法無得失。迷悟在人。若利根惑薄者。了達妄想之體。直下便是真心等。此一段言語。縱有理據。不應此處發之。置之此處。壞盡楞嚴旨趣。以眾生到此。正當執恪狐疑。方搖未穩之際。那堪復聞雪上加霜之語。引人多少猶豫。長人多少迷情。蓋如來從經初費了許多氣力。七番破其無處。覿面呵為非心。極力表其無體。今乃公抗。出其全體。又言便是真心。豈不令人依舊成決是真心之見乎。且阿難往復強騰疑辯。到此方纔得箇默然自失。將有撒手放捨消息。末世伶利眾生。聞經到此。亦同此意。若聞此語。寧不依然把住。不肯撒手。將謂如來破斥亦是假意。此識元來即是真心。凡遇順經言破斥者。便以此言遮救。豈但不成決定捨。將復還成決定執矣。寧不壞盡如來之本意乎。客曰。識心若果全妄。畢竟當破。後經四科七大。何又許其同是如來藏心。答。天如疑根。正在於此。良由方便平等二門未通達也。方便者。決擇意也。平等者。普融意也。經初破識全妄。而戒其勿用者。方便門決擇意也。經後許識亦真。而同稱藏性者。平等門普融意也。順佛旨而不失其序。則二門可互相資。違佛旨而矯拂雜亂。則二門乃互相背。客曰。何謂順旨則互相資。答。識雖藏心。而為生死根本。不破除。則錯亂修習。蒸沙作飯。故破除所以為入圓方便。又識雖妄本。豈外唯心所現。不融入。則心外有法。聖性不通。故融入所以令方便不泥。斯則前後皆但順奉佛言。各成妙旨。豈不互相資乎。客曰。何謂違旨則互相背。答。如佛正當決擇之時。則取後平實之意以抗之曰。同為藏心。豈果是妄。何必破除。則妄本堅而真修永塞矣。準此。則至後如來融入之時。亦可取前方便之意以抗之曰。生死根本。豈真藏心。何以普收。則方便泥而圓旨永隔矣。是則撥佛前後妙旨。全成自語相違。豈不互相背乎。當知平等普融。收發須盡。方便決擇取捨須嚴。後之普收。初不礙於前之破斥。豈可因後疑前。而不決定依佛破斥乎。若必執後藏心。而疑前非決定破。則水火二大亦是藏心。崇水事火者。即應非決定外道。

豈可修楞嚴者亦許其崇水事火耶。是則水火雖藏心。而崇之事之。決墮於邪見。而不成正覺。固決定當破斥也。亦猶六識雖藏心。而用之修之。決滯於生死。而不成菩提。亦決定當破斥也。子何惑乎。客曰。識雖藏心。修終不用。後經身子等何復依之成六種圓通乎。答。此亦諸家蓄疑之一端也。既經文殊揀除。何勞更問。如其不了。可尋後偈文。及彼處疏文研之。無不明矣。

二者顯見不決定。蓋破識之後。佛本顯見為心。而舊註皆云。前文已破妄心。此下乃破妄見。以顯為破。此非小迷。故須辯之。夫如來既破阿難素所堅執之識以為非心。則阿難卻問如來何者是寂常妙明之心。而如來此時。要須有箇是心的還他。方纔了事。不然。即當索之無休。何緣又起破斥。且他將舊執一時放下。單單索要那箇是心。卻破他箇甚麼。若說此時該破。則是連問答說話的次序也不知道。安能發揮佛意。且佛本於眼根中指與他一段見性。表其有眼無眼。或明或暗。其體恒存。即靈光獨耀。迥脫根塵。不同前心離塵便無自體。末後又申其正義而判定云。是心非眼。以眾生平日只知此見是眼。不知是心。所謂迷己為物。如來斬新指出向他道。你問何者是心。此之見性。即是汝心。你如何一向只作眼解。不解是心。你從今當知此見是心。非是眼也。夫前破彼識非心。今顯此見是心。一非一是。敵體相翻。一破一顯詞旨灼異。極為分明順暢。亦是問答相應自然語勢。何故千有餘年。諸師齊言此處是破妄見。且凡有破。因有執也。如前識心。因人知之分明。執之堅固。故方種種破斥。奪其固執。今此見性。阿難示同聲聞。平日並不知此見是心。誰生執著。卻破他箇甚麼。甚無謂也。此方於根中指出見體。合下共有十大段文。極顯見性不動不滅不還等。如來真慈。只要當機者捨前所執妄識。取此新顯見性而執持之。認為真實本心。蓋惟恐其不肯執持。豈有破意哉。請觀下文。阿難尚猶重重不肯認取。一則曰。云何得知是我真性。一則曰。見必我真。我今身心復是何物。一則曰。與先梵志冥諦真我有何差別。此等疑情。翻復不定。如來方與重重決疑。重重顯妙。責其不領勸其執認之不暇。尚敢少加破斥哉。如是展轉十番。俱是顯示見性之意。而諸註總皆迷為破見。而云下文七徵八辨。重重逐破者此也。又且詳辯先破妄心。後破妄見之故。出其三義。其一。謂心是妄元。復是人執之本。須先破之。而不知人執之本在於第七。今破前六。與彼何干。其二。謂心屬王數。通乎三性。故在前破。見惟眼根。但屬無記。故在後破。此已似將如來所顯見精。迷指浮塵色法。故反劣於六識心王。不知如來所顯根中妙性。乃陀那細識。即如來藏心。豈反劣於六識哉。近見書冊本中。復將眼根誤成眼識。若是識字。過犯無邊。乃蒙昧者尚不知其為誤。亦可歎哉。其三。謂今破妄見。則引盲人矚暗等以彰見性不滅。乃至舉手飛光。皆顯性無搖動。此意似謂妄見與見性為二法。於妄見則破之。於見性則彰其不滅。顯其不動。細察如來於盲人矚暗章中。只是於眼根中指出見性。而明其於眼根及明暗了不相干。全體是心而已。更無二法。將指那一句是說妄見。為當破。那一句是說見性。

別為勝法而當彰顯乎。既謂矚暗飛光皆是顯見。則盡其文而皆顯意矣。更取何處為破見乎。且不動既是顯見。則不滅不還等八大科文皆是顯見。而補註憑何又將八還辨見。類同七徵逐破之文乎。將恐其意即以顯為破耶。然破如彈劾奸邪。顯如舉薦賢德。世間豈有舉薦即是彈劾者乎。通上三義觀之。則其法相不明。破顯混濫。謬亂顯然。有何難見。似此註文。前後極多。不勝其辯。見解如此。安望其發明楞嚴之奧旨乎。然則斯經受屈久矣。故不得不略明也。詳其致惑之由。其略有四。一者破識之初。因雙徵心目。遂謂佛意並破心目。上既破心。次當破目。而謂目即見。故因佛舉拳類見。遂言從此皆是破見也。二者。佛引盲人矚暗。發明見不是眼。恰似破目。遂謂此是破見無疑。三者佛將顯見無還。而先抑揚之云。此見雖非妙精明心。如第二月。非是月影。夫初聞雖非妙心。便即不敢認見為心。又聞如第二月。遂疑此見全妄。將謂此見之外。別有真心。借見顯之而已。因是遂有心見互顯。正顯在心之說。四者。十番顯見之後。佛釋見見非見之迷悶。首言輪迴世間皆由二種妄見。遂謂此見全體皆妄。且並將前十番顯見是心之文。皆總判為破妄見。而言同於七徵種種逐破矣。諸師因此四惑橫於胸中。遂皆齊於舉拳類見章中。總皆標為破斥妄見。標雖標定。及至逐文詳釋。又見分明皆是顯見妙處。卻又順佛釋為顯見。遂令學者觀其標處。全是破見。看其釋處。卻是顯見。而標釋全不相應。破顯兩無決定。又據註。則心見宛有二法。考文。則心見本不曾分。此四惑。乃千載不決之疑根。今試與拔之。其一。破識而乃心目雙徵者。非欲心目並破也。欲得其所執心處而破之。恐因心不可見而生逃遯。故帶目之可見有定在者以例顯之。令決說出心之定在。如目在面而已。觀佛結問云。惟心與目今何所在。阿難結答云。浮根四塵。祇在我面。如是識心。實居身內。由是如來既得心所在處。遂破心不在內等。更不提目。可見但是帶言例顯。本無並破之意。如必執言目當與心相次而破。則前言識在身內。即破不在身內。前言目在面上。亦應破其不在面上。然文中固無此言。而亦豈有此理乎。是則本此而為破見之由者。決是差誤無疑也。其二。佛引盲人矚暗。但顯眼無而見不曾無。足知見不是眼。既不是眼。便乃是心。所以酬當機索要妙明心也。非以破眼為正意。譬如珠在囊中。光透於外。愚者謂囊之光。棄而不取。智者為其倒囊顯珠。令取勿棄。是其正意惟在顯珠。豈在破囊無光哉。囊如眼。光如見。而珠如心。思之可見。是則但顯見性。非為破眼。而因之以成破見之惑者。是又一差誤矣。其三。佛言此見雖非妙精明心。如第二月。非是月影。此之語意。元非貶詞。乃小抑大揚。勸人認取勿棄之意也。其言雖非妙精明心。小抑之也。蓋上文既已呼為見精明元。則是精明二字。已自現具。良以體極微細故曰精。用常湛靈故曰明。但以體中尚帶二種顛倒見妄不曾破除。精明未妙。故言雖非妙精明也。是惟表其已具精明。而但欠一妙。略以抑之。非深貶之也。然小抑之意。明其認取之後。尚當除妄以使精明。進極於妙而已。非舍此而別有妙精明也。下言如第二月非是月影者。隨即大揚之也。蓋第二月。非離月體。但惟被揑。似影而已。非如第三水月。真是虛影而非實體矣。此更仍表大勝前來識心。以彼正同水月虛而非實耳。是則喻中月無異體。揑之則為第二月。放之則為第一月。非有一體一影之差。法中心無異體。帶妄則為見精明元。除妄則為妙精明心。亦無一實一虛之別。蓋極令認取而勿疑也。如此領會。方得如來真實語意。以今方欲阿難等認取此見為心故也。諸師不達此意。纔見雖非字面。便與種種明其是妄。似乎離此更別有真。所以舊註迷真為妄迷顯為破。且又言因見顯心。雖心見互顯。而正顯在心。宛然迷一體為二體矣。其四。佛明二種見妄者。以根中見性即黎耶體。而本經呼為陀那細識。楞伽言即如來藏心。以其真妄和合。一切淺智或迷為非真。或迷為純真。故佛常不開演。今經以無遮大悲。引權入實。始而憫眾生迷此性之非真也。乃於破識之後。極力十番顯其為真。令其認取領荷。勿孤負也。終而恐眾生迷此性為純真也。卻於顯真之後。略出二妄。示其非真。令其覺悟破除。勿眠伏也。是則先顯其真。既不令其迷真為妄。後除其妄。又不令其執妄為真。斯可真與非真二迷雙脫。而後之破除。初不礙於前之顯示。夫何舊註因其後之略破。遂以昧其前之極顯。而總以判為破妄見。是畢竟墮於非真之迷。而孤負己靈甚矣。豈非又一大錯哉。是則諸師千載於一見性。或標釋兩不相同。或心見析為二體。遂令破顯無定。而真妄難憑者。皆由此四惑以為根柢。今既各明其故。而疑根已拔。則顯見為心之旨。庶可以決定無疑哉。總上方知破識破盡。決定是妄。顯根顯極。決定是真。非有猶豫兩持不決之意。然猶未知此與奢摩他等有何干涉乎。要須說出此意。方是破識顯根之故。然前於問答迷中。奢摩他內。已略出之。今復重申。正以妙奢摩等。惟明自性本有定體。而識無本定。爭奈當機堅執。故須破盡。令捨之也。根具本定。爭奈當機全迷。故須極顯。令取之也。仍更當知用識用根。乃權實之所由分。蓋迷識為心。更別無心。即是權教。覺識非心。別有真心。即是實教。問權實之分。有多因緣。豈獨係於用識用根之別哉。答。權實之分。縱有多緣。而心為其總。心是。則無所不是。心非。則無所不非。且眾生從無始來。將全法界性海迷成識海。又轉識海而生七浪。即前七轉識也。於前七中。動身發語惟是第六。故凡夫小乘。豈但迷性海識海而兩皆不知。亦且於前七轉識中。上不知有第七。下不知辨前五。惟計第六為自心相。故佛出世間。豈不直欲人人皆悟前七非真。而直窮識海以還復性海耶。其奈眾生。從迷積迷。以歷塵劫。卒不可頓覺之也。故華嚴會上。直談緣起即是性起。正明識海即是性海。而二乘在座如盲如聾。況凡夫乎。佛亦無可奈何。直得俯就機宜從實施權。且不改其錯認之心。將錯就錯。於人天小乘教中但立六識為心。故小乘七十五法中。心法惟一也。然此心之用。略分有五。一惡。二善。三不動。四小果。五大因。故佛於不能頓悟性海之人。但就此心差別之用。漸次轉之。從劣向勝。一者說人乘。及欲界天乘。且轉此心之惡。令遷於善。俾其離三塗苦。得人天樂。二者說上二界天乘。且轉此心之散動。令歸不動。俾其離下界劣福報。得上界增上福報。三者說聲聞緣覺乘。且轉此心之著有。

令悟人空理。俾其離三有障。證界外小果。四者立始教大乘。且轉此心愛念小乘。今回向大。俾其捨小果。成大因。以權教大乘定慧之體。仍用六識。所謂以生滅心為本修因。雖轉賴耶。終無實果也。故自阿含以後。般若以前。皆權用此識為心。乃總屬於權。而一切非實。所謂心非而無所不非也。直至法華會上。方總廢前權乘。而立一實教。然當改革之初。頗費斷疑生信之力。不暇細論權實二心。但且除其三乘之名。廢其權許之果而已。斯經在法華之後。大疑已銷。正信已定。卻當改其權乘心行。而授以圓實心要。法華云。今所應作。惟佛智慧。是也。故今經最初破識心者。改權乘心行也。顯見性者。授圓實心要也。舊註於破識處。公然救起。則永固權乘心行。於顯見處。迷為破見。則塞絕圓實心宗。破顯雙迷。而斯經妙旨全成矒昧。然則眾生決定正信何由而成。分明道眼何自而開耶。此新疏不得已而作也。此意更合後畢竟廢立科觀之。而義無不盡矣。然又當知所顯根性即是識海。本不異於性海。而但帶無明。如二月被捏。眾生捨此。無由見性。故此顯示根性。非但只為經初要義。而全經始終皆以此為要義。故開示時從眼根而開。修入時從耳根而入。諸佛異口同說。生死輪轉。解脫涅槃。同是六根。更非他物。偈中結云。陀那微細識。習氣成瀑流。真非真恐迷。我常不開演。夫陀那。即業識別名。然則根中妙性。豈麤淺之法哉。第以微細之真體。和合瀑流之妄習。若欲開演。既須顯其真。又須破其非真。而淺智聞之。必成狐疑錯亂。難悟易迷。故寧常不開演也。今經為引權入實。不得已而一開演之。

其初。十番極顯其真。其次。二見略破其非真。果然諸註不達。全迷顯真。而總標破妄。破顯既以無定。真妄竟以難憑。於見於心。一異莫決。竟皆墮於非真之迷。而卒不敢領見為心矣。聖言懸記。豈有毫髮之虛設哉。

三者結略指廣。夫經初略以舉上二迷。實經旨中最大關要。尚皆未明。其餘節節。巨細差殊。豈能盡舉。疏中於是非易了者。默密改正。不復對辯。具眼者涇渭自分。亦有是非淆亂。不容隱默者。辯正現於疏中。略其大節。如垂手倒正之訛。五重結歸之謬。進退合明之錯。不歷僧祇之疑。忽生相續之無分。三細六麤之倒亂。四義三藏之無歸。二決定義。未達不出前二根本。別索結元。豈知即是不領六根。知見二字。非惟不直釋為六根。而註文空有真妄之偏墮。偈文則真妄空有之俱非。豈有長行偈頌之照應哉。六解一亡。與舒結倫次。非惟分答不明。而佛言有次。註言無次不達豎論非橫。豈有經文註文之一旨哉。二十四聖。謬分大小。二十四門。橫執淺深。耳根聞性。非惟不知即前三藏之心。而三空六結悉未明也。三決定義。但了戒詳。而不知道場定慧即耳根圓通也。眾生顛倒。不知由見思而結業為因也。世界顛倒。不知自遠塵而迫近成果也。亦是由離知而合著成苦也。三種漸次。不知但加戒。而仍是圓通。住前十心。妄撥孤山註。而謬非初住。仍未了十心即五根五力。十住。全生入佛家。十行。不出六度。十向。豈越三處四加。乃心佛之即非。十地。但理性之顯發。凡此。悉不與舊解雷同。皆其大段總意。其餘科斷之差殊。字句之別異。殆不可盡述。是在智者之疏觀。而必無遺照矣。當知重疏之作。端為惜佛旨之榛蕪。愍後學之蔽塞。深有不忍祕吝所知。而竟負佛恩之加被。故不避譏誚而重製斯疏焉。非敢沽名長慢。強倒是非。以自貽生死之長患也。所冀知音冥契。心一見同者。願相印證。而高智異見。不盡投合者。幸教示之勿吝耳。申己解由已竟。

大佛頂首楞嚴經正脈疏卷四

大佛頂首楞嚴經正脈疏卷五

懸示中

明京都西湖沙門交光真鑑述
蒲州萬固沙門妙峰福登校

二法古提綱者。法古人之程式。提經中之大綱也。詳夫如來五時設教。藏乘所收。有無量差別法門。無量差別因緣。乃至理趣淺深機宜利鈍等種種不同。今釋斯經。若不解前懸判分明。則如上諸事鮮不迷惑。是故解家於經前懸敘。乃一定法則也。然準古諸師。多於解前作十門分別。序次名目亦多相似。而不無小異。故茲列數雖遵於古。而序目實不盡同。亦各隨所見而已。一確定說時。二藏乘分攝。三因緣所為。四義理分劑。五教所被機。六能詮教體。七宗趣通別。八科判援引。九通釋名題。十別解文義。

今初確定說時者。良由諸師因一二別典所傳事迹稍不投合。遂於斯經異說紛然。判時不定。既說時未定。則權實難分。而因緣所起。及藏教收攝等。悉不可定。故今首以定說時也。說時既定。則權實攸分。而諸門判屬皆無猶豫矣。夫凡時懸曠古。地隔遐方者。其事迹多不可以考定。如此方上古。今世殊邦。訛傳交互。不可考據之事何限。況西天佛世。時與地皆懸隔之甚。而欲於參差不備之梵文。以求考據之真。不亦難哉。故事迹有不合者擲之。不必泥也。至於聖經本文。密藉威靈。外資賢哲。譯翻詳備。文義皎然。若但據此以甄分權實。量定說時。無不可以意得者。奚可以一匿王父子為難哉。今據經中明文了義。阿難以二乘求成佛道。滿慈以羅漢歇即菩提。十二類生與六十聖位敵體相翻。初無五性分半之拘限。而顧有疑其在法華前。以至下淪於方等般若者。則是法華以前。小乘已無化城之滯。異生皆許成佛。及至說法華時。復有何權可開。何實可顯哉。況顯言耶輸陀羅已蒙授記。若非法華在前與之授記。復是何時與之授記耶。又出現惟為知見。惟佛究盡實相。法華已前。聲聞未蒙與說也。斯經實相三出。知見四稱。若在法華之前。則是前此已向聲聞屢說法華。何謂聞所未聞乎。凡此文義炳著。是可見其在法華之後無疑矣。而智圓諸師判在法華涅槃之間。當必見同於此。安可以區區事迹而妄非之哉。或曰。法華但為會融一類執權迷實之二乘而已。故全是二乘當機。非謂法華以前。絕無大乘實義之教。如淨名勝鬘般若等經。皆談佛性真常之理。俱在法華之前。安知楞嚴不是此類。故諸師判為方等般若。亦非無見而然也。子何必非之。而定判為法華之後乎。答。法華以前雖不無實教。而實未面許聲聞修大作佛。故聲聞非但未敢公請修佛。而如來亦不與之顯說真要。以是菩薩屢騰敗種之譏。二乘每抱絕分之痛。是則方等般若。實雖具而權未開也。直至法華。方許進修。普成佛道。而身子等敘昔未聞之意。在文可考。今斯經同法華。全以聲聞當機。故慶喜滿慈所請者。皆圓實之妙門。而如來菩薩所演者。悉成佛之真要。方等般若中。安有如是問答。若強判於法華之前。則是先已開許聲聞捨擲小乘。修習佛道。至法華。而身子何言但教菩薩。不為我等說斯真要。失於如來無量知見。甚自感傷。又自從事佛來。未聞如是說。是皆何所為而云然乎。縱令巧言曲救。終難銷會耶輸授記之時。然則斯經決定法華之後。始於上之諸義為不乖背。學者幸勿多疑。但依智圓諸師所判為正。問。匿王父子雖不足泥。但經初匿王現在。而經尾瑠璃已墮。斯經一期。何太時長。宜其眾疑不決。幸勿擲之。一為剖析。以拔疑根焉。答。古德已言。經非一會。前後異時。結集收之。類為一聚。自足斷疑。何勞多問。況法華涅槃。中間八年之久。何事不變。且匿王垂老。豈當佛之早年。須在法華之後。更後七八年間。瑠璃逆事何不可畢。但判經兩會。不曾的指其處。今疑當在結經之後。阿難請談七趣。如來自說五魔之處。全似後會別說。以前大定三名連答。經之五號結終。文勢連環。豈可中斷。至於七趣五魔。自是經外別義。若齊此另為一會。文固判然可見。而匿王父子之疑。亦渙然冰釋矣。

二藏乘分攝者。良以說時既在法華之後。則醍醐上味。越彼二酥。而藏教所歸。有何難辨。然古德謂三藏確論所詮。從正而不從兼。取多分而不取少分。則經詮定學。律詮戒學。論詮慧學。而斯經多談大定。正詮定學。雖有少分起行之戒。論議之慧。是但所兼而非正也。故知斯經。三藏之中。脩多羅攝。至於二藏。定屬菩薩。而不屬聲聞。以當機所請。純是菩薩行也。又雖兼說咒心。名標灌頂。而啟悟修證。顯文較密。過數十倍。亦但以密助顯而已。非祕藏所收也。若此攝彼。皆可傍兼。兼餘可知。而聲聞亦兼者。以不廢聲聞戒。及小果名。故乘攝。則正惟同教一乘。而兼屬別教一乘。若此攝彼。則三五俱該。如四重三漸。乃至七趣。因果俱彰。尚不遺人天。何況餘乘。十二分中。長水謂契經方廣二分所攝。攝彼如前。此中藏攝擬於起信。而乘分法於璿師。

三因緣所為者。現見世間凡舉一事。必有所為因緣。況佛大教。豈無所為而然耶。古德謂須彌山王。非小因緣之所能動。亦非少因緣之所能動。佛所說經。亦復如是。準清涼解華嚴。因緣各有十科。詳其所開之緣。大同六種成就等意。斯則入經自解。今不更開。長水所著本經因緣有總有別。別中多遵賢首。斯解總雖同彼。而別則多殊。今夫總者謂佛諸教。總為酬因酬請。顯理度生。所顯之理。即佛知見。眾生等有。迷不自知。故淪生死。佛於因中。悟此發願。成佛普示。故今五時諸教。雖言有權實。顯有遲速。而意中所主。惟為此一大事因緣。故此為諸教總因緣也。別亦有十。一者畢竟廢立故。二者的指知見故。三者發揮實相故。四者改無常見故。五者引入佛慧故。六者示真實定故。七者直指人心故。八者雙示二門故。九者極勸實證故。十者嚴護邪思故。應知此之十門。迥不同於長水義海中舊所立因緣。

今初畢竟廢立者。以法華雖曰廢權。亦但廢其三乘之名。及所許之果相。明其無三無果而已。立實者。亦但明其惟有一乘。而普許修佛成佛。無復分半之拘限。其曰汝等皆是菩薩。亦惟授以大乘名字而已。是則三乘之心行未改。則非畢竟廢權。一乘之心要未授。則非畢竟立實也。正由四十年來已定之說。一旦更張。人心慌越。疑網重重。且與破裂。稍得信領。便且極力苦勸流通以定其志。故彼經不暇細除心行。及別授心要也。直至斯經。方與畢竟終其廢立之實焉。良以權實雖有多種差別。而所用之心以為本修因者。乃其差別之要也。故斯經初中後。重重與之判決權實二種行人所用之心大有不同。令其決定捨權取實。如最初判云。一切眾生。生死相續。皆由不知常住真心。用諸妄想。是則一切眾生。並該權小。生死相續。變易同倫。故知妄想者。權人所用之心也。常住真心者。實人所用之心也。此猶隱略。須待釋明。至後剖判二種根本。乃大分明。不勞補釋。文云。一切眾生。業種自然。諸修行人不成無上菩提。乃至別成權小魔外。皆由不知二種根本。錯亂修習。猶如煮沙作飯。塵劫無成。一者生死根本。即汝今用攀緣心為自性者。二者菩提涅槃元清淨體。則汝今識精元明。能生諸緣。緣所遺者。向下所破識心。令其捨之者。斥妄根本也。指與根性。令其用之者。授真根本也。惜舊註於真根本。全不達其即下所指與之見精。以舊註齊指見處。皆誤判為破妄見故也。詳究如來剖判語意。則知一切權人之所以為權者。由其錯用識心為本修因也。若不斥之令捨。則令法華徒廢權之名字。而心行不改。依舊蒸沙作飯。豈畢竟廢之耶。實人之所以為實者。由其能用根性為本修因也。若不授之令用。則令法華徒立實之名字。而常心不用。依舊終無實果。豈畢竟立之耶。至三摩提中二決定義。依舊將前二本應擇去者決定去之。應取用者決定用之而已。但第一決定。即兼去妄用真二義。其所辯生滅心。不可以為本修因者。即前攀緣識心。況下明言先擇生死根本。即去妄本也。而於前名字絲毫未改。舊註不能略照佛言。輒取近文。釋為五濁業用。又其令依不生滅圓湛之性。即用真本也。而舊註又別釋為三止觀。全與前文無干。遂令悟修不成一貫。而後學永迷也。至於第二決定。但令決用真本而加詳耳。且下文引諸佛證明識性虛妄。猶若空華。生死涅槃。皆惟根性。及至選圓通時。畢竟惟用聞根而已。是皆所以改權人之心行。而授圓實之真本也。當知如來正為畢竟廢權。畢竟立實。故說斯經。

二的指知見者。總因緣中雖言諸教皆具。而權宗但是隱覆曲談。非顯了說。法華以後。方是顯談。其奈開顯之初。且但題破名字。未暇的實詳指。不暇之故。前文已說。因此解家各隨己意釋之。如以三智五眼為知見。則偏就果德為言而不詳佛開示悟入。語意雙含性具修成兩義。古德釋此。多惟取義。而不曲意尋文。苟皆依義而不依文。將使聖言但具義無礙。而不具辭無礙也。烏乎可哉。今據經本文云。欲令眾生開佛知見。使得清淨故。欲示眾生佛之知見故。欲令眾生悟佛知見故。欲令眾生入佛知見道故。字義多少。句句不同。豈可一概取義自在。而更不顧義之所安乎。今有私解。來哲審之。知見二字。楞嚴中佛自指明。今且伸明諸句不齊之故。啟閉曰開。佛知見三字。應指眾生性具本有知見。佛即知見。持業釋也。但為迷倒封閉。故開令顯現。復加使得清淨四字。足顯乃是在迷之體。不開未即清淨。揀異修成。不更使淨也。然一開即永離迷倒之封閉。是謂清淨矣。出告曰示。謂出己所有以昭告於人也。佛之知見。即釋尊與諸佛修證已成果德上之知見。依主釋也。蓋眾生惟有性具知見。而未逮修成知見。若但開其性具。而不示修成。則終無究竟。故就已修證以示諸佛之知見焉。自惺曰悟。承上開顯本有。而自悟性具之知見也。親到曰入。知見道者。修證果上知見之門路也。例如道諦。承上告示修成。而親到修證境界矣。前二在教。後二在機。一三屬性具。而二四屬修成也。至於知見。惟楞嚴方以的指六根中性是也。如五卷。諸佛同聲證云。生死涅槃。同汝六根更非他物。及釋尊自解云。知見立知。即無明本。知見無見。斯即涅槃。云何是中更容他物。是顯然以根性為知見也。但近示初以開示悟入而考斯經。從初發明見性。至七大徧周。令其知真本有。即開啟性具之知見也。若修。雖似但惟發端於根性。及至漸次開顯到於究竟。即是如來藏性。非佛知見而何哉。自問云何忽生。答至三種相續。令其達妄本空。即使得清淨也。自辯五大相陵。答至三如來藏。即告示如來自所修成之知見。中間文云。我以不滅不生合如來藏。乃至於中一為無量等。四交徹意。即究竟知見之大用。又云。如來藏心。非一切。即一切。乃至離即離非。三圓融意。即究竟知見之全體。此文明是如來出己果德以勵眾生。由性具而剋此成功。恰合法華欲示眾生佛之知見。觀其結云。如何三有眾生。出世二乘。以所知心。測度如來無上菩提。用世語言。入佛知見。可驗上文皆是說佛知見也。若論悟佛知見。單約於機。則後別無文。不離開示之下。前云各各自知心徧十方等。後云疑惑銷除心悟實相等。皆是也。至於入佛知見。雖亦約機。若連欲令二字讀之。兼是教意。斯經三摩提之契入。禪那之修證。皆是欲令眾生入佛知見也。蓋悟人守悟。不依方便。從修證門。則終不得入故也。此是約教論入。若約機入。則圓通偈終。聽眾進證等三位。結經名後。當機增位於二果是也。是則如來知見。極於三藏圓融。四用交徹。究其性具實體。祇在眾生六根門頭。誠亦難信。無怪諸師於指見是心處。皆誤釋為破妄見也。佛為特指如來知見即是眾生根性。故說斯經。

三發揮實相者。法華云。惟佛與佛乃能究盡諸法實相。而亦未及顯彰何為實相。雖歷舉相。性。體。力。作。因緣。果報。本末。究竟等。此亦但是盡舉諸法差別之相。渾以如是標之。其旨隱而未彰。天台變文釋為三諦圓融。自是解家之意。非佛自所發明。今經三番明標實相。顯發無遺。一者於二種顛倒見妄之先。首責聲聞不達實相。足知向下剖開妄見所出真見。乃至陰等四科所顯如來藏性。是即究諸法實相也。二者七大之前。許令當來修大乘者通達實相。足知向下所明七大藏性。清淨本然。周徧法界。是即究諸法實相也。三者於四卷中正答滿慈兼示阿難之後。乃結聽眾心悟實相。足知上所談者。生續本空。性相無礙。即究諸法實相矣。問。此與知見何別。又據所引之文。既皆取其所顯之性。何不即云實性而必曰實相乎。答。知見實相。約心約法。為門各殊。當知剋就心性名如來知見。約此性體散為萬物。而仍不變其本妙理體。亦無隱覆。如金雖作器。不變不隱。故欲見性者。當體即見。歷然性相雙顯。而曰實相。表不壞相而見性也。如欲觀器金者。不勞銷器。當體即見。而稱寶器。表不壞器。而見金也。是則即相而惟見其有。即凡所有相皆是虛妄也。若即相而直以見性。即凡所有相皆是實相也。是則約此性未起為相。應曰實性。約此性已起為相。而不變不隱。則曰實相。至後諸聖。七趣。五魔。雖不明標實相。類上而知不出果報本末究竟實相也。佛為彰此實相。故說此經。

四改無常見者。法華以前佛多示無常者。蓋緣凡夫於常住真心中。被無明所覆。盡皆迷成生滅無常之法。身有生死。心有去來。界有成壞。於中受苦無量。又為諸苦逼極。就此無常法中。強覓常住之處。各隨所見。妄立涅槃。如五現之類。間有執斷滅者。亦以滅為常住。如七滅之類。遭其誤賺。升墜無端。猶如轉輪。佛為愍此顛倒。欲令捨離。故說盡三界內。悉是無常無樂無我不淨。教出三界外。別有涅槃。乃一期應病之藥。作離苦之勝方便而已。由是小根者競起厭離。爭出三界。是雖暫愈斷常之病。不免轉藥成病。永計三界實有。生滅非虛。避如火坑。怖如牢獄。而萬法惟心。湛然常住之體。轉成隱沒沈晦矣。是又一顛倒也。故法華初轉前心。略為標云。是法住法位。世間相常住。近解。兩句雷同。皆言萬法常住。天台舊解。是法。指一心法。正合性空二宗。法異真俗也。住法位者。凝然住於正位理中。所謂本際不動。斯則心無去來輪轉之事也。世間相。即情器二世間相也。常住者。本無生死。及成壞也。此雖略顯身心世界常住之旨。而言未廣陳故義非明決。及至斯經名題首楞嚴。已見總詮一切事究竟堅固之理。文中首指見性為心。而備顯不動不滅不失無還等義。則心住法位之旨已明。到後廣彰五陰六入十二處十八界七大。皆即常住妙明不動周圓妙真如性。則世相常住之意亦顯。誠所謂徹法底源。不動不壞。及至指示修門決定義中。乃明不離眾生見聞覺知。遙契如來常樂我淨。究竟真實大涅槃果。是惟斯經始有以全彰真常真樂真我真淨。而盡祛乎無常無樂無我不淨之舊見。前之藥病雙除。而本來不動之真際。方以歸元而顯現焉。經雖顯了分明。而實此意甚深難解。若當說聽之時。說者隨文而說。聽者隨文而聽。尊佛語故。無不欽承。實則非己智分。最難得乎真實領解。今試離經。閒中語於人曰。人人有箇真心。常住不滅。其餘諸法。都是無常。其人雖習過楞嚴。亦於斯言不生違拒。信順而已。殊不知方是法相宗真妄各體之旨。正與楞嚴違反。胡為聽之而不覺耶。又若於閒中語之曰。現前有情肉身。無情房舍器皿。花柳風雲。乃至電光石火。一切幻夢暫現之物。皆即當體真常。不壞不滅。斯則豈惟教外人不信不解。雖其習過楞嚴者。亦多迷惑不解。遲疑不信矣。正以此之深旨。本難解領。小乘法相聖人。尚乃頭迷。麤心學人。安能極領而徹解之乎。今略重與曉示。須以譬喻而得開悟。然所謂真心者。非世人迷執身中方寸之心。亦非千里萬里東想西想之心。亦非禪定強制之心。乃自性本具。湛然不動。體徧十方。量等虛空。明越日月。即經初所開顯之見性。此方是真實常住之心。此心譬如一箇極大鏡子。山河大地。及肉身房舍等。乃至流轉成壞。

皆如鏡中之影。一往觀之。似乎鏡無動搖生滅。影有動搖生滅。此即同於法相真妄各體之見。祖師所謂半生滅半不生滅是也。若能就喻詳觀。影無自體。體即是鏡。鏡不動搖生滅。影豈動搖生滅乎。若一靜一動。須有二體。今既本無二體。而諸影復將何體以成動搖生滅乎。以是義故。而知萬法與真心本無二體。何得真心常住而萬法不常住乎。此法相所以為迷倒不了。而法華世相常住。斯經一切堅固。為真實了義也。佛為明此了義。而改萬法無常之見。故說此經。

五引入佛慧者。華嚴全談佛慧。而五濁正機。未堪普授。故法華云。我所得智慧。微妙最第一。眾生諸根鈍。著樂癡所盲。如斯之等類。云何而可度。緣是二時以來。一向施權。故法華又云。尋念過去佛。所行方便力。我今所得道。亦應說三乘。直至本經會上。方以顯實而令歸佛慧。故又云。我即作是念。如來所以出。為說佛慧故。今正是其時。又云。今所應作。惟佛智慧。又云。既知是息已。引入於佛慧。雖重言疊舉。但是名字。實無列義出體明文。天台雖指在華嚴。亦但以三一圓融之義釋之。固無不是。而其言總略。未盡重玄。豈與華嚴相稱適哉。今當了簡。而後明斯經文義稱適。了簡有二。一對他。二約自。對他者。普對五時。諸教諸經。皆佛發明。莫非佛慧。此意太寬。非今確指。良以佛教。有隨自意。有隨他意。諸餘權宗。皆隨他意。偏真偏俗。執邊執中。但可謂聲聞慧。乃至菩薩慧而已非佛慧也。約自者。不對聲聞等慧。正約佛慧。乃有名字義相之分。而義相中更有總略重玄之別。今法華經。但有名字。而義相全未顯現。縱天台疏釋。但約總略。未盡重玄。總略者。即三一圓融之種智。重玄者。即六相十玄之妙門。若取帝心三法界觀理。則有三十玄門。方以盡法界無障礙智。而佛慧始以罄其全體大用。所謂微妙第一。盡思莫測。豈虛語哉。今既云引入佛慧。縱不全彰體相。亦應稍列義門。祇以法華不暇之故。明有待於斯經。是以斯經首請三一圓融之大定。而佛於次第藏性中。已具總略佛慧。而中間所謂於一毛端。含受十方國土。即露重玄之端。及至圓彰藏性時。備明一為無量。無量為一。小中現大。大中現小。乃至於一毛端現寶王剎。坐微塵裏轉大法輪。而復極於三祕密藏。及後談聖位時。十行位內。復言十方虛空滿足微塵。一一塵中現十方界。現塵現界。不相留礙。凡此諸文。皆十玄中極智。而不具足十玄全義者。引入而已。仍知此固擇取重玄。彰勝況劣耳。若並全收總略。則通部皆是佛慧。以斯經純用第一義諦故也。而所以偏擇重玄者。以理事無礙法界。尚通一乘同教。而事事無礙法界。獨屬一乘別教。華嚴所以迥別於一乘同教者。正惟在於事事無礙法界以其具足一切玄門。而斯經毛端現剎。塵中轉輪等文。正事事無礙之旨。而為華嚴之極智。法華雖標佛慧。了無此文。尚無總略之相。豈有重玄之門。此所以必待斯經而後詳究佛慧之義相也。是則原其始也。本從佛慧海中。流出差別之慧。以成一切權宗。要其終也。還會諸流悉入佛慧海中。以抵一真實際。所謂無不從此法界流。無不還歸此法界。然法華與斯經雖皆攝末歸本之真詮。而法華但以開其端。而斯經方以竟其說矣。我故嘗敘斯經為法華堂奧。華嚴關鍵。誠有見於是耳。問。此與佛知見何別。答。此有多種差別。知見屬如理。此屬如智。三大之中。知見屬體。此屬相用三德之中。知見屬法身。此屬般若解脫。三因佛性。知見屬正因。此屬緣了。有如是等種種差別。問。約知見。實相。佛慧。三種名義雖別。約子所取證之經。則皆無有別文。夫能證經文。既不別異。而所證之法。安有多種乎。答。義相為門不同。理體安有多種。故不離一法。而說多義門。大教以萬法一心為宗。分之則有萬法。會之則惟一心。故云。如來能於一箇說百千萬箇。能於百千萬箇說唯一箇。以是義故。一字法門。海墨書而不盡。豈以全部經文重證三法為多乎。請勿惑也。佛為普引眾生入佛慧故。故說斯經。通上五義。前四全為法華。後一乃為華嚴。夫諸佛出世。本只為說華嚴。而四十年後。乃稱法華為一大事者。以法華於施權之後。復攝諸教歸華嚴耳。今斯經前五因緣。圓法華不了之公案。啟華嚴無上之要關。所謂莫大之因緣。豈小小哉。

六示真實定者有二。一為教諸權乘捨不真實定。而修真實大定。夫外道。凡夫。小乘。及權教菩薩。皆各有定。而止於凡外。權。小。悉無究竟者。緣其所依定體皆非真實心也。即斯經首所破者。如佛云。縱滅一切見聞覺知。內守幽閑。猶為法塵分別影事。斯則一切初心樂修禪而未決擇者。無有出此境界者也。故諸凡夫天。雖奮精研。所修八定。寧能越此。又云。分別都無。非色非空。拘舍離等昧為冥諦。則知一切外道所修邪定。同用此心。

又云。世間一切諸修學人。現前雖成九次第定。不得漏盡成阿羅漢。皆由執此生死妄想。誤為真實。由是而知諸小乘人。亦同此心。安有別定。但加深至耳。要之。通上凡。外。小乘。皆但知此六識為心。離此別無。故約下界。但知此心。惡則三塗。善則人天。約上二界。但知此心。散則下淪。定則上升。諸小乘人。亦但知此心。伏為界內。斷為界外。而伏斷望煩惱種現為言。如阿難云。若此發明不是心者。我乃無心。同諸土木。兼此大眾。無不疑惑。大眾。應即凡。外。權。小。相宗。果中雖八識齊轉。而因中修定。全取第六。是由所依之心。既皆生滅而非真實。故其所修之定。有入住出。入之則有。出之即無。境靜則順。境動則違。在定縱經多劫。必以靜而礙動。出定略涉須臾。必以動而礙靜。凡外定銷。必成墮落。小雖不墮。了無進益。權雖略進。亦不遠到。推其病本。皆由最初但順所迷生滅之心。強制令定。而曾不悟本有不動之心故也。是故斯經。阿難首請如來大定。而佛即先以徵破識心。以不捨此生滅迷心。終不能修如來真實大定。然於徵破之初。即許之曰。有三摩提。名大佛頂首楞嚴王等。此即真實大定之名。向下即徵破識心。可見欲修此真實大定。須先捨此生滅不實之心。而別取真實心也。其別取真實之心。即下破識之後。指與根中見聞等性。然此性。屈指飛光。分明顯出本來不動之體。豈假強制而後定哉。觀河無老。分明驗出不滅之常。豈有墮落斷滅之憂哉。八還封辨。分明見得無還之妙。豈有出定喪失之理哉。人能灼見此本具之性。守之即為真實大定。何假多術。故四卷末擊鐘驗聞之後。乃曰。若棄生滅。守於真常。常光現前。則汝根塵識心。應念銷落。乃至云何不成無上知覺。五卷諸佛證明六根之後。偈中即許用根而修者。為如幻三摩提。彈指超無學也。直至耳根圓通。觀音自稱如幻聞熏金剛三昧。文殊亦言。宣說金剛王。如幻不思議。佛母真三昧。此對凡外權小依識心所修之定不成實果。而今經所依根性幻修之定。能成真實圓通。以登無上知覺。而必教其捨彼而取此也。二為教彼大心凡夫。能解大乘深旨。知真本有。達妄本空。自恃天真。耽著多懶。無休歇志。不勤定力。屈於欲魔。無力敵苦。終無受用。故勸其修首楞大定以取實果。如經教阿難云。汝雖歷劫憶持如來祕密妙嚴。不如一日修無漏業。偈又云。汝聞微塵佛。一切祕密門。欲漏不先除。蓄聞成過誤。將心持佛佛。何不自聞聞。是則前之一義。勸彼自恃餘乘癡定。不知決擇真實。而枉費勤苦者。山林下多有斯人。後之一義。勸彼自恃大乘狂慧。不知以定收功。而孤負利根者。宗教下多見是等。均為要義。舊註多明後義。少申前義。而不知前義不明。則非惟林下人固守偽定不思改革。而宗教下決擇未審。承激勸而輒用識心之定者亦有之矣。故知前義為尤要也。宜珍玩之。佛為勸此二種人修真實大定。故說斯經。

七直指人心者。良以吾釋號萬法惟心之宗。雙開宗教二門。接引群品。令悟一心而成道。意無不同。夫何直指人心獨屬宗門。意顯教家為曲指也。夫曲指。則必假言詮。廣列義相。備明理事真妄。詳開次第圓融。令人尋言生解。轉悟於心。縱有無言放光等事。皆可詮表註釋。亦同有言也。如佛說華嚴等一切權實法門。而菩薩等各隨淺深悟解者是也。直指。則多離言詮。玄示玄提。一錐一劄。石火電光。瞬目便過。終不與人說破。但令當機不涉言詞。自於身中親自見得。便是入手時節。縱有一言半語施設。要須言外知歸。非取名味。亦同無言也。如佛末後拈花。了無言說。而大迦葉破顏獨領者是也。是宗則一味離言。教則一味用言。故直指獨屬宗門而不屬教也。今斯經雙兼直曲二指。非一於純用言詮。故有直指人心之處。不可屈抑之而不加表顯也。彼於徵破妄心之後。阿難求示妙明心時。此正索要真心之處。意同神光求達摩安心時節。此時佛若廣列言詮。表顯義門。或舉三大。或陳四德。表顯相狀。或說同於虛空。或說周於沙界。此即令人懸空想像。高推佛有。終不知我今現前身中何者即是。斯則但是曲指而非直指。今佛也不列義門。也不談相狀。就於阿難現前身中。六根門頭。指出眼中見性。是心非眼。分明說與此即真心。不可更迷為眼根也。然猶似口行人事。至於次科。顯其不動。則屈指開合。飛光左右。審問阿難。令分動靜。阿難此時分明於自身中見得有本具不動之妙性。元與搖動之身境了不相干。故隨即滿口承當。動靜二皆不屬。更無疑滯。夫如來屈指飛光。已離言詮而示。阿難親見不動。已離思惟而領。但如來多卻分明審問。令分動靜。阿難多卻分明說見。雙離動靜。是皆兼於曲指曲領。故令人昧卻同宗之妙用。直指之玄機。向使如來但屈指飛光。而不形審問。阿難即禮拜默領。而不更說破。管取人天百萬。不知下落。則何異於拈花微笑耶。

或曰。宗師所示。決是純真無妄之心。統攝無餘之體。今茲見性。佛自明言雖非妙精明心如第二月。豈即純真。而況偏局眼根。不該萬相。豈成全體。若是。則非即宗門所示之心。顧謂直指人心。未敢聞命也。答。如是見解。敢保老兄非惟不諳宗通。恐亦未知教意也。夫佛言雖非妙精明心者。但表眾生分上真妄和合。精明未妙。非謂離此別有妙精明也。觀其喻第二月。足顯非是二體。但多一揑影而已。理實惟佛具妙精明。自佛以下。皆同具此真妄和合之心。何況一切初心。離此憑何指示乎。且此性近具根中。而遠為四科七大之體。以至三如來藏亦不外是。經既呼為菩提涅槃元清淨體。則何異於正法眼藏。涅槃妙心。誰謂偏局眼根。而不該萬相乎。且聖性雖云通十八界。而塵為根影。識又塵影。獨六根之性乃為實體。故宗家門庭雖別。而所示多不出於六根門頭。如二祖初悟。謂了了常知。從意根入也。豎指伸拳。密澄其見也。棒從忍痛。發覺身根也。喝至耳聾。令從聞入也。是雖變態無端。而究實令眾生自於身中親切見性。其得於見聞覺知之根者良多也。良由眾生從無始來。已將清淨純真之心。迷成十八界相。而實體宛在根中。如金在礦。初不相離。何處更有純真之心。若捨根性而指心。猶捨鑛而尋金。非善示眾生之性者也。但宗家示而不說。務令自悟。斯則別為一類之機。要從此無言得入者也。教家說而不示。令依言解。斯則亦別為一類之機。要從有言得入者也。楞嚴兼示兼說。既令親見。而又令從言加解。是乃普為群機。慈悲特煞。所謂落草之談也。豈惟是指見處為然哉。前示妄心。亦舉拳引推。

令其現前。而後覿面喝之。後示聞性。乃勑擊鐘。令其親驗。而後責之。此特雙取說示。而有似宗門直指類耳。若併論言詮心性。則斯經始終純指人心。無別餘事。請試言之。阿難最初請妙奢摩他等。求定力也。佛不直談定力。而即破妄心以指真心。顯真心即大定之全體也。滿慈次問生續性相。辯萬法也。佛不但說萬法。而與談心生滅門。及如來藏心。顯萬法即一心之大用也。及其說契入也。則選以聞根。助以心咒。示心之顯密相資也。說歷位也。則本以類生。轉成聖位。示心之染淨相翻也。敘七趣。而表其根於心之內分外分。辯五魔則明其由於心之邪解邪悟。他如餘經談世界生起也。多言起於增上業力。則人謂感雖由己。而體終心外物耳。斯經則明風即心之生搖。地即心之立礙等。既離心了無一法。悟心豈不全空。餘經談地獄三塗也。多但歸於惡業招感。則人謂招雖在我。而設立有鬼神耳。斯經則言火即婬心之研磨。冰即貪心之吸縮等。唯心更非他造。轉心豈不即無。然則無麤無細。一切皆心。任聖任凡。更無別物。而直指人心豈有過於斯經者哉。是知佛為直指人心。故說斯經。

八雙示二門者。謂平等方便二門。圓實教家方能具足。何為平等。一心萬法。本元無差。平等一相。所謂真妄虛實邪正是非等一切差別之相悉不可得。良以一法界內。惟有一真是實。諸妄本空乃至一塵。一毛。一念。一剎那。無非法界全體。而何法不是真性。何法不徧十方。若有一法非性。便是真性不徧。不徧即非真性。亦是妄體不空。不空即不成妄。若有一法不徧十方。便不即性。設許即性。而不徧十方。便是理有分限。其過無窮。或曰。若是。則無聖凡。無迷悟。併諸因果一切都無。安得不犯撥無因果之邪見。答。撥無者。斷見為主。永礙修證。斯蓋達理平等為主。大益圓頓修證。安可與撥無者同日而語也。何為方便。於諸法中。分真分妄辯正辯邪。許破許顯。有修有證等。良以真雖本有。而迷之已久不方便顯之。則終不能見。妄雖本空。而執之已深。不方便破之。則終不能覺。又縱了見分明。若不作方便。捨妄從真。亦終不入。所以初心必從是入也。或曰。此則真妄條然。虛實迥別。諸法差別。灼然非一。何以異於權宗。答。若但執此方便誤為真實。畢竟真妄不融。因果永異。是即權宗。此則不然。明知萬法。惟是一心。一味平等。而巧從方便。捨妄從真。及至深心。普融一味。是為圓家善巧方便。非同權宗之誤住方便也。如經後初住文云。以真方便。發此十心。故知方便之語。非定屬權宗也。問。斯經雙含二門。何文即是請試明之。答。阿難權聖。請處施設。即以具足斯旨。故既陳三名以請大定。而復懇最初方便。是其所志。固期於圓修大定。而起修方便。亦彼所剋意而最重者也。故佛酬此三名之請。具用乎方便平等二門。然或雙用。或各用。在文可見。彼奢摩他中。二門雙用也。謂先用方便門決擇真妄。文始於徵破識心。而終於非不和合。其中於識。決定破其為妄心。而令其捨之。於見。決定顯其為真心。而令其取之。了無平等之相。故屬方便門也。此則真妄既分。真體既露。若局此真體獨在於根。不與萬法平等普融。則何以發明圓理而成圓修耶。故後用平等門普融真妄。文始於會通四科。終於普責思議。其中四科七大。會之則同歸藏心。六塵尚然。六識何擇。所謂真則同真。無一法而不是於真也。十惑三續。起之則同成妄有。三細尚然。六麤何擇。所謂妄則同妄。無一法而不是於妄也。至於相妄本無陵滅。不傾奪。則諸礙何成。性真先非水火。能合融。則萬用齊妙。由此顯示藏心之於萬法。非則俱非。而何分染淨。即則俱即。豈揀聖凡。如是乃至雙即雙離。所謂融則同融。無一法而可分於真妄。故屬平等門也。無前門。則真妄混淆。何以剋體見真。無後門。則真妄永隔。何以悟圓入妙。故示悟性定。必二門雙具也。至於三摩禪那。則二門各專用焉。三摩提中。專用方便。蓋指結處獨取六根。選門時更專一耳。既不平等。全屬方便。義顯然也。禪那中。專用平等。十信之初。便言中中流入。十向以去。無非法法雙融。既不偏取。全歸平等。義尤著也。是則方便擇從入之妙門。平等趣圓融之極果。二門必相資以有成。通達此者。豈復有矛盾之疑哉。今佛為雙示此之二門。故說斯經。

九極勸實證者。為三種人懈怠。一者。好務多聞。不求實證。狂慧無歸。大似說食不飽。數貨常貧。佛以阿難當機。而種種激勸多聞無力。如第四卷重問因緣。其文炳然。前已引明矣。二者。因聞諸聖深慈大力。必救眾生。遂恃他力。但求加被。怠於自修。不求親證。此亦用阿難表顯。雖以如來為兄。而身心亦不相代。豈能惠賜三昧。要當自勤修證。然後諸聖可加。如雨露但潤有根之木也。三者。圓頓機根。見理高妙。自恃天真。不假修證。玩留惡習。了不依佛方便證入之門。不揣道情未堅。力不敵苦。大事忽臨。手足何措。反貽權證者之笑矣。為斯等故。最初即以無力抗邪者發起大教。便有激勸修證之旨。及破同分見妄之尾。極勸證取。方為遠離。發明性相之末。責不勤求。故無妙指。如是乃至曲開巧修之門。詳列歷證之位。皆導其進於深證。抵於實果而後已。且其所立二漸。即所謂別信併圓五品位矣。三漸。復是別之三賢。圓之十信。過於羅漢遠矣。所謂彈指超無學也。向下立乾慧以收前中十信。開十心以成後之一住。皆所以撮合淺位。促入深心。令速登分證也。以此中十信。即分證之初心耳。尚不令淹滯於相似。豈容前種人徒聞無證哉。至於十住。似華嚴十地證同。是雖二經並同圓極。決無優劣殊位。而聖意錯綜自在。善巧導物。恐是前後合開之意。闕疑在後解文中。俟來哲更酌量之。又於十住既以促入真修。而後之諸位。或恐即以促入後心。其夾持速證。務臻極果之意於茲立位可以觀其概矣。是尚恐其暫息中途。寧許有當機者一無所證乎。是則佛為極勸實證。故說此經。

十嚴護邪思者。良以娑婆世界。欲坑深廣。見網重繫。極難穎脫。是故眾生善根積集。雖亦不無。而習氣幽綿。卒難淨盡。往往利根聰慧之流。銳氣苦辛之輩。亦能醉心法喜。凝神禪悅。而中途隳廢者。不為貪愛淪溺。而即為邪妄支岐。甚哉。見思之為害深矣。釋迦慈重。偏愍斯流。故於是經從初至末。自狹向寬。而所以塞絕愛坑以破裂邪網者。意無不至矣。初欲談大定。而知婬愛為定門之寇賊。故起教以聖弟誤墮婬室為緣。發心以相好不由婬欲為念。即以警聰敏者防欲箭而避婬坑也。及其圓發三藏。而定體已彰之後。遂以切責歷劫多聞不如一日修無漏定以離憎愛之苦。意明婬心固為亂定之寃賊。而大定亦為破欲之將軍。與其怖欲魔而沈湎於聞。孰若拜禪將以剿絕於欲哉。又於諸聖圓通之後。文殊偈選之中。深責阿難強記。不免邪思。欲漏不除。蓄聞成過。又於華屋得門之後。道場請式之前。四律縛其賊首。三學搗其巢穴。壇制峻其隄防。咒心絕其種類。是皆所以驅邪思使無所容。而護正覺令無所擾也。及其談證位也。漸階。則首申戒品。以止絕諸非。入位。則畢護定心。以住持正慧。遂令四十一心。心心斷惑。五十五位。位位證真。而始終無退屈也。如是乃至備明七趣。則示以三惡劇苦。令其慎惡因而勿犯也。示以四善終淪。令其捨樂果而勿貪也。詳辯五魔。則警覺外魔窺伺。戒其勿縱邪解以招致也。闡揚內魔伏藏。戒其勿起邪悟以引發也。最後重明五陰無非妄想。始終警戒邪思。故知如來為此嚴護邪思。故說斯經。

通上十義論之云。究廢立。則超權入實。開知見。則自心即佛。達實相。則萬法即心。了相常。則本無生滅。入佛慧。則果終圓極。得真定。則不勞把捉。直指心。則親見本真。明二門。則性修無礙。期實證。則不止半途。護邪思。則永無破壞。然前四與六七。極顯性具。五與後三。曲遂修成。而節節皆圓實宗殊勝了義。誠所謂莫大之因緣。豈同區區逐節無謂之語哉。具眼者味之。所為因緣竟。

大佛頂首楞嚴經正脈疏卷五

大佛頂首楞嚴經正脈疏卷六

懸示下

明京都西湖沙門交光真鑑述
蒲州萬固沙門妙峰福登校

四義理分齊者。文之實曰義。事之主曰理。又義者。相也。理者。體也。由是聖人之設教也。理以統之。義以析之。理雖至一。而逐機遂有淺深。義雖成多。而歸理則無別體。是則諸經義理既有淺深。而明經者不辯別之。何以知其分齊之所詣乎。斯經義海所遵。即起信疏全文。夫賢首命世宗師。誠可尊尚。然彼文既具。何勞全錄。述略指廣可也。彼開有二。一約教通局。二約法生起。約教中。從淺向深。有五重。一約小教。單說人空。但依六識三毒。二約大乘始教。謂空宗。有遮無表。亦名分教。分者。限也。謂相宗有不成佛。三約終教。以終收始。說如來藏隨緣成賴耶識。不但皆空。而一切皆如也。亦名實教。以實廢權。說一切眾生悉當作佛也。四約頓教。惟性無相。亦無漸次。訶教離念。即心即佛也。五約圓教。統一法界。性相圓融。身剎塵毛。重重即入也。此但略引。廣在彼文。若於五中顯此經之分齊。則經中所指根性。近具根中。徧為四科七大體性。即如來藏真如隨緣所成。陀那細識。乃賴耶別名。而異生翻染小乘向大。皆當成佛。正屬終實之教。而歇即菩提。圓照法界。兼屬頓圓二教。若以教攝經。五惟後三攝此。若以經攝教。則此可全攝彼五。以不廢小教果法戒品。而兼存始教八識三空故也。二約法生起中。從本起末。亦有五重淺深。然所約者。即起信論文。而分屬者。亦不離於五教。但從深至淺別於前門耳。初惟一心為本源。即一真法界。該四法界。此圓教分齊也。二依一心開二門。即該二教。一心真如門。即頓教分齊也。始教中空宗。亦密說此門。二者心生滅門。即終教分齊。三依後門明二義。一覺義。二不覺義。四依後義生三細。一業相。二轉相。三現相。即始教相宗分齊。以彼宗不達此等與真如同依一心為源。故說真如不許隨緣。生法惟齊業識。縱轉成智。亦終有為。而不同真。五依最後生六麤。一別境。二生受。三著受。四計名。五造業。六受報。第三。小教分齊。第五。人天分齊。此亦略引。廣在彼文。若於此五中。顯斯經深淺。則文既雜明真妄。而會妄歸真。從真起妄。與夫真妄和融等。參而詳之。大分實惟齊於心生滅門。不違前終教分齊。若更細研。會妄既皆歸於妙真如性。則亦兼齊於心真如門。亦不違前兼屬頓宗。從真既以起乎三細六麤。此正顯然齊於心生滅門。而為終實之意。然真妄會合。既以妙極於四法界心。三如來藏。則亦兼齊於一本源心。亦不違前兼合圓旨。是知斯經也。揆義取類殆於法華。圓覺。華嚴。同條共貫。其亦甚深無上之典。而表以佛頂。斯其至矣乎。義理分齊竟。

五教所被機者。應分通局。即收揀也。但尋常揀去其非機。此謂揀擇乎當機也。通被者。以終實教意明一切眾生凡有心者皆當作佛。斯經既說得成菩提之法。而何人不當被哉。

如經云。一切眾生。從無始來。生死相續。皆由不知常住真心。用諸妄想。又云。一切眾生。業種自然。如惡叉聚。諸修行人。不成菩提。乃至別成聲聞。緣覺。諸天。外道。魔王。皆由不知二種根本。錯亂修習等。由此而推佛心。豈不普欲眾生。用真心。捨妄想。以盡明乎二種根本哉。問。若此無所揀擇。而眾生有不信順者。豈亦當被乎。答。有例亦當被也。如常不輕強為不信順者授記。縱因謗墮獄仍成法華遠劫因緣。如是。則無一人而非此經之當機。通之至也。何為而復有局被乎。以通中攝生雖廣。論益則多遠因緣。而非近益。若惟取於隨聞而益。機理相契。如彼啐啄同時。則不得不局取之而不容濫收也。然此中有二。準知。一者據文考證。二者以意推度。今初據文考證者。斯經阿難當機。即以示在聲聞之位。而切詳如來節節敘其所為者。多為接引小乘。回小入大。經云。汝先厭離聲聞緣覺諸小乘法。發心勤求無上菩提等是也。於中自有四類。一為有學聲聞。經云。憐愍阿難及諸會中諸有學者。又云。亦令將來諸有漏者獲菩提果是也。二為無學聲聞。經云。告富樓那。及諸會中漏盡無學諸阿羅漢是也。三並為緣覺。經云。哀愍會中緣覺聲聞。於菩提心未自在者是也。四並為定性。經云。令汝會中定性聲聞。及諸一切未得二空回向上乘阿羅漢等是也。問。定性必不信順。何收局擇之中。答。現在會中。隨請隨聽。非畢竟退席者。故亦正當機也。良以此等小乘。歷劫遭苦。求出無要。展轉拙修。勤苦無量。最以動佛慈愍。況皆智勝遺塵。世世與佛俱生。多係親因。豈惟慶喜。觀經題名救護親因。

其意可見。近被法華。始知信求。故斯等顯當正為之機也。其次以意推度者。經中雖未明言直指。以意度之。小乘初回向大之心。佛尚諄諄為彼發揮入大之門。其有純淨大根。了無小乘種習。佛必更為之深也。但為急救小根。故逐節先言為小。而為大之意。俱含於一切之中。如經云。吾今為汝建大法幢。亦令十方一切眾生獲妙微密等。又云。及為當來佛滅度後。末法眾生發菩提心。開無上乘妙修行路等。又云。亦為未來一切眾生。為出世因。作將來眼。夫既屢言一切眾生。而又言末世發菩提者。則知不止獨為小乘一類。而並為大心凡夫。及始教入位者也。此中則應具於六類。謂權乘二。而圓實四也。權乘二者。謂大乘法相宗人。動執法相。而不能以性相融。大乘破相宗人。觸言賓無。而不達藏性妙者。此正欠明斯經十大因緣。安得不正以為之。圓實者。上根凡夫。復無權乘種習。惟依最上乘發菩提心者也。此根更為純淨。佛正為之。不言可知。問。彼既知權小非真。純發大心。不勞破顯。斯經何所益於彼乎。答。既曰上根凡夫。明是立志雖大。發心雖普。而未得開悟之要訣。證入之妙門。斯經直指雙示等因緣。豈不正為之乎。此中自有四類。謂帶過三。而無過一也。帶過。即前第九因緣中三人也。一恃他加被。二恃聞忽定。三恃性忘修者也。無過一者。即無前三過者也。雖求加而務親證。雖多聞而恒在定。雖悟性而極精修。祇欠徹悟而證入。此最上第一妙根。極為當機者也。若聞斯經。真如時雨化禾。春雷躍鯉。莫之能禦也。此雖至勝。通前五種。皆是大乘當機。舊於前五皆揀非機。不知據明言二乘顯然。正是當機。而大根何反非機。若曲揀其病。則斯經正是應病之藥。豈不機教相對。若避病而不敢治。安稱良藥。何況二乘深病。尚起其危。而大乘微恙。豈不一劑而愈哉。故經明敘二乘當機。而不顯標大乘者。正表難治者尚能治之。而易治者不待言也。是故通前共有十類。均是當機。且觀音自陳本行。文殊亦表同修。而偈云。過去諸如來。斯門已成就。現在諸菩薩。今各入圓明。未來修學人。當依如是入。是則三世大乘通依之正軌。而十類未足多也。教所被機竟。

六能詮教體者。賢首疏起信論。略作四門。清涼疏華嚴。承演十門。亦不過開四而已。長水著楞嚴義海。亦承用賢首略門。今亦從略。列彼四門。一隨相門。此依長水復為二。一。但取能詮體。謂聲。名。句。文。假實相資。不可偏廢。以佛在。聲多。佛滅。紙墨之教。名句文多也。然亦附六塵同為教體。不獨聲等。二。合用所詮體。以徒文無義。非教。故文義相從而不相離。方成教體。二唯識門。攝前之境。以從於心。亦二。一。本影相對。謂說者淨識所現文義。為本質教。聽者識上文義相現。是影相教也。二。說聽全收。可知。清涼承演本影相對。四句分四教。謂小惟本。始本影。終惟影。頓雙非也。又承演說聽全收。八句分二教。以生佛相收屬同教。而生佛相在屬別教。意顯圓融不礙。方為甚深惟識。三歸性門。惟依賢首云。此識無體。惟是真如。故下文云。一切法從本以來離言說相。乃至惟是一心。故名真如。清涼引唯識釋勝流真如所流教法最為殊勝故也。予謂淨名言無離文字而說解脫。亦此門意耳。四無礙門。賢首謂於前三門心境理事同一緣起。混融無礙交徹相攝以為教體。以一心法有二門。皆各攝一切法故。予謂以生滅門收隨相惟識。以真如門先收歸性。卻前門成心境無礙。而後門成理事無礙矣。清涼承演理事與事事二無礙門。末乃歸於海印三昧。亦極盡無礙之旨。以收屬當經耳。今斯經既正屬於終實。而兼涉圓頓。則於賢首清涼所判全門教體皆允協也。能詮教體竟。

七宗趣通別者。賢首釋云。當部所崇曰宗。宗之所歸曰趣。清涼以宗為語之所尚。而趣同賢首。二師皆具通局兩門。通指一大時教。局謂專取本經。通中徧約諸教。開門頗多。不能繁引。今但自約總意取之。夫五時之教。權實可以略分。權乘多重修成。動張因果。則因即宗而果即趣也。圓實多重性具。首明悟入。則悟即宗而入即趣也。斯經若泛就圓實一類之教以取宗趣。則亦以悟明心地為宗。而證入果地為趣。斯亦略盡其概矣。然二師局門。義亦浩繁。今局斯經本載文義而取宗趣。亦略出其少分。須分總別。總。謂以圓定為宗。極果為趨也。良以阿難所請妙奢摩他等。而如來所示三如來藏心。即性具圓融大定。豈非一經之所宗乎。阿難所請十方如來得成菩提。而世尊結示。入於如來妙莊嚴海。圓滿菩提。歸無所得。即十方佛究竟極果。豈非一經之所趣乎。問。此與權乘因果何別。答。所示大定。但取性具。全由悟門。而所取極果。亦但擇一妙門。一超直入。所謂是了因之所了。非生因之所生。較之權乘。天淵不同矣。問。後歷證之位何所用乎。答。但顯圓融。

不礙行布。實非三祇漸證。豈不聞利根一生事辦。兼之經終。五陰破後初住方成。如來明許從互用中超諸位盡。深研此意。可自見矣。若更詳盡別意。應有六對。謂破顯。偏全。悟入。體用。行位。分滿也。皆先宗而後趣。又皆躡前對之趣。作後對之宗。而復起其趣也。一破顯者。徵破識心為宗顯發根性為趣。言委曲破盡識心。意在令其舍識心。而發明六根中性也。二偏全者。偏指根性為宗。全彰三藏為趣。此即躡前顯發根性中先惟種種偏明見精圓妙者。意在從近至遠。全彰四科七大為空藏。十惑三續為不空藏。四義三藏為空不空藏也。三悟入者。圓悟華屋為宗。得門深入為趣。此亦躡前全彰三藏即是圓悟華屋。言所以必求圓悟華屋者。意在得圓根一門。從初入流。直至寂滅現前也。四體用者。證圓通體為宗。發圓通用為趣。此亦躡前一門深入。即證得圓通之體。然必證此體者。意在發圓通三十二應等大自在用也。五行位者。運圓定行為宗。歷圓因位為趣。此亦躡前圓通大用。正圓定作略。然此作略有二。一。能利眾生。二。能取佛果。前三十二應。但彰利生用。而影取果用。今言運圓定行者。躡其取果用也。言必運其圓定之行者。意在徧歷圓因五十五位也。六分滿者。歷分證聖位為宗。取圓滿菩提為趣。此亦躡圓因之位。即分證位。言必歷分證之位者。意在圓滿無上菩提也。達此由悟而入。由入而深。由深而極。一經趣進。了然在目。圓融次第。二無礙矣。宗趣通別竟。

八科判援引者。詳古人立科判以解經。極為成式。猶公輸之規矩準繩。數萬言經。捨科判而逐文汗漫釋之。何異捨規矩準繩。而取方圓平直。未之或中也。大約其用有四。一者本有科。說主於本文中自分者也。如五陰六入等現具經文。解時須順分之。二者分文科。謂文句繁長。若不詳其文勢而分截之。則易成攙亂。故前後節斷。令其分劑分明。不相逾越。亦可名分劑科。譬一統分十三省。諸省又各分為若干府。諸府又各分為若干州縣等。從寬至狹。自少成多。各有統係。故舉州縣。則知其屬於何府。舉府。則知其屬於何省。而各有界限。不相混濫矣。然不同上之本有。此疏家因文分屬而立。如本疏所立十番顯見等科是也。三者約義科。謂文中所詮之義。有相對待應合者。如身心包徧依正之類。文中不甚顯著。則約義分之。令其顯現。如身心蕩然等文中所分之科是也。四者生起科。謂說主語脈次第生起文義。譬如樹株。初以一本。或分二支。或三四支等。是為大支。諸大支復各出諸中支。而中支又各出諸小支等。雖至最小之支。仍可尋知自何大支而出。若非科文明其來處。安可尋究乎。此如天親判金剛二十七疑。本經如答五大圓融科中。舊解全失語脈。不相接續。新疏出其伏疑。加以脈絡之科。方知來意是也。然製科最不宜行輩錯亂。譬如人家宗派。一祖元所生者。或三子。或五子。其子各所生者。或多或少。皆是孫輩。不得僭子。而孫所生者。又是曾孫。不得僭孫。天台。賢首。清涼。能曲盡其妙。近世如要解等。全不諳此。於一輩間。動分十七八科。或二三十科。及細察其所分。則高祖與子孫。乃至曾玄。皆同列為一輩。全無尊卑統屬。何取於分也。今疏痛懲此弊。所分之科。

務令自大降小。從少增多。慮古科但以疏為次第。無字號以別之。而講者多迷。乃以十干。十二支。置於圈內。題於科頭。如甲為父。則乙為子。丙為孫。則丁為曾孫。令其行輩炳然。不相僭亂。凡於大科盡處。則結云某大科已竟。則永無迷科尋覓之勞。後之刊者。務請屈從。無以為異常而不用也。援引有四。一經論。二本經。三祖語。四舊註。疏中為避繁文。所引經論及本經。多撮要略。而全文極少。祖語亦然。至於諸師舊註。倘於佛旨有未順者。則或默然不從。或顯然辯正。皆非作意而樂於為此。蓋必不得已而後如是也。外此而一字一句符文順義者。則必不敢遺。必不敢隱。至於道場表法。說咒利益。與夫十二類生十習六交等文。既不勞於異說。多全取於諸師舊註。皆以顯題字號。全文不無。亦有於繁雜處而少加裁省者。必不損其本意。於文盡處。若更加以本疏之文。則以一圈隔之。令其有所別也。科判援引竟。

九通釋名題。十別解文義。此之二門。不煩預贅。入疏方陳。順古十門。但標虛目。今更總束前文。直出斯經要義。以見其特異於諸經諸論。而獨為顯了親切也。其目有四。

一者。決定不用識心。以其與大定為生冤家。眾生於斯少有執吝。則於真心大定終不可見。何況能成。以此識詐現心相。而實非心。詐現定相。而實無定。卒以障盡真心本定。令凡外權小如生盲也。他經他論。雖亦說其為妄。而其言總略。實未至於善惡並遣。動靜雙袪。故眾生雖賤乎劣惡思惟。而猶貴乎勝善思惟。雖捨夫散亂意識。而仍取夫寂定意識。既全執似。必不識真。而真心本定何由見哉。惟斯經也。悟佛法音。尚猶斥其非實。豈留勝善思惟。九次第定。終不許其為真。豈存寂定意識。方於斯識破之究竟無餘矣。是則佛之破意。不暇論於劣惡散亂。乃直偏取於勝善寂定者而破之。正恐其修大定者。惑於似是之非。而終不進悟於真心本定也。嗟今之人。取靜修行。止念為定者。未有能出此識之圈圚者也。將謂斯定易成。而生苟就之心。豈知修時百計難成。成之畢竟非實。譬如結冰以作琉璃。其難其偽。類可知也。奉勸慕楞嚴者。順佛言而速疾捨之。方於大定可希冀矣。

二者。決定認取根性。以眾生根性即是真心。亦即自性本定。此由眾生將全分如來藏性迷成十八界。而其實體在六根中。六塵但是根影。而六識又是塵影。眾生反認至虛識心。而全昧至實根性。顛倒莫此為甚。且他經他論泛泛發明真心體相名義。而不言眾生現前身中何者即是。故眾生縱能捨乎分別麤心。而亦多求乎玄妙義相。慕於高遠境界。遂擬真心為冥漠難知之境。恍惚不定之相。而或研思極精以體會之。則依舊墮於微細意識。而流於權小境界。不自覺知矣。惟斯經也。菩提涅槃元清淨體。徑指六根。安樂解脫。寂靜妙常。更無他物。且其屈指飛光。而不動搖之見性。朗然現前。擊鐘引夢。而無生滅之聞根。湛然常住。此並當風指出。非獨言句發揮。且其仰瞻日月。洞明四萬由旬。遙聽雷霆。周聞三百餘里。何況十番顯妙。三指真實極為奇特。若並收乎暗中之見。靜裏之聞。則廓爾無邊。包含沙界。悉是眾生現量。非有待於六通。且其一切諸色。悉同燈上重輪。一切諸聲。皆類頭中虛響。故知根性是萬物之實身。萬物乃根性之幻影。而重玄極妙之真心。豈離見色聞聲之常性哉。然雖至近至明。可中難信難解。不是幽微叵測。但由日用不知。故諸祖不肯道破。如來常不開演。良有以也。問。若此親切明白。佛祖何故不常開演。不肯道破。答。恐非機聞之。真與非真。二俱成迷故。非真迷者。聞之而不信其為真也。謂有眾生冥搜玄妙而輕謾目前者。聞說六根即是。將謂見色但是尋常。聞聲有何奇特。既不委信。必不認取。如阿難五卷。尚猶別請結元。會解十家。悉以顯見為破者是也。不知元妙元明。豈非正法眼藏。本常本寂。應即涅槃妙心。當知離此性外。尚無片事可得。豈復別有玄妙哉。真迷者。聞之而倚真不復加修也。謂有眾生自恃天真不求究竟者。聞談根性現成。或死守寂常本體。而修證全捐。或但住初解人空。而得少為足。不知根結未銷。豈能脫情界而出諸苦。生滅未滅。安得超器界而證圓通。太似守金鑛而甘貧。閉化城而迷寶。又豈可哉。以是真與非真。二俱成迷。故佛祖常不開演。而幸遭斯典者。速宜認取根性。而更求解結。方為得旨矣。

三者。決定不用天台止觀。以諸家判三觀處。元是如來開示眾生本有真心。性具妙定。始自眼根指出。展轉通貫萬法。仍令圓悟萬有總一如來藏性。顯其未及加修。而人人早先具此楞嚴妙體。但惟教其悟明此之性海。以為後文圓通入處而已。本不曾立觀門教修習也。

而諸家瞢然。強安三觀。若果元立三觀。則是前文全說修門。何阿難後又請修。華屋之喻。豈亦但喻修門。而非喻藏性乎。又豈所答一門深入。卻又深入彼之修門。而非入藏性乎。是皆大不通也。當知斯經所以大異於眾典者。正以其指心在根。斯定之所以大異於諸定者。由說自性本定也。若謂前文是說修門。全障性定。且又礙後耳門妙修無有用處。所以修楞嚴者。決定不用三觀也。嗟今沿習既久。而業楞嚴者。無一人不搜索三觀。似但借經為敲門瓦子。而正惟發明天台止觀而已。畢竟令觀意獨明。而經意障盡矣。何迷痼支離亦至於是哉。痛刮洗之可也。問。經傳此土。千五百年。豈無一人見同於此。而子獨異說。太煞驚人。恐多信之不及。復有何說以安慰之乎。答。智者大師不及親見。使其親見。決不誤以說性為說觀。亦決定不以己觀自滿。而顧抑經同己。不然。何故虛心拜求一十八年乎。是則過全歸於後人之混淆。而大師無與也。清涼圭峰於華嚴圓覺各專其業。無暇詳釋於此。至於宗門悟心大士。非皆不知。但緣經文指心在根。太煞明白。恐成世諦流布。難以接人。是則十成之語。尤為傳宗者所忌。故多默而不言。縱有一二拈提。隨拈隨掃。終不令成詮釋。觀靈源之訶弘覺範。則其意可見。又或前古說楞嚴者。未必如今時盛宗三觀。以掩佛說性之文。故吾言未必盡異於古人。特緣近古似量騰心。雷同錯誤。故獨顯吾言為特異耳。彌天之罪。安敢避哉。問。子疏何不忌於世諦流布。答。此有二意。一者教須說到。不同宗門。何嫌流布。二者祖庭秋晚。現量證悟者無人可接。祕之何益。不如道破。令其經耳成因也。祖師末路評唱。令其傳習。亦此意也。問。不成現量證悟。經傳何益。答。能令多分中上根人。成真比量。發大解悟。與現量證悟作勝因緣。然亦應有少分上上根人。成現量證悟。是不敢定也。此由叔季之世。故作是說。若古宗門。由聞經而悟入者何限哉。

四者。決定推重耳根圓通。問。業楞嚴者。誰不知此為最初方便。何勞又推重之。答。是何言歟。自近世盛宗三觀。則人人惟知推重三觀。謂其為楞嚴正修。而解家拳拳插入。諄諄發明。至於耳門。視為啟蒙初進之法。隨文略釋而已。誰見其深研廣釋。而極勸專修者哉。且子謂人人皆知重此。子必深達斯旨。試指何處是圓通之文。其人笑曰。觀音自陳初於聞中等文。以至文殊選擇之偈。經有明文。有何難見。答。此下智隨言生解之知。敢曰不難見哉。若是中人之智。自知從四卷後半。第一決定義中。所推不生滅圓湛之性。即此聞根之性。及第二義中。指明根結。密揀圓通。乃至擊鐘引夢。諸佛證明。綰巾示結等文。皆是說根性法門。但未顯定何根為至圓而當專修也。此猶中人所知。若更有上智徹通之見。當知破識之後所示見性。即是首薦根性為真修之本。而見聞無有異體。故十番顯見。亦是顯聞。而語中亦帶聞字。如阿難云。若此見聞必不生滅等是也。但見精對境。朗照萬象。常住不動。最易開悟。故前文偏顯之。聞性離相。周聞十方。越牖透垣。最益修攝。故後文偏用之。是知自指見是心。直至破非和合。即是開示圓通中聞性之體。豈有別體乎。又極而言之。此文之前。最初破識。即是徹去圓通之障。以識心若不捨盡。決不知別有根性。根性猶然不知。圓通何自而修哉。此文之後。四科七大。乃至三如來藏。十法界心。無非根性之極量。而非別有一性也。修圓通者若不達此。豈知反聞之中。統該萬有。極盡一真乎。大抵開示本具藏性。正為後圓通作入處耳。不然。後門所入之華屋。更是何法乎。是則未說圓通之前。尚皆不出圓通之性。而況既說圓通之後。豈更有異法乎。是故道場定慧。是此無疑。三漸反流。離此何入。初住十心。明言一切圓通而等妙菩提。亦但圓通究竟而已。觀佛結云。此皆以三增進故。善能成就五十五位。其意可見。以三增進但牒圓通而已。是斯經也。前半全談藏性。所以開發圓通。後半全說圓通。所以修證藏性。一經始終皆為圓通。豈惟觀音數語。文殊數偈而已哉。至於破五陰。辨五魔。而猶節節警云。違遠圓通。背涅槃城。如是全經宗要。而惟以一三觀蔽盡無餘。烏忍於默而不言哉。問。圓通既稱初心方便。過此必有別法。乃為深修。今何言其盡始終而更無別法乎。此猶甚可疑也。請明其故。答。諸家正同此惑。而子之斯問。亦緣舊習所染。疑根未盡拔耳。今與拔之。其故皆由初心二字。未明其對何法而說初心。妄說三觀方為深法。而經之初心。必與三觀為初心也。卻見佛前文所說奢摩等名數偶合。如來藏義其相又似。遂謂其必是三觀。由是判前三藏為通請三觀。深位妙修。判後圓通為別請一門。初心始入。後學遵之。以為確論。誰敢動移。不知斯判前則誣性為修。後則貶深作淺。而且初意未明。淺深失序。是大差誤。非確論也。茲當極伸正義。令後學永無惑焉。夫誣性為修。前已極明。義無不盡。

而後之貶深為淺者。以前三如來藏。若據理性。則是徹法底源譬如太空。豈有深淺可判。若約當機領悟於此者。不必論其宿根利鈍。但惟取其多分而於天台六即位中。多但超於理即。正在名字即中。以其未涉觀行故也。至於圓通。則由觀行即。歷相似即。而後達於分證即之初位。據本經。即當三十二應等神用現前。據華嚴。即當百佛世界中分身成道。其視前位。何異天淵。今反謂其淺於前位。則貶深作淺之過安可逃乎。問。若此而佛何謂之初心方便乎。答。我謂彼之初意不明者。正當此際明之。以此圓通功滿方於五十五位中。初證一位。對後五十四位。此為初心。豈對前文。謬判三觀。而與其作初心乎。且此初心遙應妙覺乃為究竟。大經云。初心究竟二不別如是二心先心難。又此初住名發心住。故經又云。從初發心。即成正覺。若是則此之初心。良非淺淺。我謂圓通徹究竟位。亦非無見而云然也。夫何謬謂三觀在前而反深。圓通在後而反淺。豈不大失其淺深之序耶。奉勸求大定者。博究精研耳門修法而力行之。無使毫髮濫於三觀。則圓通方可希冀矣。問。智者為一宗祖師。三觀為圓頓修法。今言依之則障盡全經。修之當莫濫絲髮。然則天台立觀。不合圓頓教旨耶。請言何教所收。答。此更別有二意。人所難知。非謂三觀不合圓頓。一者。佛談性具三藏。本不曾立乎三觀。而註家錯引三觀以會釋之。不辨明。則以修障性。故不得不辨。二者。反聞修法。不用覺觀思惟。而三觀豈能不用。濫之則須廢反聞。故不得不禁。是三觀非不合於圓頓教旨。但不合於楞嚴修門耳。當知每於一教攝多法門。所以法門無量。豈因門之不同。而遂謂教之亦異乎。問。二門均是圓頓深教。亦有優劣否耶。答。子謂天台何如二十五聖。曰。大師必不自欺。自言方在五品。安得遽齊諸大聖耶。曰。文殊獨選耳門。則二十四聖修門皆不能齊。豈一天台修門所能齊乎。且經旨觀旨。多種不同。而舊註混同。曾無皁白。無怪其以彼而濫此也。今與略分析之。有四不同。一者。此經首破識心。令終不用。不識天台初談三觀亦先破識而教其不用否耶。然藏中曾見天台家所傳心印。首先不許揀去六識而別求真心。是與經旨大相反矣。此其一不同也。二者。此經次示根中性體即妙明真心。不識天台指示真心。亦言惟汝六根更無他物否耶。縱其所立三諦。彷彿似於三藏而其當風指出。初未薦乎六精。此其二不同也。三者。此經起修。了揀諸門。惟選耳根一門深入。不識天台三觀。起修下手。亦專一門否耶。蓋彼泛立三諦。起三止觀。而所示真心。初不指在根中。何有專門。此其三不同也。四者。耳根之修。一反聞聞。行起解絕。頓離分別。初無多事。最為簡易。豈有繁難。不識天台觀門。亦如耳門之簡易否耶。蓋彼立三諦。而起三止三觀以修之。已自先成九法。及說三觀。復各為三。所謂一空一切空。無假無中無不空等。亦成九法。合滿十八法數。是雖成熟終歸一心。而本其造端。以較之惟一反聞者其繁其簡。宛爾天殊。此其四不同也。問。經前三藏具含十界。豈不繁難。答。彼是廣談性理。開其知解。雖博非繁。及至行起。便乃解絕。惟一反聞。具收眾妙。汝應以此行。對彼行。而辨其繁簡。何乃取解而難行乎。此固舊註混濫之故習也。今更相對顯之。經以三藏開解。而從一門起修。天台以三諦開解。而從止觀起修。則經之三藏。正對天台三諦。經之耳門。正對天台止觀。何得仍前錯誤。而以三藏對三止觀乎。通前四義了揀。則台宗與經旨元不多同。但惟所立三諦。略彷佛於三藏。而註家又復不知以諦對藏。同是明理性而開知解。固乃錯對止觀。而以性為修。謬謂意旨全同。安得不晦其本旨。而礙後之妙修乎。若必謂斯經全是三觀。則如來說法。當不及於天台。何以故。破識指根迂遠。而不如天台直切徑談故。四科七大。十惑三續。乃至三如來藏。皆但泛論性相。而不如天台分明判分止觀故。起修下手偏局耳門。不如天台完全具十八法數故。修楞嚴者。不如捨經而但習天台止觀。乃為捷徑。何必於落落不合文中。搜索一二相似之處。以強明止觀乎。是則以經文而發明止觀。既不如止觀詳暢。以觀文而強合經文。豈能令經旨顯現哉。是必晦其本意無疑矣。我故謂止觀若不捨盡。則圓通決不發明。亦猶識心若不捨盡。而根性決不顯現耳。又二宗修法相乖。亦係根識之別。蓋經旨首破六識。正由反聞時要須全離覺觀。台宗不簡識心。正由作觀時不免起於思惟。故修圓通者。稍涉台觀。即依舊墮於識而障乎根。則夫經前破識指根之文。豈不俱成無用乎。具金剛眼睛者。幸一辨之。近於宗鏡錄四十四卷中。見其極明六根中性。即本來心。且取前之見性。後之聞性。同一圓通。悉歸宗鏡。何曾說前破妄見。後但淺修哉。又何曾說中間有三觀為深法哉。斯可極證吾疏。而並可以驗古人不盡同於十家之見也。幸檢閱之。是則攝前多義。而但成四決定義。已極簡要若更束之。則但成十字。前二攝盡經義。成捨識從根四字。捨識易知。從根者。前半從根悟入。後半從根修證而已。後二攝盡疏義。成揀止觀重圓通六字。蓋舊註全重台宗止觀。今疏揀明。全非台宗止觀。舊註既重止觀。必輕忽於圓通。今疏既揀去止觀。全推重於圓通。極勸專修而已。然推重專修。非己私意。釋迦。文殊。及十方如來明命特旨也。請反復研味文殊之偈。當自見之。又復當知此中揀止觀者。但揀其非台宗止觀而已。非謂圓通全非止觀。當知圓通仍是不涉思惟最簡妙之止觀。大非台宗可比。疏中備明此意。今特為近習多濫台宗。故不如但順經文。呼為圓通。不必釋成止觀為得矣。

皈敬三寶請求加被偈

稽首本師說法主　異口同音諸世尊
佛頂顯密首楞嚴　即非十界如來藏
圓通本尊觀自在　各入圓明眾聖賢
三尊威力默加持　祕旨微言令開發
註釋不違於本意　始終語脈得融通
契機契理契佛心　於佛智海同涓滴
儻獲管窺符聖意　流通緣具速傳持
見聞現未結良因　同證聞熏不思議

標科法式

此疏既有勾本全科。又有隨疏半科。講者於勾本展轉分至有綴腳處。即當入文。不必重念隨文科。但母科下多有疏文。以敘前後連合脈絡。若無標法。必至遺忘反復。今當於未講前。將勾本。疏本。對察。但凡母科有疏文者。二本各用紅筆標之。臨講時。分科至勾本有紅標處。便唱此科下有疏文。疏中云云。講畢。再來勾本中以分子科。則不亂矣。聽看者。亦當如是標之。

大佛頂首楞嚴經正脈疏卷六

大佛頂首楞嚴經正脈疏卷七

經文卷一之一

明京都西湖沙門交光真鑑述
蒲州萬固沙門妙峰福登校

經題次釋。疏者。疏決通釋之。令無壅滯。此註解之通名也。而特標正脈者。疏之別號也。良以此經滿數萬言。文雖長廣。而聖言辭義雙妙。首尾照應。脈絡貫通。無有不相照應。不相通貫之處。舊解多惟就文輒解。更不首尾顧盼。或未見本意。冒昧推原。以致前後不相照應。語脈互成乖反。今疏非敢意外穿鑿。但惟曲順聖經本來語脈而疏導之。務令前後照應。語脈貫通而已。緣此名正脈云。

○初分為三○一題目

大佛頂如來密因修證了義諸菩薩萬行首楞嚴經

一題該盡全經。義固多攝。滿二十字。句數過於餘題。文亦非少。麤略釋之。安能盡其理趣。今解稍加委悉。務令有所發明。幸勿厭繁。良以數萬言經。而以數葉之文攝之。何足為多乎。此之全題。即經中佛自所說五種題中。略取十九字。首三字。分取第一題首三字也。次八字。全取第二題名也。末八字。分取第五題末八字也。餘皆不取。故云略取。加一經字。擇要選彼急切。略其緩泛。該廣上猶一往似有所略。實以要該廣。仍無所略。蓋五題文雖似廣。而約義則惟境智。機益。性修。要妙。因果而已。詳後五題分科自見。今密因為境。了義為智。菩薩為機。修證為益。性修即第三全題。不必更該。密因了義為妙。萬行首楞嚴為要。了義之修為因。了義之證為果。此即以此十九字該盡五題之廣。曷嘗有缺略哉。乃結集者善巧所成。分為七段。以便解釋。謂一大。二佛頂。三如來密因。四修證了義。五諸菩薩萬行。六首楞嚴。七經也。按五題皆顯密雙彰。第二題密意雖似不顯。前半實祕咒功能。今七段中二三。亦應兼表祕咒。以咒元從頂光佛演。又此咒出生諸佛故。然從密則無容解釋。不容翻譯。豈許解釋。咒後明之。且顯密決定不二。經即顯咒。咒即密經。此以經義比度知咒。故茲並從顯釋。而密義即寓於中。夫七段雖共成一題。而於中有虛有實。有通有局。首宜分別。令無相濫。一二七段皆虛而通。中四段方是實法。若於四段而論通局。則上三段各有所局。第四段為通。上三段。定之別相。首楞嚴。定之總體。第一大者。稱讚之詞。具洪闊。包含。周徧。眾多。深奧。元始。恒常。超勝。八義。尊貴玄妙二義。佛頂表之。由此諸義。故稱大矣哉。以此稱詞稱下諸法。則知密因為大因。了義為大義。萬行為大行。楞嚴為大定。具此諸大。是為大經也。不敘稱佛頂者。縱使稱之。亦但稱其所表實法。非稱相好。故不敘也。況彼尊妙亦同大意。何勞更稱。又密因是理。了義是教。萬行是行。楞嚴是果。以大定具含本覺究竟二果海也。首標為大。是欲受持斯經者。依大教而解大理。稱大理以起大行。滿大行而證大果也。既非實法。故虛。以單舉大字。未定稱何法大。故尚虛而未實。舊傳直作體大。非也。以不與方廣並列。何定說為體大。偏稱諸法。故通也。第二佛頂者。佛身三十二相。此其第一。名無見頂相。在青螺紺髮正中。周圍紅色。如春山吐日。而頂不可見。初降生時。應持以九地為乳母。上歷沙界。終不能見。今此標之。以為表法。作喻亦通。但取義親疏不同耳。用相似之物比類發明為喻。終不以喻中物名直稱於法。故疏而不親。若取最勝名相直稱於法。顯其最勝。為表。非但相似。故最親也。今將至尊無上至妙無見之佛頂。直稱下之實法。表其即是無相佛頂。皆尊皆妙。問。行是功動。何為尊貴。熾然修行。何為無見。答。從性起修。因該果海。故仍尊貴。又根於了義。修即無修。攝於楞嚴。動元不動。故五眼莫窺。亦非實法。故虛。未定所表何法。徧表諸法。故通也。法華為佛全身。此經為如來頂。顯斯經為法華中精要之義。如知見。實相。佛慧等。而更徹頓圓極旨。如歇即菩提。毛端現剎等。蓋終實渾具佛身。頓圓義極尊妙。同佛頂相。今其見題者。知其非權漸之教。中四段。是大之所稱。是佛頂所表。是經之所詮。故為實法。今夫第三如來密因者。如來十號之一。倣同先德號也。隨相釋。則諸佛一身一智。應用亦然。故後佛如先佛之再來。若入理釋。隨教淺深。難盡多種。今據終實。如為本覺。來為始覺。始本究竟。名如來也。即是果人。亦即下諸菩薩道後之號。密因者。揀非事相修行。顯因可見者。此取如來在凡夫時。於六根門頭頓悟圓湛不生滅妙明真心。此心為四科七大根本實性。具足三如來藏。全體大用。本來是佛。豈惟但是因性。亦乃即是果性。以諸如來無別所證。乃至證時更無毫髮增添。所謂從初發心。即成正覺。經中佛自述云。我以不滅不生合如來藏。而如來藏惟妙覺明圓照法界等。意則可見。然所以為最密者。以此即是二根本中真本。所謂識精明元。菩提涅槃元清淨體。佛言一切眾生不成無上菩提。乃至別成聲聞緣覺。諸天外道魔王。皆為不達此本。錯亂修習。至後偈中。又言常不開演。足顯根中所具如來藏性。乃是難測難知。最深最密之法。問。既即果性。何復名因。答。見此性後。方是究竟果因。更須修成。始獲究竟。且密因二字。遣兩種人過。一者密字遣權教著相人過。以彼不達密具本有果性。塵劫修行。終無實果。二者因字遣圓教狂慧人過。以彼不達此性方是真因。自恃天真。頓捐修證。縱得離繫。全缺莊嚴。終無究竟。此意妙甚。經文首從請定。至四卷前半。身意輕安。得未曾有。即此密因也。然此一段。即是阿難所請三名中妙奢摩他。以此三如來藏性。即是自性本定。而頓悟了達於茲者。即微密觀照故也。第四修證了義者。以前段全彰自性本具。天真現成。然既曰密因。豈礙修證。是故雖歆藏性之已知。更喻華屋之未入。由是開決定義門。示解結次第。蓋必解六結動。靜。根。覺。空。滅。而越三空。人空。法空。俱空。方為了義之修。獲二勝上同。下合。而發三用。三十二應。十四無畏。四不思議。方為了義之證。然謂之了義者有二意。一者用根不用識故。蓋用識則以生滅為本修因。如蒸沙作飯。沙非飯本。畢竟不成常住菩提。故非了義。用根則以不生滅性為因地心。如依金作器。器器皆金。決定能成無上菩提。故為了義。又用根已為了義。而特選耳根。更是了義中之了義。以其超二十四聖而獨妙。為十方三世諸佛一路涅槃之要門。安有修證了義能過於是乎。二者從性起修。因該果海故。蓋依密因無修證果海中。不妨幻修幻證。故修而無修。非事相之染修。證而無證。非新成之實證。故為了義。而非不了義也。問。道場加行之修。是了義否。答。道場中定慧。依舊是耳根圓通。但加戒。與道場。及持咒耳。同一了義。故不別敘。經文自四卷後半請華屋之門。直至七卷前半百靈護咒。即此了義也。然此一段。即是阿難所請三名中妙三摩提。以此耳根圓通。為第一如幻三摩提故也。第五諸菩薩萬行者。菩薩略梵語。具云菩提薩埵。此云覺有情。蓋覺已分證。識情未盡故。又上求大覺。下化有情故。即是因人。亦即上如來道前之號。而言諸菩薩者。即本經分證諸聖五十五位之數也。萬行者。即諸位中歷修之行。如十信中。全根力而植佛種。十住中。生佛家而成佛子。十行中。廣六度而行佛事。十迴向中。迴佛事而向佛心。四加行。泯心佛而滅數量。十地。契真如而覆涅槃。等覺。齊佛際而破生相。其行應有無量。今言萬明多。非局定數也。當知此之萬行。躡前了義而更進深玄。不但修同無修。證同無證。而且極盡精微。至神至妙。要之根柢於三如來藏。歸極於無障礙法界。請詳十行之後五。足知諸行皆法界無障礙之大行也。經文自七卷後半阿難請位。至末結經名以前。即此萬行也。此一段。即阿難所請三名中妙禪那耳。以敘阿難悟處。既言頓悟禪那。修進聖位。而佛又言奢摩他中。用諸毗婆舍那。顯是住持自性本定。雙攝前二。定慧圓融。中中流入之行故也。問。了義之證。何得不攝後位。答。無下萬行。即應攝之。此若攝盡。萬行何歸。況無上圓通。豈容無證。二殊勝等。非證而何。問。位應是證。行濫於修。今以位為行。豈不屈證為修。答。諸位正是行位。復乃深入真修。故成位次。如果修終。應是佛位。當知菩薩之名。因行未滿之號。若因已滿。即應失菩薩名。又經家於修證下重標萬行。亦是默示此分屬之意。而識者寡矣。問。若此。則圓通不具萬行。而諸位不成了義。豈非二大過耶。答。一皆善巧。不為過咎。蓋初心貴在精專。尚檢別門。豈兼萬行。縱使圓融勝解。念念具足諸度。亦惟理具而非事造。故但稱為了義。而不責以萬行者。欲其精專而不雜亂也。若玩文殊了揀諸門之偈。則信此意非虛矣。至後諸位了義。況顯而知。良以初心反聞尚為了義。況入聖位深修。則其了義不言可知。第以諸位率能分身無量。二利繁興。故特標萬行。亦默勸其圓滿諸度。而不可得少為足。若知八地中七勸之旨。則信此意必有矣。況依此分屬。於經於定。平妥穩順。甚生次第。智者鑒之。總括上之三段。全是阿難所請三名。該盡正說全經。歷收大定別目矣。第六段首楞嚴者。大定之總名也。圓含上三別目而為一定全體。當知此定迥不同於常途止觀。蓋常途止觀全屬功夫。而自性立為諦境。與止觀相對。其體各別。不取自性即為定體。故其為定。初心與境為二。必至純熟。方得一如。是則止觀全屬功夫。不即自性。的實論之。但是引起定耳。非自性定也。此則不爾。涅槃經佛自釋首楞嚴云。一切事究竟堅固。而古德即明其徹法底源。不動不壞。細詳其旨。是皆分明取自心本具圓定為首楞嚴。何嘗取起心對境止觀為定哉。更當知全取正因自性。略以兼帶了緣二因為定全體。即所兼帶了緣二因。亦是性具。非縱非橫。不同權乘說為後得。天台宗中亦有此意。但彼止觀。不即取正因本不動體為定。而歸功偏推重於了因。雖說性具。實多修成意爾。是故決定與此不同。今經奢摩他。即全取自性本具。不動。不滅。不失。不還。四科五陰。六入。十二處。十八界。常住。七大地。水。火。風。空。見。識。徧周。以至十惑無明。與三細六麤。三續世界。衆生。業果。之妄。本常虛假。四義一為無量。無量為一。小中現大。大中現小。三藏一空。二不空。三空不空。之真。本自現成。如是等義。全與一切事究竟堅固。徹法底源。不動不壞。若合符節。是皆全取自心本具圓定為奢摩他。若當機承教開解。朗然照體現前。即取此照體名微密觀照。不取思惟修習為觀。故加微密檢之。此佛親自命名。復何疑哉。當知乃是全取正因本性。略兼了因。即開解也。以初悟慧多。然從性定而發。故是即定之慧。而為奢摩他體。又全取正因本性。略兼緣因。即反聞也。以初修定多。然躡解而起。故是即慧之定。為三摩提體。又全取正因本性。雙兼緣了二因。即定慧均等。中中流入。然但深入藏性本定。故始終不離性定也。為禪那體。

問。既言承教開解。顯是後得。何言性具。若爾。何不未教先解。答。此正權宗所迷。彼惟取於正解分別為了因。而不知顛倒分別。元與正解同體。若元不具此體。將何轉為正解乎。以是了義教說無明即明也。請以喻明。正解分別。如水東流。顛倒分別。如水西流。今以顛倒轉為正解。如改西流而作東流。先無此流。將何改轉。緣因準此。應知迷位一切妄作。皆性具緣因。天台謂逆修者是也。諸家不詳此旨。而以三止觀強判。落落不合。無處安插。或補於言外。或取一二相似之語以強釋之。殊無情謂。今有三義了揀此定。一曰此是妙定。正以性本自具。天然不動。不假修成。縱在迷位動中。其體本然。故稱為妙。不然。何以謂徹法底源。不動不壞之定哉。據此。則凡不即性而別取功夫為止觀者。皆不妙之定也。二曰此是圓定。正以此定不但獨取自心不動。乃統萬法萬事皆悉本來不動。為一定體。經云。菩薩自住三摩地中。見與見緣。並所想相。如虛空花。本無所有。此見及緣。元是菩提妙淨明體。蓋取心海本湛。萬有停凝。齊成一定。不然。何以為一切事不動不壞之定耶。據此。則凡不兼萬有而獨制一心不動者。皆不圓之定也。三曰此是大定。正以此定縱在迷位。尚本不曾動搖。開解之後。豈有出退。當知此定自發解起行之後。直至歷位成佛。終無退出。何況有壞。不然。何以為究竟堅固之定耶。據此。則凡有入住出。縱經長時。皆不為大定也。詳此。自知常途止觀了不相類矣。經文前自請定。後至請名。即統包前三段所指全文是也。雙攝大定總別。以為一經之名。妙莫加焉。第七經者。是詮上四實法文。故虛。徧詮諸法。故通。且是諸經通題。但取能詮。不取性離即真等義。以既分虛實。那依台宗兼屬所詮乎。體則聲名句文。假實兼具。即脩多羅。一名四實中。正取聖教。半同席經。又此方聖教稱經。今譯為經。顯是西方聖教。又此訓常。謂天下古今不易。彼方釋聖教為顯示十方三世準則之。意同。而分量廣也。其他貫攝等意。避繁莫備。欲知殊勝。全隨所詮。至於文詞之妙。本於如來精義巧辯。而加以房相潤色之工。極為華藻流麗。讀者無不三歎。夫經家既以題而冠經。故茲釋惟據經而取義。妙含無盡。文稍加詳。觀者幸研味焉。古式有二。一者作對釋。略有六對。一。能讚所讚對。二。能表所表對。三。能詮所詮對。可知。四。性修對。即三四兩段也。五。動靜對。即五六兩段也。六。總別對。三四五段為別。六段為總也。二者。離合釋。合作四釋。一者。大佛頂為能讚表。但是言相。故劣。如來密因等是所讚表。乃性修等實理。故勝。佛頂下加之字。依主釋也。二。經為能詮。但聲名句文。故劣。上皆所詮。是性修等妙義。故勝。經上加之字。依主釋也。三者。經是教之自體。上皆因果修證之用。經上加即字。持業釋也。四者。總六段是經之所有。乃分取他名。經上加非字。有財釋也。餘如減字曰大佛頂經。或首楞嚴經。推類上釋。皆可作之。又古式。人法喻三。或單。或複。或具。斯題則全具焉。此為不廢古式。略備參考。更有一意當伸。疏中為泯是非。舊解未善者。多惟不取而已。不復非之。然似是而非。人所難識者。恐人持疑不決。有礙取捨。今於最初略出其一。以例其餘。即如舊解茲題。抑揚發揮。似為言簡理盡。不知有二不便。礙佛深旨。一者疏略非體。蓋釋經者。先當尊經本文一一解釋之。如密因。即當說出是何等法。於本經中何文即是。一一釋畢。儻有餘意。更加發揮。方為善疏。今乃更不解釋密因等。只管囫圇反覆拈弄。是乃論量文體。非解釋文體。安能令文義雙暢乎。此失猶輕。二者。昧旨屈經。謂彼註如來下。用宗門盡令把住。將密因等一併掃卻。方是無修無證至極之理。若是。則是第一義諦全居經外。特以下。用宗門回途放行。將密因等俯就眾生。依舊許其有修有證。順世權宜。皆悉建立。若是。則斯經宗趣。全成第二門頭。將佛圓實極旨。反出於金剛楞伽之下。斯由全未通曉密因了義為何等法。率爾莽論。屈經之甚。其失非小。今試明之。其曰如來果體。其體本然。何假密因。而不知此之密因。正是無修無證本然果體。其曰菩薩道用。其用無作。孰為萬行。而不知此之萬行。根於了義。修即無修。攝於楞嚴。動元不動。正是無作道用。如是而言。何假孰為。何異當面不識其人。而猶稱名非毀者乎。當知斯經非但理性為第一義。萬事萬法皆第一義。以一切事究竟堅固。皆超大小名相之外故也。安有第一義出於斯經之外者乎。諸註類此者甚多。後凡不取者。不遑廣辯也。題目已竟。

○二譯人分三○一主譯人

天竺沙門般剌密諦譯

天竺者。譯主生處也。西域國之總名。此云月國。有聖賢繼化。如月照臨。地當閻浮中心。九萬餘里。分畫五區。七十餘國。東西南北及中。皆名天竺。此師中天竺人。即生佛之地也。但此惟具總名。未詳何國。沙門。釋子通稱。此云勤息。謂勤行善法。息滅惡事。又云。息心達本源。故號為沙門。般剌密諦。此云極量。譯主別名。天竺才智僧也。譯者。翻字。翻音。變梵語為華言也。蓋西梵語字。與此全殊。若觀梵本。非惟不知其語。兼亦不識其字。須先隨其梵音。以此方之字易之。名為翻字。翻字之後。方可讀之。然但同咒。仍不知其為何等語。卻須兼通兩國言音者。一一變梵語為華言。謂之翻音。特科為主譯者。以此經未來。盛名先至。天台西向拜求一十八年。終未得見。彼國禁為國寶。師潛匿航海齊來。於唐中宗初年達廣州。適遇房相。請於制止寺譯成。速回以解責邊之難。國王因師潛過。罪責守邊官吏故也。夫冒禁艱苦。志益此方。功莫大焉。亦且通方智辯。總統譯場。以至功成身退。誠宜首標以重元勳也。

○二譯語人

烏萇國沙門彌伽釋迦譯語

烏萇國者。名義集中。烏仗那國訛云烏場。與萇同音。疑是此國。此云苑。古大國之苑囿也。北天竺國之別名。彌伽釋迦。此云能降伏。譯語者。以密諦既總其事。而無專司。但稱為譯。此則分職員名。專司其事也。亦云度語。備通華梵。變梵成華。即是翻音者耳。

○三潤文人

菩薩戒弟子前正議大夫同中書門下平章事房融筆受

菩薩戒品。繁不能載。可通在家者受之。經中謂王臣受位。應先受此戒。則不惟戒神擁護。而守德防非。終成聖種矣。弟子者歸依三寶為大師也。前者。舊也。以下官名。乃其舊職。現已謫在廣州。但知南銓。故云爾也。正議者。史稱正諫。言官之名。大夫者。可大扶樹人才之尊官也。同者。僚佐非一。與同協理也。中書門下。二俱內省。左右相府之名。然中書省。多掌王言。門下省。多出政事。融乃權兼兩省。故並書之。平章者。書云。平章百姓。平。均也。章。顯也。謂均理政務。顯彰法度也。事。即政務法度等也。房融即房琯之父。父子俱相。而融事略出琯之傳文。謂相於武后末年。而貶於中宗神龍元年。舊紀翻譯時年。乃云神龍元年五月二十三日譯。此或紀其開筆之時。非譯成之時也。筆受者。亦譯場中分職專司之名。秉筆確定文字者也。最初翻字。須知二合。三合。彈舌。引等。當以此方何字代之。至於翻音。則委問華梵。務使相當。然後下筆。皆為難事。帝王亦有親當此職者。至於潤文。

古皆別立職員。若筆受者或成拙俗。而潤文者方潤色之。房相亦兼此職。故科名與經中互顯其功耳。夫請譯。筆受。潤文。而又奏入內庭。雖未即得頒布。後為神秀入內錄出。復得家藏原本。卒致流通。然則融真大有功於斯經矣乎。釋譯人竟。

◯三經文分三。甲一序分。夫序正流通三分。始於道安而證於親光。道安。秦僧未見西科。先科三分。人皆非之。後親光菩薩論至果然。解經通用。今初序者。頭緒引起之意。又分為二。乙一六種證信序。此序諸經通有。亦名通序。阿難於佛涅槃時請問。佛令安置諸經之前。證其有此方是佛經而生信受。否則多偽。不足信也。六種者。六成就也。謂一信。二聞。三時。四主。五處。六眾。闕一不可。故曰成就。今隨文便。均於廣略。但分為三。丙一標信與聞

如是我聞。

如是者。略作指法之詞。我聞者。略明授受之本。溫陵謂如是之法。我從佛聞。是也。此緣結集時。阿難感變相好同佛。眾疑阿難成佛。釋迦再來。諸佛降附。唱此四字。三疑頓息。故必首標。然六成就中。如是二字。第一信成就也。乃是信順之詞。謂信者言如是。不信者言不如是也。若依理釋。謂聖人說法。但顯真如。唯如為是耳。若宗本經。一切事堅固為如。離無常見為是。蓋表信教信理之深。方成傳持之道。故曰信成就矣。我聞二字。第二聞成就也。

我。即結集經主也。然是隨世假我。及法身真我。非同凡夫外道所計。聞者。親說親聽。
非展轉傳聞。所謂此方真教體。清淨在音聞。不假音聞。教體何立。故曰聞成就也。達耳
入心。記持無毫髮之遺。文殊大不思議。阿難亦能憶持沙劫諸佛清淨法藏。今一佛四十年教。何有差遺。
聖人境界。非比世間。若約中道理釋。則以無我之真我。不聞而能聞也。

丙二時主及處

一時佛在室羅筏城。祇桓精舍。

一時者。第三時成就也。蓋世事合會。尚待昌期。大法弘宣。豈違嘉運。故須良時方
能成就。取其師資道合。始終說聽之時。以佛說法。殊方紀歷。不可對同。故總云一時。
若約理。則心境。理智。凡聖。本始。一如之時也。佛者。第四主成就也。簡略梵語。具
云佛陀耶。此云覺者。餘教不錄。惟約當宗。則始覺與本覺證齊。而成究竟覺。又自覺覺
他。覺行圓滿。前三惟約自覺。後三兼利他。而自覺揀凡。覺他揀小。圓滿揀因也。約人。
即娑婆教主。中天竺迦毗羅國淨飯王太子。出家成果。十種通號之一。別號釋迦牟尼。非
此大聖。孰能演斯大法。故曰主成就也。在室下。第五處成就也。孤山曰。室羅筏訛云舍
衛。此云豐德。城中財寶。五欲。多聞。解脫。四皆豐足。故以名也。祇陀。波斯匿王太
子之名。此云戰勝。桓。即林也。園地本屬太子而給孤長者以金布買之。少分未滿太子感動止之。
並施桓垣。故特標之。精舍。即給孤所建。華飾工巧。純一清淨。無諸喧雜也。太子喜施。感

同長者。故祇樹給園或並稱。或標首。即今王像與給孤並坐。而世以為土地二郎。真可笑也。**斯經非此勝地何以說之。故曰處成就也**。凡佛說處。各隨所見。凡小見處穢土。菩薩不離塵寰。見處淨界。但諸經隨宗。文有隱顯而已。此經悲接凡小意多。故不明淨相也。

丙三廣列聽眾。第六眾成就也。座無知音。說將誰聽。今機感盈前。不得不說。故云然也。分二。丁一。兼本迹以詳列二乘。歎德依乘。惟迹無本。今名列二乘。德乃菩薩。本迹雙彰也。分四。戊一。據迹標數

與大比丘眾。千二百五十人俱。

據此則惟彰迹。大有三義。一**數多**。二名重。三**德隆**。比丘。**此翻亦三**。一乞士。二**破惡**。三怖魔。長水曰。千二百五十者。陳那等五人。三迦葉兼徒一千。舍利目連各兼徒一百。耶舍長者五十人。**經略五人**。得果感恩。**常隨助化之眾也**。

戊二彰本歎德。此科全以彰本。蓋法華以前。未經開迹顯本。惟歎聲聞之迹。今以開顯。無復餘乘。即惟歎其內祕菩薩之德。故下更不詳歎菩薩。略顯而已。又分二。己一總名似同

皆是無漏大阿羅漢。

此是果名。二乘久擅斯名。今舉之以歎菩薩祕德。故似同而實大不同。蓋二乘無漏。方超三有。菩薩無漏。更越三空。大者。依涅槃作十地大人修大行以證大果。不同二乘。

但取名重德隆為大。阿羅漢。三義亦別。二乘應供。止於天上人間。菩薩應供。通於世出世間。二乘無生。分段方脫。菩薩無生。變易亦離。二乘殺賊。四住方窮。菩薩殺賊。五住垂盡。

己二別德迴異。上科德之總相。實雖異而名猶似同。此則德之別相。顯然菩薩作略。皆非二乘所可同者。故曰迴異。又二。庚一。德體超異

佛子住持。善超諸有。能於國土。成就威儀。

首二句。內心肖佛也。佛子者。已付家業。真是佛子。非滯草菴者也。而口生法化。是其子義。住持者。住法王家。持如來藏。此則明其證真之深。諸有者。略言三有。廣開二十五有。即三界受生之處。超者。不為諸有生緣所縛也。小乘超之。則須出三界外。不敢復居。非善超也。今菩薩常不離三界。即於生死無干。所謂善超也。此則明其脫妄之妙。次二句。外貌亦肖佛也。有中形外。自然之理。國土。同居土也。成就威儀者。身具相好。業攝律儀也。能於二字乃有二意。一特表意。以今示現聲聞之迹。似不能具相好。盡律儀。而內祕實能。二承上意。以小乘不善超有。果成。則灰身滅智。出三界外。不能居土具儀也。今由善超。不離三界。故能居土現儀耳。此科為下諸用張本。故曰德體。

庚二德用超異。上雖內外充裕。但是自利之體。向下方顯利他之用。又分二。

辛一上助佛化

從佛轉輪。妙堪遺囑。

從佛者。非但隨從侍衛而已。乃依而不違其軌轍也。轉。有流行不滯之相。輪。有摧碾運動之功。蓋佛之法輪。能摧碾眾生麤細煩惱。運出眾生生死險道。佛能轉之。菩薩亦依其軌轍而轉之。妙堪遺囑者。以聲聞人願行非妙。但取速滅。如世老人。不堪寄囑。今實菩薩。又已從轉法輪。故智悲雙妙。堪承遺囑也。遺囑。謂佛入滅時。囑累菩薩弘法度生耳。

辛二下度眾生。又分三。壬一盡本界

嚴淨毗尼。弘範三界。

毗尼。此云善治。亦即云律。戒之總名。嚴淨作三分別。嚴謂止持。止諸惡也。淨謂作持。作諸善也。又嚴以禁身口。淨以制心意。又於事戒則嚴。於道戒則淨也。弘。開擴也。範。師範也。三界者。欲界。色界。無色界也。娑婆敝惡。戒律宜扶。涅槃云。戒是汝等大師。故此亦歎其戒德師範人天。小乘於戒有缺漏。未至嚴淨。豈能弘範。當知惟菩薩能之。

壬二盡十方

應身無量。度脫眾生。

緣感則應。隨類化身。如觀音三十二應。無剎不現。度脫眾生者。說法令其度煩惱河。

脫淪溺苦。如舟師度人也。在法華。乃普現色身三昧。此經即圓通妙用。似為定德所攝。

壬三盡未來

拔濟未來。越諸塵累。

拔者。挽之令起。濟者。接之使過。未來者。後世無量劫中也。越。超出也。塵累者。八萬四千塵勞。累墜有情於生死苦域者也。言菩薩挽拔接濟未來無量有情。使皆超出八萬四千塵勞。不使累墜於生死苦域矣。此非遺教結集。不能令法久住。利益無窮。似屬慧德攝。彰本歎德竟。

戊三略舉上首

其名曰。大智舍利弗。摩訶目犍連。摩訶拘絺羅。富樓那彌多羅尼子。須菩提。優波尼沙陀等。而為上首。

大智者。前示聲聞。智慧第一。則但盡生空智品。冠絕小乘。今既開顯。應是圓照法界之大智。且其深本已證金龍佛位。何非一切種智。舍利弗。此云鶖子。鶖乃水鳥。是其母名。母辯流歷。似鶖之目。故連母為名。云是鶖之子也。摩訶。此云大。同前大意。目犍連。此云采菽氏。姓也。名拘律陀。此云無節樹。世惟省文。召姓而已。神通第一者也。拘絺羅。此云大膝。鶖子母舅。富樓那。此云滿願。父名也。彌多羅尼。此云慈女。母名也。略云滿慈子。連父母彰名。說法第一者也。須菩提。此云善吉。亦云空生。解空第一者也。深本已證青龍佛位。優波尼沙陀。此云塵性。因觀塵空得道。此中譯名。並宗長水。等則該多。不能盡列。上首者。千二百眾之所推讓。動靜遵從。不敢先越者也。

戊四更盡勝劣

復有無量辟支無學。並其初心。同來佛所。

辟支。譯兼二類。一云獨覺。出無佛世。寂居觀化。自悟者也。一云緣覺。出有佛世。奉教觀十二緣得道者也。上與長水解同。今佛在世。應惟緣覺。或他方獨覺發通。能遠赴佛會。亦兼有也。無學者。果滿取證。無復前進也。初心。總該二乘有學。未至無學者也。同來佛所者。以此二眾臨期方來。不比常隨眾也。此中辟支迹勝聲聞。初心劣前四果。故科名盡勝劣矣。兼本迹以詳列二乘竟。

丁二兼時會以略顯二眾。又分二。戊一標自恣。顯有菩薩。又二。己一時會先在眾。又曲分三。庚一時會誠求

屬諸比丘休夏自恣。十方菩薩。咨決心疑。欽奉慈嚴。將求密意。

首二句雖標比丘。但為表時。帶言之耳。十方下。乃是正敘菩薩。以上比丘既詳。菩薩未敘故也。屬者。當也。遇也。休夏者。佛制夏月護生避嫌。九旬禁足安居。不令乞食。自恣者。期滿解制。即孤山所指七月十四十五十六日也。考劾九旬德業。自疑己過者。自請問佛。自不知過者。恣任僧舉也。十方者。不止此界。菩薩。解現題目中。咨。請問也。

決。求斷也。心疑者。細心深疑。求佛剖斷也。蓋菩薩迹勝道深。不待人舉。自請而已。上皆標時會。末二句乃是誠求。欽。敬。奉。侍瞻也。佛有攝受之慈。折伏之嚴。並行不背。將求者。機感初動也。密意者。祕密深法也。

庚二如來妙應

即時如來敷坐宴安。為諸會中宣示深奧。

敷坐宴安者。展坐具而安處也。深奧者。超過權小終實妙理。為此經類引。即應密意之求也。

庚三會眾蒙益

法筵清眾。得未曾有。

清眾者。超塵入理。心境湛然。意兼合會。不止菩薩。得未曾有者。聞所未聞。歡喜踊躍意。時會先在眾已竟。

己二音感後至眾

迦陵仙音。偏十方界。恒沙菩薩。來聚道場。文殊師利而為上首。

迦陵頻伽。此云妙聲鳥。在瞉發聲。已踰眾鳥。佛音似之。仙。亦超世神化之名。稱美佛音。非取道教。偏十方界者。目連昔曾試佛音聲。過無量世界。還同座前。此經凡聖根塵。即性皆周。無明覆者。自不能聞。如日大明。瞽不自見。恒沙菩薩者。以恒河沙記菩薩之數。

言至多也。恒之一字。亦訛梵語。正云殑伽。此云天堂來。狀其來處最高耳。菩薩心聞無覆。故尋佛妙音而來聚聽。道場者。隨相即說法之處。約理乃一乘寂滅場地。溫陵曰。文殊師利。此云妙德。楞嚴會上為擇法眼。故居上首也。亦云妙吉祥等。過去佛號。龍種尊王。現在北方。歡喜寶積。未來當成。名曰普現。法華會上是佛祖師。華嚴表根本智。而為諸佛之師。今在此經。作擇法眼。蓋不捨因門。影響輔化。權稱上首而已。標自恣顯有菩薩已竟。

戊二標齋供。顯有人天。天雖不顯。而理亦應有。旁證諸經皆有。而正取流通中顯陳八部。故科兼之。曲分二。己一國王齋供

時波斯匿王。為其父王諱日營齋。請佛宮掖。自迎如來。廣設珍羞無上妙味。兼復親延諸大菩薩。

孤山曰。波斯匿。此云勝軍。溫陵曰。即舍衛國王也。○過去龍光佛世。位登四地。亦大權也。諱日者。忌諱之日。人子於親終之日。言之即慟。故隱諱而不敢言。世教每歲茲辰。服食俱變。示慟如初而已。內教令其作冥福以資之。今其父王諱日。適當自恣。故修齋所以資親也。宮掖者。內庭左右。如人肘掖。珍羞者。貴重食品也。延。亦迎請也。請佛以下。有六重見敬之至。謂其處則內。其迎則親。其設則廣。其羞則珍。其味則妙。其伴則同。伴同者。謂敬伴同主。非急於主緩於伴者也。

己二臣民齋供

城中復有長者居士。同時飯僧。佇佛來應。佛勅文殊。分領菩薩及阿羅漢。應諸齋主。

長者。齒德爵祿兼隆。臣之屬也。居士者。愛談名言。清淨自居。似非有位。隱者類耳。同時飯僧者。感佛化儀。依教行施也。然臣民惟佇於佛者。敬先專主。主臨而伴必至也。佛勅分應者。令無分別。獲福平等。若能等心而施。則雖佛滅後。福亦無不等矣。六種證信序已竟。

乙二示墮發起序。此序諸經各別。又名別序。以諸經各有事緣引起。故各不同。如大彌陀以色引。法華以光引之類是也。今經以示墮婬室為發起之端。示墮者。以阿難祕德。同前上首。非實聲聞。故誤墮婬室。但是示現以引發大教而已。且此經欲明恃多聞而不習定者。無力以敵欲魔。何能超越生死。故以多聞之人示墮發起。正勸多聞者策力於大定耳。然必用阿難者。一以多聞第一。固見其聞不足恃。二以是佛堂弟。亦見其他不足恃也。此處既以顯泄阿難為大權菩薩。知之即已。至後文中。但依所現聲聞見解發揮。方能激引真實凡小。良以深位假示淺位。必能曲盡淺位情態。如執迷謬辯。感悟流涕。皆所以盡其情態。而旁發諸真實者之心曲。令生慶快感悟耳。不必又一一明其非真。致多猶豫也。分三。丙一誤墮因緣。因緣有四。缺一不墮。就分四。丁一別請遠遊

惟有阿難。先受別請。遠遊未還。不遑僧次。

阿難此云慶喜。佛成道日。淨飯王弟斛飯王復報生子。淨飯賜名慶喜。是佛堂弟。先受別請者。先於自恣以前。早受別種事緣所請矣。遑。暇也。次。列也。夫既遠遊未還。故不暇在此自恣赴齋之列也。非此遠遊。何以致墮。故此為第一緣也。

丁二無侶獨歸

既無上座。及阿闍黎。途中獨歸。

上座者。佛言上更無人名上座。又以歷夏淺深。分上中下座。歷四十夏者推為上座。阿闍黎。此云軌範。能糾正弟子行者。律制一僧遠出。必以二師翊從。所以嚴行止也。今乃缺二師為侶。所以為誤墮之第二緣也。

丁三無供循乞

其日無供。即時阿難執持應器。於所遊城。次第循乞。

其日無供者。止宿之處。無人獻齋也。使其有供。食之徑行。應無墮事。所以為第三緣也。應器即鉢。應己食量而大小耳。

丁四欲行等慈

發心平等行乞。不擇淨穢也。使其但依聲聞常法。惟乞淨家。亦應無墮。故此第四緣更為誤墮之要也。又分二。戊一正行等慈

心中初求最後檀越以為齋主。無問淨穢。剎利尊姓。及旃陀羅。方行等慈。

不擇微賤。發意圓成一切眾生無量功德。

初求者。阿難前來未發此心。今方始求也。檀越。此云施主。言最後者。謂從來無善心行施者也。梵語剎利。即華言尊姓。謂王種也。上至剎利。則貴而淨者無遺也。旃陀羅。此云屠者。殺生之家。西域最鄙賤之。不得與良家共居。行持標幟。人亦避之。下至旃陀。則賤而穢者無遺也。又言不擇微賤者。以雖貴賤兼舉。而志普賤穢。是今平等之新意也。末三句。又明其志願之普而大也。意令無功德者亦成無量功德矣。

戊二表等慈由

阿難已知如來世尊。訶須菩提。及大迦葉。為阿羅漢。心不均平。欽仰如來開闡無遮。度諸疑謗。

已知者。淨名會上早已知也。世尊者。總具十號之德。而為天上人間所尊敬也。故上開十號。而世尊總之者義為長也。訶。斥責也。蓋如來不以淨名之訶為非。即知如來亦訶。不必更訶。況淨名顯泄彼是金粟如來。其與釋迦何別乎。須菩提捨貧乞富。意在與續善根。恐將墮落。且無減剋之難。大迦葉捨富乞貧。意在憐其久苦。與植樂因。且避趨富之議。是以無學尊位。而為此不平之行。故佛斥責其非也。開闡無遮者。懲上二人各有遮限。今開發闡明無遮限之普心也。度諸疑謗者。度彼疑謗眾生令免疑謗。蓋偏貧多致疑。而偏富多致謗也。誤墮因緣竟。

丙二正墮婬室。又三。丁一加意嚴戒

經彼城隍。徐步郭門。嚴整威儀。肅恭齋法。

隍。即城外無水之池。郭門。城門也。齋法者。臨齋法則也。所以加意嚴戒者。蓋由發心既不擇於淨穢。須倍加矜持。方期無礙矣。

丁二力不勝邪

爾時阿難因乞食次。經歷婬室。遭大幻術摩登伽女。以娑毗迦羅先梵天咒。攝入婬席。

次。即處也。謂次第所經之處也。幻術。尋常以變化虛偽物像為術。此則但是迷惑。令人失其本心。不覺隨從而已。摩登伽。此云本性。此女多劫與阿難有婬愛之緣。別有登伽經。載之頗詳。今更遇惑。業習使然也。娑毗迦羅。此云金頭。縛指而食半米。為苦行者也。所傳咒術稱梵天者。妖術偽稱也。攝入婬席者。由阿難具佛二十相好。色美如銀。登伽起愛。咒巾覆食與之。以咒力故。阿難不覺隨入婬席也。此事菩薩行之。方能無礙。而阿難示在聲聞初果。彰顯力弱。故不能勝邪也。

丁三戒體垂危

婬躬撫摩。將毀戒體。

戒體。即護戒心。以初果道共戒力。故身雖近而心未動。然曰將毀。亦既險矣。故科垂危。有以將毀歸屬登伽。回護阿難。不知示現何所不可。安用回護。又若不垂危。何須救之。正墮婬室竟。

丙三如來救脫。又三。丁一速歸眾隨

如來知彼婬術所加。齋畢旋歸。王及大臣長者居士。俱來隨佛。願聞法要。

知彼術加者。以佛眼鑒徹。無遠不在目前。資中曰。如來常儀。齋畢說法。今既速歸必有所為。故眾隨而來也。

丁二說咒遣救

於時世尊頂放百寶無畏光明。光中出生千葉寶蓮。有佛化身。結跏趺坐。宣說神咒。勅文殊師利將咒往護。

於時者。當將毀未毀之時。不先不後也。頂即肉髻。百寶。表萬用具含。無求不應。見攝受之慈。無畏。表群邪並伏。無惡不摧。見折伏之威。然從頂放光。而又以化佛轉說。即環師所謂無為心佛。無上心法是也。且從頂發揮。表尊中之尊。密中之密也。蓮座化佛。亦明其為因果要用。跏趺者。疊足而坐。具詳止觀。神咒具四悉檀。含精微之妙理。有不測之威力也。必勅文殊者。非根本大智。無以濟多聞之實用也。

丁三破邪救歸

惡咒銷滅。提奬阿難。及摩登伽。歸來佛所。

以神咒力。邪咒既銷。阿難如從夢醒。登伽婬心頓歇。宿善根發。證前三果。發心出家。故亦同來耳。登伽權實未定。隨作無不可也。序分已竟。

大佛頂首楞嚴經正脈疏卷七

大佛頂首楞嚴經正脈疏卷八

經文卷一之二

明京都西湖沙門交光真鑑述
蒲州萬固沙門妙峰福登校

甲二正宗分。正宗者。序為始而流通為終。此處於兩楹中間。問答發揮經前正所尊尚之全意矣。又分二。乙一經中具示妙定始終。此與後科雖俱為正宗。而仍分正助。此科為正。後科為助也。正科中惟答當機之問定。故全經一定之始終。更無別意也。又分三。丙一阿難哀求。又分二。丁一哀求妙定

阿難見佛。頂禮悲泣。恨無始來。一向多聞。未全道力。殷勤啟請十方如來得成菩提。妙奢摩他。三摩。禪那。最初方便。

頂禮悲泣。感謝救拔恩也。無始。遠敘多生。一向。極言偏習。道力。即指定力。特恨此之二過者。一以表己墮由。不是故起婬愛。但是力不勝邪。二以起下請定。此復有二。一者正恨偏聞。無大定力。二者兼悔小乘。摧魔力弱。故下請定。正所以改偏聞之轍。而必求佛定。正所以回小乘心也。殷勤下。正請定也。言十方如來者。求諸佛通修之法。此已檢於小道。又言得成菩提者。更求徹證極果之因。此復檢於權乘。以權教雖習大乘。終不能成無上菩提。菩提。此云覺道。是佛三智圓滿。無上究竟之果。此但寄言簡別。而下方出

其定名。妙之一字。仍簡不妙。而簡意更深。即題中首楞嚴內所解性意。圓意。大意。缺一即不為妙也。良以奢摩等三。是定之共名。諸乘皆有。不簡。則濫彼諸定故也。然更是阿難不達應修之定是何不共之名。故舉共名。而加以簡別。求佛剋定開示。故佛下文依彼所簡。剋取首楞嚴王以示之。大眾自然知彼首楞嚴定。即十方如來得成菩提之定也。然則首楞嚴王。豈非妙定不共之名耶。蓋共名大同。不簡則濫。不共之名元異。不用重簡。舊以楞嚴為總目。而以奢摩等為別名。蓋惟約合一為總。開三為別。固無所失。而不知此之共與不共更是深意。猶不可不知也。至於奢摩等三名。譯者不翻。固隨尊重之例。五不翻中。尊重為一。然其深意。仍以此為殊勝之定。難以常途之義律而齊之。常途翻奢摩他為止。乃定之別名。以寂靜為義。三摩。略一提字。或是地字。或更加波字。或云波底。或但云三昧。皆梵音楚夏耳。然三字皆去聲讀之。此云正定。或云正受。圓覺疏翻為等至。等。謂平等任持。雙離沈掉也。至。謂到勝定。至勝位也。銷幻為義。禪那。此云靜慮。即定慧雙融。而圓覺以寂滅為義。此等諸義。多皆取於修定功夫。性定義少。尚可通於諸乘。今此大定。義既殊常。故應不必泥此常途之義也。欲令義學者。詳佛答處以定其義。則萬無一失也。良以佛智鑒機。答處必與問處相應。若不相應。豈為契理契機之教。故我懸示中明會解問答不相應也。按佛答處。仍有總標別答之二。總標即首楞嚴王。文云。有三摩提。名首楞嚴王。乃至妙莊嚴路。故知首楞嚴王即此三名之總目也。固應即取題中性定之義以釋之。決定無失。若按別答。更須有辯。詳辯之文。已現懸示。此惟略牒有三。第一不取天台止觀會釋。以彼雖依性諦。全取修成為定故。此則全取性定。略兼修成為義故。第二不取三名齊具為圓。惟依佛經。三名順序而答。以圓義別取三如來藏故。第三不盡局於常途譯釋。以須順佛下之答文。局則不盡相應故。了此三義。則知下解雖異舊聞。不成過咎也。今夫奢摩他者。按佛下答。蓋取本具不動搖不生滅周圓之心。開解照了為義。即正因佛性。略兼了因。為奢摩他體。乃性具即定之慧也。問。既取自心。便檢功夫。何又號為定慧。答。圓實了義。萬德皆具自性海中。不取修得。故佛亦呼奢摩他微密觀照。是知觀照之名雖同。微密之揀自別。斯蓋取開解為觀照。不取修習為觀照也。定慧類此可知。三摩提者。按佛下答。蓋即躡前開解性定而契入之。行起解絕。寂定為義。亦即於正因佛性。略兼緣因。為三摩提體。乃性具即慧之定也。以此中聞性。即前文開解見性。亦即前三如來藏性實體。躡此以成金剛三昧故也。禪那者。按佛下答。蓋即於契入之後。深位之中。雙躡前之定慧中中流入。歷位漸證。至於究竟為義。亦即於正因佛性。略兼緣了二因。為禪那體。乃性具雙融之定慧也。須從乾慧以後。方屬禪那。以第三漸次。方始結言從是漸修。隨所發行。安立聖位而未敘阿難頓悟禪那修進聖位故也。最初方便。舊惟據諸圓通中有最初入道方便之語。而一往指定耳門為最初方便。古今雖皆遵信不疑。今更有說。智者裁之。若果此處方是定之最初。則如來即應於此處方出楞嚴總名。方說奢摩他等。則前之諸文。但是談理。皆非說定。今既從前一半經文皆說大定。何至中間方為最初。當知三名下。開解處。契入處。修證處應皆各有最初方便。但前後隱而中間獨顯著耳。然更知仍有兩重。謂初方便。與最初方便也。如奢摩他中。以悟見是心為初方便。至後圓彰三藏。方為極顯。故此顯見方是初方便也。而以了識非心為最初方便。以若不知妄識非心。終不能認見為心。故破識為最初方便也。三摩提中。以反聞自性為初方便。以聞所聞盡。便出耳門。至後四不思議方為極則。故此但為初心。以入道場為最初方便。此中有三。一持四重戒。二入道場。三持咒。而道場中所生定慧。依舊是耳門三昧。故此持戒等三事。更為圓通之最初方便也。禪那中。以十信為初方便。以十心方成初住。且佛言以真方便發此十心。故知乃是後深位之初方便耳。以乾慧地為最初方便。以須二執乾枯。純是智慧。方可進發十心。問。何不取三漸次。答。前二漸次。依舊是道場中戒。第三漸次。依舊是耳根圓通。佛但牒言。故非禪那中事也。廣在懸示中辯。若如是知。非惟備達一切初機用心下手功夫。前所謂耳根為最初方便者。亦未曾遺。且皆備在經之明文。實非意外穿鑿。幸兼取之。三名係全經迷悟之要。舊解全殊不得不少加辨別。故涉文長。幸勿厭繁。

丁二大眾欣聞

於時復有恒沙菩薩。及諸十方大阿羅漢辟支佛等。俱願樂聞。退坐默然。承受聖旨。

此定初門破識指根。固即權教菩薩迷境。及其深處。雖等覺亦所應聞。故與二乘同樂聞也。等者。所以等人天雜趣也。阿難哀求已竟。

丙二如來委示。分二。丁一正說經。分三。戊一說奢摩他。令悟妙心本具圓定。

此科正答阿難第一妙奢摩他之請。妙心。即近具根中。遠為一切諸法實體。乃至圓具三如來藏。本來不動周圓自性定也。令於是心開悟分明。信解真正。即是奢摩他微密觀照。經文自此至四卷前半。引諸沈冥。出於苦海。即舊解判為見道分者也。修問。此既判為奢摩他。而修證二分。莫非即三摩禪那耶。曰。然。曰。古人立見道而後修道而後證道。似深有理。何必改取定之三名判之。有何發明。而為是悖古違今之判耶。答。有四發明。優於舊判。故特改之。一者。顯經惟定。蓋經始終惟說一首楞嚴大定。今以三名判盡正宗。足顯始終惟是一定。舊判泛明三分。定意湮晦。豈不令人忘其為說定耶。二者。遵經明言。蓋舊判理雖不差。其奈但是隨己所見取義別判。非經文現有明言。今經三處顯然各有單標三名。取之分科。則是遵佛明言。判佛文義有何差忒。三者。問答相應。蓋阿難歷舉三名。而佛答須要三名下落。舊判只明見修證意。而於三名竟不結歸。全無下落。今判按次以答三名。豈不與問甚相應耶。四者。不遺舊意。蓋今判不但只分三名。仍帶開悟契入歷證之語。何曾遺於見修證之舊意耶。

分為二科。己一初銷倒想。說空如來藏。初銷倒想者。取阿難謝佛之語也。蓋倒想不銷。何能正見分明。決擇真妄。如來藏。特用本文名言。亦即自心本體。便當依此分科。更不別立諦等外名。懸示中已經詳辯。然大科下。既以具示三如來藏。而又含次第圓彰之別。今於次第中。即應首示空如來藏。此空非斷無。非滅色。非相外等空。以此中顯一切法不動不壞。純是藏性真如。更無纖毫外法。如金獅子。不鎔不毀。全相皆金。更無雜質。所謂彌滿清淨。中不容他。蓋取即相皆性。純真為空。乃第一義空也。此依心真如門。會妄歸真。令其知真本有而已。問。此中破妄亦多。何非達妄本空。答。大凡破妄。有畢竟破。破至全無。畢竟不用也。此如說鍮石非金。有不畢竟破。即因顯破也。本為欲顯其真。奈彼有所覆障。故須破其覆障。方顯其真。此如說鑛中有沙。意欲其銷出真金也。今此科中。畢竟破意極少。而不畢竟破最多。大抵全為顯示一切事究竟堅固本定是其正意。而破妄非其正意。故他家於顯見中。廣立破斷。破常。破身。破境。無數頭緒。而正意反晦矣。曰。經文現破。爭不發揮。曰。非禁發揮。但勿判為科目。以掩其正意耳。分二。庚一如來破妄顯真。此中於識全破其妄。於根多顯其真。少破其妄。於陰。入。處。界。一一破妄顯真。於七大全顯其真。蓋惟破識是畢竟破。餘皆不畢竟破也。又二。辛一。斥破所執妄心。以開奢摩他路。阿難初雖率諸小乘哀求妙定。爭奈實行聲聞。徒慕佛乘別有妙定。而實不知妙定非是識心所修。兼亦不知識心之外別有真心。即是本具奢摩他體。豈惟聲聞不知。一切凡外權小。皆如生盲。不能達於妙奢摩邊際者。皆由但知此識為心。而更不知別有心也。被此識塞斷奢摩他路。故佛欲示妙奢摩他。必須首破此心以開其路也。蓋令其先悟此識非心。方知別尋真性。然後指以真心。方可達於妙奢摩他之邊際矣。故此破識乃奢摩他最初方便。破至全無。修習時畢竟不用也。分三。壬一取心判決。又曲分為二。癸一但取能發之

心

佛告阿難。汝我同氣。情均天倫。當初發心。於我法中見何勝相。頓捨世間深重恩愛。阿難白佛。我見如來三十二相。勝妙殊絕。形體映徹。猶如瑠璃。常自思惟。此相非是欲愛所生。何以故。欲氣麤濁。腥臊交遘。膿血雜亂。不能發生勝淨妙明。紫金光聚。是以渴仰。從佛剃落。

深重恩愛。約捨。雖全該於父母妻子。約下文自釋。則男女欲愛為重。三十二相。始於頂肉髻。終於足平滿。勝者。諸天輪王所不能及。妙者。端嚴美麗。燦若芬花。殊絕者。無比不思議也。映徹者。金色而明透也。淨者。離諸染穢。明者。一一分明。紫金光聚者。佛身光明無量。含之則融於一體。放之。則無數妙色無邊利益。備在觀佛三昧海經。此中思惟二字。即是能發之心。乃意識計度分別。下所破者。破此而已。然如來索問此心。非是責其發心之非。彼緣佛相而發心。按法華仍是成佛緣種。何過之有。但認此思惟分別為己心相。而不復知別有真心。乃大差誤。故須徵起詳破也。問。識心分別。其用最多。而獨取緣佛發心者以破之何也。答。分別既非真心。則破須破盡。若破穢惡。則淨善仍留。今於淨善之最勝者尚破斥之。餘不待言而自盡矣。此破識必從發心者之本意也。又復應知懸示中說此識尚有五種勝用。佛皆破盡。此方破其第一緣佛相好心也。

癸二普判眾生誤認

佛言善哉。阿難。汝等當知一切眾生。從無始來。生死相續皆由不知常住真心。性淨明體。用諸妄想。此想不真。故有輪轉。

凡佛言善哉。有三意不定。一者讚美意。讚其言之善也。二者喜幸意。喜得其本意。而可以施教也。三者安慰意。將次破斥。先以愛語安慰也。此取後二意耳。一切眾生詳下二根本中。則凡外權小皆兼有之。常住。則非生滅。真心。則非妄心。性淨者。本自無染。明體者。本自不昏。即後文根中指出漸次開顯如來藏妙真如性。此其所迷之真也。故曰不知。妄想者。識心分別。即上文所取思惟。下文所破緣塵。此其所執之妄也。故曰用諸。諸字。助語詞。猶於也。莫作多種會之。末二句。言其本非真心。錯認為真。遭其賺誤。遂致迷淪漩復。浩劫莫出也。按圓覺。權小亦同輪轉。以其未出變易故也。

壬二正與斥破。又二。癸一如來備破三迷。然此妄想有三種非真。而眾生因之以成三重迷執。一者本非是心而似是心。故眾生迷執以為是心。二者本非有體而似有體。故眾生迷執以為有體。三者本非有處而似有處。故眾生迷執以為有處。今不直破前二非心無體。但且奪其後一所執心處。令其一一審察。顯其了無住處。欲彼自覺其妄必待七處情盡。終不自悟。然後訶其非心。明其無體也。就分三。子一密示妄識無處。此中佛徵心處。非謂此識果有一定處所。阿難不知。而佛獨知之也。

正以此識本無處所。眾生迷為有處。故托阿難隨執隨破。節節欲其悟此識本無處所。而令其疑此識妄。乃其密意也。阿難示同眾生。畢竟不悟此識無處。而直待七番情盡。猶恨己之不知真際所詣。而求佛說處。師資同一密機。理應然也。分二。丑一按定徵處。又二。寅一按定。又二。卯一問定。又二。辰一教以直心應徵

汝今欲研無上菩提真發明性。應當直心酬我所問。十方如來。同一道故出離生死。皆以直心。心言直故。如是乃至終始地位。中間永無諸委曲相。

研。細究也。真發明性。謂真妄分明也。又即了因性耳。直心者。正蒙徵難之時。心中原作何解。即照實說出。不隱諱展轉。心言不一也。地位。果位也。通始終中間所歷位次。委曲者。紆迴留難也。心言皆直。即是直因。三時地位不委曲。即是直果。如形影不差異也。

辰二雙徵能見能愛

阿難。我今問汝。當汝發心。緣於如來三十二相。將何所見。誰為愛樂。

雙徵本意。下科總明。

卯二答定

阿難白佛言。世尊。如是愛樂。用我心目。由目觀見如來勝相。心生愛樂。

故我發心。願捨生死。

寅二徵處

佛告阿難。如汝所說。真所愛樂。因於心目。若不識知心目所在。則不能得降伏塵勞。譬如國王為賊所侵。發兵討除。是兵要當知賊所在。使汝流轉。心目為咎。吾今問汝。惟心與目。今何所在。

塵勞者。染污擾亂之意。體即根隨煩惱。極至八萬四千。賊雖心目雙舉。而意惟破心。非欲心目並破也。緣此。雙徵微意難知。以致諸家誤謂破心之後。次當破目。遂將顯見之旨。盡成破見之宗。千載迷根。實基於是。懸示辯之未盡。今當更與拔之。其意有三。一者。密顯凡迷取捨顛倒故。蓋根識不離。而眼中見性。即是菩提真本。亦即奢摩他體。眾生日用不知。但惟認識為心。隨識輪轉。甚可哀憐。故佛雙舉。以觀阿難取何為心。阿難果但以見為眼。而終取愛樂為心。於是極破非心之後。所指妙明之心。依舊即此能見之性而已。豈有他哉。二者。媒賊相依。責須連帶故。蓋阿難既惟認賊為子。佛欲破賊指迷。其奈眼實賊媒。引識奔色。故佛責識流轉。語須連帶於眼。而言心目為咎也。三者。例眼顯然。易徵處故。佛知眾生迷識為心。決定惑為色身之內。恐阿難逃遁。不肯直言。故借眼之顯然在面。取例而徵心在何處也。是雖三意皆徵心帶目之由。而最初之意甚深。人所難見。故舊註不悟此意。反因之以成破見之迷。甚可惜哉。按定徵處已竟。

丑二隨執隨破。古謂七處徵心。亦是汗漫之言。徵者。逼索令其說處之意。如上科云。惟心與目今何所在。是也。詳下更無如是徵辭。何立七徵。向下七番。但是隨執隨破。若云七番破處。則不謬矣。就分為七。寅一破在內。又分為二。卯一阿難引十生同計在內

阿難白佛言。世尊。一切世間十種異生。同將識心居在身內。縱觀如來青蓮華眼。亦在佛面。我今觀此浮根四塵。祇在我面。如是識心。實居身內。

十種異生者。十二生中。除無色。以其空散。無身相也。除無想。以其土木。無心相也。其餘十生。俱有心在身中之計。青蓮華眼。西域此蓮之瓣。極為纖長。佛眼似之。浮根肉眼。檢異勝義。四塵者。色香味觸也。祇。與只同。末二句。結答定處。乃是天上人間凡未能深達我空之理者。任運皆作此計。只此一計。一切眾生。所以囚繫胎獄。桎梏肉身。乃至三塗苦形。自執妄認。受無量苦。展轉不能自脫者。皆由此計以為障之深根也。世間邪師開示於人。猶言身為房舍。心是主人。甚可痛哉。然此在內。乃是本計。觀後經云昏擾擾相以為心性。一迷為心。決定惑為色身之內。是也。其餘六處。但是因佛一時破奪。逼成轉計。於中亦有同外異計者。故須盡之。

卯二如來以不見身中為破。又三。辰一喻定次第。定境定見也。又三。巳一定境內外

佛告阿難。汝今現坐如來講堂。觀祇陀林。今何所在。世尊。此大重閣清淨講堂。在給孤園。今祇陀林。實在堂外。

給孤者。即施園建舍檀越之名也。本名須達多。以此長者常周給孤獨貧病。故別立此善名。

巳二定見次第

阿難。汝今堂中。先何所見。世尊。我在堂中。先見如來。次觀大眾。如是外望。方矚林園。

巳三遠見之由

阿難。汝矚林園。因何有見。世尊。此大講堂。戶牖開豁。故我在堂。得遠瞻見。

此科重訂。要顯後不知內而見外之謬。以身不如堂之戶牖開豁也。

辰二出定總名

爾時世尊在大眾中。舒金色臂。摩阿難頂。告示阿難。及諸大眾。有三摩提。名大佛頂首楞嚴王。具足萬行。十方如來一門超出妙莊嚴路。汝今諦聽。阿難頂禮。伏受慈旨。

摩頂者。慈愍攝受。將以大法饒益之也。三摩提者。此云等持。既是諸定共名。復是全定總號。不比阿難所請三名中三摩提。彼總中之別。例如色法十一之色。不同六塵之色也。大佛頂等。方是此定不共之號。一經所說。全為此定。隨便寄居於此耳。佛頂楞嚴。義現題中。王者。諸三昧中。最為尊上。又入此三昧。一切三昧皆具其中。具足萬行者。不但只具諸定。而萬行無有不具。蓋一真湛寂。不妨萬行繁興。所謂念念具足六波羅密者是也。十方如來一門超出者。見其為諸聖共由。脫離生死之要也。妙莊嚴路者。表其為直趨極果之達道。蓋佛之極果。號妙莊嚴海。約性具。本有萬德莊嚴。此海須由大定方能趨入。故為彼路。問。前言此中純談奢摩他。無二名之雜。今何此處標三摩提。答。已申總名。揀於別目。何得又難。曰。何名寄居。答。義既該於全經。理合在於阿難哀求之下。如來委說之初安之。則首冠三名之外。方是總目正居之地。今佛隨便。此處標許。乃偏安奢摩破妄科中。故言寄居也。

辰三正與決破。三。巳一按定所答

佛告阿難。如汝所言。身在講堂。戶牖開豁遠矚林園。

巳二反難失次。又曲分為二。午一如來即喻反難

亦有眾生。在此堂中。不見如來。見堂外者。

此難明以違前定見次第科中所說。而暗以順彼所計身中心相。令彼易知其謬也。

午二阿難於喻知謬

阿難答言。世尊。在堂不見如來。能見林泉。無有是處。

巳三就謬難破。又曲分為三。午一先與合定

阿難。汝亦如是。

合定者。合前即喻反難科也。汝亦如是者。言汝所計身中之心。亦如此在堂不見如來而反能見外者無以異也。一句合定。向下詳以發明矣。

午二詳申其謬。又分二。未一在內不見謬。又曲分二。申一正難當見

汝之心靈。一切明了。若汝現前所明了心。實在身內。爾時先合了知內身。頗有眾生。先見身中。後觀外物。

一切明了者。言凡心所在之處。必能明了不昧也。了知內身者。言當先見臟腑也。頗字。詳經乃是多意。言依汝所計。心在身中。即當世間多有眾生。先見臟腑。後觀外物。今何無有此等一人。惟就凡夫任運而論。不取聖人及禪定所見。縱此二種更別有理。亦非心在身中。且心在之處。即當明了。同彼見外。仍當更真。何待於聖人及禪定而後見乎。

申二以淺況深

縱不能見心肝脾胃。爪生髮長。筋轉脈搖。誠合明了。如何不知。

心肝脾胃。深處也。容許不見。爪等最淺。何亦不知乎。爪髮。皆取膚中生處。非外

相也。

未二昧內知外謬

必不內知。云何知外。

設救之云。心在臟腑。重重包裹。如何見內。此是必不內知。準此即應並外不見。良以重重包裹。既不同前戶牖開豁。云何得遠瞻見。今見不知內。而反惟知外。是與在堂不見如來而反見林泉者無異。豈不謬乎。有云眼即戶牖。便成心在頭中。豈成心在身中。

午三遂與決破

是故應知汝言覺了能知之心住在身內。無有是處。

言汝知在堂不見如來。能見林泉。無有是處。即應悟知心在身中。不見身內。反見身外者。亦無有是處也。只此一破初聞。有緣者即當驚悟絕倒。非佛妙典。何嘗聞於他教有說心不在於身中者乎。奇哉。真師子吼也。此中執內而疑尚未盡者。更合第四釋之。餘疑無不盡矣。破在內竟。

寅二破在外。分二。卯一阿難引燈在室外為喻。又三。辰一轉成謬悟

阿難稽首而白佛言。我聞如來如是法音。悟知我心實居身外。

悟知者。於不見身內。悟知不在身內。於了見身外。悟知必在身外。奪內執外。凡情必然。

辰二徵引燈喻

所以者何。譬如燈光。然於室中。是燈必能先照室內。從其室門。後及庭際。一切眾生。不見身中。獨見身外。亦如燈光。居在室外。不能照室。

從譬如。至後及庭際。是先用異喻。以反顯不同。所以自翻前執之非也。一切下。至不能照室。方用同喻。證明心在身外也。

辰三自決同佛

是義必明。將無所惑。同佛了義。得無妄耶。

皆決定之辭也。無妄者。言不同前在內之虛妄矣。

卯二如來以身心相知為破。心在身外。身當無知。故以相知斥破其謬矣。分二。

辰一先以喻明。分二。巳一如來喻明外不相干

佛告阿難。是諸比丘。適來從我室羅筏城。循乞摶食。歸祇陀林。我已宿齋。汝觀比丘。一人食時。諸人飽不。

循乞。乃提獎次日之事。摶食者。有形段可摶取者也。四食中揀非觸思識也。宿齋者。本日止齋也。喻意但取諸人既分彼此。便不相知。若心在身外。便同兩人。亦分彼此。當不相知矣。此用異喻。反顯決不同此也。

巳二阿難於喻了知不迷

阿難答言。不也。世尊。何以故。是諸比丘。雖阿羅漢。軀命不同。云何一人。能令眾飽。

佛告阿難。若汝覺了知見之心。實在身外。身心相外。自不相干。則心所知。身不能覺。覺在身際。心不能知。

辰二正與決破。又曲分為三。巳一合喻無干

順彼執外。躡前異喻。而反合無干。言當同羅漢。互不相飽

巳二驗非無干

我今示汝兜羅綿手。汝眼見時。心分別不。阿難答言。如是。世尊。佛告阿難。若相知者。云何在外。

兜羅。此云細香。惟西竺有此綿。佛手柔軟似之。夫眼見。是身之知。心分別。是心之知。二知同時。曾無兩體。即此相知。何有在外之相。

午三遂與決破

是故應知汝言覺了能知之心住在身外。無有是處。

破在外已竟

寅三破根裏。破心在眼根之執也。俗書云。晝則神遊於目。似此執也。分二。

卯一阿難以琉璃合眼為喻。分四。辰一悟前轉計

阿難白佛言。世尊。如佛所言。不見內故。不居身內。身心相知。不相離故。不在身外。我今思惟。知在一處。

辰二承徵指處

知在一處者。方明非前內外兩處也。

佛言。處今何在。阿難言。此了知心。既不知內。而能見外。如我思忖。潛伏根裏。

辰三引喻琉璃

猶如有人。取瑠璃椀。合其兩眼。雖有物合。而不留礙。彼根隨見。隨即分別。

以能合琉璃。喻如眼根。以所合兩眼。喻如心體。琉璃不礙眼見。如眼根不礙心見。隨見隨分別者。領前身心相知之旨。脫在外過也。

辰四脫前二謬

然我覺了能知之心。不見內者。為在根故。分明矚外。無障礙者。潛根內

故。

惟一在根之義。雙脫前在內不見。昧內知外。二謬之過也。如云既惟在根。宜其不見於內也。既惟在根。宜其獨見於外也。何謬之有。

卯二如來以法喻不齊為破。分二。辰一正破。又分二。巳一正辨不齊。又三。

午一先以按定法喻。

佛告阿難。如汝所言。潛根內者。猶如琉璃。

午二喻中實見琉璃

彼人當以瑠璃籠眼。當見山河。見瑠璃不。如是。世尊。是人當以瑠璃籠眼。實見瑠璃。

午三法中不能見眼

佛告阿難。汝心若同瑠璃合者。當見山河。何不見眼。

正辨不齊一科已竟

巳二雙開兩破

若見眼者。眼即同境。不得成隨。若不能見。云何說言。此了知心。潛在根內。如瑠璃合。

見即眼不隨心。不見即不合喻。二俱墮矣。

辰二結破

是故應知汝言覺了能知之心潛伏根裏。如瑠璃合。無有是處。

破根裏竟

寅四破內外。又分為二。卯一阿難以見明暗分外內。又三。辰一承前轉計

阿難白佛言。世尊。我今又作如是思惟。

辰二正分內外。又分為二科。巳一先伸藏暗竅明

是眾生身。腑臟在中。竅穴居外。有藏則暗。有竅則明。

巳二證成見外見內

今我對佛。開眼見明。名為見外。閉眼見暗。名為見內。

由有竅則明。故開眼見明。方能見外。由有藏則暗。故合眼見暗。即為見內。何必朗見五臟。而後為見內乎。確論此計。仍歸最初在內之執。但惟脫前二謬為異。今立二難二答。即見其意。難曰。心既在內。如何不見藏腑。答曰。有藏則暗。故合眼云云。即脫前在內不見之謬矣。又難曰。既不見內。如何反見於外。答曰。有竅則明。故開眼云云。意謂不同藏腑之暗。何得一例不見乎。即脫前昧內知外之謬矣。名雖別列。實惟救前在內負

墮之失。故佛下文惟破見內而已。科名破內外者。但取七名各別耳。

辰三請決於佛

是義云何。

因上三番負墮。故不敢同前決定也。

卯二如來以不成見內為破。分二。辰一正破。又二。巳一破所見之暗。不成在內。又二。午一雙開對與不對

佛告阿難。汝當閉眼見暗之時。此暗境界。為與眼對。為不對眼。

午二雙破兩途皆非。又二。未一對眼之非。又二。申一正言不成內

若與眼對。暗在眼前。云何成內。

申二反顯不成內

若成內者。居暗室中。無日月燈。此室暗中。皆汝焦腑。

若成內者。言若許眼前之暗。即是內之藏腑。即當不須合眼。但居無光暗室。則眼前之暗。皆是汝之焦腑。然豈有此理哉。焦腑者。三焦藏腑也。

未二不對之非

若不對者。云何成見。

巳二破能見之眼。不得返觀。又二。午一以合能而難開不能

若離外見。內對所成。合眼見暗。名為身中。開眼見明。何不見面。

離外見者。即是合眼之時。內對所成。蓋縱許所對之暗。不是外對身外之暗。乃是內對身中藏腑之暗。即是眼能返觀矣。既能返觀。即當合眼開眼。二皆能之可也。今合眼見暗。獨能返觀身中。何不開眼見明。亦返觀面乎。

午二雙破不見面與見面。又二。未一破不見面

若不見面。內對不成。

躡上翻之云。開眼既不能返觀於面。應知合眼亦不是返觀於身中矣。

未二破見面。此中有四重過。就分為四。申一心眼在空過

見面若成。此了知心。及與眼根。乃在虛空。何成在內。

此中本計心仍在內。故今結難心並眼根俱不成在內。責其自語相違也。

申二他成己身過

若在虛空。自非汝體。即應如來今見汝面。亦是汝身。

在空離體。又見汝面。故非自體。此下仍補翻詞云。汝若執言離體見面。不妨仍是自體。即當如來亦離汝體。亦見汝面。亦應是汝之身矣。

申三身成不覺過

汝眼已知。身合非覺。

能見之眼。既離體而有知。所見之身離眼而自當無覺矣。

申四轉成兩人過

必汝執言身眼兩覺。應有二知。即汝一身。應成兩佛。

苟復執為兩覺。則一身豈有二知。豈成兩佛乎。

辰二結破

是故應知汝言見暗名見內者。無有是處。

單結見內。足見此計同在內矣。破內外科已竟。

寅五破合處。分二。卯一阿難計隨所合處。心則隨有。本經謂趣外奔逸。昏擾擾相以為心性。古德謂攀緣妄識。狀如野燒。忽起忽滅。豈可謂之真心。今阿難四番被斥。乃認隨所合處。即是隨所攀緣認為心處。正是奔逸昏擾。何異野燒。此光影門頭。了無實體。豈成心處。良由屢被挨拶。露出本相。然猶不覺其妄。亦曲盡迷態而已。又三。辰一謬引昔教

阿難言。我嘗聞佛開示四眾。由心生故。種種法生。由法生故。種種心生。

首二句。見法不自生也。次二句。見心不自生也。正顯二皆互倚妄現。俱無生體。心法皆空也。今阿難失旨。反證緣心有體有處。在彼心法偶合之處。可謂迷之甚矣。

辰二指體標處

我今思惟。即思惟體。實我心性。隨所合處。心則隨有。

隨合隨有。乃是隨其攀緣何法之時。即作心在之處。今世人妄謂想千里便到千里。想萬里便到萬里。即同此見。猶作真心開示於人。誠為可憐。觀此。宜當知非矣。此計雖亦甚妄。而比前乃無定處矣。

辰三總脫前過

亦非內外中間三處。

中。謂根裏。

卯二如來以無從來無定體為破。無從來。則不能隨合。無定體。則豈能隨有。分二。辰一正破。又三。巳一牒其所計而定有體

佛告阿難。汝今說言。由法生故。種種心生。隨所合處。心隨有者。是心無體。則無所合。若無有體而能合者。則十九界因七塵合。是義不然。

汝今下。牒計中文略而意具。是心下定有體者。詳下破意。須成有體而後可施破也。

首二句。反言以決其必有體也。下乃防其謬執而已。恐彼謬云。雖無體而不防能合。即拶之云。若無體云云。十八界外更加一界。六塵外更加一塵。是皆無體虛名。同於龜毛兔角。憑何以論合乎。此科所以為下二破張本。故下二科。皆首標有體以起也。

巳二約無從來以破隨合。又二。午一正審從來

若有體者。如汝以手自挃其體。汝所知心。為復內出。為從外入。若復內出。還見身中。若從外來。先合見面。

首句。標有體以起也。教其以自手挃自身。則知覺之體。宛然現於所挃之處。於是即詰此知覺之心從何而來。蓋必因挃始來。方成隨合也。下難意顯二皆不見。則是無所從矣。尚無從來之相。豈能隨合其處乎

午二因救轉辯。又曲分為二科。未一阿難救見為眼

阿難言。見是其眼。心知非眼。為見非義。

為見非義者。言將心責其令見。非心義也。

未二如來辯眼無見

佛言。若眼能見。汝在室中。門能見不。則諸已死。尚有眼存。應皆見物。若見物者。云何名死。

若眼下。心眼相俱破也。乃是用喻。以顯能見唯心。以阿難喻心。以門喻眼。喻中。門雖通見。須有門內之人而後有見。非人而門豈能見乎。法中。眼雖通見。須有俱眼之心而後能見。非心而眼豈能見乎。則諸下。離心獨眼破也。乃是即事以驗徒眼不見。可見知見皆屬於心。豈可妄分見屬於眼乎。約無從來以破隨合已竟。

巳三約無定體以破隨有。又二。午一先開四相

阿難。又汝覺了能知之心。若必有體。為復一體。為有多體。今在汝身。為復徧體。為不徧體。

午二一一推破。分四。未一破一體

若一體者。則汝以手挃一支時。四支應覺。若咸覺者。挃應無在。若挃有所。則汝一體自不能成。

一體者。四支共一心體也。四支應覺者。言手足咸皆覺也。下即難於咸覺矣。挃應無在者。言當不覺挃在何處。方是咸覺而成一體之義矣。末三句。申正義以破之也。若挃有所者。若但覺一支有挃也。一體不成者。不成四支共一心體矣。

未二破多體

若多體者。則成多人。何體為汝

一人惟有一心。故多心即成多人。何體為汝者。以眾體各分一心故也。

未三破徧體

若徧體者。同前所挃。

前是四支共一體。此是一心滿四支。故言同前一體成難也。

未四破不徧體

若不徧者。當汝觸頭。亦觸其足。頭有所覺。足應無知。今汝不然。

當汝二句同時齊觸也。頭有二句。言當一處覺。一處不覺。方為不徧。今汝不然者。言今齊觸齊覺。何為不徧乎。

辰二結破

是故應知隨所合處心則隨有。無有是處。

無是處者。承上結云。來既無從。豈有隨合之相。體尚無定。豈成隨有之義。可見悉無是處也。破合處竟。

寅六破中間。分二。卯一阿難計心在根塵之中。又二。辰一阿難泛說中間。又二。巳一謬引昔教。

阿難白佛言。世尊。我亦聞佛與文殊等諸法王子談實相時。世尊亦言。心

不在內。亦不在外。

實相者。性宗空宗所說。曲直不同。大約說一心萬法。不依妄執。直談真實本相而已。不在內不在外者。真心實相也。缺不在中間者。今欲立心在中間故也。論三不在。真妄皆可發明。若說妄心。是明無體意。實不在也。若說真心。是明周徧意。反顯無所不在。不滯在一處也。今阿難混濫。偏引真說以附會己之妄意。意謂不在內者。不在根也。不在外者。不在塵也。可謂謬引矣。

巳二檢前立中

如我思惟。內無所見。外不相知。內無知故。在內不成。身心相知。在外非義。今相知故。復內無見。當在中間。

首三句。檢定第一第二之謬計。領旨知非也。長水謂不字是又字。極是。與下重中中身心相知。最相應合。次四句。重申二義不成。皆所以檢去前之內外而不用。末三句。躡上內外不成之義。泛言立中。意取根塵兩楹中間。特未分明耳。

辰二如來確定中相。以彼說中不明故也。又分二。巳一雙徵兩在

佛言。汝言中間。中必不迷。非無所在。今汝推中。中何為在。為復在處。為當在身。

處者。身外境界也。

巳二雙示不成。又二。午一在身不成

若在身者。在邊非中。在中同內。

午二在處不成

若在處者。為有所表。為無所表。無表同無。表則無定。何以故。如人以表。表為中時。東看則西。南觀成北。表體既混。心應雜亂。

表者。標竿也。修房舍者。必立之以表中位也。首三句。雙徵也。次二句。雙破皆不得成中也。何以故下。單以徵釋表則無定。

辰三阿難別出己見。又分為二科。巳一異佛現說

阿難言。我所說中。非此二種。

巳二同佛昔說

如世尊言。眼色為緣。生於眼識。眼有分別。色塵無知。識生其中。則為心在。

阿難所引。是佛相宗隨順世間之談。不了義也。此經於後十八界中。一一破其相妄。惟顯性真。方是奢摩他。今阿難求此。而仍引權說以證心處。正是多聞人循名昧義之狀耳。

眼有分別者。言眼有知覺也。此句但是定眼根在內而已。以其既有知。則必屬內身故也。色塵無知者。此句乃定色塵在外而已。以其既無知。則必屬外境故也。末二句。言根塵內外相對。而識在中間作用分別。故即指為心在之處。此方分明說出根塵之中矣。

卯二如來以兼二不兼二為破。分二。辰一正破。又二。巳一雙開兩途

佛言。汝心若在根塵之中。此之心體。為復兼二。為不兼二。

兼。猶連屬也。二者。根與塵也。如言汝心在根塵之中。其體與根塵之二。相連屬耶。不相連屬耶

巳二雙示俱非。分二。午一兼二非中

若兼二者。物體雜亂。物非體知。成敵兩立。云何為中。

首二句。標定也。物。即塵也。體。即根也。雜亂者。言混合其心。不得成中也。後三句。釋明也。物非者。塵非有知也。體知者。根是有知也。成敵兩立者。言汝心若與根塵連屬為體。則半有知。半無知。對敵而立。墮成二邊。豈得為中。

午二不兼更非

兼二不成。非知不知。即無體性。中何為相。

兼二不成者。言心體與根塵二法全不連屬也。非知不知者言此心體既非根之有知。又非塵之不知也。末二句。言體性尚無憑何立中乎。正破竟。

辰二結破

是故應知當在中間。無有是處。

寅七破無著。分為二。卯一阿難以不著諸物為心。又二。辰一引佛昔教

破中間竟

阿難白佛言。世尊。我昔見佛。與大目連須菩提富樓那舍利弗四大弟子。共轉法輪。常言覺知分別心性。既不在內。亦不在外。不在中間。俱無所在。

覺知等。正此妄心。上文中間被破。故此方取三處都無耳。

辰二釋成請決

一切無著。名之為心。則我無著。名為心不。

首二句。是阿難自意釋成。非佛本旨。佛言三不在者。正前二義中無體義也。而阿難證成無著為心。是謂心有體。但無著而已。然詳此語意。雖不覺妄心無體。而已逼成無處。蓋既謂無著。何有處乎。妄計辭窮。自至此耳。此有伏難。難曰。佛之徵處。本顯無處。今已無處。何得又破。答曰。佛之徵處。固顯無處。佛顯無處。令悟無體。今證無著即為心體。是雖無處。而執有體。所以破也。末二句。不敢自決之意。

卯二如來以諸物有無為破。此轉約物體以破心體也。分為二科。辰一正破。又分二。巳一雙徵有無

佛告阿難。汝言覺知分別心性俱無在者。世間虛空水陸飛行諸所物象名為一切。汝不著者。為在為無。

推徵物體有無也。世間虛空。物在之處也。水陸飛行。分物之類也。諸所二句。總結釋成也。末二句。牒言汝謂不著諸物者。則彼物體是有耶是無耶。

巳二雙示不成。又二。午一無尚不成

無則同於龜毛兔角。云何不著

龜毛兔角。假設明無體也。言諸物若本畢竟無體。則汝謂心無所著。不著於何者乎。此是諸物無體。不成無著之義矣。

午二有豈能成。又二。未一標定

有不著者。不可名無。

翻上若言諸物有體。我但不著。次一句即斷定云。若此。不可名為無著也。

未二釋成

無相則無。非無即相。相有則在。云何無著。

釋此承上當用何以故徵起。下方釋之。首二句。無與有相翻也。如云。無相則畢竟無物。非無即當成有相矣。第三句。言有相與有著相因。如云。纔言有相。早已著矣。云何得無著乎。在字作著字讀之。此是諸物有體。不成無著之義。正破竟。

辰二結破

是故應知一切無著名覺知心。無有是處。

夫七處皆非。則妄情已盡。而世人計心之住處者。不出於此。至此。則平日所恃以為心者。杳無住處可跟究矣。若此體察功夫。初聞者其亦知珍重乎。然詳此七番。確定成處者。惟四處而已。謂一內。二外。三根裏。及第六根塵之中。是也。第四還在內。第五乃無定處。第七並處亦無也。又一四引眾同計。二三已意推度。後三引教謬釋。有此差別。智者辨之。密示妄識無處已竟。

大佛頂首楞嚴經正脈疏卷八

大佛頂首楞嚴經正脈疏卷九

經文卷一之三

明京都西湖沙門交光真鑑述
蒲州萬固沙門妙峰福登校

子二顯呵妄識非心。上科於前三種非真義中。但拈第三有處之執而已。今此科中呵為非心。方破第一是心之執矣。分三。丑一阿難責躬請教。又三。寅一責請之儀

爾時阿難在大眾中。即從座起。偏袒右肩。右膝著地。合掌恭敬而白佛言。

寅二責請之辭。又分二。卯一。自責不知心處。又二。辰一責未證由恃憍憐。

我是如來最小之弟。蒙佛慈愛。雖今出家。猶恃憍憐。所以多聞。未得無漏。

憍憐。亦慈愛也。如在家子弟。多恃父兄之愛。不自勤業。習氣不忘。故出家猶恃也。末二句。正明未勤修證。無漏。解現歎德中矣。

辰二責墮婬由不知處

不能折伏娑毗羅咒。為彼所轉。溺於婬舍。當由不知真際所詣。

真際者。既不悟所執之心為妄。仍呼為真心實際。詣字。尋常訓往字。今詳經來意似是在字之意。譯人命辭稍未穩也。良以上文佛雖破處。而未分明說出非心。及以無處。故阿難求處之心未了。尚自責其不知真心實際所在也。

卯二求佛別說真處。躡上自責之詞。既以不知心處為恨。顯知問意必仍索處。然此意。亦是與人辯論一定之序。佛既七番破其所說之處俱非。阿難豈不望佛別說真處乎。又二。辰一正求說示

惟願世尊大慈哀愍。開示我等奢摩他路。

奢摩他路者。意以不知心處。則正觀無路可修。願佛分明指出此心的在何處。庶可為真觀之路。此方是阿難真語意也。

辰二兼除惡見

令諸闡提。隳彌戾車。

闡提。此云斷善根人。意該一切外道。隳。壞也。彌戾車。此云惡見。意謂佛若說出真處。則我七番所說。皆成邪見。何況一切外道所說惡見。豈不盡成隳壞。

寅三懇求同衆

作是語已。五體投地。及諸大衆。傾渴翹佇。欽聞示誨。

傾渴者。如渴思飲也。翹佇者。如鳥張望也。欽。敬也。責躬請教竟。

丑二如來顯發非心。分三。寅一表現破顯諸相。又分為五。卯一表諸智將現

爾時世尊從其面門放種種光。其光晃耀。如百千日。

面門。謂眼耳鼻舌。為執此識。惟恣迷倒。塞諸智門。皆不現前。今識將破。諸智將現。故以眾光表之。

卯二表眾識將破

普佛世界。六種震動。

六震者。動。踊。震。起。吼。擊也。此正表六處妄識將破耳。問。據佛所破。似惟第六。今何言六處俱破乎。答。既云緣塵分別。則前五非無分別。況阿難明言眼色為緣。生於眼識。而佛以兼二等意破之。既破眼識。餘四並破可知。

卯三表覆蔽將開

如是十方微塵國土。一時開見。

為有此識。緣塵自蔽。逐念偏局。常處暗冥。無量智境。皆不能見。今將破顯。故現此相表之。

卯四表分隔將合

佛之威神。令諸世界。合成一界。

為有此識。執法執我。分別自他。悉成隔越。今識破自融為一。故此表之。

卯五表流轉將息

其世界中。所有一切諸大菩薩。皆住本國。合掌承聽。

由認此識為心。浩劫流轉。縱得小乘涅槃。亦如遠客他鄉。不得住持本地。全體照用。

今將破識。還住本地。全其照體。故以是相表之。

寅二普示真妄二本。本無而錯認。為執。此屬妄本。所謂執似。本有而不知。為迷。此屬真本。所謂迷真。分二。卯一舉過出由。二俱是過也。又二。辰一法說。又二。巳一歷舉眾過。又三。午一任運受淪人過

佛告阿難。一切眾生。從無始來。種種顛倒。業種自然。如惡叉聚。

汎爾凡示。不知修行者也。惡叉。西域果名。此方無之。聚者。每三果成一聚。喻惑業苦三。生必同聚矣。

午二權小修學人過

諸修行人。不能得成無上菩提。乃至別成聲聞緣覺。

不成無上菩提者。即指權教菩薩於四禪成佛者。方至圓之二行故也。聲聞者。聞四諦聲教也。緣覺。解現辟支。皆秉小教者也。

午三。凡夫修學人過

及成外道。諸天魔王。及魔眷屬。

外道。叛佛正教。心游道外者也。諸天。奉佛戒定。欣求樂果。不求出離者也。魔羅。此云殺者。耽護欲境。惱害正修者也。皆取具增上果。生居勝處。有變有通。自謂道成者耳。

巳二總出其由

皆由不知二種根本。錯亂修習。

即真妄二本。錯亂者。誤以妄者為真。獨修於妄。非真妄雜修也。

辰二喻說

猶如煮沙。欲成嘉饌。縱經塵劫。終不能得。

劫𥟖。此云長時。塵劫者。微塵記彼劫數。極長時也。妄不成真。故終不可得。舉過出由竟。

卯二徵釋名體。又二。辰一徵起

云何二種。

辰二正釋。又分為二。巳一所執妄本名體

阿難。一者無始生死根本。則汝今者。與諸眾生。用攀緣心為自性者。

無始生死根本。出其名也。則汝下。指其體也。此體乃無體之妄體耳。即上文思惟妄想。七番不得其處。及下文方將呵破者也。

巳二所迷真本名體

二者無始菩提涅槃元清淨體。則汝今者識精元明。能生諸緣。緣所遺者。

即前文所判常住真心。性淨明體。而加詳明也。二者下。出其名也。則汝下。指其體也。此體方是實有之真體矣。妄真皆稱無始者。如金之與沙。二俱無始。不可詰其先後。乃佛教中正說。異外道之有始。菩提者。三種中真性菩提耳。涅槃者。義翻圓寂。真本圓而妄本寂也。三種中性淨涅槃耳。取次依本覺如如智理而言。故云元清淨。元。即本也。不取修斷障染所成。今者。現今即具。不待後修。識精元明者。六根所具圓湛不生滅性。識精乃其總名。本惟一體。若應六根而列別名。當是見。聞。嗅。嘗。覺。知。六精也。五卷諸佛證云。汝復欲知無上菩提。令汝速證安樂。解脫。寂靜。妙常。亦汝六根。更非他物。驗知菩提涅槃元清淨體。決指六根中見聞等精。所以破識之後。首即顯見精為妙明本心也。舊註全不達此。故迷為破見耳。又復當知。佛釋偈文謂陀那細識。正此識精。然亦以識為名者。乃是第八識海。非比前六虛妄無體矣。因是真修之本。所以修圓通中直選耳根聞性。亦此識精。而斯經始終要用。所以迴異於諸經者。由此根性以為之本矣。應知二本所含下文。前短後長。前至此卷半破識盡處。後至二卷末破和合盡。然真本寄標於此耳。元明者。本來自明。非由修斷矣。諸緣者。前六轉識也。楞伽云。藏識海常住。境界風所動。種種諸識浪。騰躍而轉生。是知前六皆此識海所生諸浪。故虛妄也。緣所遺者。言前六能偏緣一切。而獨於本生識海自緣不及。如眼所起見。能偏見一切。而自不見眼也。縱使悟時。須一念不生。方能默契。六識若動。體即隱矣。故學人不捨緣心。畢竟如生盲不見性也。由其執認緣心。必遺元明。故曰緣所遺也。問。惟識何言七緣第八見分為我。答。偈云。隨緣執我量為非。既是非量。豈真能緣。然謂之真本者。真修根本。以決定能成菩提涅槃故也。正釋竟。

辰三結歸

由諸眾生遺此本明。雖終日行。而不自覺。枉入諸趣。

此結雖似單結迷真。而實亦並結執妄。以迷真正由執妄也。蓋由緣不及。畢竟不見。遂成永迷也。雖終日行而不自覺者。日用不知也。如見聞等諸精。無須臾離。而竟不知其可以用為真修之本。能至佛位。所以終不見其全體。得其大用也。枉者。屈也。言本不當受。而屈枉受之。諸趣。即七趣也。蓋此識精。眾生本有。體徧十方。用彌沙界。非諸趣所能牢籠。但由不覺。甘受輪迴。豈不屈枉哉。警之至也。普示執迷二本已竟。

寅三正斥妄識非心。即前所徵愛樂妄心。而今重舉重徵者。良以破處示本。文辭既長。前之心相沈隱。若不重舉徵令現前。將對何者而施斥破之辭乎。重徵之旨。

惟在此耳。分三。卯一如來重徵直呵。又分三。辰一應求垂問

阿難。汝今欲知奢摩他路。願出生死。今復問汝。

奢摩他路。問答意別。阿難以求知心處為路。如來則以了此妄識無體無處。而別覓真心。為奢摩他路也。

辰二徵令現前。又三。巳一於見詳徵。又三。午一總徵於見

即時如來舉金色臂。屈五輪指。語阿難言。汝今見不。阿難言。見。

五輪指者。佛之指端。皆有千輻輪紋。屈者。握而成拳相也。

午二別徵所見

佛言。汝何所見。阿難言。我見如來。舉臂屈指為光明拳。耀我心目。

午三別徵能見

佛言。汝將誰見。阿難言。我與大眾。同將眼見。

此上三科。方以徵定能見所見。而未及徵心。故大科名於見詳徵也。此中先徵眼見。密含深意。現於前文徵處科下小註之中。今因重徵。當亦重申明之。如來前文云。將何所見。誰為愛樂。意已深含。辭猶隱略。此處有三審試。太煞丁寧。學者不可不著眼。一則舉拳語。阿難言。汝今見否。阿難言見。二則曰。汝何所見。阿難答以見光明拳。三則曰。汝將誰見。阿難又惟答以眼見。如來可謂重重顯

示。阿難可謂頭頭錯過矣。如來見阿難始終不能薦取。不能直認見性為心。只得落草盤桓。更問以何為心。當我拳耀也。此意甚深難知。故特為宗通者漏洩之。問。環師此處亦云。金拳舉處。直下要識本明。塵相未除。依舊認賊為子。豈不徹了此意。答。此正所謂似則也似。是則未是。以環師未徹見性即是本明耳。諍曰。如來正舉拳徵見。環師就此便說要識本明。如何不徹見性。答。若果此處徹領見性即是本明。到盲人矚暗章中。不應隨眾說為破見也。問。彼卻取何為本明耶。答。彼蓋泛領宗家所云正法眼藏涅槃妙心之名字為本明耳。而實未能親領目前見性即是涅槃妙心。所謂似現量而非真現量也。知言者。固不可以一語之偶合。而濫許其全是也。環師他處似是而非者尚多。此其未透之源本也歟。

巳二就答徵心

佛告阿難。汝今答我如來屈指為光明拳。耀汝心目。汝目可見。以何為心。當我拳耀。

前文云。將何所見。誰為愛樂。合此科。當是兩番徵心而已

巳三舉心以答

阿難言。如來現今徵心所在。而我以心推窮尋逐。即能推者。我將為心。

推窮尋逐之心。即前阿難自述思惟愛樂。及如來所判妄想攀緣之心也。上文云。由目觀見如來勝相。心生愛樂。合此科。當是兩番自呈妄心。但上文且惟破處。此下方直破心矣。徵令現前已竟。

辰三直呵非心

佛言。咄。阿難。此非汝心。

咄。振聲呼警。令大驚悟也。前言三種非真意中。此方說破第一非是心也。重徵直呵已竟。

卯二阿難驚索名目

阿難矍然。避座合掌。起立白佛。此非我心。當名何等。

矍然。驚愕貌。避。離也。經久自恃。惟知有此。一朝奪之。無有不驚者矣。

卯三如來指名出過

佛告阿難。此是前塵虛妄相想。惑汝真性由汝無始至於今生。認賊為子。失汝元常。故受輪轉。

前塵虛妄相想。此六字乃其本名。阿難既聞非心。索要本名。故佛直指本名以答也。前塵者。現前所對六塵也。虛妄相想者。言此思想必帶塵相。虛妄暫現。豈有實體哉。故後顯發科中。不過詳釋此名之義而已。由汝下。出其錯認之過患也。認賊為子者。本非心而錯認為心也。失元常者。即昧真心而不認取也。如人既認賊為子。更不求覓真子矣。受輪轉者。以所認非真常之心。故長流生死。如常遭賊子竊奪也。顯呵妄識非心已竟。

子三推破妄識無體。此科方以說透識心徹底虛無斷滅全不是心矣。分二。丑一

阿難述怖求示。分四。寅一述唯用此心。又三。卯一。出家用此心

阿難白佛言。世尊。我佛寵弟。心愛佛故。令我出家。

卯二作善用此心

我心何獨供養如來。乃至徧歷恒沙國土。承事諸佛。及善知識。發大勇猛。行諸一切難行法事皆用此心。

此科及下科。皆是假設擬度必不能外此心而別為用也。

卯三作惡用此心

縱令謗法。永退善根。亦因此心。

寅二述舍此更無

若此發明不是心者。我乃無心。同諸土木。離此覺知。更無所有。

末二句。是依佛捨此更復揣摩。則杳無別心可得也。

寅三述自他驚疑

云何如來說此非心。我實驚怖。兼此大眾。無不疑惑。

天上人間。凡外權小。無不說此為心。故與阿難驚疑同也。縱有禪定取證。亦由制住

此心而得故也。

寅四求如來開示

惟垂大悲。開示未悟。

且求開示如何此非我心。如何名為前塵虛妄相想。此尚未及求說真心也。阿難述怖求示已竟。

丑二如來安慰顯發。又二。寅一安慰許有。當知此科非是正說真心。但由阿難驚怖離此更無。故且許有。以安慰其驚怖也。又曲分為三。卯一先標垂教深意

爾時世尊開示阿難。及諸大眾。欲令心入無生法忍。

無生忍者。別教初地以去。方始證入。圓教當住位所證。住此忍者。於三界內外。不見有少法生。不見有少法滅。超情離見。一一當體皆即真如實相。亦即一切事究竟堅固也。眾生不能證入於此者。正由誤認生滅妄想為心。故於此忍永隔而不能入。今將破彼生滅顯發無生。故經預標。以示如來垂教利益之深耳。至後敘開悟云。世間所有。皆即妙明。獲本妙心。常住不滅。其即此忍之義相乎。

卯二示己常說唯心

於師子座。摩阿難頂。而告之言。如來常說諸法所生。惟心所現。一切因

果。世界微塵。因心成體。

諸法所生者。眾生迷其真源。而妄謂萬物各有從生之法。如金生水。木生火之類是也。惟心所現者。聖教直指大本。唯一真心體隨緣變現也。二句敵體相翻。略以總標。一切下。詳以別列也。因果。具凡聖權實。大至世界。小至微塵。具染淨麤妙。因心成體者。即唯心所現。所謂萬法離真心。乃至無芥子許可得也。

卯三舉況真心有體

阿難。若諸世界一切所有。其中乃至草葉縷結。詰其根元。咸有體性。縱令虛空。亦有名貌。何況清淨妙淨明心。性一切心。而自無體。

縷結。如絲麻之類。舉至細微。以況麤大。詰。追問也。根元體性。亦是隨世間所說因緣及自相也。虛空二字即名。豁虛無礙為貌。此舉無體者以況有體也。自體無垢。曰清淨。處染不染。曰妙淨。湛寂虛靈。曰明心。性一切心者。與一切法為心性也。此心海廓周法界。而一切諸法。皆是真心海中所現影像。無自體性。但依此心為彼實性故也。而自無體者。正是況顯之詞。言所現之物。尚皆有體。而能現之心。豈反自無體乎。決言真心必定有體。汝但因執此妄心。故以迷彼實體。豈真離此更無所有乎。安慰許有已竟。

寅二顯發虛偽。上雖指名出過。猶未明其何為虛偽。故此始發之也。然前文三種非真義中。此科方以說破第二無體之義。又復曲分為二科。卯一托塵似有。又二。

辰一反難離塵當有

若汝執悋分別覺觀所了知性必為心者。此心即應離諸一切色香味觸諸塵事業。別有全性。

執悋者。堅執舊見而不捨也。分別者。散心任運之用。覺觀者。究理推度之用。前麤後細。二皆有分明不昧之相。故曰所了知性。此正妄識也。必為心者。決定認此為自心也。此先按定。向下方起難詞。色。香。味。觸。略舉四塵。諸塵。更該聲法之二。一切事業。皆塵所成。如云塵事塵業也。然營業之初曰事。事辦之後曰業。別有全性者。縱之令其離塵自有也。

辰二正言不能離塵。又復曲分為二科。巳一外緣不離

如汝今者承聽我法。此則因聲而有分別。

單舉聲塵者。固取現對之境。舉一例餘。亦是以勝該劣矣。此即破第二緣佛聲教心也。

巳二內守不離

縱滅一切見聞覺知。內守幽閒。猶為法塵。分別影事。

此見聞覺知。約前五識及五俱意識而言。以四攝六。蓋合嗅嘗為一覺也。滅者。息此諸識外緣覺觀而不動也。幽閒者。內心寂境也。此科方該諸修學人。故此境即凡外權小在

定所守之境。亦彼取證以為法性者也。法塵者。指此境之本名。如云本非法性。元是法塵也。分別。即守此境之心也。影事者。言此境此心。但是光影。了無實體矣。蓋凡外權小。執此幽閒以為法性深處。而不知尚是妄識所緣法塵。又執守境之心已離外塵而非分別。而不知未離法塵。猶是分別也。然此境所以為法塵之由者有二。一者。凡外小乘不達諸法本空。但捨外而緣內。如鏡外之物不除。鏡中之影常在。但相似不動而已。實念念不忘外法。豈能除其影乎。影。即法塵也。二者。權教菩薩雖達法空。而未聞此經塵有十二。今於幽閒之時。雖離明動通甜合生之六。而未離暗靜塞淡離滅之六也。故亦是法塵也。至於守境之心所以為分別之由者亦二。一者。境既法塵。體非本有。全托分別而後分明。一不分別。境即沈沒。故恒分別。譬如無波之流。望如恬靜。而實不住也。二者。凡外權小皆依六識思惟為觀。六識印持為止。離六識無別定慧之體。故根本元是分別。豈能擺脫乎。夫境是法塵。心是分別。境固不能離心。心猶不能離境。自謂清淨。實全垢污。自謂寂定。實全流注矣。大凡上禪深教不明。而好靜定者。未有能出此境者矣。然亦常處生滅。終不自覺其非。奉勸好禪定者。尚當究心於斯經而後可乎。抑又因是而知一切權乘有出入之定。皆是微細分別。蓋全以憑仗細分別心持彼寂境。一不分別。寂境即失。名曰出定。楞嚴大定。豈如是乎。請味題中所解。自知異於是矣。此即破第四止散入寂心也。托塵似有已竟。

卯二離塵實無。又曲分為二科。辰一暫縱離有即許為心。

我非敕汝執為非心。但汝於心微細揣摩。若離前塵有分別性。即真汝心。

非敕汝執者。不強其定依也。但汝下。教其自度也。若離下。方是縱詞。有分別性者。有離塵之自體也。即真汝心者。暫許之也。

辰二隨奪離無不得為心。又復曲分為三科。巳一離無即是塵影

若分別性離塵無體。斯則前塵分別影事。

巳二塵影即同斷滅

塵非常住。若變滅時。此心則同龜毛兔角。

全托諸塵而現分別之影。塵若變滅。心豈能存。如形滅而影自亡。故同龜毛兔角。二乃無體之名。故以之喻也。

巳三斷滅誰成至道

則汝法身。同於斷滅。其誰修證無生法忍。

法身斷滅者。順阿難意。執緣塵之心為法身故也。此所以權小法身。尚非真實常住。而終無實果。以不離塵影。所謂蒸沙作飯也。無生忍同前。如來備破三迷已竟。

癸二會眾知非無辯

即時阿難。與諸大眾。默然自失。

默然者。依佛微細揣摩。自失者。覺得離塵無體。又前責己不知心處。尚望佛言。聞佛直呵非心。驚疑諍辯。及其蒙佛無體之示。始知體尚本無。安有住處。三迷全破。三執全消。故默然無辯。然則平日倚恃為心者。一旦杳無體性。無可跟尋。而又未審何者為心。即如人失其所寶之物。故曰自失。正與斥破已竟。

壬三結歸判辭

佛告阿難。世間一切諸修學人。現前雖成九次第定。不得漏盡成阿羅漢。皆由執此生死妄想誤為真實。是故汝今雖得多聞。不成聖果。

前文普判眾生誤認科云。一切眾生生死相續。皆由用諸妄想。此想不真。故有輪轉。自判後。即乃備破三迷。破迷已畢。故此仍以結歸前判以原其文也。世間諸修學人。即前一切眾生。非但指於界內。如此經以三賢四加尚名世間。詳下文。正指凡外小乘。而意該於權教菩薩。九次第定。謂四禪。四空。加滅受想。小乘法中。前八凡位所成。第九無漏聖位所成。今云不得漏盡成羅漢者。當知彼所謂無漏聖位。皆一時權許誘進而已。法華破云。汝當觀察籌量。所得涅槃。非真實也。既非真涅槃。豈名真漏盡乎。故長水謂十地為漏盡羅漢。無可疑也。極理而言。權教之佛亦非。以尚在圓之二行而已。皆由下二句。正歸判辭。即前用妄想而有輪轉也。由是知前生死必兼變易。輪轉亦帶涅槃也。末歸阿難。意猶可見。蓋小教許四果皆聖。阿難已登初果。而謂非聖。豈破初而獨存於四乎。決定以十地方為分證之聖果矣。此即破第五界外取證心也。斥破所執妄心。以開奢摩他路已竟。

辛二顯示所遺真性。令見如來藏體。上科即是妄本。已破而不用矣。此科即是真本。正修必用。佛云。眾生遺此本明。枉入諸趣。故科名承用遺字。然而現具六根之中。徧為一切法體。故此科始從眼根開顯。以至四科七大也。分二。壬一阿難捨妄求真。久執妄識為心。最所難捨。今悟其妄。方始捨之。惟求真心矣。又三。

癸一悲感陳言。

阿難聞已。重復悲淚。五體投地。長跪合掌。而白佛言。

凡悟深者。而後發悲。或悟妄而悲久苦。或悟真而悲久失。今此悟妄之悲也。

癸二追述痛悔。此中二子科。即示墮婬室二種深意。文現於此。就分為二科。子一悔恃如來。不修大定。

自我從佛發心出家。恃佛威神。常自思惟。無勞我修。將謂如來惠我三昧。不知身心本不相代。失我本心。雖身出家。心不入道。譬如窮子。捨父逃逝。

此科即他不足恃也。惠者。恩賜也。三昧。此云正定。亦云正受。入此正受。不受一切餘境也。代者。替也。如愚忙迫。令他代食。終不自飽。失本心者。因悟妄心而始知。

不見自心。即非入道。喻如捨父者。生佛本來同一法身。住持法身者。似離而實合。似疏而實親。今阿難認妄遺真。似合而實離。似親而實疏。所謂對面千里。故云爾也。觀此。則不自修行。而但求加被者。亦可以警矣。

子二悔恃多聞。終無實得。

今日乃知雖有多聞。若不修行。與不聞等。如人說食。終不能飽。

此科即聞不足恃也。觀此。則徒恃學問。而不實修者。可以警矣。

癸三表迷求示

世尊。我等今者二障所纏。良由不知寂常心性。惟願如來哀愍窮露。發妙明心。開我道眼。

二障者。煩惱及所知也。煩惱障者。即見思二惑。見乃作意分別之惑。即十結使。思乃任運貪愛。即貪瞋癡慢四結使。前麤後細。總屬我執所起。能障人天勝妙好事。故名事障。煩惱即障。持業釋耳。所知障者。亦二。一者取境。謂不達外境唯心。而謂心外實有。有所希取。二者法愛。於所修證。不達性空。而生愛著。亦前麤而後細。總是法執。能障法空之理。故名理障。然所知二字。不即是障。正是法空之理。依彼所障之理以為名。故曰所知不是障。被障障所知。是能障所知之障。依主釋耳。亦名智障。即法空之智。同前理說。阿難初果。方脫見惑。而思惑未盡。是尚為煩惱所纏。至於所知障。渾然未解脫矣。

寂者。不動搖也。常者。無生滅也。因佛開示。覺得前來所執之心。分別喧動。無有寂時。起滅紛飛。豈能常住。由此方求寂然常住之心。應知比前破處之後所求之意迴別。前云溺於婬舍。當由不知真際所詣。是尚以妄識為真心。責己不知真處。但惟求處而已。今云二障所纏。良由不知寂常心性。方始責己不知真心。而別求真心矣。窮露。如窮身暴露。無所棲藏也。空有不羈曰妙。體用朗鑑曰明。真妄顯現。決擇分明曰道眼。又物不能礙曰妙。物不能混曰明。蓋寂常妙明之釋。與下佛之答處。皆有照應。

壬二如來極顯真體。分三。癸一放光表顯。又復曲分為四科。子一真智洞開相

即時如來從胸卍字涌出寶光。其光晃昱。有百千色。

前光表了妄之智。此光表達真之智。又即根本智如如性體。後文如來自謂不滅不生。惟妙覺明。是也。卍者。彼方萬字也。如來胸前萬德吉祥紋也。光從此出。亦表所開智萬德圓備。光晃昱者。見此智明踰日月。色百千者。見此智用等河沙。

子二圓照法界相

十方微塵普佛世界。一時周徧。

非比前心。一念偏局。十方俱闇。此智若開。體徧法界。即照窮法界。亦即後文如來自言惟妙覺明。圓照法界。是也。

子三上齊佛界相

徧灌十方所有寶剎諸如來頂。

子四下等生界相

旋至阿難。及諸大眾。

生佛法界。本同一體。今既照窮。則生佛法界無不洞徹矣。

癸二普許開示

告阿難言。吾今為汝建大法幢。亦令十方一切眾生。獲妙微密性淨明心。得清淨眼。

幢。表摧邪立正。獲妙下八字。是如如理。亦即奢摩他體。獲妙二字略斷一斷。雙貫下微密性。與淨明心。法界真理。但惟一體。自其本寂而言謂之性。自其本覺而言謂之心。今於性而稱微密。謂隱微祕密。即本寂無有形聲意也。於心而稱淨明。謂無染無蔽。即本覺照體獨立意也。而妙字同前空有不羈。物不能礙。貫下性心。當云妙微密性。妙淨明心。而經文省字成句耳。二皆指理體而言。末四字。是如如智。亦即微密觀照。獲得同意。重言得者。足見理智對舉。清淨眼者。契理之智。翻前妄心全體緣塵。故不清淨。此智遠離分別。諸塵不干。稱理而周法界。後經名清淨海眼是也。又阿難求寂常心性。而佛許以妙微密性。求妙明心。而許以妙淨明心。求開道眼。而許以得清淨眼。亦請許相應矣。

癸三說盡真際。盡其真心實際也。若惟就其見聞覺知靈鑑無相之體而發揮之。不達於四科。不極於七大。則猶未盡其際也。今於四科七大。悉顯其為一真不動周圓本定之心體。故可謂盡其真如實際矣。又此純談真如。但示空如來藏。未明起用。故科真際也。分三。子一剋就根性直指真心。此經最殊勝處。全在破識心而不用。取根性為因心。良以用識用根。乃權實兩教之所由分。用識而修者。塵劫不成菩提。從根而入者。彈指可超無學。若要決定成菩提。決定證涅槃。惟須直取根性為因地心。而後可圓成果地也。故舊註救起識心。反言破見。甚違經旨。所以不得已而復解也。且此根性。剋體在於眾生現前本具見色聞聲等處。率皆日用不知。即祖家所謂不離動用中也。然其體量徧周法界。為四科七大之實體。即祖家所謂動用收不得也。今酬妙定之請。而首先指於此者。正以此性之體。不假制伏。而本來不動。不勞續念。而本無生滅。不煩擴充。而本來周徧。皆與識心大相違反。是即真奢摩他自性本定也。幸惟一洗舊聞。委搜佛旨。當自見之。又二。丑一帶妄顯真。問。既曰顯真。何又帶妄。蓋此根中之性。即第八根本識。所謂識精元明。緣所遺者。此識據法相宗有三位。名異而體不異。自凡位至七地。名黎耶識。此云藏識。自八地至等覺。名異熟識。佛位名陀那識。此云執持。亦云無垢。前二真妄和合。後一純真。據圓教。即應仍是真妄和合。以彼佛位方是圓之二行。無明未盡故也。據阿難所稱庵摩羅識。此云白淨。方似圓教佛位純真之識。再俟參考。然度佛果後。若無此識。則過未因緣。悉應忘失。四雖一體。而今所顯者。但於凡夫分上。正惟黎耶實體。經後偈文亦稱陀那細識。舉勝稱揚也。其體全是真心。而具無明。雖具無明。而眾生分上捨此無別真體。非比前心無體非真也。特以權小惟認前六識心。以為勝用。至於六根。一向目為色法。總攝無記。故於修行分中。不知不用。常如遺失。所謂眾生遺此本明也。今佛於破妄之後。應當機之懇求。急欲其捨彼識心。認此根性。若不先以極顯其真。何以使其決定取此新悟。而捨彼舊執乎。是以雖有二種顛倒見妄。姑帶之而且不遽破。故曰帶妄顯真。直至十番顯後。方乃一番破除。非惟顯多破少。而破處亦如脫衣露體。豈同前之全破無體乎。舊註自此總謂破妄見。遂令學者不敢直認見體為心。違佛本旨甚矣。千載差誤。不可不知。分為十科。寅一指見是心。六根中性。雖同一陀那細識。而最便於目前開示者。莫過於眼根中見性。故惟從此顯發。而餘可例知。然此見性所以別於眼識者。但取照色之時。一如鏡中無別分析。即是見性。起念分別。即屬於識。聞等例此。是可見祖師云毫釐有差。天地懸隔。最為格言。學者當以細心甄別之。又三。卯一雙舉法喻現前。又二。辰一如來雙徵拳見

阿難。汝先答我見光明拳。此拳光明。因何所有。云何成拳。汝將誰見。

辰二阿難。各答其由

阿難言。由佛全體閻浮檀金。赩如寶山。清淨所生。故有光明。我實眼觀。五輪指端。屈握示人。故有拳相。

閻浮。此云勝金。須彌南面有此檀樹。果汁入水。沙石成金。此金一粒。置常金中。悉皆失色。佛之身色如之。赩。赤焰也。又傳此金方寸。暗夜室中。照耀如晝。佛身赤焰。不但如金破暗之光。

卯二辨定眼見是心。又分三。辰一辨無眼有見。顯其不假眼緣。見性自結為根。便局肉眼。所謂聚見於眼。眾生浩劫迷己為物。但謂見性全屬肉眼。無上勝性。反成劣相。略說其劣有三。不及前心。一者有形。可見可捉。不若識心不可見不可捉摸也。二者有礙。見前缺後。見障內不見障外。覩近限遠。不若識心前後內外遠近皆可緣也。三者易壞。觸之即傷。不若前心卒難損壞也。以故眾生但認前心。而曾不覺此眼中之見為妙性也。今欲當機決定捨彼識心。認此見性。故須巧示令知此見非眼。全不係眼而為有無。判然有離眼之體。是故但悟此見非關肉眼。則豁同虛空。無礙無邊。所謂常住妙明不動周圓無窮妙義。從此而漸顯。方能迴超前心。而令決取捨矣。以故此科特辯無眼有見。而下科判其是心非眼也。又復曲分為三科。巳一雙陳法喻令審佛告阿難。如來今日實言告汝。諸有智者。要以譬喻而得開悟。阿難。譬如我拳。若無我手。不成我拳。若無汝眼。不成汝見。以汝眼根。例我拳理。其義均不。

無拳無見。義本不均。試問令其推度而已。

巳二阿難未覺不齊

阿難言。唯然。世尊。既無我眼。不成我見。以我眼根。例如來拳。事義相類。

示同常情答也

巳三如來斥非詳示。又分為四。午一正斥其非

佛告阿難。汝言相類。是義不然。

午二明其不齊

何以故。如無手人。拳畢竟滅。彼無眼者。非見全無。

手外無拳。故手無拳滅眼見各體。故眼滅見存。非全無者。但明不滅。非謂半無。或約瞽者。但缺見明之用。而尚有見暗之用。故不全無。若取體而不取用。前說理正。

午三令其詢驗

所以者何。汝試於途詢問盲人。汝何所見。彼諸盲人必來答汝。我今眼前惟見黑暗。更無他矚。

更無他矚者。除見暗外更無別見也。

午四結申有見

以是義觀。前塵自暗。見何虧損。

暗相即塵。然謂之前塵者。以其對於眼前也。末二句。言所見之塵自暗。而能見之體固無減也。夫既無眼而有見。則此見何干於眼。而言無眼。即無見乎。辨無眼有見已竟。

辰二辨矚暗成見顯其不假明緣。上科示內不依根。此科示外不循塵。良以眾生既以迷己為物。瞢然與物無分。何但無眼即謂為無見。而無明亦謂其無見矣。故此深明其暗中無損於見也。又分為二。巳一阿難疑於覩暗非見

阿難言。諸盲眼前。惟覩黑暗。云何成見。

但假此問以引起辯見是心耳。

巳二如來例明暗見無虧。又復分為二科。午一雙詰二暗

佛告阿難。諸盲無眼。惟觀黑暗。與有眼人處於暗室。二黑有別。為無有別。

午二雙答是同

如是世尊。此暗中人。與彼群盲。二黑校量。曾無有異。

此下語意稍為缺略。宜結難於阿難云。汝謂無眼黑中即為無見。豈此有眼黑中亦無有見乎。其意方完。

辰三辨見乃是心。顯其離緣獨立。分二。巳一例明眼見之謬。夫阿難初答眼無見滅。次疑覩暗非見。是乃執見全惟是眼。乃大差謬。今佛取例正顯斯謬也。又二。

午一初例成謬

阿難。若無眼人。全見前黑。忽得眼光。還於前塵見種種色。名眼見者。彼暗中人。全見前黑。忽獲燈光。亦於前塵見種種色。應名燈見。

無眼得眼而後見。既名眼見。無燈得燈而後見。應名燈見。其謬全同人所易見。

午二轉成二謬

若燈見者。燈能有見。自不名燈。又則燈觀。何關汝事。

一者燈當名見謬。二者見不屬己謬。寄燈見以責眼見之謬也。

巳二結申心見正義。曲分二。午一取例非燈

是故當知燈能顯色。如是見者。是眼非燈。

午二轉例非眼

眼能顯色。如是見性。是心非眼。

全翻上初例之謬。以申成正義。有眼得燈者。但借燈以顯色。而所以見者。決是眼而非燈。此能例之喻。人所共知。由是以例無眼得眼者。亦但借眼以顯色。而所以見者。決是心而非眼。此所例之法。人所未覺。聞經者極宜省悟於此。而認取見性為心矣。觀佛前呵識心。則曰非心。今薦見性。則曰是心。明以應阿難真心之求。但令知其離彼肉眼。不藉明塵。別有全性。所謂靈光獨耀。迥脫根塵。極顯其真。何嘗破其為妄乎。具眼者請深味之。詳辯具在懸示。辯定眼見是心已竟。

卯三未悟更希廣示

阿難雖復得聞是言。與諸大眾口已默然。心未開悟。猶冀如來慈音宣示。合掌清心。佇佛悲誨。

是言。即是心非眼之言。口已默然者。此中亦有微解。仍具三重。一者。一向但知有眼方為有見。無眼即為無見。今驗盲人覩暗。始知無眼有見。而此見與眼殊不相干。二者。一向但知見明方可成見。見暗不得成見。今例有眼暗中。同於無眼之暗。始知見暗之時誠亦是見。三者。一向但知見惟是眼。不名為心。今觀有眼得燈。無眼得眼。皆但顯色。始知見乃是心。而此見精。離彼肉眼別有自體。誠異前心離塵無體矣。默然之中。反覆研味此意而已。心未開悟者。未大開悟也。此中更有諸疑。意謂我之所求。因前緣心不寂不常。非妙非明。故別求寂常妙明之心。今佛示我此見為心。雖知即心。不知此心亦具寂常妙明等義否耶。末四句。皆意請如來宣示此義耳。按佛後文明示如來藏心。乃云常住。妙明。不動。於阿難之四義已同。而但加周圓一義。足成五義。當知此下於見性九番開示。乃所以答前四義。而同後五義。足徵此見即是如來藏心。至文一一別示。指見是心已竟。

寅二示見不動。此科即示第一寂義也。分三。卯一辯定客塵二字。此之二字。若按字分義。則客表不住。塵明動搖。反顯主乃常住。空實不動。則兼顯二義。若按科分義。則主空皆明不動。以常住不滅之義。自屬下科所顯。而不動不滅。皆可釋於住字故也。又復曲分為三科。辰一如來尋究原悟。

爾時世尊舒兜羅綿網相光手。開五輪指。誨勅阿難。及諸大眾。我初成道。於鹿園中。為阿若多五比丘等。及汝四眾言。一切眾生不成菩提。及阿羅漢。皆由客塵煩惱所誤。汝等當時因何開悟。今成聖果。

鹿園者。古國王養鹿之地。五比丘者。佛初為太子出家時。王命隨侍者。父族三人。一阿鞞。此云馬勝。二跋提。此云小賢。三拘利。華言未詳。又云即摩訶男。似是長子之稱。母族二人。一阿若多。此云解本際。二迦葉。此云飲光。共五比丘。而阿若多為最先發解者也。菩提。取大乘之果。羅漢。取小乘之果。是佛初轉法輪之意。當時所說客塵之喻。乃喻集諦。反顯主空。乃喻滅諦耳。今但取能比之喻。不取所喻之法。以此中客塵。但喻身境。及緣身境之心。主空。俱喻見性故耳。

辰二陳那詳答二義。又分為三。巳一自陳得悟

時憍陳那起立白佛。我今長老。於大眾中。獨得解名。因悟客塵二字成果。

憍陳那。亦云憍陳如。即阿若多之姓也。此云火器。亦事火之族。

巳二喻明客字

世尊。譬如行客。投寄旅亭。或宿或食。食宿事畢。俶裝前途。不遑安住。若實主人。自無攸往。如是思惟。不住名客。住名主人。以不住者名為客義。

俶。整也。

巳三喻明塵字

又如新霽。清陽升天。光入隙中。發明空中諸有塵相。塵質搖動。虛空寂然。如是思惟。澄寂名空。搖動名塵。以搖動者名為塵義。

辰三如來印許其說

佛言如是。

此但印其所說舊喻動靜分明不混。欲以彰下文所示。孰為動者同於客塵。孰為靜者同於主空耳。辯定客塵二字已竟。

卯二正以顯見不動。又復分為二科。辰一對外境以顯不動。外境比身尚為疏遠。其與見性。動靜易見。故先顯之。又分四。巳一辨定所見

即時如來於大眾中屈五輪指。屈已復開。開已又屈。謂阿難言。汝今何見。

阿難言。我見如來百寶輪掌眾中開合。

百寶者。貴重之稱。輪掌者。佛之手足中心。各有一千輻輪相。故云耳。

巳二辨定開合

佛告阿難。汝見我手眾中開合。為是我手有開有合。為復汝見有開有合。

阿難言。世尊寶手眾中開合。我見如來手自開合。非我見性有開有合。

當阿難端視佛時。而其見性湛然盈滿於前。乃視如來之手在此見性之中開合不住。則佛手自同客塵。而阿難見性何異主空。此動靜顯然分明。故先令辨定是誰開合。則動靜自分。於是阿難果答不謬。

巳三辨分動靜

佛言。誰動誰靜。阿難言。佛手不住。而我見性尚無有靜。誰為無住。

躡上令其自分動靜也。佛手不住者。已判定佛手是動也。下三句。乃判定見性不動也。但用況顯之詞。故初學或不省解。今詳與明之。其曰尚無有靜者。非言不靜也。蓋靜必因動而顯。如先時曾動。今始不動。方可說靜。今此見性從來不動。設說其靜。尚為不可。故曰尚無有靜也。誰為無住者。猶言豈有動乎。無住即動也。蓋明其非惟離動。且亦動靜雙離。所以發揮此性常不動搖。從來至靜。非由攝念而得。制伏而然。誠所謂天然自性之本定矣乎。

巳四印許其言

佛言如是。

許其所分外境為動。見性不動。皆不謬也。當知此中但舉佛手為一切外境之例。既知佛手開合與此見性無干。則凡一切萬相。及諸世界。任其紛亂動止。皆與見性無干矣。若人於萬相中忽然覷見此不動之性常恆不昧。何至為境所奪。妙之至也。又宗家豎指伸拳。發明於人者。多密此意。令人自見自悟。但教家分明說透為異耳。對外境顯不動已竟。

辰二就內身以顯不動。內身比境。親為自體。其與見性動靜難分。故更明之。

又四。巳一光引頭動。

如來於是從輪掌中飛一寶光在阿難右。即時阿難迴首右盼。又放一光在阿難左。阿難則又迴首左盼。

巳二審問動由

佛告阿難。汝頭今日何因搖動。阿難言。我見如來出妙寶光來我左右。故左右觀。頭自搖動。

此科但欲阿難說出因觀頭動。方好辨於見性之動靜耳。

巳三辨分動靜

阿難。汝盼佛光左右動頭。為汝頭動。為復見動。世尊。我頭自動。而我見性尚無有止。誰為搖動。

外境動而見性不動。人或易知。自頭動而見性不動。人實難辨。良以世人認見是眼。故頭搖眼轉。宛似見性亦動。今阿難因佛上文說破見不屬眼。已覺此見離眼獨立。湛然滿前。自試頭之動搖何干於見。是以直答頭動而見不動也。止。亦靜也。況顯意同上文耳。

巳四印許其言

佛言如是。

許其所分頭為搖動。見不動搖。皆不謬也。當知此中但取頭搖為發悟之端。既知頭動而見恆不動。則凡此身往來。千里萬里。乃至恆沙世界。死此生彼。而此見性常如虛空。無所動也。若人悟此。恆常不隨身轉。則日用中行住坐臥。皆在自性定中。誌公云。不起絲毫修學心。無相光中常自在者此也。其與閉目想空。自墮法塵之影者。天淵懸絕矣。又宗家從東過西。乃至跳舞。意亦顯此。而迷者效之。但弄精魂。終不得旨也。此意契合賞鑑者。難道無人。而其間不肯者。當亦不少。幸屈高見。再委下文。當必有首肯時節。正以顯見不動已竟。

卯三普責自取流轉。又分三。辰一取昔所悟客塵。

於是如來普告大眾。若復眾生。以搖動者名之為塵。以不住者名之為客。

此科二以字。是知說意。蓋心知口說。皆決定以動為塵。以不住為客。此是述昔鹿苑所素明者牒之。

辰二令觀現前動靜

汝觀阿難頭自動搖。見無所動。又汝觀我手自開合。見無舒卷。

此科是令眾轉明現今大眾所見頭手不住而動者決是客塵。見性住而不動者決是主空。言當取昔所解。為今領悟矣。

辰三正以怪責妄淪。又二。巳一怪其明知妄由身境

云何汝今以動為身。以動為境。

此科是佛怪問。引起下文責之之詞。因人多不省解以謬註錯亂。言愈多而愈不明。故另分為一科以便發明。二以字。照上科皆作知字說字讀之。如云。汝若不知身境是動。或

不曾說出身境是動。是徹底迷昧。固不足怪。今汝云何明知明說動者為身。動者為境。依舊從始云云。即接下之責詞。無不明也。此蓋緣譯人下得云何二字太早。若將此二字移作下科之頭讀之。自是明爽。不費委曲釋矣。試讀看。

巳二責其依舊認妄遺真。又分二。午一曲分三障。就分三。未一惑。

從始洎終。念念生滅。

接上意云。既知既說動是身境。便合了悟身境全是客塵。不應執迷可也。何乃依舊從始洎終。於身境中念念生滅哉。始終者。遠則無始為始。今生為終。近則生為始而死為終。下句即我法二執。若認身境為我及我所。便是我執。若認身境心外實有。便是法執。既惟堅認執迷。則必念念不離。但於身境中生滅。可謂惑之深矣。

未二業

遺失真性。顛倒行事。

真性。即指不動之見性。既惟認妄。便乃遺真全不認取。下句即造妄業。蓋認妄遺真。事事顛倒。非惟世間事業。縱使種種修行。皆名顛倒。以其動執身境。靜依法塵。依法塵者。還同身境。曾不覺知本有天然不動之見性也。

未三苦

性心失真。認物為己。

首句。全牒上科二句。言所依為心性者。既非是不動之真體。則所領為身命者。豈本元之法身。將見因差果謬。必招認物為己之苦也。蓋認物為己。便是受身著境之苦果已成。如凡夫妄認身為我。境為我所。身重而境輕。權小妄認能證之心為我。亦身也。所證涅槃為我所。亦境也。境重而身輕。圓覺云。乃至證於清淨涅槃。皆是我相。圭峰解。凡夫所執我相。是迷識境。權聖所執我相。是迷智境。雖麤細不同。皆名認物為己。用是觀之。權聖涅槃。尚是認物為己。則凡夫身境。豈非認物為己。其與一切精怪依草附木攬為己身者。顛倒是同也。豈可不猛省而生厭患乎。

午二總結長淪

輪迴是中。自取流轉。

輪迴。即二種生死。是中者身境之中也。言塵劫輪迴。皆因不離於身境。凡夫於麤身境中。為分段生死所輪。權小於細身境中。為變易生死所輪。末句責其自取者。言非有魔驅鬼制。但由自棄不動之本性。自取流轉之身境而已。嘗謂纔學道者。便知覓主人翁。卻乃多認攀緣不住之客。而不知目前朗然常住之見性。方是真主人翁。纔聞般若者。便說真空。卻乃閉目懸想搖動之法塵。而不知目前廓然不動之見性。正是真空。快哉法王之妙示。行人於此。宜當反覆體認。必有豁然時節。始信孤負本有久矣。

大佛頂首楞嚴經正脈疏卷九

大佛頂首楞嚴經正脈疏卷十

經文卷二之一

明京都西湖沙門交光真鑑述
蒲州萬固沙門妙峰福登校

寅三顯見不滅。此示常義。分三。卯一會眾領悟更請。又二。辰一敘述眾悟。又曲分三。巳一得悟安樂

爾時阿難。及諸大眾。聞佛示誨。身心泰然。

泰然者。從佛呵為非心。即起驚疑。及聞離塵斷滅。轉更不安。所以然者。正以離識心外更不見心。今蒙根中指出。宛然別有。寂然不動。驚疑頓息。所以安樂。

巳二悔前迷執

念無始來失卻本心。妄認緣塵分別影事。

見不動心。方顯識為塵影。故悔迷真逐妄。

巳三以喻狀喜

今日開悟。如失乳兒。忽遇慈母。

背真執妄。如兒背母。慧命懸危。如失乳將死。今見本心。如忽遇慈母。慧命復續。如食乳而生。

辰二通別兩請。又二。巳一會眾通請

合掌禮佛。願聞如來顯出身心真妄虛實。現前生滅。與不生滅。二發明性。

首句謝前請後。心。即指前見性。小乘雖知身是無常。但一向迷見為眼。同身壞滅。今雖乍領即是不動之心。然迷混之久。實無智辯以自發明此見如何不與色身同滅。故求佛發明之。

巳二匿王別請。此以別除斷見。乃是旁兼。故科別請。然以王發起者有二意。一以就王之老相。易示變遷。二以顯身之無常。至貴不免。問。佛指根性。正意元爲改權宗生滅之因。以立成佛眞因地心。何暇且破凡夫最淺斷滅之見。答。權小鈍滯。固可矜憐。凡外迷淪。猶宜哀救。況喪本受輪。禍孽莫甚於斷見。佛慈平等。故因此處可以警悟。乃兼與除之。非正爲也。此方名教。多言人死靈隨氣散無復存者。是爲大惑。請沈玩於斯焉。分為四科。午一教前邪惑

時波斯匿王起立白佛。我昔未承諸佛誨勅。見迦旃延。毗羅胝子。咸言此身死後斷滅。名為涅槃。

迦旃延。此云翦髮。毗羅胝。此云不作。外道六師之二。說道不同。皆以斷見為主。涅槃多義。而猶以不生滅為要義。得涅槃者。一性恒常。遠離生滅。今反以身死性即斷滅為涅槃。真邪說也。蓋匿王未聞佛教。先受此惑矣。

午二教後仍疑

我雖值佛。今猶狐疑。

狐乃疑獸。過冰聽水。必多反覆。人有疑者似之。此亦示同。故云爾也。

午三願聞不滅

云何發揮。證知此心不生滅地。

此心。即指見性。求佛顯示此性果不生滅。則宿疑無不決了。

午四明眾心同

今此大眾諸有漏者。咸皆願聞。

據除斷見麤惑。則此有漏。似惟指於界內凡夫。二乘有學。若辨見性真常。則雖小乘四果。別教三賢。亦須普指。以彼自來未明見性是真常心故。

卯二如來徵顯不滅。分三。辰一顯身有變。又二。巳一略彰變滅。又曲分三。

午一徵定必滅

佛告大王。汝身現在。今復問汝。汝此肉身。為同金剛常住不朽。為復變壞。世尊。我今此身。終從變滅。

其意可知。

午二徵定滅由。分為三。未一怪問預知

佛言。大王。汝未曾滅。云何知滅。

未二略舉變相

世尊。我此無常變壞之身。雖未曾滅。我觀現前念念遷謝。新新不住。如火成灰。漸漸銷殞。

未三明知必滅

殞亡不息。決知此身當從滅盡。

因今遷謝而不住。知終必滅而後已。何待死而後知滅哉。只此數語。已即可以警念無常。劇貪世務者寧不惕然。

午三印許其言

佛言。如是。

印其所說不謬。略彰變滅已竟。

巳二詳敘變滅。分三。午一令較量老少。又二。未一故問令敘

大王。汝今生齡已從衰老。顏貌何如童子之時。

前言總略。未盡精詳。今故舉老少之懸殊者令其相較。激引之。而欲其詳敘也。

未二甚言不同

世尊。我昔孩孺。膚腠潤澤。年至長成。血氣充滿。而今頹齡。迫於衰耄。形色枯悴。精神昏昧。髮白面皺。逮將不久。如何見比充盛之時。

佛問老少。王加長成。三時發明以顯不同。耄者。只表老而昏忘。不必局定歲數。下枯悴釋衰。昏昧釋耄。髮白面皺。又顯然可驗其不久者也。老年者安可恬不知懼。

午二令詳敘變狀。又二。未一如來引問

佛言。大王。汝之形容。應不頓朽。

王言。世尊。變化密移。我誠不覺。寒暑遷流。漸至於此。

未二匿王具答。分二。申一不覺漸至

密移不覺。莊生亦喻夜壑負舟。彼謂造化密移。豈知行陰所遷。

申二徵釋推知。又二。酉一麤推且限十年。

何以故。我年二十。雖號年少。顏貌已老初十歲時。三十之年。又衰二十。於今六十。又過於二。觀五十時宛然強壯。

任運不覺。作意推度。始得知之。此科時寬。人雖可覺。然亦豈知二十三十。比前童年已為衰老。是則少者當亦可以警無常矣。

酉二細推乃至剎那

世尊。我見密移。雖此殂落。其間流易。且限十年。若復令我微細思惟。其變寧惟一紀二紀。實惟年變。豈惟年變。亦兼月化。何直月化。兼又日遷。沈思諦觀。剎那剎那。念念之間。不得停住。

此科推至極促之時。方是凡夫麤心所不覺者。尚書。殂。謂魂升於天。落。謂魄歸於地。乃死之別名。今經但以壯色日去為殂。老相日遷為落。紀者。十二年也。牒前寬數。變其文耳。自年以至剎那。方是密移之不覺者也。剎那至短。攝在念間。教中謂一念具九十剎那。以利刃透九十紙為一念。準分剎那。

午三乃總結必滅

故知我身終從變滅。

此雖如來令其詳敘肉身念念遷謝之相。將欲顯後見性全無遷謝。然亦可以為觀身無常之厭。然權小厭之。取灰斷果。求變易身。乃其舊見。今令依圓人見解。不離根中頓領常性而已。顯身有變已竟。

辰二指見無變。分四科。巳一徵定不知

佛告大王。汝見變化遷改不停。悟知汝滅。亦於滅時。汝知身中有不滅耶。

波斯匿王合掌白佛。我實不知。

滅中不滅。正王所昧。使其早知。何由惑於斷見。

巳二許以指示。

佛言。我今示汝不生滅性。

巳三引敘觀河

大王。汝年幾時。見恒河水。王言。我生三歲。慈母攜我謁耆婆天。經過此流。爾時即知是恒河水。

耆婆。此云長命。謁此天神求長命也。

巳四詳彰不變。又二。午一先彰所見不變。所見。即恒河中水。欲因所見之水不異。引顯能見之性不變耳。又分為三。未一躡前變滅

佛言。大王。如汝所說。二十之時。衰於十歲。乃至六十日月歲時。念念遷變。

未二令較所見

則汝三歲見此河時。至年十三。其水云何。

未三直答不變

王言。如三歲時。宛然無異。乃至於今年六十二。亦無有異。

先彰所見不變已竟

午二次彰能見不變。能見。即根中見性。因所顯能。易於開悟耳。分三未一躡前身變

佛言。汝今自傷髮白面皺。其面必定皺於童年。

未二令較能見

則汝今時觀此恒河。與昔童時觀河之見。有童耄不。

未三直答不變

王言。不也。世尊。

問。約老而聰明不衰者。可說不變。然多有老眼昏暗者。則何通之。答。自是眼暗。非關見性。若但論眼。則固有少而昏盲者。何待老來。且前指見科中。已有盲人矚暗之喻。彼許全見黑暗。亦無損於見體。豈止昏花乎。當知此中但是就匿王不病之眼。以驗見性不變而已。非說肉眼能不變也。豈可故取病眼為難乎。指見不變一科已竟。

辰三正申二性。以前通請中。願聞生滅與不生滅二發明性。如來已引觀河驗定。至此乃申二性。以結歸前之所請也。又分二。巳一詳與區分。又二。午一因皺以分變與不變

佛言。大王。汝面雖皺。而此見精性未曾皺。皺者為變。不皺非變。變者受滅。彼不變者。元無生滅。云何於中受汝生死。

午二因變以分滅與不滅

匿王既因身之衰變。而預知身之必滅。何不因見之不變。而預知此見死後必不滅乎。可以深發省悟矣。於中者。即於身中也。受生死者。與身同受生滅也。言既不與身同變。必不與身同滅矣。往往宗家謂不離身中即有不滅性體。正謂根中見聞等性。非謂方寸之中。臟腑之內。別有性命。即同阿難初執身內識心。

巳二責留斷見

而猶引彼末伽黎等。都言此身死後全滅。

末伽黎。此云不見道。等者。等前請中二人。皆一類斷見外道。故佛責匿王請互舉之。如來徵顯不滅一科已竟。

卯三王等極為喜慶

王聞是言。信知身後捨生趣生。與諸大眾踊躍歡喜。得未曾有。

王本為除凡夫斷見之惑。示同就問。故此即惟就王結彼一類懷斷見者。方喜其有趣生之性而已。非普結會眾同有是喜也。以捨生趣生。正四相中人相。權小喜此。是損非益也。

問。權小豈無喜乎。曰。必喜離識心外別有此本常之性。自此而修大定。成菩提。端有望矣。曰。經家何故只就王結。曰。王是旁兼之問。意中惟就此機會。決了斷見而已。斷見既除。其意已盡。何不結了。問。為何不結會眾之喜。曰。此有二意。一者小悟之喜。不必重結。謂逐節開悟之喜。此科之首。已敘身心泰然等。若使再結。還同前語。何用重繁。二者大悟之喜。須待後結。以心未大開。餘疑未盡。阿難等方欲種種興問。何暇結喜。直待三卷末方結云。各各自知心徧十方。乃至獲本妙心。常住不滅。禮佛合掌。得未曾有。始是普會之喜也。顯見不滅已竟。

寅四顯見不失。此若據其科名。亦足前常字之義。蓋上科約未來說。如云。盡未來際。究竟不滅。此科約過去說。如云。從無始來。本有不遺。既惟約於豎窮。其屬常字無疑。若據文中發明。體周萬法。量極虛空。亦可以當如來後示周圓之義。又前文求示寂常心性。上二科已答寂常二字。此科廣大周圓。誠為心性全體。是答心性二字。三釋俱通。宜細詳之。分二。卯一阿難因悟反疑前語

阿難即從座起。禮佛合掌。長跪白佛。世尊。若此見聞必不生滅。云何世尊名我等輩遺失真性。顛倒行事。願興慈悲。洗我塵垢。

上惟舉見。此復兼聞。足顯佛言隨便。其實四性六精。俱攝見性之中矣。必不生滅。是起疑之端。在上科中文云。彼不變者。元無生滅。是也。遺失真性。顛倒行事。正是所

疑。卻在不動科中。是彼全文。因後疑前。非是疑佛自語相違。但問佛既云不滅。以何因緣。前說遺失。故佛下示。但因顛倒而說遺失。非因斷滅而說遺失也。可見非真遺失。故通章全示顛倒不失之相。諸註但明顛倒。全忘不失。不知何以銷阿難之疑。請詳今解。當自辨其得失。

卯二如來發明因倒說失。此中舊註差錯。若不預以辯明。非惟經之本旨終不顯彰。即今正解反似差錯矣。註云。順垂為正。逆豎為倒。此言非是。且與後結合處語相乖反。蓋為錯會首尾相換四字。故致差誤至此。不知首尾相換。正明不失。非說顛倒。良以臂之正倒元無一定。阿難與佛俱惟順於世間。但取臂之雖倒不失。人所易明。心之雖倒不失。人所難曉。以易例難而已。請觀今解。分二。辰一即臂倒無失為喻。又三。巳一定臂之倒相

即時如來垂金色臂。輪手下指。示阿難言。汝今見我母陀羅手為正為倒。阿難言。世間眾生以此為倒。而我不知誰正誰倒。

母陀羅手。此云印手。相好也。不知誰正誰倒者。正以臂無一定倒正。故但順於世間。說此下垂為倒。

巳二定臂之正相

佛告阿難。若世間人以此為倒。即世間人將何為正。阿難言。如來豎臂。

兜羅緜手上指於空。則名為正。

佛意亦以臂無一定正倒。既世人以此為倒。即依之為倒。遂問世人以何為正。亦將依之以為正也。但欲取喻不失而已。非辨正倒之是非也。

巳三明顛倒非失

佛即竪臂。告阿難言。若此顛倒。首尾相換。諸世間人一倍瞻視。

即竪臂者。即依上指為正也。若此顛倒首尾相換者。此二句。正明顛倒無失。蓋佛上竪時。已順世間成正。卻言若將此臂顛倒下垂。但是將上竪之首。換為下垂之尾而已。豈將此臂真遺失哉。末二句。一者。同也。倍者。多也。如言心之顛倒不失。世人固所難知。臂之顛倒不失。乃世人同見而無差異。多見而非一人。蓋言明白易見。宜當就喻發悟也。且與下合喻全無乖反矣。

辰二以心倒無失合喻。分四。巳一據名略以合定

則知汝身。與諸如來清淨法身。比類發明。如來之身。名正徧知。汝等之身。號性顛倒。

清淨法身者。即相即性。即有即空。現前三十二相即是法身。非比相宗。最後佛身。有為無漏。非比空宗。破相為妄。報化非真。此之性宗。山河全露。萬相皆如。說報化與

法身異體者。當墮地獄。比類發明者。即令依臂悟身心也。達心包萬法為正知。達萬法皆心為徧知。如來達此。名正徧知身。如臂上指。非新得也。執色身包心為倒知。執心外有法為倒見。凡小執此。號性顛倒身。如臂下垂。非真失也。此但略合。詳合更在下文。

巳二徵顯身無正倒

隨汝諦觀。汝身佛身稱顛倒者。名字何處號為顛倒。於時阿難。與諸大眾。瞪瞢瞻佛。目睛不瞬。不知身心顛倒所在。

此雖示身無倒相。亦見阿難等不明顛倒實義。意謂凡物名相。多不相離。故令循名而覓相。如以黑為名者。若對白物。必歷然有黑相可見。與白者迴別。今汝身既以顛倒為名。對我正徧之身。亦當歷然有顛倒之相。與我正徧者迴別。而後可也。今隨汝觀。顛倒果何在乎。由是眾等竟不得其倒正之相。然所以不得者。斯名有三義甚深。不同諸名。一者。不在當體義。蓋名雖在身。而義乃從心故也。二者。非可相見義。但可義求。非如有形之物。可以相取也。三者。更不在心義。以顛倒。但眾生執迷之見。而心實不依之以真成顛倒。故知此顛倒也。在心尚不可得。在身豈可得見乎。下文方具示。今以義求矣。

巳三詳示正倒從心。分三。午一標如來慈悲告眾

佛興慈悲。哀愍阿難。及諸大眾。發海潮音。徧告同會。

愍其顛倒尚不知其所在。何由而有發悟之期。應不失時。名海潮音。以其瞪瞢瞻望。

適當可教之時也。

午二引昔教以明正相。此科正合喻臂之上豎。分三。未一示為尋常之教

諸善男子。我常說言。

佛所說法。皆到一切智地。而眾生隨類各解。如一切唯心造。凡小解為業造。權教解為識造。圓頓直了真心變現。今約深義。重明昔教也。

未二萬法惟心所現

色心諸緣。及心所使。諸所緣法。惟心所現。

色。即十一色法。心。即八識心法。諸緣。即生心之四緣。生色之二緣。心所使。即五十一心所法。諸所緣法。廣至善惡邪正。世出世間。一切事業因果法門等。惟心者。惟眾生本具一真法界之心。亦即如來藏心。乃變現萬法之實體。故曰惟心所現。此科重一現字。見萬法即心也。問。前謂見性是黎耶體。即如來藏心。又即萬法實體。似為能現。今色心之心既該八識。則黎耶已為所現。而惟心之心。當另有純真之心。何得仍取如來藏心以釋之。答。前七等但為所現。真心但為能現。而此黎耶能所俱通。以對真心。降為所現。以對萬法。升為能現。蓋與真心本無二體。但惟帶妄而已。故今斯文任說真心。亦惟屬於示見不失。以眾生現量離此無別可指。經中徧是此義。待至下科。當極明之。

未三萬法常在心中

汝身汝心。皆是妙明真精妙心。中所現物。

身。即五根。心。即八識。及諸心所。其餘俱攝皆字之中。不屬空有曰妙。遠離晦昧曰明。萬法實體曰真精。具此諸義曰妙心。中所現物者。言妙心如海。而萬法如海中之影。心包無外。而萬法皆在心中。此科重一中字。見心包萬法也。合上科萬法即心。此科心包萬法。即是心之正相。恒不昧此。即正徧知身。仍當補云。如我豎手。等無有異。豈別有所得耶。此意必有。但文略耳。引昔教以明正相竟。

午三責遺認以明倒相。遺。謂遺真。認。謂認妄。責其但因遺真認妄。遂成顛倒耳。足知是迷顛倒。非心顛倒也。又分三。未一怪責遺真認妄。

云何汝等。遺失本妙。圓妙明心。寶明妙性。認悟中迷。

前問意。何因緣故。說為遺失。此科即其因緣也。蓋是遺真認妄。全不覺知。雖未遺失。義同遺失矣。本妙二字另說。言其不假修成。本來空有不羈。自在解脫之意。下圓妙明心寶明妙性。二句相對。圓。乃通融流動。用之相也。寶。乃清淨堅實。體之相也。故依環師解。心之與性。體用互稱。心則從妙起明。圓融照了。如鏡之光。性則即明而妙。凝然湛寂。如鏡之體。此解甚好。心性單言。各兼體用。心性對舉。體用暫分。因文立意而已。非一定也。此正責其遺真。末句責其認妄。悟。即上二科萬法即心。心包法外。迷則敵體相翻。謂法皆心外。心墮法中。認悟中迷者。謂見雖迷執顛倒。而真心與萬法。實不曾依之果成顛倒。如人迷東為西。方實不轉。乃是於不顛倒中而妄計顛倒。故曰認悟中迷。

未二詳彰認遺之相。上科但是標下。此科全以釋成。分二。申一法說。又二。酉一彰認妄之相。又曲分為四。戊一誤認器界

晦昧為空。空晦暗中。結暗為色。

此科即誤認山河諸法心外實有。正翻萬法即心。然此科及下科。圓師之註甚好。今全取之。晦昧為空者。迷性明故。而成無明。由此無明。變成頑空。即下經云。迷妄有虛空也。空晦暗中結暗為色者。所變頑空。與能變無明。二法和合。變起四大。為山河依報外色。即想澄成國土也。

戊二誤認根身

色雜妄想。想相為身。

此科即妄認五蘊四大為自身相也。圓師云。以四大色。雜妄想心。變起眾生正報內色。想。謂妄心。相。謂妄色。色心和合。五陰備矣。即知覺乃眾生也。

戊三誤認心性

聚緣內搖。趣外奔逸。昏擾擾相以為心性。

此科即妄認緣塵分別為自心相。聚緣者。環師以圓覺妄有緣氣於中積聚釋之。最是。

但愚意與圭峰所解不同。夫緣氣者。即精神魂魄等潛住五臟者。乃我執習氣之所妄成。於中者。於身中也。積聚者。結為命根。繫於生死耳。蓋我執雖徹底虛無。而積劫堅執。妄理相應。保之則生。斷之則死。所謂從畢竟無。成畢竟有矣。內搖者。如云。有動乎中。必搖其精。現見勞慮太過者。五臟隨病。此眾生所以多不信身中本無性命也。趣外奔逸者。逐境緣慮也。此二句雖總言妄識。而聚緣二字。連持命根。似為第八功能。內搖外奔。騰躍妄想。似為前六業用。昏擾擾相者。聚緣迷執故昏。內搖外奔故擾。誤認此昏擾者以為靈用。而妄稱心性。問。前謂見性是八識實體。今復以聚緣為八識功能。得失何分哉。答。此識真妄和合。故見性。取其一分真理。聚緣。取其一分妄情。凡言八識去後來先等者。皆以妄情言耳。後倣此。

戊四遂成顛倒

一迷為心。決定惑為色身之內。

上二科。尚是顛倒之由。此科方成大顛倒矣。蓋心反轉入身中。萬法俱包心外。正翻心包萬法。所以為顛倒也。嗚呼。自非佛了義之教。誰不計其性命在於身中。萬法但為心外者乎。然命在身中。道教計之特甚。法居心外。小乘在教猶然。正徧知覺。亦甚深哉。

酉二彰遺真之相

不知色身。外泊山河虛空大地。咸是妙明真心中物。

心在身中。但惟顛倒之見。妄執而已。豈無邊大心。果依其妄見而轉入於身哉。正同迷東為西。而東實不西也。故身及虛空。依舊在於心中。而大心依舊包於法外。但迷時不覺知耳。斯則不知二字。便是顛倒。豈有實體可得哉。法說已竟。

申二喻說。分二。酉一喻遺真認妄

譬如澄清百千大海棄之。惟認一浮漚體。

遺失包虛空大地之心而不認。如棄百千大海。但認蕞爾身中有我之心。如認一漚。

酉二喻以妄為真

目為全潮。窮盡瀛渤。

展轉倒執。乃謂身中方寸之心。能包虛空大地。如說一漚。全包大海。問。此何異於一毛孔中包盡剎海。答。彼達諸法性全法界。故一毛稱性。即包無餘。如說真摩尼珠價直一國。誠不虛矣。此不達諸法實相。但將昏擾妄想。謬計身中。而又倒執能包虛空大地。是尚無體可得。憑何廣包。如說水泡價直一國。真大迷妄。安可同乎。詳彰認遺之相竟。

未三深責迷倒之甚

汝等即是迷中倍人。

遺大心而認浮想。如棄海認漚。已為迷矣。又復執浮想為大心。如說漚為海。更是加一倍迷矣。故曰迷中倍人。詳示正倒從心已竟。

巳四結合前喻無失

如我垂手。等無差別。如來說為可憐愍者。

此方攝上認妄遺真之倒執。而結歸前喻。但同下垂之臂而已。豈真有所遺失哉。法喻方不乖反。向使上豎為倒。當云。如我豎手。何得云垂手乎。詳之。如來說為可愍者。如云。使其真已遺失。似猶不足深憫。今本無遺失。而常如遺失。似懷珠困窮。故親友矜歎而切責也。此中雙明雖顛倒而不失。雖不失而顛倒。知前義。則不孤本有。知後義。則不廢修行。亦性修不礙之旨也。前阿難聞呵非心。驚謂捨此更無。將同土木。如來安慰。許以真心有體而已。非正開示真心也。譬如許人以物。後日方以與之。長水彼處即謂開示真心。以許為與。何有實惠哉。故此不失科中正倒二相。方是開示真心之正文。而阿難到此。方知於緣塵外更有如此廣大心體。而如來所許果爾非虛。請與前之許辭對觀。甚有味矣。可見通釋佛經。能詳語脈為妙。不可潦草錯會。然此科似顯心一周。而下六翻搜其餘疑而已。顯見不失已竟。

寅五顯見無還。自上科觀之。佛之開示。可謂盡心吐露矣。特阿難未能極領。種種疑之。故有下文諸科。向使於見性略有破意。是助其疑矣。更肯領之乎。破妄見之言。足知其非是也。此科。還者去也。科名獨標去意。而文中具有來意。顯無去來耳。按阿難前求。兼足寂常二義。分四。卯一阿難求決取捨。又四。辰一述聞法雖悟本心

阿難承佛悲救深誨。垂泣叉手。而白佛言。我雖承佛如是妙音。悟妙明心。元所圓滿常住心地。

悲救者。救其顛倒受淪也。深誨者。誨其極領正徧知也。感佛深慈。故至垂泣矣。觀雖之一字。便是尚有所礙。而未能極領之意也。末二句。述前三科。包括虛空曰圓。周徧萬法曰滿。此即述上不失科意。常即不滅。住即不動。更述上之二科耳。

辰二明不捨悟法緣心

而我悟佛現說法音。現以緣心。允所瞻仰。

此述承教悟道。而全歸功於聽法緣慮之心也。阿難多聞重法之人。於此一種緣法領悟之心。更所難捨。意云。別種緣心。或可捨擲。今我悟佛所說法時。現用緣心承聽領納。方倚用之。豈可遽捨乎。

辰三明未敢認取本心

徒獲此心。未敢認為本元心地。

此心。即指上所說妙明心體也。正因不捨悟法緣心。故言徒獲圓滿常住真心。反不敢認為本元心地。以認此須當捨彼。今既不忍捨彼緣心。故亦不敢認取於此。又若捨此緣法之心。卻後將何承領佛法。縱不惜此緣心。而獨不重於佛法乎。此與下文云何得知是我真性。一類反疑真心之意。舊將此心指於緣心。殊無意味。良以彼尚堅執不捨。何又不敢認乎。

辰四願如來與決取捨

願佛哀愍。宣示圓音。拔我疑根。歸無上道。

圓音有三不可思議。一者。殊方異類。皆同本音。二者。大小淺深。隨解皆益。三者。有緣隔遠。皆同目前。疑根者。緣心真心。兩持不決。根心難拔。故求佛拔之。無上道。即阿耨菩提。如人惑於歧路。導師指之。方可決一而歸。

卯二如來破顯二心。破。謂破緣心。顯。謂顯見性也。分二。辰一破緣心有還。又分三。巳一先破所緣之法。即現說法音也。不捨緣心深故。既全為於重法。故須破法非真。而緣心自捨矣。分三。午一法說

佛告阿難。汝等尚以緣心聽法。此法亦緣。非得法性。

緣心之緣。攀緣也。法緣之緣。塵緣也。以法音即聲塵攝。故亦非真。若落紙墨。更是色塵。末句正出非真之故。法性者。真理也。圓師云。教詮真理。理是眾生之心。故知妙明心地方是真理。豈可即執聲教為真理哉。

午二喻說。又分二。未一因法觀心喻

如人以手指月示人。彼人因指當應看月。

上人字。喻說法者。下二人字。喻聽法者。指。喻於法。月。喻聽法者之自心。標指示月。喻說法顯心。因指當應看月。喻聞教自合觀心耳。

未二執法忘心喻。又為二。申一正舉執忘

若復觀指以為月體。

喻但惟執佛聲教。不解反觀自心者也。

申二雙出二過。就分二。酉一併法俱失過

此人豈惟亡失月輪。亦亡其指。何以故。以所標指為明月故。

合法當云。此人豈惟不達自心。亦復不知教意。何以故。以他聲教為己自心。自他不分。安知教意耶。

酉二兼迷法相過

豈惟亡指。亦復不識明之與暗。何以故。即以指體為月明性。明暗二性無所了故。

合法當云。此人豈惟不知教意。兼亦不了教心體相。何以故。教以聲塵為體。以自無覺照為相。心以靈知為體。以本有覺照為相。斯人即以無照之塵。為有照之心。有照無照二不別故。對詳法喻。歷歷可見。

午三結定

汝亦如是。

言汝之迷心。迷教。及迷教心體相。亦如亡月。亡指及亡明暗者。無以異也。先破所緣之法已竟。

巳二正破能緣之心。揀前先破方拔不捨緣心之根柢。非正破緣心故也。分三。午一正破緣聲之心。揀後緣色等。俱為兼帶。以但因不捨緣佛聲教之心而起破也。又二。未一縱言離聲當有

若以分別我說法音為汝心者。此心自應離分別音。有分別性。

分別法音。乃取能分別者為己真心。即不捨緣心也。此心下。縱之令離聲塵更覓分別之自性耳。

未二喻明離聲無性。又分二。申一舉喻。又二。酉一正以客喻

譬如有客。寄宿旅亭。暫止便去。終不常住。

前佛但以客喻身境。予謂兼喻緣身境之心。此佛以客正喻緣心。

酉二反以主顯

而掌亭人都無所去。名為亭主。

此雖但以反顯緣心非主。而實即以見性為主人也。

申二法合。又二。酉一先合主喻

此亦如是。若真汝心。則無所去。

言當如亭主也

酉二後合客喻

云何離聲無分別性。

離聲無性者。言何但如客之暫止便去耶。正破緣聲之心已竟。

午二兼破緣色之心

斯則豈惟聲分別心。分別我容。離諸色相。無分別性。

聲分別心者。聲上分別心也。離色無性。與離聲無性。一例可知。

午三廣至緣法之心

如是乃至分別都無。非色非空。拘舍離等昧為冥諦。離諸法緣無分別性。

如是乃至者。例上聲色二塵。中間超過香味觸。并法處所攝半分生塵。留彼半分滅塵。結為冥諦耳。分別都無者。前之五塵。及法處生塵。皆不行分別。所謂內守幽閑也。非色非空者。如八定後三所緣。既離前四所緣一切色等。故非色。復離空無邊處所緣無邊虛空。

故非空。蓋自識無邊處。乃至非非想處所緣。皆是此境。即法處滅塵耳。拘舍離。華言未詳。即末伽黎。連此三字方成一名。乃其母名。亦連母為名之例也。昧者。不達而妄立也。冥者。冥然莫辨。諦者。妄稱真實耳。蓋外道立二十五諦。首號冥諦。彼謂冥初生覺。是萬法之元始。尊為極則之理。今非色非空。正齊此見矣。末二句。諸字助語。與前離諸色相一樣。意謂縱使心之分別都無。亦但離於麤分別耳。微細流注。固所未覺。縱使境之色空都盡。亦但離於麤境耳。滅塵影事固不能離。若離諸法塵之緣。即無分別之性。與上之離聲色而無性者一類無別也。正破能緣之心已竟。

巳三結指此心有還

則汝心性各有所還。云何為主。

總承上六處緣心。各隨本塵而生。亦隨本塵而滅。如影隨人。元隨何人而來者。亦即還隨何人而去。故云有還。云何為主者。言但是暫止便去之客。何以為無去無來常住之主人乎。破緣心有還一科已竟。

辰二顯本心無還。此中專顯真心無去無來常住為主。大異緣慮客心暫止便去。所以令阿難決定捨定而取主人翁矣。分二。巳一阿難求示無還

阿難言。若我心性各有所還。則如來說妙明元心云何無還。惟垂哀愍。為我宣說。

巳二如來詳與顯示。又分為四。午一指喻見精切真

佛告阿難。且汝見我見精明元。此見雖非妙精明心。如第二月。非是月影。

且汝見我見精明元者。言汝見我之時。即此能見之體。靈明之用。出自本元也。此乃稱舉其名。下方喻其切真矣。雖非妙精明者。微露帶妄之意也。以此心既為六精之一。而又在處明了不昧。固已現具精明之體。特以二種顛倒見妄未除。故言雖非妙精明也。蓋表其已具精明而但欠於妙耳。然觀雖之一字。亦暫以抑之。而喻中隨即揚其切真。如第二月非是月影者。蓋月有三相。第一。是天上淨月。第二。是人以手捏目望月。遂成二輪。取其捏出者為第二月。第三。是水中月影。意以第一月喻純真之心。第二月喻見精明元。第三月喻緣塵分別。今言見精如第二月者。明其雖非即真。而實與真心非有異體。但帶無明。除之即真。亦如二月。非與真月有虛實之差。懸遠之隔。但多一捏。放之即淨矣。非是月影者。明其非同緣塵之心。但是前塵之影。乃如水中月。其與真月上下懸隔虛實不倫矣。意欲令人決定捨於第三月。而決定認取第二月。則第一月不遠即在矣。問。何不即指純真之心。而乃用此曲示。費此申明乎。答。前言待下科而極明者。正此處也。蓋究竟離妄純真之心。惟佛乃具。等覺尚帶生相無明。何況地前諸位。乃至五住凡夫。現前何有純真之心。然而真雖不純。體終不變。如金在鑛。離鑛無金。特鑛有真偽。非金師莫能辨識耳。故佛直指根性為心。如指鑛說金。金即在鑛。非離鑛外而別有金也。此處祇因其無明未剖。尚有歉於妙之一字。故佛略抑揚之。意在表其切真耳。非如緣塵。

呵其非心無體也。諸註於此發妄太過。如輕加緣塵之名。將濫同於三月。強索有還之處。似公抗於佛言。縱有理據。殊防領悟。徒引人之猶豫。不敢直認見性為心。其失非小。不知眾生現量。離此根中之性別無可指。故諸祖指示。率多取於六根門頭者。奉佛密旨也。行人時中但請認取此性。萬無一失。譬如收買金鑛者。時下雖非精金。真金終不外鑛而得。使其棄鑛求金。非惟並金亦棄。將必惑於鍮石。而真金終不可見矣。豈不大可惜哉。

午二許示無還之旨

汝應諦聽。今當示汝無所還地。

即見精明元無還也。

午三備彰八相皆還。舊將八還辨見。對前七處徵心。予前已辯七徵固是潦草之言。而又獨以此八還為辨見。仍以對前七徵。尤為孟浪之語。前後十番皆示見性。而獨指八還。餘皆辨於何法乎。且前七處乃七大科。豈與此一科為對耶。今總改之云。七處破心。十番顯見。則非惟法數相稱。而心妄見真之旨亦攸分矣。又復分為三科。未一具列八相

阿難。此大講堂。洞開東方。日輪升天。則有明耀。中夜黑月。雲霧晦暝。則復昏暗。戶牖之隙。則復見通。牆宇之間。則復觀壅。分別之處。則復

見緣。頑虛之中。徧是空性。鬱埻之象。則紆昏塵。澄霽斂氛。又觀清淨。

此八種。俱是色塵。俱是眼家所對之境。俱各有體有相。如日輪是體。明耀是相。夜晦是體。昏暗是相。乃至戶牖。牆宇。分別。空性。昏塵。澄霽。俱是體。通。壅。緣。虛。鬱。淨。俱是相。此八塵。作四對。意各取其相之相反為對也。謂明暗乃至鬱淨相反。惟空虛。塵鬱。體相顛倒。下文還處自見。分別。即前塵分別。指種種諸物而言。如松。棘。鵠。烏。雜在之處也。緣。指種種異相而言。如直。曲。白。玄。差異之相也。下頑虛。則是全無諸物之處。徧是空性者。迥然惟見一空相而已。蓋緣是異色。空是同色。同異相反。生成對偶。且經後文虛空為同。世界為異。即其證矣。舊註乃以分別作分別之心。則下緣字與上何別。而又如何見之。且下虛空與何為對。蓋八種俱取塵相有還。對顯見性不與塵而俱還。離塵別有全性。所以異前大科中緣心與塵俱還。離塵無性也。何必此中又加分別之心乎。字同意別。善須辨之。

未二各還本因。又二。申一許還本因

阿難。汝咸看此諸變化相。吾今各還。本所因處。

諸變化相。即上八種相。本所因處。即上八種體。

申二徵起詳釋。又分為二。酉一釋成一相。

云何本因。阿難。此諸變化。明還日輪。何以故。無日不明。明因屬日。

是故還日。

是故還日者。如云。隨日輪而俱來者。亦與日輪而俱去也。

酉二以類俱成

暗還黑月。通還戶牖。壅還牆宇。緣還分別。頑虛還空。鬱𡋯還塵。清明還霽。

此中觀虛之還空。鬱之還塵。足驗前之體相顛倒。其餘例日可知。各還本因已竟。

未三更明該盡

則諸世間一切所有。不出斯類。

亦惟取於眼家所對色相而已。備彰八相皆還已竟。

午四獨顯見性無還

汝見八種見精明性當欲誰還。何以故。若還於明。則不明。時無復見暗。雖明暗等種種差別。見無差別。

見亦言八種者。由前列八相時。一一相中。皆須對於見性。若無見性。憑誰取相乎。故見亦隨相而言八種矣。當欲誰還者。言見性於此八相之中。畢竟與何相而俱還乎。此方難問。下乃徵釋。明其實無還也。蓋與一相俱還者。諸相復將何見。今諸相任遷。一一皆見。足知八塵於見性之中自相往來自相陵奪。而此見體朗然常住不動不遷。豈同前來緣塵之心與塵俱還乎。如來破顯二心已竟。

卯三承前判決取捨

諸可還者。自然非汝。不汝還者。非汝而誰。

諸可還者。總逃前聲色等六種緣心皆與塵而俱還者也。自然非汝者。言其既皆屬塵。自不屬汝。決定汝當棄捨而不須執恪矣。不汝還者。總逃後八種見精。不與塵而俱還者也。非汝而誰者。言既不屬塵。自屬汝之本心。決定汝當認取而不可猶豫矣。

卯四結歎自迷淪溺

則知汝心本妙明淨。汝自迷悶。喪本受輪。於生死中。常被漂溺。是故如來名可憐愍。

心即見性。本字。總貫妙淨明之三字。是本有現具。不從修得之意。不為諸塵所遷。而緣心不能超勝。曰本妙。不為諸塵所蔽。而緣心不能障礙。曰本明。不為諸塵所染。而緣心不能疑混。曰本淨。迷悶者。執恪緣心也。喪本者。反疑棄於本妙明淨也。受輪漂溺。皆其自取。所以可愍也。顯見無還已竟。

大佛頂首楞嚴經正脈疏卷十

大佛頂首楞嚴經正脈疏卷十一

經文卷二之二

明京都西湖沙門交光真鑑述
蒲州萬固沙門妙峰福登校

寅六顯見不雜。此一大科舊註。似全不知問處何疑。答處何釋。總成錯解。故不勝其辯正。但請詳究今解。當自覺是非顯然。不難辯矣。又分為二科。卯一阿難以物見混雜疑自性

阿難言。我雖識此見性無還。云何得知是我真性。

此疑蓋謂承佛上示。雖知此見不與諸相俱還。而實常與水陸空行等物混雜無分。今於諸物之中。將辨何者是我見性。何者是物相乎。言其不可分析也。由此問意。詳下答意。自然應合分明。只重我字。不重真字。故吳興之解非是。

卯二如來以物見分明顯自性。分四。辰一先列能所。欲與揀擇分析。先須列下能見之性。與所見之物。然後乃可於中擇而分之也。就分為二。巳一列能見之性。又分為二。午一聖眾見。又曲分三。未一聲聞見

佛告阿難。吾今問汝。今汝未得無漏清淨。承佛神力。見於初禪。得無障礙。而阿那律。見閻浮提。如觀掌中菴摩羅果。

阿難方證初果。故云未得無漏。天眼亦未遠見。故仗佛神力。方見初禪。按初禪但能

見一四天下耳。阿那律。此云無滅。昔因其施供。受福不滅。是佛從弟。晝眠被訶。精進失目。遂證四果。得天眼。見大千如觀掌果。今云閻浮提。豈反劣於初果。恐是娑婆界三字。而筆受者誤也。且四見從狹向寬。其序可詳。菴摩羅。此云難分別。桃柰相疑。生熟難分。此方所無也。

未二菩薩見

諸菩薩等。見百千界。

一大千為界。菩薩所見。累至百千。其實地上更多。雖亦至廣。總皆有限。

未三如來見

十方如來。窮盡微塵清淨國土。無所不矚。

窮盡。則無限量。數如微塵。則不可數。佛眼所觀。淨穢皆同清淨。聖眾見已竟。

午二凡品見

眾生洞視。不過分寸。

不過分寸有二意。一者。對勝說劣意。自諸聖極於如來。較至眾生。縱窮其量。亦不過分寸而已。二。收盡含生意。上既齊於如來。下必齊於蜎蠉。故廣至窮盡國土。狹至不過分寸也。蓋言見量雖殊。均為能見之性而已。列能見之性已竟。

巳二列所見之物

阿難。且吾與汝觀四王天所住宮殿。中間徧覽水陸空行。雖有昏明種種形像。無非前塵分別留礙。

此則獨約阿難所親見者。欲其自審擇也。四天王。即居須彌四面。(東持國。南增長。西廣目。北多聞。)住山腰而齊日月。四萬二千由旬之高。曰水。曰陸。曰空行。舉此三處。即上自四天。下至大地。一切物相所在之處。前塵者。目前諸塵。遇住不過曰留。障隔不通曰礙。謂留礙於視耳。先列能所已竟。

辰二就中揀擇。又二。巳一先令自擇

汝應於此分別自他。

於此者。即於能見所見之中也。自。即見性。他。即諸物。先令自擇者。欲其隨教自審。庶得真知耳。

巳二次與代擇

今吾將汝擇於見中。誰是我體。誰為物相。

代擇者。知其自不能分。令其假佛智辯。轉得分明耳。將汝者。將阿難之見也。擇於見中者。擇於佛之見中也。體。即見體也。就中揀擇竟。

辰三物見分明。又四。巳一正言物不是見

阿難。極汝見源。從日月宮。是物非汝。至七金山。周徧諦觀。雖種種光。亦物非汝。漸漸更觀。雲騰鳥飛。風動塵起。樹木山川。草芥人畜。咸物非汝。

極。盡也。見源。即眼根也。如云盡汝眼力也。日月宮。最上物相也。七金山等。居中物相也。須彌外七重圍之。（一持雙。二持軸。三擔木。四善見。五馬耳。六象鼻。七魚觜。）皆以純金為體。此中光明最多。故言種種也。漸漸下。最下物相也。雲騰鳥飛。自金山視之亦居最下。汝字對物。即見性也。三番言物非汝。故此科是正言物不是見也。

巳二正言見不是物

阿難。是諸近遠諸有物性。雖復差殊。同汝見精清淨所矚。則諸物類自有差別。見性無殊。此精妙明。誠汝見性。

上科偏言物皆非見。此科仍於諸物之中擇出見性。顯然非物。故此科是正言見不是物也。然分擇之法。亦惟約於有無差殊而揀別耳。蓋諸物羅列於見性之中者。千態萬狀。是有差殊。見性偏見於諸物之上者。朗然一照。是無差殊。然此無差殊之體。何嘗混雜於有差殊之物相乎。故結言誠汝見性而不是物也。

巳三反辯見不是物。上二科已將物象見性分析明白。自此科。與下科。乃反其辯而辨之。以翻顯前二科。令其增明而已。此科翻顯前見不是物之科。承上意云。物有殊而見無殊。足知見不是物矣。由是即翻轉云。若見是物。則汝云云。其語意自見矣。舊因此意不明。以致管見疑其不接。別有闕文。真以訛傳訛也。又二。午一辨定非物。分二。未一先用轉難破其可見。又三。申一是物必成可見

若見是物。則汝亦可見吾之見。

此科翻上科云。若我無殊之見性見於差別物時。此見即是彼物。則見性當成可見。故汝亦可見吾之見。何以故。見既是物。當成差別之相。豈不歷然可見乎。理實不然。亦暫縱以顯其謬耳。

申二可見必依同見

若同見者。名為見吾。

文因難省。故此二句另為一科。意云。見吾之見。實無迹之可憑。若取於彼我同見物時。即彼同見之物。遂謂見吾之見耶。

申三難其當見不見

吾不見時。何不見吾不見之處。

言吾觀物實無一定。有時縱目取相則見物。有時收視離相則不見。汝若當吾見物之時。依彼同見之物。謬言見吾之見。若當吾收視離相不見物時。何不并吾不見之體亦見之。而

指其所在耶。意明不見之時既不能見。同見之時亦豈真能見哉。不過謬執而已。先用轉難破其可見已竟。

未二躡開兩途。俱證非物。躡上不見之處。而開或見或不見之兩途。俱反證於見性之非物耳。此科本旨。極為簡妙。而文稍隱略。從古註家。展轉支離釋之。本意越晦。如五重結歸。存三隱二。枉費工巧。悉皆非是。請詳今解。當或失笑。就此分為二科。申一以可見證成

若見不見。自然非彼不見之相。

若見不見者。言汝若執言我已見汝不見之處矣。自然者。不待費力也。彼不見之相。即差別諸物也。蓋正當不見之時。見性是我不見之體。諸物是彼不見之相。自然非彼不見之相者。言我見既已離物。汝又見我自體。此則不消費力辨之。我見自然非彼不見之物相矣。何以故。已離物而又另見。豈尚混為物乎。此處經文人成錯解者。正因此科非彼不見之相一句所誤。今雙約見物時。與不見物時。而更重申之。蓋正當見物之時。見性為我能見之體。諸物是彼所見之相。及至不見物時。則見性為我能不見之體。諸物是彼所不見之相。故今言非彼不見之相者。非彼所不見之相也。蓋指諸物而言。即是非物二字。連上自然二字。即同下文自然非物之句。故我科言可見與不可見二途。俱證成非物而已。

申二以不見證成

若不見吾不見之地。自然非物。

此比上科更容易。言當我不見之時。汝若不能見我之見體。此更不消費力辨之。自然我見非物矣。何以故。可見尚然非物。而況不可得見。豈猶同於物相乎。是知二科本來簡捷如此。智者詳之。辨定非物已竟。

午二結成自性

云何非汝。

承上言。既不可見。而又展轉皆非是物。云何非汝之自性乎。反辨見不是物已竟。

巳四反辯物不是見。翻前正言物不是見科也。分二。午一物混例成人混

又則汝今見物之時。汝既見物。物亦見汝。體性紛雜。則汝與我。并諸世間。不成安立。

此處稍為隱略。故舊亦無所歸屬。當於見物之時下補一句云。若物是見。則明白矣。科言物混者。有情無情不可分也。人混者。汝見我見不可辨也。物雖可以總該。今與人相例。且屬無情。意云。汝今徧見差別物時。若彼諸物即皆是見。汝見物時。物亦即當見汝。有情無情之體性紛亂混雜。無復情器之分。是物混也。末三句遂例云。有情無情尚不可分。有情與有情益不可辨。是故汝見我時。反成我見於汝。世間諸人無不皆然。壞世間彼我之

相。莫能安立矣。亦是暫縱。理所必無。正義全在下科翻顯。

午二人分例成物分

阿難。若汝見時。是汝非我。見性周徧。非汝而誰。

此科是轉顯正義。言汝見我時。若一定只是汝見而非我見。彼我分明。曾無壞亂。是人分也。末二句遂例云。有情與有情尚不混濫。則汝見性雖周徧一切諸物。有情無情判然迥別。何至混成諸物。而非汝之自性耶。

辰四責疑自性

云何自疑汝之真性。性汝不真。取我求實。

自疑真性者。本是自性。而疑混於物也。性汝不真取我求實者。言真性在汝。自不信其為真。而取吾言以求其實。迷之甚也。顯見不雜已竟。

寅七顯見無礙。無還不雜二科。已示其必為自性。而不雜科中兼明體之周徧。遂復疑之。以為真性當有定體。何無一定周徧。真我應得自在。何乃動被物礙。佛釋斯疑。故有此科無礙之示也。分二。卯一阿難疑見不定而有礙。又三。辰一躡上疑端

阿難白佛言。世尊。若此見性必我非餘。

此處文亦闕略。若此見性下補一句云。本來周徧。則真性真我二種疑端方全。且與下

文相叫應矣。

辰二雙舉兩見

我與如來觀四天王勝藏寶殿。居日月宮。此見周圓徧娑婆國。退歸精舍。祇見伽藍。清心戶堂。但瞻簷廡。

勝藏寶殿者。天王殿中眾寶俱在。故稱勝藏。日月宮皆摩尼寶成。宮殿臺池。天人充滿。日宮雖火摩尼成。而亦清涼同月。但光勝下注成熱耳。請試火鏡。光注成燒。體實不熱。則可知矣。阿難隨佛。或時居之。孤山謂初天惟見一四天下。言徧娑婆國。即指一小剎而言。非大千也。伽藍。此云園。此且舉其徧與不徧兩種見量。下方怪問而擬度也。

辰三陳疑以請。分三。巳一怪問不定

世尊。此見如是。其體本來周徧一界。今在室中。唯滿一室。

意疑既云周徧。即當常徧。今在天本徧一界。在室何唯一室。而若此大小之不定乎。

巳二擬度由礙

為復此見縮大為小。為當牆宇夾令斷絕。

承上不定。而隨情妄擬。兩楹不決。言我一界之見。忽遷而但滿一室者。為是此見因室所局。縮大為小耶。為是因牆所隔。夾之令斷耶。是必為室牆所礙而致然耳。縮雖見體自縮。亦須因局乃爾。如過卑門。身則鞠脊。是亦由礙也。此固常情計度必不越此兩楹。然亦安之而不知疑。阿難代為問辯。凡我究心之人。由此問端而研佛答處。將必大有啟悟者矣。切須珍重。

巳三總結疑請

我今不知斯義所在。願垂弘慈。為我敷演。

斯義。即大小縮斷。所在。猶言定在也。言於四義定在何義。求佛與決也。

卯二如來各出其由而教之。分二。辰一總示大略

佛告阿難。一切世間大小內外諸所事業。各屬前塵。不應說言見有舒縮。

諸所事業。該餘方圓上下等類。前塵。即天宮精舍諸物等類也。明不定但由於物耳。舒縮。意該斷續。若言縮斷。則意完矣。意明見本不因礙而有縮有斷。則見體畢竟非物之能礙。而眾生妄見其有大小之遷者。別有元由而實不自知也。元由在下諸科。

辰二詳與釋教。釋。謂出其元由。教。謂授以解脫方法。分二。巳一喻塵教忘。此科以喻明塵。即所以出其不定由塵。而教其忘塵即解脫矣。又二。午一明不定由塵。又二。未一。示二皆無定。二。謂定與不定。又三。申一略舉一喻

譬如方器。中見方空。

喻一界見大也。方圓本以互顯。今舉一可以類知矣。

申二開途兩問

吾復問汝。此方器中所見方空。為復定方。為不定方。

喻法中一界之見。為復定大。為不定大。

申三兩義俱非

若定方者。別安圓器。空應不圓。若不定者。在方器中。應無方空。

法中若定大者。入室見應不小。若不定者。在界應不周徧。意明界室等塵若存。則定與不定二義皆不可定。謂其有定有不定皆非是矣。

未二示義性無在

汝言不知斯義所在。義性如是。云何為在。

言諸塵不除。則義性本無定與不定。何得必欲求其定在乎。示不定由塵已竟。

午二教忘塵自徧

阿難。若復欲令入無方圓。但除器方。空體無方。不應說言更除虛空方相所在。

雙標方圓。而下惟論方者。語略而意必兼也。法中云。欲令入無大小。但忘界室。不應說言更除見性大小之相。何以故。見性本無大小。大小但由於塵。塵忘而大小泯矣。見性更何所除乎。亦猶虛空本無方圓。方圓但由於器。器除而方圓泯矣。虛空更何所除乎。然忘塵功夫。在起行因中。但是觀想。亦惟達界室本空。頓息執持。非更想空。縱觀純熟。心地豁然。泯身空廓。不見界室。始是似無礙。非真也。然此處最難透過。若取著之以為極致。墮一色邊。不復更開矣。直待觀行功極。色陰消盡。十方洞開。無復幽暗。身界內外。影相分明。如見掌果。方是真無礙也。此即入位果中。至此即大小等惑永不起矣。然亦但是體無礙。非用無礙。大用無礙更在下科。又當知此之忘塵。與後耳根圓通中入流忘所。塵異功齊。喻塵教忘已竟。

巳二斥謬教轉。分二。午一顯謬出由。又二。未一以反難顯謬

若如汝問。入室之時。縮見令小。仰觀日時。汝豈挽見齊於日面。若築牆宇。能夾見斷。穿為小竇。寧無續迹。是義不然。

令覺觀日之時。豈是用力挽見舒於日邊。若覺觀日非舒。自知入室非縮矣。又令察穿竇時。豈是續見宛有續迹。若覺穿無續迹。自知夾無斷痕矣。

未二出成礙之由

一切眾生從無始來迷己為物。失於本心。為物所轉。故於是中觀大觀小。

此迷四重。一迷物。二失心。三被轉。四成礙。意明見本不可礙。而物本不能礙。然眾生畢竟成礙者。非由物礙而有縮有斷。但由無始不達萬物皆己。而迷己為物。遂失萬物

一體之本心。物既不屬於自心。則非惟不隨心轉。而反以轉心。是故動為物礙。而觀大觀小皆無自由分也。四重可別。是知物本是心。迷之為物則礙心。亦如冰本是水。結之為冰則礙水。可見成礙之由。正在自迷而為物轉耳。豈由縮斷而然乎。問。觀小是為物轉。觀大何亦爾耶。答。如見一界則局一界。正為界轉。豈能通於界外。及轉界於室中乎。同是物轉無疑矣。顯謬出由竟。

午二教以轉物。又二。未一標轉物同佛

若能轉物。則同如來。

此且略翻第四成礙。以作下科總標之辭。轉物者。即以小攝大。以大入小。小中現大。大中現小等。諸玄門妙用也。蓋十玄門惟佛究竟。故能此即同如來矣。此惟直顯無障礙之大用。下二科方乃四重詳翻。

未二明自在無礙。又分為二。申一體自在

身心圓明。不動道場。

迷時。身則驀爾。彌封滯殼。心則闇然。逐境偏局。所以被轉成礙。今則萬物一體。圓而不偏。達物皆己。明而不昧。身若虛空。心安如海。萬物皆在身心之中。何物能遷動於身心。故曰不動道場。蓋身心即法界之道場矣。此即翻前三重。明字。翻第一迷物。圓字。翻第二失心。不動。翻第三被轉。

申二用自在

於一毛端。徧能含受十方國土。

毛端。即身毛孔中。正報之最小者也。十方國土。依報之最大者也。毛端含十方。即小攝大。十方在毛端。即大入小。毛中看國。而國不小。即小中現大。國外觀毛。而毛不大。即大中現小。此即事事無礙法界。十玄門中廣狹自在無礙門也。舊註不達毛端國土二皆屬事。而以事理體用對釋。復不許用。其亦草率不察。理事法界中安有斯門乎。此科方翻前第四成礙。即觀大觀小句也。彼乃正為依礙。大被小遷。此則非惟不能礙不能遷。且更能以正報之極小。而容依報之極大。以成無障礙之妙用矣。何如其自在乎。又此較前忘塵境界更是甚深。彼方圓照。此則圓用。蓋照用具足圓融。亦性能之極致矣乎。又若未得斯義。豈惟見局一界。不成周徧。雖見百千界。亦非周徧。何以故。以有分限故。以不能於諸法通融互見故。若得斯義。則非惟一室之小不礙周徧。雖一毛端亦不礙於周徧。何以故。以無分限故。以即於一毛端見徹十方國土故。一一毛端。一一塵中。無不皆然。嗚呼。深哉。見性之妙無以加矣。又此科與上科合論。上科見性於諸塵中照體獨立分明不混。可當阿難所求四義中明字之義。此科見性於諸塵中圓融照了無障無礙。可當四義中妙字之義。顯見無礙已竟。

寅八顯見不分。夫見性量括十方。體含萬法。其與萬法非即非離。惟其非即也。

故能靈光獨耀。迥脫根塵。身界無干。生死不繫。眾生不達斯義。則混淆真妄。沈溺輪迴。既無智以自分。終何由而得脫乎。惟其非離也。故能塵剎混融。萬物一體。用彌法界。存泯自由。眾生未達斯義。則沈冥滯寂。灰斷纏空。既自昧其家珍。亦何由而能用乎。故前自指見以來。不動。不滅。不還。不雜。及無礙之前半。皆約不即之義。分真析妄以決擇乎離塵獨立之體。今此不分之科。乃約不離義。泯妄合真。以顯洩乎與物混融之妙。雖不失科。與無礙之後半辭義亦融。非今不分之正義矣。將使眾生明乎不即之義。則不淪生死。明乎不離之義。則不滯涅槃。若相背而實相成也。難云。既與物不分。即成萬物是見。何得文中又言無是見乎。答。文殊喻中。明言有是則成二體。不得成一體矣。要須無是無非。方成一體之妙。蓋一體即是不分。當知不分者。是非雙絕之旨也。分二。卯一。阿難執身見各體而疑見在前。究此疑之所自來。蓋由上文諸科。多與明此見性離塵獨立。乃至身境亦無相干。遂以自己平日所認身心。對今新領見性。細推度之。覺此見體湛然滿前。似與身心判而為二。遂起兩重能所之解。一者約分別以起。謂身心為能分別。見性為所分別。二者約見以起。謂見性為能見。身心為所見。是執見性身心各自有體遂起斯疑。至於山河萬相與見各體更不待言。分四。辰一領上義而定前相

阿難白佛言。世尊。若此見精必我妙性。今此妙性現在我前。

此科即疑之總意。下二科疑懼。皆依此前相而成。

辰二標認見必遺身心

見必我真。我今身心復是何物。

言若依佛今旨。將此湛然現前之見性必認為真我。則我平日所認之身心謂之何物乎。意恐外認見性。必至內遺身心矣。

辰三懼墮於過失。分三。巳一約分別以定親疏

而今身心分別有實。彼見無別分辨我身。

此科正從第一重能所而來。蓋約分別而成者也。言我身心實能分別彼之見性。而彼見性曾不能分別我之身心。我誠覺其能分別者為甚親。而彼不能分別者為甚疏也。親疏意。約彼我二字見之。

巳二明向疏背親之過

若實我心。令我今見。見性實我。而身非我。

此科從二重能所而來。蓋約見而成者也。言彼見性若果實是我心。主宰於我。令其外見萬物。內見自身。則無別分辨之疏者既是於我。而分別有實之親者反非是我。親疏倒換。不免背親向疏之過矣。

巳三引佛言反正其失

何殊如來先所難言物能見我。

言見性既在身心之前。又能內見自身。即同物能見我。然物能見我。佛前已斥其謬。今何不為謬乎。不依孤山將見性轉成萬物以釋物能見我。彼蓋惑於下文佛約萬物以辨見性而云然也。不知下有別意。請詳下解自知。

辰四求如來開示

惟垂大慈。開發未悟。

欲佛發明認見何得不遺身心。見身何得不同物見耶。總會上文。佛則諄諄責之。警其認妄為真。阿難則種種疑之。反恐認真遺妄。此固凡夫我執濃厚者必然之情。良由不達認妄者必至遺真。而識真者必能融妄。何至有所遺哉。詳佛答處。自見真妄遍融之旨趣矣。

卯二。如來約萬法一體而破前相。問。阿難既惟約身心而疑見性在前。佛何不即約身心見性無有二體以釋其疑。而必約萬法一體以破之者何也。答。此有四意。一者易破前相。蓋阿難執見性在前。佛言須同萬物。分明指出。既是非竟無定指。則了無前相可見。既不在前。豈與身心為二乎。二者以疏例親。就眾生之情見。身心至親。萬物至疏。今會疏遠之萬物尚與此見一體。況親執之身心獨有二體乎。三者兼除二執。蓋身心者。我執之親依。萬物者。法執之顯境。據前問辭。我執已自熾然。而法執尚猶微隱。今若順其語。而但說見性身心一體。則非惟法執不能兼破。

彼將又執見性身心合為我體。而以萬法為他體。其為二執益增上矣。故佛總與普對萬法。悉顯其無自無他。則二執蕩然無遺矣。四者雙銷二疑。蓋身心是其所親。定聞非一而起疑。屬現行疑。萬物是其所疏。定聞非一而不怪。屬種子疑。若更待其疑萬物與見性非一。必且疑不及矣。故就此問。並與決了。所以雙銷種現也。夫惟破一前相而四義具存。所以必約萬法而不約身心也。可謂至妙矣。又分為三。辰一直斥妄擬前相

佛告阿難。今汝所言。見在汝前。是義非實。

問意雖多。惟此在前是其謬本。故佛下但破一前相。而諸疑盡釋矣。

辰二辯定本無是非。分二。巳一以無是非發其疑。又四。午一辯無是非。此中大段雖似易明。而其句意參差。須申明之。夫據能辯義邊。有即物。有離物。據所辯法邊。有是見。有非見。然經文用義以辯法。或單或雙。至文指之。又分為二。未一無是見。此雙用即離而單遣是見也。又三。申一如來問。又曲分為二。酉一縱成決其可指。

若實汝前。汝實見者。則此見精既有方所。非無指示。

在前則必可指。此意易明。斯惟決其可指。下方令其對物指之。

酉二教其對物指陳。又三。戌一在前皆可指陳

且今與汝坐祇陀林。徧觀林渠。及與殿堂。上至日月。前對恒河。汝今於我師子座前舉手指陳。是種種相。陰者是林。明者是日。礙者是壁。通者是空。如是乃至草樹纖毫。大小雖殊。但可有形。無不指著。

師子自無所畏。威懾禽獸。佛坐此座。表其具四無畏。威懾魔外也。

戌二躡之教其指見

若必其見現在汝前。汝應以手確實指陳。何者是見。

戌三立格防其混濫。立格防濫者。先將阿難答處立成格式。便絲毫不能混濫。故下阿難兩處答辭。皆順佛格式而不違矣。所謂雙用即離而單遣是見者。在此科中。又分二。亥一即物須不壞相

阿難當知。若空是見。既已成見。何者是空。若物是見。既已是見。何者為物。

言即物有見。須當不壞物之本相。如即壁成畫。不妨壁畫兩存。故舉例云。若空是見。何者是空等。問。是見無空。是見無物。則是義已成。何必又要空物仍存。答。此順阿難迷執成難。阿難元執身心。見性。物相。皆各自有體相。方起前疑。何曾悟得總為一體。今若有見即無空無物。便成一體。無有二相。與前自語相違。況既成乎一體。又不容更說是見。如一文殊。無是文殊也。

亥二離物須顯自體

汝可微細披剝萬象。析出精明淨妙見元。指陳示我。同彼諸物。分明無惑。

披剝析出。即是離物意。精明淨妙。即是見元義相。物不能雜曰精。物不能障曰明。物不能染曰淨。物不能縛曰妙。

申二阿難答。又二。酉一即物無是見

阿難言。我今於此重閣講堂。遠洎恒河。上觀日月。舉手所指。縱目所觀。指皆是物。無是見者。

不能即物而不壞本相也。

酉二離物無是見

世尊。如佛所說。況我有漏初學聲聞。乃至菩薩。亦不能於萬物象前。剖出精見。離一切物別有自性。

不能離物而自體分明也。

申三佛印許

佛言。如是如是。

雙許即離皆無是見。無是見已竟。

未二無非見。分三。申一如來問。又二。酉一述言牒定其意

佛復告阿難。如汝所言。無有見精離一切物別有自性。則汝所指是物之中無是見者。

如汝所言下。述阿難之言。則汝下。牒定其意。如云。據汝所言。則諸物之中決定無是見矣。

酉二對物教明非見。又三。戌一撮略諸物

今復告汝。汝與如來坐祇陀林。更觀林苑。乃至日月。種種象殊。

同前可指諸物。但撮略其辭。

戌二重躡前文

必無見精受汝所指。

躡前牒定之文。

戌三正教明見

汝又發明此諸物中何者非見。

申二阿難答。三。酉一無非

阿難言。我實徧見此祇陀林。不知是中何者非見。

此方直以標定無有非見。下出所以。

酉二徵釋

何以故。若樹非見。云何見樹。若樹即見。復云何樹。如是乃至若空非見。云何見空。若空即見。復云何空。

此中單用即物。而兼帶雙明非是也。以離物無憑說於非見。故單用即意。又即見者。是見也。復云何樹者。即何者是樹也。然此本明無非。復兼無是者。有二義。一者。領前格式。覆審致詳也。二者。遮止矯亂。恐聞無非翻又墮是。示此雙絕。令息反覆。蓋權人之妙旨存焉。

酉三總結

我又思惟。是萬象中微細發明。無非見者。

言既朗見一物不遺。便不能於一物上發明非見也。

申三佛印許

佛言。如是如是。

許其無一物而非見也。問。前言此一大科惟明一體不離之義。今許無非見。似合一體不離之義。何乃首許無是見耶。若萬物皆無是見。何成一體之義乎。答。說是說非。皆不成乎一體。此義待下文佛以文殊為喻中當自明矣。姑少俟之。辨無是非已竟。

午二大眾惶悚

於是大眾非無學者。聞佛此言。茫然不知是義終始。一時惶悚。失其所守。

非無學者。會通其意。應指小乘深位。或權漸初心。良以滿慈尚如聾聞遠蚋。豈小乘無學遽能不疑乎。是義者。即無是見無非見之二義也。不知終始者。後度不測其終。前推莫尋其始也。蓋凡義之淺者。即始可以見終。由終必不昧始。今則後以度佛未說之旨。竟不能測此義之歸趣。是不知其終也。前以推佛已說之言。初不能尋此義之由來。是不知其始也。舊註意指無是見為始。無非見為終。此已無甚意味。然不云終則物無非見。而云終則見性非物。不云始則物無是見。而云始則見性是物。此固違反經文。失之千里。而後更以現在我前為始。此阿難所迷執者。愈無謂矣。失其所守者。意謂或是或非決於一定。則可為守。今則雙許俱無。曾無一定。故驚疑而失所守也。

午三佛慈安慰

如來知其魂慮變慴。心生憐愍。安慰阿難。及諸大眾。諸善男子。無上法王是真實語。如所如說。不誑不妄。非末伽黎四種不死矯亂論議。汝諦思惟。無忝哀慕。

慴。亦惶悚之意。無上者。證極之號。法王者。於法自在之稱。真實。只作一決定意。如說苦決定苦。說樂決定樂。通真俗諦。如所如。方是稱理之談。上如字即稱。下所如二字即真如理。不誑者。無賺誤之過。不妄者。無虛偽之愆。惟具四相。不必強同五語矣。不死者。終不決於一定也。又教中言此外道妄謂有不死天。一生不亂答人者。當生彼天。矯亂論議。在十卷行陰魔中。四種。謂亦變亦恒。亦生亦滅。亦有亦無。亦增亦減。皆持兩可。終無決定。今無是見無非見。決定雙遣。二俱不立。豈同彼矯亂不定哉。忝者。孤負之意。哀是佛哀。慕是眾慕。蓋當機者。佛哀愍之。望其領悟。眾期慕之。望其啟發。此乃囑令研審。不可孤負上下之望也。

午四文殊代問。復分三。未一代問之意

是時文殊師利法王子。愍諸四眾。

未二代問之儀

在大眾中。即從座起。頂禮佛足。合掌恭敬而白佛言。

未三代問之辭。又分為四。申一標眾疑

世尊。此諸大眾。不悟如來發明二種精見色空是非是義。

二種。即是與非是二種義也。色空。總該諸物。末句。蓋以一義字雙貫上是與非是。成二義也。是義者。即無是見之義也。非是義者。即無非見之義也。一往讀之。缺二無字。

語之略耳。

申二述眾意

世尊。若此前緣色空等象。若是見者。應有所指。若非見者。應無所矚。而今不知是義所歸。故有驚怖。

應有所指者。怪其不能指出也。應無所矚者。怪其不能無矚也。義即無是無非二義所歸。即彼二義因由。

申三檢眾過

非是疇昔善根輕尠。

言其非同淺善根人。執有一定是非。輕疑佛言矯亂者也。

申四求佛示

惟願如來大慈發明。此諸物象。與此見精。元是何物。於其中間無是非是。

求佛說出元是何物。則無是非之因緣自彰顯矣。末句。以一無字雙貫下是與非是也。如云。此見與物元是何物。而乃無是又無非是乎。合前是非是義。乃是上貫。此是下貫。似此二種句法最多。後皆倣此。以無是非發其疑竟。

巳二曉以無是非之故。上科文殊述眾但疑何故無是而又無非是。故佛此科曉其故也。分三。午初。一真無是非。當知此科全是諸聖圓觀大定。行人切宜究心。若常住此境界。念念不昧。成佛何疑。分四。未一舉諸聖正定

佛告文殊。及諸大眾。十方如來。及大菩薩。於其自住三摩地中。

大菩薩。獨取圓頓教中深心之眾。自。有二義。一。自。獨也。不共凡外權小之意。二。自。從也。從發心位直至成佛位中。住者。常在之意。所謂那伽常在定。無有不定時。通於四儀。非獨取坐。非有入出也。三摩地。即前三摩提。首楞圓定之總名也。然此定非制心強作。乃是性本如是。無始迷之。今不昧而已。

未二了妄無實體

見。與見緣。並所想相。如虛空華。本無所有。

上科文殊雙舉諸物與見精為問。今亦雙舉以答。故知此科見之一字。即舉見精。見緣想相四字。即舉諸物。然見緣。即六塵色空等物。想。即六處識心。相。即六根身相。前文云想相為身。蓋合根識以成身相。今此想相。並指心身也。蓋此中並將見性與外之萬物內之身心總成合會。明其萬殊則妄。而一體元真也。本科明妄。皆如目病見空中華。非作故無。本性無故。

未三達妄即一真

此見及緣。元是菩提妙淨明體。

想相攝入緣中。故知緣之一字。並攝根塵識三。乃與見精為對耳。元是二字。正答文殊之問。彼問見精物相元是何物。今答云。元是菩提妙淨明體也。此於三種中。真性菩提耳。蓋指本覺真心從本以來不可縛不可染不可蔽之本體。此是攝妄歸真。亦是攝用歸體矣。

未四結無是無非

云何於中有是非是。

意明諸物若與見精有二體者。可說是見及與非是見也。今惟一菩提妙淨明體。憑何說是及說非是哉。此所以無是見亦無非見也。問佛初惟以見為性。而曲明其不與身心萬物為侶。似謂見獨真而餘皆妄。令人獨依見性也。今乃論妄則降見性同是空華。論真則升諸法同為真體。固是理極之論。其奈人之用心將何所適從乎。答。下文雖有本喻。不釋斯難。今仍更助一喻。庶有發明。一真。如大海中水。見精。如水之光。諸所物相。如水中之影。特因愚者認影為實。反忘其水。今欲令其捨影認水。其奈水體瑩徹。不見其形。故且令其認彼水面之光。故一一斥影為妄。讚光為真。欲其即光以識水也。而彼愚者復執光影各自有體。橫起是非。故復明其光影二皆無有自體。全惟一水是其實體。故知光影雖曰皆虛。然以光較影。則影有生滅。光無去來。影各偏局。光通周徧。又光影雖皆即水。然取影則有淪溺之危。識光則有得水之益。且影自是外境所映。而光實自體無餘耳。然則由斯喻而詳彼見精之與萬法雖同妄同真。而得失差別仍判然矣。一真無是非竟。

午二於一真總喻。又二。未一佛喻一真索是非

文殊。吾今問汝。如汝文殊。更有文殊。是文殊者。為無文殊。

如汝文殊者。舉文殊一身喻一真之體也。更有下二句索是。以喻萬物是見也。末句索非。以喻萬物非見也。無字即非字。當時只合著一非字為妙。譯人略傷巧耳。意云。如汝文殊。但惟一身。今就此身之中。更有是文殊之處乎。為有非文殊之處乎。

未二文殊直答無二相。此科吳興三配俱是。然因其隱略難明。分三。申一領惟一相

如是世尊。我真文殊。

如是世尊者。領諸佛旨而直答也。我真文殊者。言惟我一身而已。答前一真之喻也。

申二答無二相。又二。酉一無是相

無是文殊。何以故。若有是者。則二文殊。

答前色空無是見之喻也。無是文殊者。言我既惟一身。不可更說於是。此一句斷定。何以故。乃徵起釋成也。言其但說於是。須二文殊。一是一非。方可對非說是。今乃惟一。故無是也。反言以顯之也。

酉二無非相

然我今日非無文殊。

答前色空無非見之喻也。承上言尚不容於說是。而況更可說於非乎。蓋非無二字意既相同。即可換過云。無非文殊。即明快矣。又順無字別作一說。於佛問處當云。副本體而更有。方可說是。並本體而全無。方可說非。今汝文殊。為副本體而更有是文殊耶。為並本體而全無文殊耶。至於答處。亦順此為對。不必改非而對是也。斯則是非在有無下落一層耳。於文頗順。而意稍難省。姑存備考。

申三結無二相

於中實無是非二相。

一故無二

午三總以法合喻

佛言。此見妙明。與諸空塵。亦復如是。

此蓋雙舉見與諸物。言其即如文殊但惟一體。所以無是見而亦無非見也。一體。即菩提妙淨明體耳。辨定本無是非已竟。

辰三教出是非之法。前欲曉以無是非之故。故從二妄合成一真。乃於一真總喻而總合。今欲教以出是非之法。故從一真起為二妄。乃於真妄別喻而別合。上有法喻合之三科。今亦準上復分為三。已一曲顯真妄二相

本是妙明無上菩提淨圓真心。妄為色空。及與聞見。

本是者。對下妄為。先出其實相也。妙明者。寂照不二之意。無上菩提者。惟取本覺果體。不取樹下證得者。此之果體。人人本具。雖佛隨相證得。亦無絲毫加尚。但證本有而已。故曰無上。本無染汙曰淨。本無欠缺曰圓。總上諸義。為一真心。以上明其本惟一真心體而已。妄為者。對上本是。出其妄相也。言其本從一真詐現二分。色空。即相分所攝。聞見。即見分所攝。然而既云妄為。即非實有。雖非實有。宛見差殊。故多迷也。

巳二別舉真妄二喻。又復分為二科。午一二月終墮是非

如第二月。誰為是月。又誰非月。

如字。承妄為二分而言。此之二分。如捏目所見二輪。然與前不同。前單喻見。此則兼喻色空。又則因此乃知見精如帶捏之本體。色空如捏出之旁輪。既見二輪。二俱墮妄矣。誰是誰非者。舊註直作明無是非。似乃仍合文殊之喻。頗失參差。今與合詞在於下文。與上無干。乃是迷者擬度之辭。意以捏出二輪雖非實有。宛見差殊。苟昧者但惟執此。則必妄擬其誰為是月。又誰非月。是非往復。終不能忘。此則永墮是非。必不能出矣。

午二一月方出是非

文殊。但一月真。中間自無是月非月。

若知本月但惟一體。元無二輪。自無是非可言。永出妄擬之戲論。舊註二月已無是非。

何用一月。且與下文何屬乎。

巳三以法各合二喻。分二。午一合二月終墮是非

是以汝今觀見與塵。種種發明。名為妄想。不能於中出是非是。

是以二字。正承上二喻而來。此處塵字。與種種字。所含非淺。乃是佛慈指教。須將問處盡與決了。見即見精。塵。則內而身心。外而萬物。咸皆該盡。心亦屬塵者。以其為塵影故也。種種發明者。約身心而言見性在前。約萬物而言是見非見。俱是虛妄亂想。不得真實。而竟不能出是見與非是見也。正猶觀第二月。而恣其擬度。終不出於是月非月之妄論也。

午二合一月方出是非

由是真精妙覺明性。故能令汝出指非指。

克體而言曰真精。約照用而言曰妙覺明。合斯體用。而總明為性。持業釋也。蓋前會妄歸真。攝用於體。故曰體。及其從真起妄。屬隨緣用。故曰心。此則會融體用。故曰性。總一真而已矣。如曰。汝如了知見精與身心萬物。元一真性。本惟一體。方得頓悟萬法。悉無自他之別。肯復擬見性於身心之前。而言其可指。度見性於萬物之內。而言其不可指哉。正猶觀第一月。則妄擬莫施。是非自盡矣。蓋此指字。正應前既有方所非無指示之指也。且初堅執在前。似妄謂可指。及對物詳辨。又似謂不可指也。是皆妄想所惑。擬度紛

然。今乃既悟一真。斯疑頓絕矣。故曰出指出非指也。示見不分已竟。

大佛頂首楞嚴經正脈疏卷十一

大佛頂首楞嚴經正脈疏卷十二

明京都西湖沙門交光真鑑述
蒲州萬固沙門妙峰福登校

經文卷二之三

寅九顯見超情。自然因緣。皆是妄情計執。今此見性並不屬此。故曰超情。分二。卯一正遣情計。又二。辰一隨問別遣。又二。巳一非自然。又二。午一阿難約徧常義而疑自然。又三。未一領性徧常

阿難白佛言。世尊。誠如法王所說覺緣徧十方界。湛然常住。性非生滅。

覺謂真性。緣即萬法。總言徧十方界者。領上不混無礙二科中見性周徧。而不遺不分二科。更領見性與萬法同體周徧。故成此徧義也。湛然常住者。領上不動無還二科。性無生滅。領上不滅一科。總攝之而成此常義也。

未二躡之起疑。又二。申一疑濫於外計

與先梵志娑毗迦羅所談冥諦。及投灰等諸外道種。說有真我徧滿十方。有何差別。

梵志。此云淨裔。謂是梵天苗裔。即婆羅門。云先者。古人也。娑毗迦羅現首卷。冥

諦現無還科中。外道二十五諦中第一諦也。本是法塵中滅塵。非色非空之境。謬稱冥性常住。作諸諦冥初之本源也。夫外道窮理深者。但伏六識現行。種子全迷。末那具在。所執冥諦。似非八識。應惟法塵投灰。苦行外道也。真我徧滿十方者。外道所執我相不出三種。一大小。二微細。三廣大。此廣大我也。或即神我。乃二十五之末後諦耳。然所以非真者。象外取空。別有自體。此但分別影事。豈正覺乎。有何差別者。言如來說周徧常住。外道亦說。何以異乎。

申二疑違於自宗。又二。酉一舉昔宗

世尊亦曾於楞伽山。為大慧等敷演斯義。彼外道等常說自然。我說因緣。非彼境界。

楞伽。此云不可往。惟神通可達。佛曾在此說楞伽經。大慧者。彼會當機菩薩也。斯義者。即差別之義。蓋廣辨內教與外道所以不同之義。外道說自然者。大義謂內而心性。外而萬物。悉本無因。自然而然。斯則撥無因果。不立修證。故佛廣說因緣以破之。因。謂親因種子。緣。謂助發資緣。內而三乘等性。須由宿生根種。復假諸教助緣。方生諸果。外而百穀等物亦須根種為因。土等為緣。方生芽等。非彼境界者。大異於彼所說也。

酉二疑今違

我今觀此覺性自然。非生非滅。遠離一切虛妄顛倒。似非因緣。

自然二字判定。下出其故。末句正疑違宗。本有不遺故非生。究竟不壞故非滅。即常義也。一真一體。故遠離虛妄。無自無他。故遠離顛倒。即徧義也。涅槃每以不徧為無常因。足見徧是常因。而二字合為一義。故總惑為自然。當知述領徧常。不為差謬。目為自然方是大差。末言大似違反昔宗。濫彼自然矣。

未三求佛開示

與彼自然。云何開示。不入群邪。獲真實心妙覺明性。

承上既似外計。又異因緣。則我教亦有自然之義矣。然不知與彼自然何不同乎。願佛顯示之。蓋恐一涉於邪。又成虛偽。復入昏冥。故言不入群邪。方得真實妙覺也。

午二如來約隨緣義以破之。分二。未一直斥其非

佛告阿難。我今如是開示方便。真實告汝。汝猶未悟。惑為自然。

蓋阿難實以為自然。而但求不同於外道。不知何但不同。亦且了無自然之意。故佛惟破自然。而不復分別外道也。言詞善巧曰方便。理趣究竟曰真實。

未二詳破其非。又復分二。申一牒索自然之體

阿難。若必自然。自須甄明有自然體。

申二即與甄明見性。又二。酉一標列詰問

汝且觀此妙明見中。以何為自。此見為復以明為自。以暗為自。以空為自。以塞為自。

以明為自者。以見明為本然體也。餘倣此。

酉二詳與難破

阿難。若明為自。應不見暗。若復以空為自體者。應不見塞。如是乃至諸暗等相以為自者。則於明時見性斷滅。云何見明。

應不見暗者。言見明既是其本然不變之體。只合見明。及至明去暗來。即應斷滅。全不見暗。方成自然。餘倣此說。今皆不然。悉能隨變隨見。何成自然。非自然已竟。

巳二非因緣。又分二。午一阿難翻自然而疑因緣

阿難言。必此妙見性非自然。我今發明是因緣生。心猶未明。咨詢如來。是義云何合因緣性。

阿難因領性體本來徧常。似不合於昔之因緣。而但不知此本然徧常。云何符合因緣之旨乎。是誠未了今教亦且超然不墮因緣。

午二如來約不變義以破之。分二。未一躡問對現

佛言。汝言因緣。吾復問汝。汝今因見。見性現前。

汝今因見下應補明等二字。其意方完。言其對境始現也。

未二別為破斥。又二。申一破因。又分二。酉一標列

此見為復因明有見。因暗有見。因空有見。因塞有見。

酉二逐破

阿難。若因明有。應不見暗。如因暗有。應不見明。如是乃至因空因塞。同於明暗。

若因明有應不見暗者。言其既以明為生見之種子。及其以暗代明。即如以沙易穀。則苗何以生反其因也。餘倣此。

申二破緣。又二。酉一標列

復次阿難。此見又復緣明有見。緣暗有見。緣空有見。緣塞有見。

酉二逐破

阿難。若緣空有。應不見塞。若緣塞有。應不見空。如是乃至緣明緣暗。同於空塞。

若緣空有應不見塞者。言其既以空為生見之助緣。及其以塞而代空。如以火而易水。則蓮何以發。反其緣也。餘倣此。問。自然因緣。皆約明等為破。有何別乎。答。見性作

自體。明等作他法。破自然。則顯自體全能隨他法。是隨緣義。見其非自然滯一之體。破因緣。則顯他法不能變自體。是不變義。見其非因緣所生之法。二義皎然。是則明等雖同。取義各別矣。隨問別遣已竟。

辰二更與迭拂。雙承上非自然非因緣二大科。重重拂迹也。又分三。巳一拂已說者

當知如是精覺妙明。非因非緣。亦非自然。

不變之真體曰精覺。隨緣之靈用曰妙明。末二句。申言體既不變。故非因緣。用既隨緣。故非自然。通下雖皆疊拂之文。然上文但惟反詰之辭。此則方申其正義。

巳二拂未說者

非不自然。無非不非。無是非是。

此中缺非不因緣一句。但是遺脫。理應有之。蓋恐聞非自然。而遂謂不自然。故曰非不自然。恐聞非因緣。而遂謂不因緣。故亦應云非不因緣。二非不中兩箇不字。即是前非自然非因緣上兩箇非字。此以雙非遣兩非也。合云非非自然非非因緣。當自省矣。後恐又落於二非不中。故復以一無字。並遣前單非與雙非也。如云。固無非自然非因緣。亦無非非自然非非因緣也。上二句。無非也。下二句。無不非也。至於無是非是者。又恐人聞諸非盡遣。終歸一是。故此遣之云。無是自然。無是因緣也。又恐人聞既不存是。還成非是。

復遣之云。無非是自然。無非是因緣也。初一層。無是也。次一層。無非是也。當知無非不非為躡遣。蓋總躡前義而全遣也。無是非是為對遣。蓋防其對非成是而對遣也。

巳三情盡法真

離一切相。即一切法。

此二句。推廣印定也。上句盡其餘執也。末句推廣而言。不獨見性。但能離相。則即一切法無不皆真也。相。謂一切情計之相。非謂法之自相也。是可見法本無差。情計成過。諸情蕩盡。法法元真。但用忘情。無勞壞相也。又當知盡遣之後。方得全真。非是亦遣亦存。竟成不定矣。溫陵意謂離徧計知即圓成實。與此解同。缺依他起者。且超略而論也。理實下文釋迷悶科中方遣依他起矣。又當知隨問別遣科。如以藥除病。更與疊拂科。如種種消解諸藥毒耳。正遣情計已竟。

卯二責其滯情。分二。辰一正責用情

汝今云何於中措心。以諸世間戲論名相而得分別。

於中者。於精覺妙明中也。措心者。作意妄想也。諸世間者。相宗中。有學者世間。非學者世間。自然者。外道所宗。即非學者世間戲論。因緣者。權乘所宗。即學者世間戲論。蓋言此理離名絕相。迴非諸世間戲論所能及之。而子云何云云。責其迷也。

辰二喻明無益

如以手掌撮摩虛空。祇益自勞。虛空云何隨汝執捉。

顯見超情已竟

寅十顯見離見。常途情見二字不甚相異。但分本末。俱屬徧計。此則情與彼同。見與彼異。即指見精自體耳。夫見精既曰真妄和合。則可約義而分真妄二見。問。懸示中不許心見為二。今何又言二見。答。此但約真見。帶妄時即名妄見。離妄時即名真見。豈真有二體耶。如第二月。尚不許其為影。豈許其有二體乎。今言離見者。即真見離於自體中一分妄見而已。非謂離身邊等見也。此即離依他起性矣。分二。卯一阿難以今教而質昔宗。又分二。辰一躡今教

阿難白佛言。世尊。必妙覺性非因非緣。

上科自然因緣二皆被斥。而不問自然者。以非自教也。因緣自教一旦盡違。故獨躡之。騰疑起問不已也。

辰二質昔宗

世尊云何常與比丘宣說見性具四種緣。所謂因空。因明。因心。因眼。是義云何。

阿難所引見性。蓋是眼識。如來所示。乃是根中之性。規矩謂愚法聲聞。不分根識。

信乎。如來知其心麤。且不與分。但就語破之。大乘眼識。九緣方生。小乘法中麤具四緣。缺一不可。然皆眼識得生之緣。而舊註迷為萬法之緣。誤之甚也。心。指第六識。以小乘不達七八。心法惟一也。儒云。心不在焉。視而不見。是也。順世淺解。此為確論。目前不空不明。何以有見。無心無眼。更不待言。所以必墮因緣。今示見精全不托此。下文自明。末問意云。豈今是而昔非耶。抑今昔同而我未達耶。

卯二如來深明其權實不同。分二。辰一明昔宗非第一義。又二。巳一直斷其非

佛言。阿難。我說世間諸因緣相。非第一義。

此明昔教與今教大不同也。言我昔說因緣。但為對治自然。及邪因緣。誘引小乘一時。權宜之說。非今所說第一修證了義之教也。何得取彼而難此乎。

巳二明其不了。又二。午一定世間義。又二。未一如來雙徵

阿難。吾復問汝。諸世間人說我能見。云何名見。云何不見。

未二阿難雙答

探其所藉之緣

阿難言。世人因於日月燈光。見種種相。名之為見。若復無此三種光明。則不能見。

單舉明緣。顯四中缺一不見。餘可例知。

午二正明不了。又三。未一無明非是無見

阿難。若無明時名不見者。應不見暗。若必見暗。此但無明。云何無見。

無明便謂無見。常情皆然。故躡此以應不見暗詰之。汝謂無明既已無見。即當并暗不見。然決無此理。由是下三句乃申其正義焉。

未二雙以例成不見

阿難。若在暗時。不見明故。名為不見。今在明時。不見暗相。還名不見。如是二相。俱名不見。

此反例顯謬。言若明暗相例。遂至二皆無見。豈不大謬。

未三結申正義雙見

若復二相自相陵奪。非汝見性於中暫無。如是則知二俱名見。云何不見。

上科但是因謬反顯實無二不見理故。乘其必悟而申以正義。令知明暗中俱是見也。當知順世間惟許明見不許暗見。須假多緣。今自指見以來。即取暗中有見。然則暗中之見尚不用眼。何假空明。及分別耶。是則顯一暗中之見。則四緣俱破。故曰舉一該餘。明昔宗非第一義已竟。

辰二示今教為第一義。蓋雖總明第一義。而其中兩重。有淺有深。有已說。有未說。亦即是結定已說。而發起未說也。分三。巳一先定離緣

是故阿難。汝今當知。見明之時。見非是明。見暗之時。見非是暗。見空之時。見非是空。見塞之時。見非是塞。

此一重為淺。為已說。蓋自體離緣之義。從引盲人矚暗。直至非因非緣文中。屢有此義。今重顯疊定者。以起下文耳。又顯從前所說皆離緣第一義。已自超乎因緣宗矣。其曰見明之時見非是明者。言能見之性。非即所見之境。能所判然。不難分辨。餘三倣此。

巳二例成離見

四義成就。汝復應知。見見之時。見非是見。

此一重為深。為未說。更顯向後說者皆離見第一義也。而因緣中義。益迴乎其不可及矣。四義。即明暗空塞之四。成就者。成就能例之法也。前已重重發明見精中真妄和合。今此上一見字。即見精中本體真見。下一見字。即見精中所帶一分無明妄見。從無始來。此之真見常墮妄見之中。如人墮水。豈復見水。後於聞教得悟之時。忽爾真見現前。方能徹見妄體。然纔一見時。則斯真見之體。已即脫於妄見。不復墮於其中。故曰見見之時。見非是見。非是二字。即脫出之意。如人必登於岸方能見水。故纔一見水。已即不在水中矣。良以上之四義。皆以能見之性。見於所見之境。而性即非境。今亦例此。以能見之真

見。見於所見之妄見。而真見即非妄見矣。此義難分辨。故以四義易辨者而例顯之。然見之所以為妄。而真見所以非妄見者。待佛後釋迷悶處自發明之。通上十番示見。則帶妄顯真已極。將剖妄而出真。故此以發其端也。

巳三責而勉之。又二。午一責之

見猶離見。見不能及。云何復說因緣自然。及和合相。

見猶離見者。言此真見尚猶離於見精之自相也。見不能及者。見精亦自不能及也。良以有妄見時。真見全隱。及至真見現前時。妄見已空。故終不能及也。云何下。方責其執悋昔宗。愈不可及矣。和合未說。而言及和合相者。蓋與因緣一類戲論。不相捨離者也。

午二勉之

汝等聲聞。狹劣無識。不能通達清淨實相。吾今誨汝當善思惟。無得疲怠妙菩提路。

局溺舊聞曰狹。得少為足曰劣。乏甄別之智曰無識。徧計依他了無干涉曰清淨。實相者。空宗性宗。曲直稍別。空宗。謂凡所有相。皆是虛妄。是雖空色不二。須見諸相非相。方為實相。依此。則須破妄相而後顯實相。性宗。則山河全露法身。萬相當體真實。依此。則即相直顯實相。下文二意具有。自此乃至陰入處界盡處。半同空宗。以皆破妄顯真故也。然隨遮隨表。異空宗之無表。故曰半同。七大方同後義。故佛重標。至文再明。達此方到果海。故曰妙菩提路。極勉其不可中路而懈退矣。通上十科論之。初科則顯其脫根脫塵。迥然而靈光獨耀。二科則顯其離身離境。凝然而本不動搖。三科則顯其盡未來際。究竟不滅。四科則顯其從無始來。本有不遺。五科則顯其無往無還。挺物表而常住。六科則顯其不雜不亂。超象外以孤標。七科則顯其性元自在。轉萬物而大小何局。八科則顯其體本混融。譬一月而是非莫辨。九科則顯其諸情不墮。遠越乎外計權宗。十科則顯其自相亦離。轉入於純真無妄。顯見至此。可謂顯之至矣。舊解總將如是顯意而悉為破見。此予所以不得已而重疏之一端也。特惟就眾生迷位。而尚有二種見妄未除。故曰帶妄顯真耳。帶妄顯真已竟。

丑二剖妄出真。二種顛倒見妄。如璞蘊玉。而見之真精。如玉在璞。故帶妄示真。如指璞說玉。雖珍貴非虛。而麤石未剖。美玉未瑩。此科剖妄出真。如剖璞出玉。精瑩煥發矣。是以前之破識。破至無體。乃為真破。此之剖妄。實體反露。所謂不畢竟破。似破而實顯也。可概以為破乎。分二。寅一請許懸應。所請意遠。應在後文。非局本科。故佛隨請而許。亦非局近。是以並云懸應。分二。卯一阿難述請。又分二。辰一述意。又二。巳一述未開

阿難白佛言。世尊。如佛世尊為我等輩宣說因緣。及與自然。諸和合相。與不和合。心猶未開。

因緣等四義。世間戲論中所必具者。故後二前雖未問。而今則並陳。然總云未開者有二意。一者。言總意別。別指後二。而言四義未盡開也。二者。義有相關。謂和合與因緣相關。不和合與自然相關。儻屬後二。則前二亦未全離。故總云未開耳。然意中惟望更說後二。決無望佛重拂前二。故舊說非是也。

巳二述迷悶

而今更聞見見非見。重增迷悶。

本惟望佛次第更談和合等義。今因不達見見非見。迷悶是急。故先希釋此也。述意已竟。

辰二哀請

伏願弘慈。施大慧目。開示我等覺心明淨。作是語已悲淚頂禮。承受聖旨。

慧目。觀空者也。佛啟清淨實相。而阿難又乞慧目。則此下圓發空如來藏無疑矣。纖疑在念。則覺不明淨。是須釋迷悶而開未開。夫然後覺心無不明淨矣。

卯二佛慈許說。分二。辰一將示妙修

爾時世尊憐愍阿難。及諸大眾。將欲敷演大陀羅尼諸三摩提妙修行路。

此經家敘佛意也。觀將欲二字。則其意甚遠。在五六卷。蓋凡欲事妙修。先求真智。廣開真智。皆所以為妙修之地。故佛方近談微密觀照。而經家先遙敘此。其旨深矣。陀羅尼。此云總持。謂總一切法。持無量義。正以解固欲其周圓。而修當執其簡要。此經了義之修。最為簡要。陀羅尼雖通顯密。且就顯言。故圭峰疏釋不取多字一字。偏取無字即淨圓覺心。今應亦取無字。即圓湛不生滅根性也。諸三摩提。總目二十五圓通。妙修行路。密指耳門。意言諸圓通中妙耳門也。以此二句釋上陀羅尼。顯修門中耳根圓通即大總持也。不依舊註平派定慧止觀等。按後阿難請入華屋。即有得陀羅尼入佛知見之語。及佛許云。開無上乘妙修行路。又云。於佛如來妙三摩提不生疲倦。語意全合。足徵此處是預指後之修門也。

辰二先開真智。又三。巳一明其未了

告阿難言。汝雖強記。但益多聞。於奢摩他微密觀照。心猶未了。

寄斥多聞者但恣口耳未了實義。奢摩他。即性具本定。微密觀照。即本具照體朗然現前也。檢異起心對境。思惟麤觀。曰微。檢異制身靜坐。出入定相。曰密。又離妄絕相曰微。即相無相曰密。故今所說見見非見。乃至七大徧周。正離妄絕相微妙觀照。下文滿慈二答。正即相無相祕密觀照。是知此意照盡三如來藏。是謂真智。必由此真智。方能造後妙修也。

巳二正許開示

妙今諦聽。吾當為汝分別開示。

巳三兼被未來

亦令將來諸有漏者獲菩提果。

有漏尚令成佛。無漏不待言矣。

寅二分別開示。分二。卯一釋其迷悶。阿難以未開迷悶二者並陳。而迷悶更急。故佛今則先與釋其迷悶。前已辨明此中並無重拂因緣自然之意。勿強索之。分三。辰一雙標二見。於一妄見分之為二。非真妄二見。分二。巳一總出其過

阿難。一切眾生輪迴世間。由二顛倒分別見妄。當處發生。當業輪轉。

此明見妄若存。有此等過。故須剖析而離之。一切眾生。不止凡夫。亦兼小聖。輪迴世間。不止七趣分段。亦兼二乘變易。以此是凡小俱迷之境。而結尾期在圓滿菩提不生滅性故也。然此二句。方以總標大患。下乃推原。皆由見妄能現境起業而致然也。言二者。即下同別之二也。云顛倒分別者。正見妄之體相也。謂迷別為同。本是己心別業自現之境。而視為心外與己無干之境。迷同為別。本是自惑所現與眾同分之境。而視為心外同他共住之境。迷虛為實。本是惑業虛影。而視為心外實有定相之物。此之三迷。舊解但了後一。前二罔知。至下當發明之。恒作如是見解。故曰顛倒分別。然此分別。乃任運歷然不昧而已。所謂微細流注分別。非作意計度麤分別也。總謂之見妄者。體即陀那細識見分中和合一分深惑。下文諸佛所稱俱生無明生死結根是也。此方出見妄體相。末二句。正明其現境起業。為引發輪迴之本也。

當字。去聲。當處者。全法界心徧成迷惑之處。本非處而言處耳。發生者。盡法界徧現情與無情一切世界。下文謂無同異中熾然成異者是也。此蓋但由惑現。未及業招。方是同分境現耳。當業者。即於當處惑境之中取著造業也。輪轉者。隨業受報。次第遷流。成無邊輪迴也。此蓋不但惑現。更由業招。即是別業境成也。即處與業二俱言當者。顯二意。一當處。顯不動意。如夢所見無量多境無量奔馳。不離床枕。寸步無移。二當業。顯無物意。言惟是自業幻成。妄取妄受。更別無物也。是則見妄能招如是大患。故不可不了悟而遠離也。

巳二別列其名

云何二見。一者眾生別業妄見。二者眾生同分妄見。

夫唯心境界。極盡十方。唯我一心。本無親疏遠近之分。今為見妄所迷。不能同佛全體住持全體受用。於是有見其自所住持。現得受用。而為親近之境。有見其他所住持。非己受用。而為疏遠之境。然親近者。不惟惑現。而更兼業繫。蓋自業發明。還自取著。非心外實有與他共住之處。故曰別業妄見。（特由顛倒分別。乃妄見其心外實有與他共住。豈真實哉。）其疏遠者。雖非業繫。而但由惑現。蓋與眾同惑。而還同眾見。非心外實有與己無干之境。故曰同分妄見。（亦由顛倒分別。乃妄見其心外實有與己無干。豈真實哉。）當知此與舊說不同。舊謂別業約一人。同分約多人。便與萬法唯心相背。今惟約阿難一心。兼具此二種妄見。

但約業別別見惑同同見分之耳。欲自阿難以例一切眾生。人人皆具此二種妄見。方為盡理。

辰二各舉易例。舊說目眚災象二皆為喻。以喻後之一處多處。則背戾後文。其過無窮。不暇委辯。今並是法。如字。乃是舉法之辭。但有難覺易知之分。後文有證。良以親近之境。雖為別業。實亦與眾共住同見。誠難覺其為別為虛也。至於眚見燈輪。則又別中之別。虛上之虛。是乃最易知其為別為妄者矣。疏遠之境。雖為同分。然見其與己懸隔。而又各受用不一。誠難覺其為同為妄也。至於瘴惡災象。則又同中之同。妄中之妄。是尚可易知其為同為虛也。故佛舉眚影災象易知者。將以例後一處多處之難知者焉。問。佛後合明。何無同別。答。如來言不虛發。語必開迷。既標顛倒。又列差別。別業。同分。必是眾生迷昧之境。前標既有。可不隨明。後結若無。何勞強贅。曲順金言而已。然合明處略之者。正意歸重見妄以釋迷悶故也。就分為二。已一別業妄見。分為四科。午一先以徵起

云何名為別業妄見。

午二陳其所見

阿難。如世間人目有赤眚。夜見燈光別有圓影。五色重疊。

目雖浮根。而眾生聚見於眼。即見精所寄之處。眚雖浮根之病。而實因有見性方有斯病。亦即見性之病。而燈輪即見病之影。但好眼為無明根本見病。而赤眚為浮根枝末見病。

身境為根本見病之影。而燈輪為枝末見病之影。以此眚影為例。即有兩重易知。一者。易知其為別業。以於燈輪明知其為自己獨見之境。二者。易知其為妄見。以又明知燈輪非實有也。故先陳此取為能例。意在例後兩重難知焉。又佛向下即離妄因等科。皆就此易知能例之法而寄辯詳明。到下所例一言以蔽也。故此須當一一配例明白。庶至下文不費詞而自明矣。目惟取其所具之見性。與後見身境者同體無別。但此雙帶本末二病。而後惟有本無末。故用相例焉。眚例無明。燈例界內。輪例身境。當與下文相為照應無差忒矣。

午三了無其實。又復分為二。未一審於二處

於意云何。此夜燈明所現圓光。為是燈色。為當見色。

例云。此三界內所現身境。為彼界內實有耶。為汝見性實有耶。

未二難其即離。又二。申一難即燈即見

阿難。此若燈色。則非眚人。何不同見。而此圓影惟眚之觀。若是見色。見已成色。則彼眚人見圓影者名為何等。

先以非眚不見破即燈。非眚人。以例諸佛。蓋斷盡無明。同無眚病。例曰。若身境是界內實有。而斷盡無明之人如何不見。何必惟有無明者然後見之乎。次以色不自見破即見。例曰。若以身境即是見性實有。則見性已成身境。即不能以自見。而今見身境者。復是何物以見之乎。

申二難離燈離見

復次阿難。若此圓影。離燈別有。則合傍觀屏帳几筵有圓影出。離見別有。應非眼矚。云何眚人目見圓影。

先以傍觀無體破離燈。例曰。若復轉計身境離彼界內而別更有體。則夫界外涅槃。應當更見身境。蓋二乘出三界外即空不見。問。與佛何異。答。佛即三界不見身境。如非眚人。即燈不見毛輪。二乘如帶眚人。離燈向於屏等方不見也。非真不見。若復來。依舊有矣。次以非眼莫矚破離見。例曰。若復轉計身境離見性而別有自體。則憑誰知有身境。今何無明之人。必用見性見之乎。了無其實已竟。

午四詳示妄因。上科但舉即離皆非。足顯虛妄。而未出虛妄根由。及無病見體。此科方具示之。分為五。未一正指妄因

是故當知色實在燈。見病為影。

色實在燈者。言彼五色實須在燈上而後現也。以屏等不出。無離燈理。見病為影者。言雖不離燈現。而實非即燈之影。乃見上眚病之影也。見病二字。正是真實妄因。然上句例山河實須在界內方見。而亦非即界內實有。但是根本見病之影而已。

未二見體無干

影見俱眚。見眚非病。

首句。牒前病影也。上見字。指見病言。字之略也。應云。影與見病俱是一眚而已。意明影病一體。未有影非目病。亦未有目病無影者也。故合影與病方稱為眚。故曰影見俱眚。次句特指能見眚之見體常自非病。而與眚本不相干矣。以若見即是眚。應不自見。今既宛然見眚。豈能見之見體。即所見之眚病乎。此意最重。正惟有此無病見體。所以見見即非見也。不指有智眚人而言。後文有照。至當指之。

未三誡人妄情

終不應言是燈是見。於是中有非燈非見。

觀不應二字。明是誡止之辭。蓋言既惟病影。一無實體。則說即說離皆不中理。故誡止之。

未四喻明所以

如第二月。非體非影。何以故。第二之觀捏所成故。諸有智者。不應說言此捏根元是形非形。離見非見。

此方是喻非體非影者。準下文既以月形見體對辨是非。此應即是以見體月影而雙標也。故非體者。非見體所有也。非影者。非月影所現也。下之徵釋。正出第二月真實妄因。

惟在一揑字而已。以揑則有不揑則無故也。同前燈輪真實妄因。惟在一病字而已。故曰見病為影。亦以病則現不病則不現故也。末二句。吳註只取雙是雙離而已。形月形也。雙是形與非形者。猶言是月非月也。雙離見與非見者。猶言非見是見也。蓋離見即非見。離非見即是見也。文法之巧耳。大端以月對見。而雙遣揑輪之是非。意在喻明以燈對見。而雙遣眚輪之即離耳。是非。亦即離也。

未五以法合顯

此亦如是。目眚所成。今欲名誰是燈是見。何況分別非燈非見。

承上。可見二月非實。惟揑是其根元。燈輪本無。惟眚乃其病本。夫既徹底虛妄。憑何說其即離。又既離即皆非。尤見徹底虛妄矣。蓋眚與無明皆如揑也。燈輪身境皆如二月也。例之易見別業妄見已竟。

巳二同分妄見。又分三。午一先以徵起

云何名為同分妄見。

與前徵對

午二陳其所見。又二。未一總舉洲國。又二申一海中洲數

阿難。此閻浮提。除大海水。中間平陸有三千洲。

大海。即七金山外鹹水海也。平陸。即無水地。水環陸地曰洲。一大餘小。故數滿三

千。此惟須彌之南一面洲也。

申二洲中國數。又分二。酉一大洲國數

正中大洲。東西括量。大國凡有二千三百。

大洲。即指閻浮。舉大國以略小國也。

酉二小洲國數

其餘小洲在諸海中。其間或有三兩百國。或一或二。至於三十四十五十。

此皆布於大洲之外者也。總舉洲國已竟。

未二別舉所見。又二。申一兩國同洲

阿難。若復此中有一小洲。只有兩國。

舉最小之洲。最少之國。以況大多也。

申二一國所見

惟一國人同感惡緣。則彼小洲當土眾生。覩諸一切不祥境界。或見二日。或見兩月。其中乃至暈適珮玦。彗孛飛流。負耳虹蜺。種種惡相。

暈適珮玦。皆兼日月。環匝曰暈。薄蝕曰適。珮玦。近日月災氣之狀也。彗孛飛流。星之災象。星芒偏指曰彗。四出曰孛。橫去曰飛。下注曰流。負耳虹蜺。單是日之災象。

夾日而成負耳。映日而成虹蜺。末句。該盡其餘之意。陳其所見已竟。

午三了無其實

但此國見。彼國眾生本所不見。亦復不聞。

同一天象。此有彼無。足知非實。此說妄處。比別業中既略即離。復缺妄因。略者。意欲準上。缺者。留待下進退文中例出也。然此亦有兩重易知。一者。易知其為同分。以其明知與舉國見同也。二者。易知其為妄見。以又明知他國不見也。故先陳此取為能例。亦欲例後兩重難知者焉。各舉易例已竟。

大佛頂首楞嚴經正脈疏卷十二

大佛頂首楞嚴經正脈疏卷十三

經文卷二之四

明京都西湖沙門交光真鑑述
蒲州萬固沙門妙峰福登校

辰三進退合明。分二。巳一總標例法

阿難。吾今為汝以此二事進退合明。

此科舊解標雖在此。卻乃隔後多文別取數句以為其義。遂致管見謂為錯簡。欲以改移其文。今於印本雖未敢動。而傳講者皆抄寫指授以為確論。今反覆詳之。乃是不識本旨。反謂經差。若果改移。大亂佛旨。痛宜戒之。當知齊此標後。直至迷悶科終。三番相例。皆是進退合明正文。又進退亦異舊說。蓋佛談經。如人入宅。從前向後為進。從後翻前為退。然亦有兩說。並於理通。智者審之。一者。若約例處現文。則三節分屬進退合明。謂初例（例汝今日觀見山河）是進以合明。次例（例彼妄見別業一人）是退以合明。後例（例閻浮提三千洲中）復是進以合明。二者。若約結處深意。則三節各有進退合明。謂初結（皆是。乃至所成。）約燈輪依正進退合明。次結（俱是。乃至所生。）約災象燈輪進退合明。後結（同是。乃至妄死。）約災象諸國進退合明。至文一一指之自見。

巳二依法取例。又二。午一例明別業。又三。未一舉能例法。牒定眚妄。雖總

牒前別業。而意多取於詳示妄因中義。以作今能例之法耳。又四。申一促舉前法

阿難。如彼眾生別業妄見。

此科總舉。下三科詳牒也。觀佛直呼前之眚輪以為別業妄見。何得執為譬喻。此一驗矣。

申二妄境似有

矚燈光中所現圓影。雖現似境。

申三妄體本無

終彼見者目眚所成。眚即見勞。非色所造。

見勞者。即見病妄發勞相也。非色所造者。非實色所造也。蓋言惟是一眚所現。更無他物。即前影見俱眚句耳。

申四真體非病

然見眚者。終無見咎。

蓋見眚者。即能見眚之自體也。良以眚不見眚。而見眚者。乃見之真體。彼固無恙。故曰無咎。此即前見眚非病句耳

未二就所例法進退合明。約前分屬。言總意別。後義正齊。分二。申一總成例

意

例汝今日以目觀見山河國土及諸眾生。皆是無始見病所成。

例者。同是一例。言無異也。今日目觀者。明現前親住。親見近境。異後懸遠之處也。次二句。依正可知。無始見病者。即根本無明初成業識。轉生見相二分。則見如眚瞖。相如燈輪。從此浩劫。莫復清淨。故曰無始見病。此科是第一進退合明。若依前義。三節分屬。此屬進以合明。謂進前文燈輪易知之別業。合明後文依正難知之別業。則結文皆是二字。但惟徧舉國土眾生而已。言此國土眾生皆是無始根本見病之影。與燈輪枝末見病之影。一例而無別也。此說順。而易於省解。若依後義。三節各有進退。例處同前無異。惟於結處差別。皆是二字。乃是雙舉燈輪依正。而言皆是無始見病之影。故具足進退之義。蓋進前燈輪。以合明後之依正。則此依正固無始見性所帶根本見病之影。與燈輪而同一例也。退後依正。以合明前之燈輪。則此燈輪。亦無始見性所帶枝末見病之影。與依正同一例也。雖久暫不一。而無非見病展轉幻生矣。此說稍難領會。而意則圓足。思之。問。目眚但一時之疾。今亦謂為無始見病。恐非佛意。答。此正據佛意。下文於眚妄瘴惡相例之後。亦結俱是無始見妄所生。故知然矣。但比身境更多一轉。所謂雙帶本末二病而已。推末由本。故本末同結之。問。燈輪合明依正。固是以易知例難知。依正合明燈輪。取何意耶。答。依正虛妄。固比燈輪難知。而目眚遠因。亦是無明轉生。猶不易曉。故佛互相發明。有深意存焉。要顯本末見病。皆無始無明之過也。後皆倣此。

申二詳應前文。又分為三。酉一合明妄境似有

見與見緣。似現前境。

見。即目見。緣。即國土眾生。

酉二合明妄體本無

元我覺明見所緣眚。覺見即眚。

覺明。即本覺墮於無明之中者也。見所緣眚者見自所帶無明之影也。覺見即眚者。謂覺明所見無明之影。即是眚病。此句宛是影見俱眚之意也。

酉三合明真體非病

本覺明心。覺緣非眚。

緣字。雙指見與見緣。妄見對覺心。亦是覺心之所緣。故妄見屬諸緣之中。是則覺心能覺諸緣者而謂之非眚。正以合前見體能見眚者而謂之非病。顯然孚契。乃知凡言見眚。皆指見之本體。非謂有智眚人當於此而照驗。聖言正以此體本來離妄。所以到下文纔覺即離。更無留難。故知詳應之科。雖足例意。而正為下釋悶張本也。此阿難所見身境等即有兩重難知。一者。難知其為別業。以己見與眾不異也。二者。難知其為妄見。以又因同見。實信其必有也。故以前眚影中兩重易知者。而例之以知焉。問。身境同見。何以類眚影之別見。答。眾生依自心法界。而迷起夢境。法界唯心。夢境非有。故為別為虛。見同眾人。不過業同同見耳。豈同外教共一而實有乎。譬如

千燈一室。各別光滿。又如群𥉌觀燈。似同輪而實各病。及其一人愈。而只消一人之輪。始知非共一。而非實有矣。就所例法進退合明已竟。

未三結見見即離釋迷悶。圓覺云知幻即離。正同見見非見。故科名擬之。分二。

申一令取上義轉釋。取上覺緣非眚一句之義。轉釋前見見非見之迷悶也。又分二。

酉一用上顯離

覺所覺眚。覺非眚中。

覺所覺眚。即上覺緣二字。覺非眚中。即上非眚二字。意謂覺本是真。眚本是妄。未覺眚時。覺常墮於眚中。纔覺是眚。覺早出於眚外。故別業中許多發揮只為成就此二句。意在顯其真本超脫。釋前迷悶之情也。

酉二轉釋前語

此實見見。云何復名覺聞知見。

實字。亦即字之意。見見。乃是前語。上科覺字。即上見字。眚字。即下見字。故覺眚。即釋見見。非眚。即釋非見。意云覺眚即脫於眚。便是見見即脫於見。云何復名為見。我所以言非見也。兼聞知覺者。一體同具也。為因見見難省。故變字轉顯。非兩法也。

申二令對目前會釋。指向目前。便類宗通。更加說破。仍歸教意。又二。酉一

通指是眚者釋妄見

是故汝今見我及汝。並諸世間十類眾生。皆即見眚。非見眚者。

見我者。即觀佛相好也。故知自惑未除。雖觀佛勝相。亦是眚影。及汝者。指阿難自身也。世間。即上山河國土。十類眾生。同前十種異生。皆即見眚者。皆即見上之眚病也。非見眚者。非是能見眚之真體也。此二句。判定是妄非真矣。

酉二別指非眚者釋非見

彼見真精。性非眚者。故不名見。

彼者。指法之辭。見真精者。即能見眚真精也。又解。彼見仍指妄見。真精方目真見。而此真精。是彼妄見真實之體。故曰彼見真精。性非眚者。言是乃性體。而非眚妄也。此二句。判定是真非妄矣。末句結歸釋疑。夫妄非真而真非妄。故知真見性本常離於妄。我所以謂真見見於妄見之時。即脫於見。而不可復名以見也。汝何迷悶於此哉。是則世界眾生。既惟自心別業妄影。則凡夫不必欣上厭下。種種取著。二乘不必怖有淪空。種種厭離。速惟務求見見。而除一己之深惑。即不墮於妄身境矣。此於三道中。初悟惑道。了三本空。猶是近離。而非遠離。遠離之意。在後同分尾中。例明別業已竟。

午二例明同分。分三。未一舉能例法進退合明。舊說進退合明。單屬此科首六句。蓋因其文有往復之狀而成誤也。以致管見踵之。欲以取前標辭加於此科之上。而並將全科移於本覺常住之後。復取前云何名為同分一節經文補置此處。則三番進退。及首尾相收之旨。俱失之矣。若更依彼法喻參之。謬亂尤甚。傳講者畏於悖註而敢於違經。痛宜戒止。且今詳究經文。毫髮不錯。由是曲順本意解之。仍於各文詳申其故。智者請加研味。庶有發明。當知此科乃是第二番進退合明。若依前義分屬進退。此屬退以合明。蓋退後同分以合明前之別業也。此亦容易省會。分三。申

一促舉前法

阿難。如彼眾生同分妄見。

上文別業未例之前。先促舉云。如彼眾生別業妄見。今此同分未例之前。亦促舉云。如彼眾生同分妄見。顯然對待。誰敢妄移。蓋總以舉前一國所觀種種災象也。然此科具能所二例。若遠對後科例閻浮等。則此為能例。彼為所例。若近對本科別業妄見。則此為所例。別業為能例。所以難省。其故至下自見。請先記之。

申二取例別業。問。災象既為同分易知之例。即當直以例後閻浮提等。何必又取例於別業。答。前文促舉之下。即以牒定眚妄者。全以牒前詳示妄因科也。蓋必妄因成。而後可例下身境之同妄矣。今此促舉之下。亦當牒定妄因。其奈前之災象文中。元缺詳示妄因。佛意不欲另示妄因。正欲留待此處取例於別業之妄因焉。所以無牒辭而加取例耳。問。何故如此。答。眚影災象。雖皆易例。而災象比於眚影。稍似難知。故此亦是以易例難。令知同彼眚影一例虛妄。然後妄因成。而可以例下

閻浮等也。後問略同吳興。又二。酉一逆以取例

例彼妄見別業一人。

蓋先舉能例。後就所例。乃為順例。今翻以所例倒就能例。故曰逆以取例。逆即退也。故約前義屬退合明。問。何故如此。答。促舉同分之易知。將以例後同分之難知。故不得不首舉同分。以對前別業中促舉之科。然特為自缺妄因。須取例於別業。又不得不退就別業而逆取之矣。

酉二順以釋成。上文不得已而能所倒置。終為不順。理須回文釋之。故曰順釋。問。豈非依舊進合。答。但望促舉之科能所顛倒。畢竟是退。又復曲分二。戌一回文標同

一病目人。同彼一國。

依舊以能例別業居先。所例同分居後。而略以標同。下科詳以例出矣。

戌二例出妄因

彼見圓影。眚妄所生。此眾同分所見不祥。同見業中瘴惡所起。

此舉別業但惟眚影是其妄因。以例同分但惟瘴惡是其妄因。豈有天象之實體哉。

申三合明同本

俱是無始見妄所生。

惟此俱是二字無有二說。但依後義。雙舉燈輪災象。而言其俱是等也。正因此處。推

知前之皆是後之同是。咸有進退合明之義。生。謂轉生忞生也。據現前雖皆一時之事。而展轉推本。故俱是無始見妄從本忞末而生也。進退合明者。進燈輪以合明災象。則災象固一國之眚瞖也。退災象以合明燈輪。則燈輪亦一人之瘴惡也。故曰俱是無始見妄展轉忞生矣。

未二就所例而進退合明。上之一國災象既例眚影。妄因已彰。即為此節能例之法。而此閻浮等乃為所例。由是就之。而進退合明矣。此即第三番進退合明。若依前分屬之義。亦是言總意別。但屬進以合明。謂進前一國災象合明後諸剎也。若依後義。正齊分二。申一普例世間。分二。酉一器世間。又二。戌一從狹至廣

例閻浮提三千洲中。兼四大海。娑婆世界。并洎十方。

首一例字。正承上同分妄因。以為此節之能例故也。海本是一。因須彌四面有四大洲。故海亦隨洲稱四大也。娑婆世界有百億四天下。本師一佛剎土耳。十方。則諸剎土無量無邊。沙塵莫盡其數。

戌二總標有漏

諸有漏國。

諸字。總指廣狹諸土。有漏義現前無漏下。對當機且指同居。

酉二情世間

及諸眾生。

即上諸國眾生也。合情與器二種世間。皆自心與眾同分所見之境。不取眾人皆為能見也。普例世間竟

申二合明同妄。復分為二。酉一合明前六字

同是覺明無漏妙心。見聞覺知虛妄病緣。

若依前義。則同是二字。亦惟徧舉諸國而言同是無漏等。此乃合前能例中俱是無始見妄六字也。但彼只言無始見妄。而不言所依之真。此則覺明無漏妙心。乃其所依之真。見聞覺知虛妄病緣。乃其所起之妄。承上例下云。此之十方各所見世界眾生。雖各種種不同。與彼一國所見不祥。同為一例。同是云云。覺明無漏妙心。即是在纏之體。覺明。不必泥作無明。應是覺湛明性。此自其本淨而言。無漏。自其無染而言。正反於上有漏也。蓋其體非無明。不屬諸有。而又欲境諸見迥不相干故也。總此本淨不染二意。故曰妙心。持業釋也。見等。皆指妄者而言。連下虛妄病。通為一顛倒分別見妄而兼聞覺知者。一體所具也。此所謂能生諸緣。緣所遺者。而緣之一字。即指上世界眾生。如云此諸世界眾生。皆即見等妄病之緣而已。

酉二合明前二字

和合妄生。和合妄死。

合前能例中所生二字也。但上無死字意亦深含。然此死字意是滅字。方通無情。蓋通本上來。必兼依正。世界則成住壞空。眾生則生老病死。二俱言和合者。言生不自生。以和合發起故生。滅不自滅。以和合終盡故滅也。然既虛妄病緣所為。則於本無中而妄見生滅。故皆曰妄耳。又當知二乘見界內是生。界外是滅矣。上解但依前義分屬。有進無退。若依後義。進退兼具。應云。進一國以合明於十方。則塵剎固即瘴惡之虛陳。退十方以合明於一國。則瘴惡亦即生滅之妄現。故結之曰同是覺明等。此中亦有兩重難知。一者難知為同。以淨穢苦樂迥別也。二者難知為妄。以與塵剎見同也。故以前瘴惡中兩重易知者而例知焉。問。隔異無干。何為同分。現見各有。何為我妄。答。自心無明。稱法界而無際。一切生界。依無明而住持。故見生界未消殞者。自心無明未除也。無明未除。則無邊生死皆同分耳。可同凡小苟安自足謂無干乎。譬如病目。見花徧空。同我眼病豈以近遠而分自他虛實乎。此小註。與前別業小註中意。亦是破迷要義。但經文前顯後隱。故小書之以備觀。就所例法進退合明已竟。

末三結離見即覺教取證。圓覺云離幻即覺。即同此意。故科名擬之。敵體翻上文同是等。而了前大標中總出之過以結歸也。上是從真起妄。此是反妄歸真。分二。

申一離見。又曲分為二。酉一離見緣

若能遠離諸和合緣。及不和合。

翻上緣字。及和合二句。而了前標中當處二句也。意曰。生滅深惑。雖由見妄。而業果循還。現溺見緣。若能首先遠離云云。遠離者。了知苦果皆由業招。妄招妄現。於是不造諸業。斷世生緣。即遠離諸和合也。既不趣生。亦無老死。即遠離不和合也。若兼二乘。則不見界內為實有。即離和合。不見界外為真滅。即離不和合也。斯則業果二道先已息矣。

酉二正離見

則復滅除諸生死因。

翻上見聞覺知虛妄病。而了前二種顛倒見妄也。蓋二種見妄。正無明深惑。即業果由之以起。乃生死親因也。滅除之者。即後耳根圓通中。斷二執。證三空。窮至生相。而惑道並盡矣。三道既盡。齊此屬於反妄。

申二即覺。又分二。酉一極證二果

圓滿菩提不生滅性。

菩提。是智果。見妄除而惑盡。故圓滿智果。不生滅性即涅槃是斷果。見緣除而業果盡。故圓滿斷果。

酉二永斷輪迴

清淨本心。本覺常住。

此即完復上之覺明無漏妙心。而了標中輪迴世間矣。然涅槃由斷。尚帶修心。菩提由智。亦兼始覺。今復言本心清淨本覺常住者。表二義。一表皆但還復本有。非從外得。二表要必圓滿涅槃而後本心清淨。圓滿菩提而後本覺常住。性修雙即。而前所謂輪迴世間者。於此永絕矣。二科皆屬歸真。是則別業後釋迷悶中。全顯此心不變之體常自離妄。而極勸人之了悟。同分後教修證中。全顯此心隨緣之用與妄相應。而極勸人之修證。修無了悟則畢竟鈍滯無歸。悟不修證。安得現前受用。修心者。務請不取見緣。不隨見妄。而觀塵剎依正。全影全心。念念不昧。是謂常住三摩地中。固知取證無疑。而庶不負佛詳勸之至意矣。釋其迷悶已竟。

卯二開其未開。前阿難述意以請中。先述未開。後述迷悶。而佛與先釋迷悶者。先其所急也。今迷悶已釋。次應開所未開矣。分二。辰一牒前述意。又分為二。巳一牒已開

阿難。汝雖先悟本覺妙明。性非因緣。非自然性。

先之一字。遠指之辭。分明指前超情科中先悟也。舊註欲以成就重拂之說。乃釋為二見中度其已悟。是不以己意曲從經文。翻以經文曲從己意。未敢聞命。

巳二牒未開

而猶未明如是覺元。非和合生。及不和合。

辰二逐意發明。又二。巳一破和合。又復分為二科。午一總舉妄惑

阿難。吾今復以前塵問汝。汝今猶以一切世間妄想和合諸因緣性。而自疑

惑證菩提心和合起者。

以前塵問者。對前塵而辯問也。語兼因緣者。驗旨趣之相關也。言此本是世間之義。汝乃泥之。而疑菩提心亦和合耶。菩提既帶證字。作佛果亦可。心字。仍指本覺。蓋佛果依本覺心而始證。故本覺即是證菩提之心。

午二別為破斥。分二。未一破和。和者。如水和土之類。又分二。申一舉法標列

則汝今者妙淨見精。為與明和。為與暗和。為與通和。為與塞和。

仍用見精者。以真見無別異體。況此現與明對。得以施辨矣。

申二破一例餘。又分二。酉一破一。又分為四科。戌一不見和相

若明和者。且汝觀明。當明現前。何處雜見。見相可辨。雜何形像。

可見曰相。見相可辨者。言所見之相分明可辨也。即指所對明相而言。言彼明相雖分明可辨。若言見與之雜。何有交雜之相可見乎。不可釋辨為分。以可分即墮非和也。而況理實不可分乎。

戌二不具和體。實質曰體。又分二。亥一離即雙絕

若非見者。云何見明。若即見者。云何見見。

凡物之雜和者。必先相離。而後相即。乃得成和。今離即雙絕。何由而成和乎。文中非見即見。皆望明相為言。初云。此明若非是見。則應無所矚。今乃云何見明。是初無相離矣。次云。此明若即是見。則見不自見。今乃云何見見。是後亦無相和矣。然此科方是無和體之由也。

亥二躡成破意

必見圓滿。何處和明。若明圓滿。不合見和。

此科方正破無和體也。躡前云。此明既不非見。則全體皆見。而必見圓滿。何處容明而與之和乎。既不即見。則全體皆明。而必明圓滿。更不合容於見而與之和矣。

戌三不得和名

見必異明。雜則失彼性明名字。

召體曰名。性。本也。言此見若果先異明而後雜明。即當失彼本明名字。另立名字。如水被土雜。而另名為泥也。今何但名為明。而無被雜之異名乎。

戌四不成和義

雜失明性。和明非義。

孚名曰義。首句躡上起下。言既被雜。已失明性。則本明既失。即不當仍謂之和明。今仍謂之和明。非其實義矣。破一已竟。

酉二例餘

彼暗與通。及諸群塞。亦復如是。

破和已竟

未二破合。資中曰。合者。如蓋合函之類。又分二。申一舉法標列

復次阿難。又汝今者妙淨見精。為與明合。為與暗合。為與通合。為與塞合。

申二破一例餘。又二。酉一破一。又分為三科。戌一正破合明

若明合者。至於暗時。明相已滅。此見即不與諸暗合。云何見暗。

溫陵曰。合則附而不離。故合明既不相離。則明滅隨滅。不復合暗。既不合暗。憑何以見於暗乎。

戌二防破轉計

若見暗時。不與暗合。與明合者。應非見明。

恐轉計之云。前見明時。實與明合。今雖見暗。卻不與合。乃破之云。若見暗時。不與暗合。是既見時不合。則必合時不見。是故汝前言與明合者。應非見明。

戌三躡歸正破

既不見明。云何明合。了明非暗。

言明尚不見。云何與明合。而知明非暗乎。

酉二例餘

彼暗與通。及諸群塞。亦復如是。

破和合科已竟

巳二破俱非。又復分為二。午一承示轉惑

阿難白佛言。世尊。如我思惟。此妙覺元。與諸緣塵。及心念慮。非和合耶。

妙覺元。既屬根中之性。此句標根。次句兼塵。次句該識。正辯根性。連帶塵識。非則俱非也。真際曰。和合不成。即非和合。形必然也。

午二逐意發明。分為二。未一牒惑示問

佛言。汝今又言覺非和合。吾復問汝。

未二別為破斥。又復分為二。申一破非和。又曲分為二。酉一總各標列

此妙見精非和合者。為非明和。為非暗和。為非通和。為非塞和。

酉二破一例餘。分二。戌一破一。又三。亥一定其有畔

若非明和。則見與明。必有邊畔。

體相雜入。既謂之和。故體不相入。方為非和。如磚石並砌。二體各不相入。而中間必有邊畔。故先定其邊畔也。

亥二索其畔處

汝且諦觀。何處是明。何處是見。在見在明。自何為畔。

倘許有畔。即對見明索其指出。

亥三躡成破意

阿難。若明際中必無見者。則不相及。自不知其明相所在。畔云何成。

言縱有邊畔。則亦如磚石之不相入。見中無明。明中無見。今以見望明為辯。故單言明中無見。則己不知明在何處。齊何處而分畔。故云畔云何成不成畔義。則自不成非和義矣。

戌二例餘

彼暗與通。及諸群塞。亦復如是。

破非和已竟

申二破非合。又分二。酉一總各標列

又妙見精非和合者。為非明合。為非暗合。為非通合。為非塞合。

酉二破一例餘。分二。戌一破一。又二。亥一明其乖角

若非明合。則見與明性相乖角。如耳與明。了不相觸。

非合即離。故迥不相遇。方為非合。故經自喻明之與耳也。如人合目。以耳聽明。終不知其所在。豈非了不觸乎。

亥二躡成破意

見且不知明相所在。云何甄明合非合理。

戌二例餘

彼暗與通。及諸群塞。亦復如是。

此後無結尾者。以本屬前超情科中餘意。故不另結。必欲結之。可準前文云。當知如是精覺妙明。非和非合。非不和合。乃至隨汝執捉。自此顯見已極。而奢摩他從根指心方便亦盡。向後轉名如來藏性。不復呼為見性之偏名矣。(問。上既帶妄。未顯純真。剖妄之後。似當更顯。何但補超情尾。而更別無說乎。答。此有三義。一者。純真言語道斷故。此蓋不但見性。諸法窮至真際。皆不可說。經云。諸法寂滅相。不可以言宣等。其文非一。二者。前文已即顯真故。謂若依方便。言顯無言。則前表見即識精明元。真妄和合。則十番所顯。即其本具之真。何干於妄。二見所破。即

其本具之妄。何礙於真。況先顯後破。別有其故。前已表明。豈可因其未及除妄。而遂疑所顯非真耶。倘必疑佛顯真非實。亦應疑佛破妄是虛。破顯俱不信受。是外道。非佛弟子。三者。後不出此真性故。良以四科七大所顯如來藏性。非別有體。即此見性轉名藏性耳。豈可謂此後更別無說乎。又此科可以為理法界之由致。若不由此方便。從於根中識取迥脫根塵廣大寂常靈知之自性。將何以入真空絕相之法界耶。然但謂之由致。非惟約此即為理法界也。）剋就根性直指真心已竟。

子二會通四科即性常住。四科。即五陰六入十二處十八界也。前科言寂常妙明之心最親切處。現具根中。故剋就根性直指真心。然雖近具根中。而實量周法界。徧為萬法實體。今於萬相中一一剖相出性。是以齊此不復稱其見性之別名。乃舉其總名曰如來藏心。妙真如性。但是總別異稱。體惟一而已矣。分二。丑一總為剖出。剖。謂剖開相之妄。出。謂顯出性之真。又二。寅一剖出但知虛法。此一類法。顯然不實。人皆易見。然凡外權小。亦但皆知其相之妄。而實皆不達其性之真。故佛特為剖相而出性焉。又二。卯一舉法自相

阿難。汝猶未明一切浮塵諸幻化相。當處出生。隨處滅盡。

蓋上文妄見。即見之相妄也。真精。即見之性真也。故此承上言。不但見精相妄而性真。汝猶未明云云。然此科且舉其自來本相。而未明真妄。開妄出真。在下科中。浮塵幻化。如陽焰。空華。乾城。夢境。與上文燈輪災象皆是也。當處出生。言來無所從。隨處

滅盡。言去無所止也。

卯二剖相出性

幻妄稱相。其性真為妙覺明體。

首句剖相。幻妄。猶言虛偽也。稱。即名也。言其徒有虛偽名相而已。末二句出性也。言彼實無自性。其性即眾生妙覺明之實體而已。無相而能現相。故稱為妙。覺明。準前即覺湛明性。良以妙覺明體如鏡。浮塵幻化如鏡上之影。影雖至虛。離鏡則無。故全影即鏡。是知影之體即鏡體矣。所以諸相至虛偽者。其體皆至實。以其即妙覺明體故也。然先以開出乎此。而後以例明陰入等法者。有二妙義存焉。一者比類知妄。謂因幻化等相不實。而知陰入等相不實也。二者比類信真。謂彼等至虛之法。尚是真覺之體。況此陰入等法。獨非真覺之體乎。皆信之無疑矣。

寅二剖出似實有法。此一類法。與前法。雖皆依他起性。而前法人易識其為虛。斯法人難覺其為妄。是故凡外執為實有。二乘計成心外。大乘法相宗人。猶言似有不無。今之科名略依彼立。惟圓實宗人。方了依他無性。即是圓成。茲佛剖相。令知依他無性也。出性。令知即是圓成也。分二。卯一歷舉諸法

如是乃至五陰六入。從十二處。至十八界。

承上言。不但此等浮幻之法。其相妄而其性真也。如是乃至五陰云云。此科且舉平日

所談諸世間法以推論性相。亦是不離目前令見實相也。五陰。即色受想行識。六入。即眼耳鼻舌身意六根也。十二處。即前六根。加色聲香味觸法六塵也。十八界。即六根六塵。更加眼識耳識鼻識舌識身識意識之六也。別經三科。此加六入而已。各盡萬法。不過色心二字。對機開合。故廣略殊。至後詳釋。

卯二剖相出性。又二。辰一觀相生滅全妄

因緣和合。虛妄有生。因緣別離。虛妄名滅。

因緣。解見前超情科中。今惟解明色陰。餘可例知。如五根六塵合為色陰。須於前世。對此諸法。取著熏種。納於賴耶識中。所謂因也。至於中有。自求父母之時。即父母為境。引發憎愛。所謂緣也。此固因緣和合。由是在胎而結五根。出胎而住六塵。名之為生。若深究此生。亦同夢等。來無所從。當處出生。故曰虛妄有生。然此因緣。本是生滅之法。隨前業力而為脩短之限。限盡即當分散。此固因緣別離。由是五根六塵一時俱失。名之為滅。若深究此滅。亦同夢等。去無所止。隨處滅盡。故曰虛妄名滅。色陰如是。餘一切法亦復如是。

辰二論性即妄皆真。又二。巳一妄本是真

殊不能知生滅去來。本如來藏常住妙明不動周圓妙真如性。

生滅去來者。蓋入處界不過色心二法。約色則有生滅。約心則有去來。言此生滅去來既皆虛妄。既無自體。而所以能現乎此者。果是何物。當知本如來藏云云。如來藏。總目衆生本覺性體。言衆生心中隱覆如來。故名如來藏。即起信論中之一心也。一心開二門。一者心真如門。二者心生滅門。衆生順生死流。故生滅全顯。而真如全隱。然生滅無體。而其體全是真如。故佛明此生滅去來。即衆生如來藏中妙真如性隨緣乍現而已。其常住等八字。皆稱此真如之德也。本無生滅曰常住。不滯冥寂曰妙明。本無去來曰不動。不偏空界曰周圓。常住不動。離於凡夫之生死。妙明周圓。揀於二乘之涅槃。此固各就多分。若確論。則仍各全揀。復兼權乘。具此衆妙。故曰妙真如性。亦即前十番所顯見性之全體也。

巳二真本無妄

性真常中。求於去來迷悟生死。了無所得。

言不達妄是真如。故妄似有體。今既是真常性體。則去來迷悟生死。於真常中。亦是幻妄稱相。杳無實之可得矣。如覩睹鏡中之物。不知是鏡中之影。固誤謂有體。纔知是鏡中之影。則惟鏡而已。豈復有一物之可得哉。添迷悟二字。約人。即是凡聖。約法。即生死涅槃。蓋迷悟在人。而理中實無迷悟之體可得。如迷東為西者。從迷至悟。東常不轉。何有真實迷悟差別之體哉。總為剖出已竟。

丑二別為剖出。即前四科。一一詳列而剖出也。就分為四。寅一五陰。又復分為二科。卯一總徵

阿難。云何五陰本如來藏妙真如性。

陰字。去聲。蓋覆也。新譯五蘊謂積聚有為。今從舊譯謂蓋覆真性也。二義兼之始備。此蓋合色開心。為愚於心不愚於色者說耳。然徵問之意。以陰等本是世間有為之法。今上科一旦許即藏性。故須徵起釋明。然妙真如性。影略常住等義。後皆倣此。

卯二別釋。分五。辰一色陰。既合五根六塵為一色陰。則非惟色身亦兼器界。又復分三。巳一舉喻合法。又二。午一舉喻。又分二。未一依於本無

阿難。譬如有人以清淨目觀晴明空。惟一晴虛。迥無所有。

未二起成有相

其人無故不動目睛。瞪以發勞。則於虛空別見狂華。復有一切狂亂非相。

金剛以無相為非相。故此以華滅為非相。蓋見空華者。非但見生。亦見於滅。其曰復有一切。取喻良多。後當釋出自見矣。

午二合法

色陰當知亦復如是。

以妙覺明圓照法界。如以淨目觀晴空也。清淨本然。一法叵得。如晴虛無有也。此其所依之真。合喻中依於本無。性覺必明。妄為明覺。如人無故瞪目也。勞久發塵。而十一

色法彌滿亂生。如虛空見華也。四空。與舜若多神。乃至二乘涅槃。妄解色滅。如見非相也。若無此破。彼等妄謂離於色陰矣。此其所起之妄。合喻中起成有相。

巳二就喻詳辨。又二。午一標非二處

阿難。是諸狂華。非從空來。非從目出。

雖以目喻覺明。空喻法界。然如珠自照。本無二相。目空誠有二相。合此詳辨。稍不能通。懸求佛意。但是以目觀見身界。無異觀見空華。故辯得空華無所從生。無所還滅。則身界自可信解。然立此兩處。亦非無旨。空來。破凡小計色從心外有也。目出。破權教不忘色從心內生也。問。萬法唯心。何又破從心內生乎。答。法雖唯心。而實亦不曾生。故終亦無所滅。此圓頓人一悟無生。全妄即真。權人不忘法從心而有生。故須滅妄始真。請詳下目出之破。當自見矣。

午二分文各破。又二。未一非從空來。又三。申一出必有入

如是阿難。若空來者。既從空來。還從空入。

申二不成空體

若有出入。即非虛空。

莫說實體。但約虛空。既無內外。自無出入。凡有出入。即不成虛空矣。

申三不成空義

空若非空。自不容其華相起滅。如阿難體。不容阿難。

首句方言便是實體。蓋轉一步也。次二句。謂華本空體。今空既非空。則自不容於自體之華。方合下喻。蓋由虛空以容為義。無所不容。豈自華亦不容乎。自字與容字俱重。末二句以喻明。喻言自體不容於自體。決無是理。與前十九界七塵同意。乃必無之事也。此是展轉不通之義。說畢。取次結歸云。既無自不容自之理。則無空不容華之義。不容之義不成。則非空之體不立。非空不立。出入何憑。而計從空出者。無有是處矣。就喻順解已竟。若約法中。計色從心外有者。亦說色法俱從空出。西域凡小推論身界成壞。皆是微塵聚散。而析塵無已。必至虛空。故執諸色皆從空出。此方儒道經書不一。而意旨皆謂虛以生氣。氣以成形。是萬相固本於一氣。而一氣乃始於太虛。質之西域。則從無而有。旨趣大同。然法喻既皆虛空。則其出入破法。準喻無異。大抵世智不達太虛何所從來。身界豈窮根本。但見萬有皆從無起。遂謂無為有源。豈知非其源乎。

未二非從目出。又分為三。申一出必有入

若目出者。既從目出。還從目入。

申二約入以破。雖出入並言。而破意不在出字。惟在旋字。故曰約入以破。又二。

酉一有見

即此華性從目出故。當合有見。若有見者。去既華空。旋合見眼。

酉二無見

若無見者。出既翳空。旋當翳眼。

言體既無見。而徒能遮障。則旋豈不翳於眼乎。

申三約出以破

又見華時。目應無翳。云何晴空號清明眼。

若果華從目出。則凡見華者。華已出目。皆當無翳而號清明眼。何今見必晴空。一無華相。然後為無翳而號清明眼乎。準此。破色從心生者云。迷時色既出心。悟時色應入心。有知。入當見心。無知。入當障心。又迷者色出。心應無障。悟者色入。心應有障。云何無障然後號清淨心乎。思之。

巳三結妄歸真

是故當知色陰虛妄。本非因緣。非自然性。

二處求之。既無從出。足知虛妄。本無生體曰虛。循業偽現曰妄。此句結其相妄。末二句即是結其性真。如云。相既虛妄。而能現者竟何物乎。本即是非因緣非自然之妙真如性也。然非因等即前常住等。蓋常住不動。則體恒無變。故非因緣。妙明周圓。則隨緣徧現。故非自然。夫性本非外。豈從心外而有。性本無生。何曾心內有生。此二處所以俱非也。大異舊說。智者著眼。下皆倣此。色陰已竟。

辰二受陰。此下開一心法為四陰也。前三即徧行心所。行陰即思。後一仍合八識心王。略開為四耳。今此受者領納為義。唯識云。領以為境。令生覺受。數不出三。謂對違順雙非之境。而生苦樂捨之三受焉。又分為三。巳一舉喻合法。又二。午一舉喻。又二。未一依於本無

阿難。譬如有人。手足宴安。百骸調適。忽如忘生。性無違順。

此就自法為喻也。以所用即身識領受觸塵。但事出假設。受局一識。故得為喻耳。無違順。但無苦樂二受。忘生。正是捨受。喻故淺言。

未二起成有相

其人無故以二手掌於空相摩。於二手中妄生澀滑冷熱諸相。

本無外塵觸之。而妄覺澀滑等也。

午二合法

受陰當知亦復如是。

以其喻即自法。故不必法喻配合。但當了喻之妄。而會法之妄也。夫藏性無受。如人晏安。迷生諸受。如摩覺澀等。

巳二就喻詳辯。又復分二科。午一標非二處

阿難。是諸幻觸。不從空來。不從掌出。

四陰皆心。眾生認為己靈。不同色陰。計從內外。但計實有。今亦以二處無從。顯其虛而非實耳。或以根塵分配亦可。思之。

午二分文各破。又二。未一非從空來

如是阿難。若空來者。既能觸掌。何不觸身。不應虛空選擇來觸。

未二非從掌出。又三。申一約出破之

若從掌出。應非待合。

此不待合與下不同。蓋言掌能出觸。則孤掌即出。何須待合乎。

申二約入破之

又掌出故。合則掌知。離則觸入。臂腕骨髓。應亦覺知入時蹤跡。

反顯既不覺入。自然非掌出也。

申三出入破

必有覺心知出知入。自有一物身中往來。何待合知。要名為觸。

此觸之自體既能往來。則無時而不可出。何須待合乎。此約出入。故不同上。

巳三結妄歸真

是故當知受陰虛妄。本非因緣。非自然性。

準前可知。受陰已竟。

辰三想陰。唯識云。想能安立自境分齊。前五隨念。第六計度。七八憶持。然各緣各境。故有分齊。憶持。謂於境領納之後。攝其全體。印持不忘。與間斷浮想不同。分三。巳一舉喻合法。又分二。午一舉喻

阿難。譬如有人談說酢梅。口中水出。思蹋懸崖。足心酸澀。

此亦就自法為喻也。作喻。故單取意識之懸想而已。

午二合法

想陰當知亦復如是。

例諸想皆同。於此可見目前身界為想所分別憶持者。皆如念中之酸味。思裏之懸崖。本非實有。而堅滯不忘者。想陰覆之也。

巳二就喻詳辯。又分三。午一標非二處

阿難。如是酢說。不從梅生。非從口入。

酢說。語略。謂酢說所引之水也。

午二展轉推破

如是阿難。若梅生者。梅合自談。何待人說。若從口入。自合口聞。何須待耳。若獨耳聞。此水何不耳中而出。

生。入。皆指水言。梅不談則非梅生。口不聞則非口入。耳不出則非耳致。但追究得此水無所從來。自顯想陰不實矣。

午三比類發明

想蹋懸崖。與說相類。

酸澀同上口水。應云。崖不思則非崖生。足未觸則非足入。心不酸澀則非獨由心。酸澀無所從來。足顯想陰之虛矣。

巳三結妄歸真

是故當知想陰虛妄。本非因緣。非自然性。

準前可知。想陰已竟。

辰四行陰。唯識此陰即徧行之思。亦即業行。於百法中攝法最多。遷流為義。分三。巳一舉喻合法。又分二。午一舉喻

阿難。譬如瀑流。波浪相續。前際後際。不相踰越。

不相踰越者。前不待後。後不及前也。

午二合法

行陰當知亦復如是。

此陰常解。謂心心不住。念念遷流。而實有麤有細。若究其根心潛伏之本。乃比前二為細。如後經言生機綱紐是也。然內由此念。則外之造業趣果無量麤相。似瀑流之不可遏。故約迷途。則細隱而麤彰。約修位。則麤盡而細顯。今約迷途。故譬彼瀑流矣。又既屬於偏行。則各識皆具。麤屬前六。細乃七八耳。

巳二就喻詳辯。又分二。午一標非即離

阿難。如是流性。不因空生。不因水有。亦非水性。非離空水。

首三句。總是非即意。首句又是非即空。而次二句又是非即水也。然因水尚疏。謂因彼生此。如父子非一。水性即親為自體。非水性者。謂非水一定之性也。末句非離意。總翻三句也。

午二分文各破。又二。未一非即空水。又分二。申一非即空

如是阿難。若因空生。則諸十方無盡虛空。成無盡流。世界自然俱受淪溺。

申二非即水。又分二。酉一非即因水

若因水有。則此瀑流性應非水。有所有相今應現在。

性應非水者。言體應不與水一也。有所有相者。言若別有自體也。

酉二非即水性

若即水性。則澄清時。應非水體。

性當一定。故有流既為水性。無流必失水體矣。

未二非離空水

若離空水。空非有外。水外無流。

言此流於空於水皆不能離。空非有外。豈能離空。水外無流。豈能離水乎。就喻順釋已竟。若約法釋。則空喻外境。水喻內心。流即行陰。若計境生。則境應有知。一切無情悉能有念。若計因心。則應別有自體。若計即心本性。則行陰盡者反失心性。行豈即心境乎。若計離於心境。則境實無邊。而心外無行。行豈離心境乎。思之。

巳三結妄歸真

是故當知行陰虛妄。本非因緣。非自然性。

準前。行陰已竟。

辰五識陰。分為三。巳一舉喻合法。又二。午一舉喻阿難。譬如有人。取頻伽瓶。塞其兩孔。滿中擎空。千里遠行。用餉他國。

虛空喻識。足知非破無體無性。但破其無去來耳。良以八識全收。八海七浪。而八非畢竟無體之法。其體即藏性也。厥旨深哉。頻伽。譯好聲鳥也。瓶形象之。

午二合法

識陰當知亦復如是。

孤山曰。瓶。喻妄業。空。喻妄識。業牽識走。如瓶擎空行。捨身受身。如餉他國。愚謂但約現身。尤益日用。身即喻瓶。空乃喻識。千里萬里。但是身之往來。識常不動。以總攝藏識。識海周徧矣。

巳二就喻詳辨。又二。午一標非來入

阿難。如是虛空。非彼方來。非此方入。

午二分文各破。又二。未一非彼方來

如是阿難。若彼方來。則本瓶中既貯空去。於本瓶地應少虛空。

去字亦是來字。譯之誤耳。於本瓶地者。彼方元置瓶之地也。

未二非此方入

若此方入。開孔倒瓶。應見空出。

捨身如彼方來。而前身之識未嘗少。受身如此方入也。而後身之識未嘗來。問。識以了別為義。死身現無了別。何言非少。生身現具了別。何言非入。答。周徧。約冥具之體。了別。約迷中之用。體常不動。用可牽移。然而迷則任牽。悟則同體。佛正欲眾生悟全體而周大用。故喻識如虛空。令知身死非去。未死之先本不偏局於此也。身生非來。未生之先本亦常徧於此也。但因不了。互成明昧。業遷使然。今了徧周。勿順妄業。更於現身往來萬里。不隨身轉。常冥不動之體。色盡洞開。無復明昧矣。

巳三結妄歸真

是故當知識陰虛妄。本非因緣。非自然性。

準前。通論五陰。色。想。皆據當體而破。受。據所受之塵以破。行。識。皆據妄狀而破。然前四破無自體。後一但破往來。又雖破其相妄。實皆顯其性真。五陰已竟。

大佛頂首楞嚴經正脈疏卷十三

大佛頂首楞嚴經正脈疏卷十四

經文卷三之一

明京都西湖沙門交光真鑑述
蒲州萬固沙門妙峰福登校

寅二六入。開合原無此科。即內六處耳。分二。卯一總徵

復次阿難。云何六入本如來藏妙真如性。

入者。璿師謂境入之處是也。觀下吸字。正與入字相應。以六根各能吸入所對之塵故也。

卯二別釋。又分為六。辰一眼入。又分三。巳一妄依真起

阿難。即彼目睛瞪發勞者。兼目與勞。同是菩提瞪發勞相。

即彼者。吳興謂取前能喻之眼。為今所喻之法是也。意云。即彼目見空華。固是目睛瞪發勞相。更兼目與勞。諸所妄見。又同是菩提心上之勞相也。如言子固是父之所生。而兼父與子。又同是祖之所生也。兼目與勞。即見與見緣也。但前一勞字。指空華言。後二勞字。皆指目所對之妄塵言也。雖單重目而非塵無以表見。故須兼之。觀下當自省矣。

巳二辨妄無實。又分二。午一無有實體。又分二。未一托塵妄現

因於明暗二種妄塵。發見居中。吸此塵象。名為見性。

首二句。是所托之塵。次二句。是妄現之見。末句因得其名。可見但有其名而已。只是根攬塵而成名。不可交互平言。

未二離塵無體

此見離彼明暗二塵。畢竟無體。

前文但約離明見暗。而顯見之不隨明滅。今若明暗雙離。畢竟見性作何形狀。可見但是托塵妄現而實無其體也。問。前取根性離塵有體。異彼緣心。今云明暗雙離畢竟無體。何異緣心之無體乎。答。淺論之。前因眾生離緣心不見真心。乃就根中指性。令識真心。然自是心非眼之後。但惟顯性。不復論根。所以極表其離塵有體之真。今因已領真性。尚執六根別有體相。未融一性。更須令知六入無自體相。所以極破其離塵無體之妄。雖說見性。乃根中局執之自性。非同前離眼廓周之見性也。是前顯性而此破相所以異矣。更深究之。此之破相。亦欲其離相即妙真如性耳。則顯性之旨依舊同矣。豈如緣心。真破其一定無體哉。四卷末。阿難亦有此問。再當參互觀之。

午二無所從來。上科推妄。此科驗知。後放此。又二。未一總以標列

如是阿難。當知是見非明暗來。非於根出。不於空生。

約世情。根出乃為正計。餘二防轉計而已。

未二徵起逐破。又分三。申一不從塵來

何以故。若從明來。暗即隨滅。應非見暗。若從暗來。明即隨滅。應無見明。

首三字總徵。寄居此科耳。明暗既以相反。生滅自爾互換。同前因緣之破可知。

申二不從根來

若從根生。必無明暗。如是見精。本無自性。

必無下三句。一氣讀之。如云。若謂單根能生見性。則雙離明暗。而見精本無自體也。

申三不從空來

若於空出。前矚塵象。歸當見根。又空自觀。何關汝入。

空包根塵。若能出見。則根塵俱成可見。且墮外物見我矣。

巳三結妄歸真

是故當知眼入虛妄。本非因緣。非自然性。

無有實體故虛。無所從來故妄。然所以無實自體者。以其體即真如。所以不從三處者。以其出自藏性。本即是非因緣非自然之妙性。詐現眼入而已。下皆放此說之。眼入已竟。

辰二耳入。分三。巳一妄依真起

阿難。譬如有人。以兩手指急塞其耳。耳根勞故。頭中作聲。兼耳與勞。

同是菩提瞪發勞相。

瞪目以見空華。變為塞耳以聞頭響。準上。前一勞字。指頭內虛聲。而後二勞字。指耳所對一切聲也。自此以下。皆當請看上文以例之。無不明矣。蓋目瞪發勞。止見空華。菩提發勞。則見聞嗅嘗覺知齊發。故皆言瞪發勞相。

巳二辨妄無實。又分二。午一無有實體。又分二。未一托塵妄現

因於動靜二種妄塵。發聞居中。吸此塵象。名聽聞性。

動即有聲。靜即無聲。

未二離塵無體

此聞離彼動靜二塵。畢竟無體。

午二無所從來。又分二。未一總以標列

如是阿難。當知是聞非動靜來。非於根出。不於空生。

未二徵起逐破。又分三。申一不從塵來

何以故。若從靜來。動即隨滅。應非聞動。若從動來。靜即隨滅。應無覺靜。

申二不從根來

若從根生。必無動靜。如是聞體。本無自性。

申三不從空生

若於空出。有聞成性。即非虛空。又空自聞。何關汝入。

此惟以有性非空。小異於歸當見根之文。餘並準上可知。

巳三結妄歸真

是故當知耳入虛妄。本非因緣。非自然性。

準上耳入已竟。

辰三鼻入。又分三。巳一妄依真起

阿難。譬如有人。急畜其鼻。畜久成勞。則於鼻中聞有冷觸。因觸分別通塞虛實。如是乃至諸香臭氣。兼鼻與勞。同是菩提瞪發勞相。

冷觸。本是身入所對之塵。此因畜鼻之勞。無別香臭。但有冷觸。姑借之以例諸香臭氣同一妄耳。且此益驗上文後二勞字。便指諸色諸聲也。

巳二辨妄無實。又二。午一無有實體。又二。未一托塵妄現

因於通塞二種妄塵。發聞居中。吸此塵象。名齅聞性。

塞者。但謂無嗅。不必氣之不通。

未二離塵無體

此聞離彼通塞二塵。畢竟無體。

午二無所從來。又分二。未一總以標列

當知是聞非通塞來。非於根出。不於空生。

未二徵起逐破。又分三。申一不從塵來

何以故。若從通來。塞則聞滅。云何知塞。如因塞有。通則無聞。云何發明香臭等觸。

申二不從根來

若從根生。必無通塞。如是聞機。本無自性。

機者。但是變文。不必說其發聞。以正破根生故。

申三不從空來

若從空出。是聞自當迴齅汝鼻。空自有聞。何關汝入。

巳三結妄歸真

迴嗅汝鼻。同上歸當見根。

是故當知鼻入虛妄。本非因緣。非自然性。

準上。鼻入已竟。

辰四舌入。又分三。巳一妄依真起

阿難。譬如有人。以舌舐吻。熟舐令勞。其人若病。則有苦味。無病之人。微有甜觸。由甜與苦。顯此舌根。不動之時。淡性常在。兼舌與勞。同是菩提瞪發勞相。

此經了義。雖六塵各二。而前三妄依真起科中。惟明動通。此下三入皆雙用。所加淡離滅是也。

巳二辨妄無實。又分二。午一無有實體。又分二。未一托塵妄現

因甜苦淡二種妄塵。發知居中。吸此塵象。名知味性。

未二離塵無體

此知味性。離彼甜苦及淡二塵。畢竟無體。

午二無所從來。又分二。未一總以標列

如是阿難。當知如是嘗苦淡知。非甜苦來。非因淡有。又非根出。不於空生。

未二徵起逐破。又三。申一不從塵來

何以故。若甜苦來。淡則知滅。云何知淡。若從淡出。甜即知亡。復云何知甜苦二相。

申二不從根來

若從舌生。必無甜淡及與苦塵。斯知味根。本無自性。

申三不從空來

若於空出。虛空自味。非汝口知。又空自知。何關汝入。

自味非口。似異上而重下。如云。但以虛空自當知味。不必用口然後乃知。庶不重下文矣。

巳三結妄歸真

是故當知。舌入虛妄。本非因緣。非自然性。

準上。舌入已竟。

辰五身入。又分三。巳一妄依真起

阿難。譬如有人。以一冷手。觸於熱手。若冷勢多。熱者從冷。若熱功勝。冷者成熱。如是以此合覺之觸。顯於離知。涉勢若成。因於勞觸。兼身與勞。同是菩提瞪發勞相。

此以二手俱是身根。無別觸塵。徒以冷熱互勝。妄成合離之覺。說為虛妄勞相。而身入一切妄覺皆類於此。以此合覺之觸者。即指冷熱相涉之觸也。顯於離知者。蓋身家離塵。權小不達。故以合覺形顯之。如云。合時知合。自顯離時亦必知離矣。從初至此。是舉合離二覺。涉勢二句。是總承結斷其為虛勞而已。

巳二辨妄無實。又分二。午一無有實體。又分二。未一托塵妄現

因於離合二種妄塵。發覺居中。吸此塵象。名知覺性。

未二離塵無體

此知覺體。離彼離合違順二塵。畢竟無體。

違順。即合離中之違順。故惟二塵。蓋或離或合。覺苦即是違。覺樂即是順也。

午二無所從來。又分為二。未一總以標列

如是阿難。當知是覺非離合來。非違順有。不於根出。又非空生。

未二徵起逐破。又分為三。申一不從塵來

何以故。若合時來。離當已滅。云何覺離。違順二相。亦復如是。

雖開四相。終惟二塵。

申二不從根來。

若從根出。必無離合違順四相。則汝身知。元無自性。

申三不從空來

必於空出。空自知覺。何關汝入。

此入並下入。俱於是科缺前二句。但有後二句。

巳三結妄歸真

是故當知身入虛妄。本非因緣。非自然性。

準上。身入已竟。

辰六意入。又分為三。巳一妄依真起

阿難。譬如有人。勞倦則眠。睡熟便寤。覽塵斯憶。失憶為忘。是其顛倒生住異滅。吸習中歸。不相踰越。稱意知根。兼意與勞。同是菩提瞪發勞相。

準上諸入。根皆惟一。如眼但名見。耳但名聞等。塵皆分二。如色分明暗。聲分動靜等。今意亦當但名為知。而法亦但當分為生滅。故知寤寐憶忘生住異滅八字。參互成文而已。實皆法塵。實惟生滅二義而已。又準上眠寤亦當作假設取例之意。如目瞪成勞。則見空華。意倦成勞。則現眠寤是也。至於憶忘。但顯眠寤之相。寤即覽塵。眠即失憶矣。此方舉畢假設之事。是其下。承上假設之事為例。一切憶忘皆同眠寤。因以釋成意根之相。顛倒者。首尾循還之意。生住異滅。亦即是憶忘。而各分前後耳。初憶為生。正憶為住。始忘為異。忘盡為滅。吸習二句。吳興謂吸習此相。中歸意根。四相剎那。前後不雜是也。稱意知根者。就便釋名而已。勿多發明。恐濫於下文名覺知性矣。

巳二辨妄無實。分二。午一無有實體。又分二。未一托塵妄現

因於生滅二種妄塵。集知居中。吸撮內塵。見聞逆流。流不及地。名覺知性。

生滅總該前八。不止住異也。見聞二句。依孤山意。所謂憶則逆緣謝落五塵。忘則昏住不及之境也。逆流即生塵。不及即滅塵耳。名覺知性者。言但塵之憶忘。假名知性而已。

未二離塵無體

此覺知性。離彼寤寐生滅二塵。畢竟無體。

寤寐不同上之眠寤。彼是假設。取於睡時。此是法塵。但約神思昏明而已。非指睡時。即生滅。故但二塵。

午二無所從來。分為二。未一總以標列

如是阿難。當知如是覺知之根非寤寐來非生滅有。不於根出。亦非空生。

未二徵起逐破。分三。申一不從塵來

何以故。若從寤來。寐即隨滅。將何為寐。必生時有。滅即同無。令誰受滅。若從滅有。生即滅無。誰知生者。

寤寐。但廣破意。仍即生滅。則師謂為受二字。皆是知字。變文成句耳。

申二不從根來

若從根出。寤寐二相。隨身開合。離斯二體。此覺知者同於空華。畢竟無性。

此以寤寐二字。通該生滅等八字也。此節稍難發明。準上諸文詳來。如云。若汝執定惟根自出。而無關寤寐。殊不知此二塵常自隨身開合。無時暫離。若汝覺知之根。離此二塵畢竟無體。方與諸文相類。身開合。指身中肉心狀如蓮華。開則明而合則昏矣。

申三不從空來

若從空生。自是空知。何關汝入。

巳三結妄歸真

是故當知意入虛妄。本非因緣。非自然性。

此處當明入處界三科破法有三種差別。一者約緣破。言不局本法。廣破外緣也。如滅火不徑撲火。

但抽去其薪。火自滅矣。以火無自體也。二者更互破。言二法相依而立。即須更互破之。如蛟水相依。兩皆為患。除之者。驅蛟。絕水之本。泄水。破蛟之居也。三者從要破。此有兩種。一者二法從要破。如兩木相倚而立。但推倒一邊。二皆倒矣。二者三法從要破。如筋膠角三合為弓。而膠為其要。但除去其膠。則筋角皆不成弓矣。故此六入全是約緣破。塵即其緣也。下十二處。兼更互及二法從要破也。眼色耳聲四處。更互破也。餘八處。二法從要破也。又惟身觸二處獨約根破。餘六處皆獨約塵破也。後十八界。全是三法從要破也。然文雖從要。而意實並破。非同六入正意在根也。詳其結處。蓋可見矣。六入已竟。

寅三十二處。此蓋開色合心。為愚色而不愚心者說也。色本是一。開為五根六塵。成十一處。故曰開色。心若對上五陰。則合受想行識之四。對下十八界。則合六識。及意根之七。總收為意之一處。故曰合心。分二。卯一總徵

復次阿難。云何十二處本如來藏妙真如性。

處。方所也。又定在也。六根。六塵。故有十二。相教權立。言根一定在內。塵一定在外。又眼惟對色。耳惟對聲。各有方所定在。今融歸一性。正皆破彼方所定在也。徵意準上。

卯二別破。分為六。辰一眼色處。分四。巳一標舉二處

阿難。汝且觀此祇陀樹林。及諸泉池。

觀之一字。即是根處。下即塵處。後皆倣此

巳二雙以徵起

於意云何。此等為是色生眼見。眼生色相。

約凡小。心外有法。根塵不干。即不中此難。此約權宗心法相生意。謂色現而後起見。離色則見無可表。故說色生眼見。又眼觀而後色顯。離見則色不可得。故說眼生色相。此固權宗曲引法執者漸入唯識之境。實非無生了義也。故此徵起破之。

巳三分文難破。又分二。午一破見生色

阿難。若復眼根生色相者。見空非色。色性應銷。銷則顯發一切都無。色相既無。誰明空質。空亦如是。

見空非色。色性應銷者。言眼既生色。眼具色性。見空非色。色性應失矣。銷則顯發一切都無者。言性相相待而生。色性既銷。色相應泯矣。色相既無。誰明空質者。言空色相際而顯。色相既無。空應不顯矣。空亦如是者。言眼生空相。例此可知矣。

午二破色生見

若復色塵生眼見者。觀空非色。見即銷亡。亡則都無。誰明空色。

比上易省。非色見銷者。言既無能生之色。自無所生之見。無見全無所明。故曰誰明空色。準上科。仍當有空亦如是句也。

巳四結妄歸真

是故當知見與色空俱無處所。即色與見二處虛妄。本非因緣。非自然性。

無處所者。無內外定在之住處。此尚明其無處。虛妄者。並體亦無也。蓋相生之計。正由妄執眼色實有二處。不達一體。故對待起此妄計。今約相妄。則無體偽現。尚無二處。說誰相生耶。約性真。則見色一體。本來但是一非因緣非自然之妙性而已。和誰相生耶。後皆倣此。夫觀始曰俱無處所。次曰二處虛妄。顯是平破。不同上之正破六入。塵惟帶言而已也。眼色二處竟。

辰二耳聲處。分為四。巳一標舉二處

阿難。汝更聽此祇陀園中。食辦擊鼓。眾集撞鐘。鐘鼓音聲。前後相續。

根塵準上。

巳二雙以徵起

於意云何此等為是聲來耳邊。耳往聲處。

詳下破意。此中當缺一句為無來往。蓋有來往。是凡小妄情。無來往。是法相戲論。所謂離中知也。今並破之。是則雙徵者。應是雙徵有來往及無來往之二計矣。

巳三分文難破。又分三。午一破聲至耳

阿難。若復此聲來於耳邊。如我乞食室羅筏城。在祇陀林則無有我。此聲必來阿難耳處。目連迦葉。應不俱聞。何況其中一千二百五十沙門。一聞鐘聲。同來食處。

此約聲一聞多以破也。喻中。一身尚不能並往二處。法中。一聲豈能徧至多耳。可見計聲往耳邊者妄也。喻意不可難以神通。

午二破耳至聲

若復汝耳往彼聲邊。如我歸住祇陀林中。在室羅城則無有我。汝聞鼓聲。其耳已往擊鼓之處。鐘聲齊出。應不俱聞。何況其中象馬牛羊種種音響。

此約聞一聲多以破也。喻意仍前。法中。一耳豈能徧往多聲。可見計耳往聲邊者亦妄也。

午三破無來往

若無來往。亦復無聞。

無往來者。耳根聲塵各住本位。兩不相到。據此。則應聲發耳不能聞。譬城園二人各不相到。決不相知。又如薪火各住一處。終不成燒。然則法相所謂離中知者亦戲論耳。豈了義哉。

巳四結妄歸真

是故當知聽與音聲俱無處所。即聽與聲二處虛妄。本非因緣。非自然性。

承上有往來。及無往來。二計俱非如此。是果何故而然哉。亦由相妄性真而已。自相妄言。當知聽與音聲。各皆周徧。俱無一定處所。即聽與聲二處自體亦不可得。權小妄局。了無實義。是則尚無二處。說誰來往及不來往。自性真言。當知聽與音聲非畢竟無法。但惟一非因緣非自然之妙性而已。實無二體。和誰來往及不來往耶。問。既惟一體。離知何過。答。一體非二。豈得言離。若實有離。安能有知。斯則由無二相而惟一性。故二計俱非。由二計俱非。方顯其惟一體而無二處。當知一體無二。惟此二處偏顯。故此詳明。餘皆準此思之。耳聲二處竟。

辰三鼻香處。分四。巳一標舉二處

阿難。汝又齅此爐中栴檀。此香若復然於一銖。室羅筏城四十里內。同時聞氣。

四十里同時聞氣。即顯鼻不蒙煙之相。舊註疑其有違法相合中之知。不知此是法性了義。正破法相。豈反以彼而難此。據法性。根塵各皆周徧。一體無分。而離知合知皆為戲論。但常香鼻必蒙煙。不顯合知為不了義。惟此異香。不待蒙煙。正可因之以明根塵各徧。不待合知之了義。故佛取之。有深意也。且諸物皆有異者。不止栴檀。如藥樹見色而愈病。

塗鼓聞聲而毒人。梟目晝暗而夜明。麥草秋榮而夏槁。豈可皆泥於常而不信其異乎。

巳二詳以徵起

於意云何。此香為復生栴檀木。生於汝鼻。為生於空。

此惟單徵香塵了無生處。二法從要破也。

巳三分文難破。分三。午一破從鼻生。又分二。未一按定鼻生須出

阿難。若復此香生於汝鼻。稱鼻所生。當從鼻出。

未二依出轉破其謬。又分二。申一體用不相應

鼻非栴檀。云何鼻中有栴檀氣。

肉體而非香體。何有發香之用。

申二名義不相應

稱汝聞香。當於鼻入。鼻中出香。說聞非義。

聞字即名。以入為義。出非義也。

午二破從空生

若生於空。空性常恒。香應常在。何藉爐中爇此枯木。

午三破從木生

若生於木。則此香質。因爇成煙。若鼻得聞。合蒙煙氣。其煙騰空。未及遙遠。四十里內。云何已聞。

此可見尚不許是異香殊勝之力。以但常情習執許之。則墮香生於木。何況必欲同常香之蒙煙乎。無生了義。甚深難解。沈思可也。

巳四結妄歸真

是故當知香鼻與聞俱無處所。即齅與香二處虛妄。本非因緣。非自然性。

鼻聞二字。似兼浮塵勝義二根。以根對塵。仍為二處。非有三法也。承上詳究香塵尚無生處。而嗅性豈有處所哉。故曰俱無處所。即嗅與香二處生體了不可得。齊此結妄。至於歸真。意同於上。鼻香二處已竟。

辰四舌味處。分為四。巳一標舉二處

阿難。汝常二時眾中持鉢。其間或遇酥酪醍醐。名為上味。

此中舌處不顯。寄隱遇字之中。

巳二詳以徵起

於意云何。此味為復生於空中。生於舌中。為生食中。

巳三分文難破。分三。午一破從舌生。又三。未一按定一舌阿難。若復此味生於汝舌。在汝口中。祇有一舌。

未二當成一味

其舌爾時已成酥味。遇黑石蜜。應不推移。

石蜜。溫陵言即沙糖也。由言舌自生味。故招此難。言舌既生味。當如樹之生果。或酸或甜。但成一味。今若元生酥味。豈能遇糖而變。

未三兩途難破。又二。申一不變即失舌義

若不變移。不名知味。

舌以知味為義。約此即失知味之義。

申二變移即須多體

若變移者。舌非多體。云何多味。一舌之知。

成多舌之過也。依前樹喻。若欲兼生多果之味。須有多種之樹。法中。若欲變移多味。理須具有多舌。云何多味而一舌之知能偏生哉。

午二破從食生。又二。未一食不自知

若生於食。食非有識。云何自知。

未二轉成他知

又食自知。即同他食。何預於汝。名味之知。

言他自知。何干於汝。而汝舌稱有嘗味之知乎。

午三破從空生。分四。未一標令啗空

若生於空。汝噉虛空。當作何味。

未二按定一味

必其虛空若作鹹味。

未三展轉成謬。又三。申一通身常鹹謬。

既鹹汝舌。亦鹹汝面。則此界人。同於海魚。

申二知鹹昧淡謬

既常受鹹。了不知淡。

言鹹味無時而脫。何由而知淡。

申三形對并失謬

若不識淡。亦不覺鹹。

言鹹淡相待而顯。今既如海魚常處鹹中。曾不識淡為何狀。豈覺己所處為鹹哉。故俱無辨矣。

未四竟失味義

必無所知。云何名味。

言味托知顯。今一無所知。則味塵全失矣。

巳四結妄歸真

是故當知。味舌與嘗俱無處所。即嘗與味二俱虛妄。本非因緣。非自然性。

舌嘗同前亦指二根。此亦辨塵況根。而相妄性真結意。皆準上文可知。舌味二處已竟。

辰五身觸處。此當先知觸不同於諸塵。蓋諸塵皆持業釋。如色即是塵也。獨觸為依主釋。身所觸之塵也。故單塵未及身觸。但惟是色。不名為觸。以身觸知。方以得名。而觸即身分之覺也。是必具能知之用者方能成觸。所觸而無知者。但受觸而已。豈能自成其觸哉。明此。而下之破意可領矣。分為三。巳一標舉二處

阿難。汝常晨朝。以手摩頭。

當知觸塵固與諸塵不同。而此處佛所舉之觸塵。復與諸觸塵不同也。吳興前謂五陰用喻明法。六入假設取例。十二處以下。皆現前實法。不假喻例。由疏向親。此說頗好。然前鼻香及此二處。雖非假設。亦有取例之意。良以同時遠聞。栴檀獨有。特借之以顯非木非鼻。根塵各徧。因以例諸香皆爾。然猶有根塵之分。今此手頭皆是身根。無外觸塵。假摩以成觸相。而根塵互不可分。因例諸觸皆類此之虛妄。自顯其無二處而惟一性矣。

巳二開途難破。開為二觸一觸之兩途也。諸處徵辭。該盡全文。故先徵後開。此處徵意。所該一途。故先開而後徵也。分二。午一約二觸破。因下改轉一觸。故知此約二觸。蓋因頭手二皆有知。人或有執二皆成觸。故作此破也。又三。未一徵定能觸

於意云何。此摩所知。誰為能觸。能為在手。為復在頭。

觸之由成。須能所相合。故徵能觸是誰。

未二破不成二

若在於手。頭則無知。云何成觸。若在於頭。手則無用。云何名觸。

言能觸若在於手。惟手有知。但能成手之觸。其頭即應無知。被觸而已。云何復成頭之觸哉。下文頭手互翻可知。無用即無知。名。猶成也。

未三防轉二知

若各各有。則汝阿難應有二身。

此因所觸無知被破。故轉計能所二各有知以救前過。即以二身之謬破之。約二觸破竟。

午二約一觸破。分三。未一按定一體

若頭與手一觸所生。則手與頭當為一體。

一觸所生。謂手頭但成一觸。翻前兩觸也。當為一體者。因觸定體。無復能所。意蓋按定。而下遂破之。

未二破一不成

若一體者。觸則無成。

承上言。若能所既泯。對待斯絕。何成觸義。

未三防轉二體

若二體者。觸誰為在。在能非所。在所非能。不應虛空與汝成觸。

觸既是一。能所但從一邊。二體既共一觸。能所須從於觸。在。猶屬也。故須先究此觸屬能屬所。一觸若屬於能。則二體皆從觸而成能。誰為所觸。故曰在能非所。下句翻上可知。末承上云。二體皆能。豈虛空與汝成所。二體皆所。豈虛空與汝成能耶。

巳三結妄歸真

是故當知覺觸與身俱無處所。即身與觸二俱虛妄。本非因緣。非自然性。

覺觸者。所覺之觸也。與身者。與能覺之身也。夫約二觸。則一知二知了不可定。約一觸。則一體二體無所適從。故知身觸二處。無實處所。無實體相矣。然二相既虛。一性自顯。故曰本即是非因緣云云。身觸二處已竟。

辰六意法處。分四。巳一標舉二處

阿難。汝常意中所緣善惡無記三性生成法則。

此有二說。一者準諸處。則意中二字為根。下皆法塵。而三性即法塵所具。如忽然善事影子現於意中。即善性法塵。餘二準此。無記。即非善非惡之事。唯識云。善惡不可記別。名無記性。則不專昏住。而昏住亦攝其中。依此說。則生成乃自然之意。法則者。法塵之定則也。二者異諸處。則意中屬根。所緣即指法塵。善惡等六字。是所帶之識。生成法則者。言意中所緣法塵。乃意識三性中生成法則也。良以法塵不同色等有實性境。此惟意識之獨影耳。識不起則終不現。故須帶識。而言是彼生成。且合唯識宗中。前六識俱通三性。前說於文似順。後說於教實合矣。智者詳之。

巳二雙以徵起

此法為復即心所生。為當離心別有方所。

此中心字。依前說。即是意根。而意根即第七識心。若約處攝百法。則八王意處總收。依後說。則第六識心也。然作意根者理長。

巳三分文難破。又分二。午一破即心所生

阿難。若即心者。法則非塵。非心所緣。云何成處。

非塵。言即心也。非心所緣者。言心不自緣也。是心所緣。方成法處。非心云云。

午二破離心別有。分二。未一總詰

若離於心別有方所。則法自性。為知非知。

法自性者。法塵之自性也。此但雙詰知與非知兩途而已。

未二各破。分二。申一約有知破。又分二。酉一轉塵為心

知則名心。

言法塵若許有知。即當是心。向下卻雙詰此心異於汝耶。即是汝耶。方乃雙破異即。

酉二異即皆謬。又分二。戌一異已成他謬

異汝非塵。同他心量。

汝字。即指兩說中根識。承上言法塵既即是心。然則此心若與汝根識別異。不是一體。則另是一心。豈不同他人心量乎。

戌二即己何二謬

即汝即心。云何汝心更二於汝。

若即汝心。則應不相對待。無有二相。今何心境相對。宛然與汝為二乎。約有知破已竟。

申二約無知破。又分四。酉一檢非徵處

若非知者。此塵既非色。聲。香。味。離合冷暖及虛空相。當於何在。

此檢其非彼五塵。而徵其定在何處也。言既離心。而又無知。當即是外塵。即當有所表示。然此塵既非色云云等相。當於何在乎。

酉二明其無在

今於色空都無表示。

言世間惟有色空名一切處。今於云云。則畢竟無所在也。

酉三防其轉計

不應人間更有空外。

恐轉計云。此塵更在色空之外。然色容有外。空豈有外。故曰不應云云。

酉四竟不成處

心非所緣。處從誰立。

承上言既畢竟無定在處。則非心之所能緣。且原依心之所緣。方立法處。今既非心所緣。則法處從誰立乎。

巳四結妄歸真

是故當知法則與心俱無處所。則意與法二俱虛妄。本非因緣。非自然性。

相妄性真。準上可知。十二處已竟。

寅四十八界。此開色開心。為心法俱愚者說也。界攝百法頌曰。根塵各五界。十色隨自名。八王歸七心。八十二皆法。蓋意根界即第七識。而七分相依。故第八亦意根所收也。法塵。尋常但屬色法。或曰法塵無相而有影。故半心半色。即應十分半色。七分半心。分二。卯一總徵

復次阿難。云何十八界本如來藏妙真如性。

根塵識皆六。故成十八。界者。依古解種族也。各成界限。不相雜亂之意。惟依十八種族為正。又釋為因。不與破意相關。蓋惟破其界限融歸一性。非破其能生諸法。故不用之。

卯二別破。分六。辰一眼色識界。分四。巳一標舉三界

阿難。如汝所明。眼色為緣。生於眼識。

如汝所明者。吳興謂就小乘所解因緣生法而破之是也。彼所謂眼根色塵。內外相對。於其中間生於眼識。內外中間。故成三界矣。下皆倣此。

巳二雙以徵起

此識為復因眼所生。以眼為界。因色所生。以色為界。

三惟徵詰於識。準前弓喻。從要而破可知也。又如三家比鄰而住。徹其中家左右界牆。則三家界限俱不成矣。承上生於眼識徵起。二為字。當作名字訓之。良以根塵各有別名。

而識則無之。若不係以根塵。無所分別。然係根義多。而於自在位不濫。故諸經多係於根。今依權小。根塵皆生乎識。則應二係不定。故佛雙舉詰之。如云。汝謂眼色生識。為復因眼所生。以眼名界。而謂之眼識界乎。為復因色所生。以色名界。而謂之色識界乎。觀後結處。前三係塵。後三係根。蓋可見矣。後皆準此。

巳三分合難破。又三。午一破因眼生。又二。未一無塵廢識

阿難。若因眼生。既無色空。無可分別。縱有汝識。欲將何用。

無塵不用識也。

未二無表非界

汝見又非青黃赤白。無所表示。從何立界。

單根不立界也。蓋根塵相對。表示內外。然後識界立於中間。今無塵單根。而根之自體又無青等。則是但惟一體。無復內外以表示。將以何為中間而立於識界乎。

午二破因色生。此科文法如繩床腳。十字交叉。兩頭互倒。故俗呼為交床。本意元是變與不變皆應不識空。皆應不立界。而交錯成文。乃前以從變而不識空。而後以不變為不識空。前以不變為不立界。而後以從變為不立界。文極巧矣。就分為四。未一從變不識空

若因色生。空無色時。汝識應滅。云何識知是虛空性。

未二不變不成界

若色變時。汝亦識其色相遷變。汝識不遷。界從何立。

言若諸色遷變。已歸滅盡。而汝識又識其色相遷變。則是汝識不隨色遷滅矣。下乃結成破意云。色滅而汝識不遷。是識獨存。無復對待。更與何法分限而立其界乎。

未三從變不成界

從變則變。界相自無。

此言非但不遷無以立界。縱從其遷變。則應已歸變滅。而並其界相皆無矣。從何立界乎。

未四不變不識空

不變則恒。既從色生。應不識知虛空所在。

此言非但變滅不能識空。縱使不變。即成恒性。既從色生。則應惟恒識色。不復識空之所在矣。

午三破共相生

若兼二種。眼色共生。合則中離。離則兩合。體性雜亂。云何成界。

合離二句。前句上合字。與後句上離字。皆屬根塵。前句下離字。與後句下合字。皆屬於識。合則中離者。言此根塵若合一處。其間自無空隙容識。而中界之識。即應離而在旁。何成中界。又此根塵若離在兩處。則所生之識。亦當分在兩處。而與之各合。即環師所謂半合根。半合境。亦不得為中界。末二句。謂兩合則雜。中離則亂。故曰體性雜亂。何能成中界乎。

巳四結妄歸真

是故當知眼色為緣。生眼識界。三處都無。則眼與色及色界三。本非因緣。非自然性。

此可分前半至三處都無作結相之妄。分後半至科盡作歸性之真。三處都無者。言所生眼識既不成界。能生眼色何得成緣。良以中界既無。內外叵得。所謂為緣生識。不過順世權立。都無實義矣。色界者。色識界也。此係塵以為別名。而又略一識字。後二科倣此。言此三界約相全妄約性全真。本惟為一非因緣非自然之性而已。豈有三相可得哉。下五科倣此。眼色識三界已竟。

辰二耳聲識界。分四。巳一標舉三界

阿難。又汝所明。耳聲為緣。生於耳識。

巳二雙以徵起

此識為復因耳所生。以耳為界。因聲所生。以聲為界。

巳三分合難破。此下諸界不同。前界但惟破識無生。今雖亦約於識。卻乃專破根塵了不可得。後方結言無可立界。平破之旨。於此益明。下皆放此。分三。午一破因耳生。分三。未一約勝義根破

阿難。若因耳生。動靜二相既不現前。根不成知。必無所知。知尚無成。識何形貌。

勝義根者。清淨八法所成。許具聞義。又聖人所見之境。肉眼不見也。長水曰。若無前境。根自無知。若實無知。更有何識。

未二約浮塵根破。浮塵根者。即肉耳也。麤浮八法所成。本無聞義。二根科名。並依長水。又分為二。申一離塵無聞

若取耳聞。無動靜故。聞無所成。

取耳聞者。即取肉耳能聞也。末二句破意且同上科。

申二徒肉非界

云何耳形雜色觸塵。名為識界。

云何者。有況又意。雜色觸者。於浮根四塵略舉其二。謂色可覩見。觸可執捉。有形

之物。若徒取此。無情所攝。非心識倫也。云何立識界乎。

未三約二根結破

則耳識界復從誰立。

言識於二根。畢竟從誰立界乎。破因耳生已竟。

午二破因聲生。又二。未一約根塵雙失破

若生於聲。識因聲有。則不關聞。無聞則亡聲相所在。

長水曰。聲能生識。何假於聞。若無有聞。聲亦不有。

未二約根塵雙存破。又分三。申一證成聞識

識從聲生。許聲因聞而有聲相。聞應聞識。

首句牒定也。許聲二句。言兼許有聞也。意欲救前所破末句仍以破之。言識因聲生。即當與聲為一。則聞聲時。豈免聞識之過。

申二兩途俱非

不聞非界聞則同聲。

非界者。聲非生識之界也。同聲易知。雖顯雙非。意猶明其必至聞識。

申三躡成無知

識已被聞。誰知聞識。若無知者。終如草木。

躡上聞識遂成無知之過也。言識不同聲。方可分別於聲。今已被聞。即同於無知之聲境。復有誰來知此聞識乎。末二句。結破遂墮於無情之過也。

午三破共相生

不應聲聞雜成中界。界無中位。則內外相復從何成。

言若謂根塵共生。則不應聲聞交雜以成中界。蓋既曰交雜。即不成中矣。下言必有中位。方分內外。今無中界。何分內外界乎。

巳四結妄歸真

是故當知耳聲為緣。生耳識界。三處都無。則耳與聲及聲界三。本非因緣。非自然性。

此後準上。耳聲識三界已竟。

辰三鼻香識界。又分四。巳一標舉三界

阿難。又汝所明。鼻香為緣。生於鼻識

巳二雙以徵起

此識為復因鼻所生。以鼻為界。因香所生。以香為界。

準上。

巳三分合難破。分三。午一破因鼻生分三。未一雙詰二根

阿難。若因鼻生。則汝心中以何為鼻。為取肉形雙爪之相。為取嗅知動搖之性。

未二約浮塵根破。三。申一先轉其體

若取肉形。肉質乃身。身知即觸。

謂鼻根轉為身根。鼻知轉為觸塵也。

申二次失其名

名身非鼻。名觸即塵。

雙表無鼻名也。謂名身。則是身名。非鼻名。名觸。則即塵名。非鼻名。

申三躡破非界

鼻尚無名。云何立界。

未三約勝義根破。二。申一總詰知性

若取嗅知。又汝心中以何為知。

申二詳分難破。又三。酉一非肉知

以肉為知。則肉之知。元觸非鼻。

即同上之身知即觸。

酉二非空知。又分二。戌一轉知屬空而廢肉

以空為知。空則自知。肉應非覺。

空指鼻孔。肉指鼻頭。此科方墮鼻肉不覺之過。

戌二攬空為自而廢身

如是則應虛空是汝。汝身非知。今日阿難應無所在。

蓋由鼻孔之空既有知性。則一切虛空皆應是汝。又鼻上之肉既無知性。則汝徧身之肉皆應非知。下躡此二意。遂成無在之過。蓋約空是汝。則虛空無在。而汝亦應無在。約身無知。則縱身有在。而亦應不覺其在於何處也。

酉三非香知。不可濫下香生之文。此因破鼻生識界。而遂追究取何為鼻。既破浮塵。復究勝義之知依何為體。由是破肉與空。而遂及於香。是蓋破香具鼻根之知。非同下之破香生識也。又分為二。戌一轉自成他謬

以香為知。知自屬香。何預於汝。

預。干也。言既轉將自知。成他香知。彼自有知。何干於汝乎。

戊二攬他為自謬。謂攬外香塵為己鼻生也。又二。亥一縱外成內

若香臭氣必生汝鼻。則彼香臭二種流氣。不生伊蘭及栴檀木。

暫縱外塵為內根生。

亥二氣鼻從破。二。木一從氣破鼻。從氣之二。破鼻之一也。又三。火一離氣嗅鼻

二物不來。汝自齅鼻為香為臭。

火二必不兼聞

臭則非香。香則非臭。

言若汝鼻本惟是臭。必不兼聞於香。是香反此。

火三兼聞墮二

若香臭二俱能聞者。則汝一人應有兩鼻。對我問道。有二阿難。誰為汝體。

此因謬執香臭俱生於鼻。故作此破也。言若雙生香臭須當雙具二鼻也。此二鼻非指肉鼻。即指勝義靈知。故下躡二鼻便索二身。

木二從鼻破氣。從鼻之一。破氣之二也。又分二。火一因根合塵

若鼻是一。香臭無二。

言氣既鼻生。而鼻又惟一。所生香臭。即當渾一無分。

火二合塵廢界

臭既為香。香復成臭。二性不有。界從誰立。

首二句。牒合香臭而互奪也。末二句。有兩說結破一說。因互奪而至俱無。如是則根知尚自無體。識界從誰立乎。又說。兩氣互同。無一定之分辨。何所了別而立識界乎。並通。

午二破因香生。分三。未一成不知香。又二。申一縱成香生

若因香生。識因香有。

申二以喻難法

如眼有見。不能觀眼。因香有故。應不知香。

見因眼有。既不見眼。識因香有。應不知香。

未二兩途俱非

知即非生。不知非識。

溫陵曰。若曰能知。即非香生。若曰不知。即不名識。皆不可也。

未三二界俱破

香非知有。香界不成。識不知香。因界則非從香建立。

因界。即指識界。以界具因義故也。承上言若不知香。豈但非識而已哉。將必并香識二界俱不成立矣。何以故。蓋香非云云。香非知有者。香不由識而顯也。據此即應香界不成。以香必假知而顯。離知豈得自成乎。識不知香者。識不緣香而發也。據此即應識界不立。以識必托香而立。無香豈得自立乎。仍總結云。亡識壞界。其過無窮。豈可謂識因香生乎。

午三破共相生

既無中間。不成內外。彼諸聞性。畢竟虛妄。

據上所破。則中間識界既以叵得。而內外根塵亦復不成。夫內外不成。則能共生者無實。中界不立。則所共生者非真。嗅聞之識豈不畢竟虛妄哉。

巳四結妄歸真

是故當知鼻香為緣。生鼻識界。三處都無。則鼻與香及香界三。本非因緣。非自然性。

準上。鼻香識三界已竟。

大佛頂首楞嚴經正脈疏卷十四

大佛頂首楞嚴經正脈疏卷十五

經文卷三之二

明京都西湖沙門交光真鑑述
蒲州萬固沙門妙峰福登校

辰四舌味識界。分四。巳一標舉三界

阿難。又汝所明。舌味為緣。生於舌識。

巳二雙以徵起

此識為復因舌所生。以舌為界。因味所生。以味為界。

巳三分文難破。分四。午一破舌生。分二。未一根轉塵亡

阿難。若因舌生。則諸世間甘蔗烏梅黃連石鹽細辛薑桂。都無有味。

前四味可知。後三味同一辣味。都無有味者。約上識因舌生。則是不假外之味塵。而舌之體上。自能分別成味。故云爾也。

未二教嘗難破。二。申一教自嘗舌

汝自嘗舌。為甜為苦。

躡上舌自有味而成難也。

申二兩途俱非。又分二。酉一舌苦誰嘗

若舌性苦。誰來嘗舌。舌不自嘗。孰為知覺。

若舌性苦者。舉一味以為例也。誰來嘗舌者。先反問也。下二句申正義也。孰為知覺者。言舌既不自嘗其舌。孰從而知覺其為苦乎。

酉二非苦何界

舌性非苦。味自不生。云何立界。

言舌性若本自非苦。則諸味皆自不生於舌。無可了別。云何立識界乎。破舌生已竟。

午二破味生。又復分為二。未一不成知味

若因味生。識自為味。同於舌根。應不自嘗。云何識知是味非味。

識自為味者。識即是味也。味不自知。同於舌不自嘗。遂結無知。

未二更成相壞。又三。申一以多壞一

又一切味。非一物生。味既多生。識應多體。

以味之多。壞識之一也。謂能生之味本是多體。則所生之識亦應非一。如母多子亦應多也。

申二以一壞多

識體若一。體必味生。鹹淡甘辛。和合俱生。諸變異相。同為一味。應無分別。

以識之一。壞味之多也。謂所生之識本惟一體。而能生之味亦應非多。如子一母亦應一也。吳興曰。鹹淡甘辛。略舉四味。和合者。眾味共成也。俱生者。本性不易也。變異者。燒煮異本也。予謂變異者。正是醞釀酒醋之類。而燒煮猶次之矣。

申三躡失名義

分別既無。則不名識。云何復名舌味識界。

躡無分別遂失識名。以識正惟分別是其義也。

午三破空生

不應虛空生汝心識。

按前雙徵。不合有此科。且諸界皆無。屬之味生。又頗無意味。疑若衍文。殊未敢定。然佛語自在。依孤山意。另開一科無傷。

午四破共生

舌味和合。即於是中元無自性。云何界生。

元無自性者。言合而為一。無兩開各自之性也。云何界生者。言根塵既已合一。尚無自性。豈有中間空隙以容識界之生乎。孤山曰。初因舌。破自生。二因味。破他生。三空不生。破無因生。四和合。破共生。此意亦好。別界不全。又當知彼是般若密意。但破四生妄計。以顯諸法無生而已。此更直指一性。以顯諸計皆妄。方為真了義也。

巳四結妄歸真

是故當知舌味為緣。生舌識界。三處都無。則舌與味及舌界三。本非因緣。非自然性。

舌界者。舌識界也。此與下二科皆係根以為別名。餘并準上。舌味識三界已竟。

辰五身觸識界。分四。巳一標舉三界

阿難。又汝所明。身觸為緣。生於身識。

巳二雙以徵起

此識為復因身所生。以身為界。因觸所生。以觸為界。

巳三分合難破。又分為三。午一破因身生

阿難。若因身生。必無合離二覺觀緣。身何所識。

溫陵曰。覺觀。即身識。而以合離二境為緣。若無緣則無識矣。

午二破因觸生

若因觸生。必無汝身。誰有非身知合離者。

躡無身而決其必不知合離矣。

午三破共相生。三。未一標定合顯

阿難。物不觸知。身知有觸。

物不觸知者。徒物不能自觸而知也。身知有觸者。必因合身方知有觸也。先以標定觸知必因身合而顯。所以張下正破之本矣。

未二正破共生。又分為三。申一所生無兼相

知身即觸。知觸即身。即觸非身。即身非觸。

科云所生者。即識也。無兼相者。無雙兼根塵之相也。首二句約雙即。破其不得為共生也。二知字。即承用上科合顯之知也。承上如云。身觸合處。其知性固歷然而顯。若即因此而計其共生。則當審此知性知身乎知觸乎。若言知身。則此知即是觸知。何以故。觸者。身之對也。此之知性必與觸一。而後可對知於身也。知觸即身。反此翻之。末當結云。此但屬於一邊。何以為共生乎。當記二即字。乃是知即觸知即身。不可誤作身即觸觸即身也。次二句雙非。破其不得為共生也。如云。此知也。既單屬觸。便不得兼屬於身。故曰即觸非身。既單屬身。便不得兼屬於觸。故曰即身非觸。末當結云。竟不得兼於二邊。何以為共生乎。亦但記二非字。乃是知非身知非觸。不可誤作觸非身身非觸也。

申二能生無對相

身觸二相。元無處所。合身。即為身自體性。離身。即是虛空等相。

科云能生。謂身根觸塵。無對相者。無對立內外之二相也。首二句標定。下四句釋成標中之義。合身離身。皆以觸言。前二句。謂觸與身合。即成一體。不可復分。後二句。謂觸與身離。即與虛空同相。等。即同也。此蓋言其並上一體亦無也。夫合離皆無二相。意蓋顯其二相尚無處所。何得為能共生識之本乎。

申三能所互不成

內外不成。中云何立。中不復立。內外性空。

前二句。因能生根塵不成。致所生之識不成。後二句。因所生之識不成。致能生根塵不成。中與內外。亦同上解。但顛倒其義。故曰互不成也。正破共生已竟。

未三總以結破

則汝識生。從誰立界。

此方顯結不能共生也。言三皆無位。界無從立。何有共生之理。

巳四結妄歸真

是故當知身觸為緣生身識界。三處都無。則身與觸及身界三。本非因緣。非自然性。

準上。身觸識三界已竟。

辰六意法識界。分為四。巳一標舉三界

阿難。又汝所明。意法為緣。生於意識。

巳二雙以徵起

此識為復因意所生。以意為界。因法所生。以法為界。

巳三分合難破。分二。午一破因意生。二。未一根塵存亡破

阿難。若因意生。於汝意中。必有所思。發明汝意。若無前法。意無所生。離緣無形。識將何用。

於汝下三句。塵存則意存也。言意中必有所思之法塵。而後顯意根之相。若無下二句。塵亡則意亡也。若無前所思之法塵。意根亦無所生矣。末二句躡之。正破意之生識也。離緣者。離法塵也。無形者。意根無形也。言離法則意根無形。若是則根塵悉泯。識將焉用哉。此與前耳聲識界中約勝義科其意全同。

未二根識同異破。又分三。申一雙審同異

又汝識心。與諸思量。兼了別性。為同為異。

管見意好。詳經意。本是單舉首句。對下二句為論。故首句作識。而下二句同作根。於理為順。蓋正取思量為意根。而略帶八識了別之性也。故兼者即帶也。重輕之分允當矣。

申二別為致詰。又分二。酉一詰同意

同意即意。云何所生。

識若同意。則與意無別。無復能所。云何是意所生乎。

酉二詰異意。又二。戌一正破異意

異意不同。應無所識。

知性具於意根。識既與根別異。即當墮於無情。故曰應無所識。

戌二兩途俱非

若無所識。云何意生。若有所識。云何識意。

言異意無知即與意為非類。云何名為意生之識。異意有知即為二體。兩不相干。云何名為生識之意。大科正破意生故也。別為致詰已竟。

申三雙承結破

惟同與異。二性無成。界云何立。

根識莫辨其為一為二。憑何立識界乎。

午二破因法生。又三。未一外不涉內

若因法生。世間諸法。不離五塵。汝觀色法。及諸聲法香法味法。及與觸法。相狀分明。以對五根。非意所攝。

首句標定。此法字。猶指內對法塵。向下即歷舉外之實法。但對前之五根。而非意根所攝。此科先表外之實體。決不入於意根之中。

未二內無自體。又三。申一牒標令觀

汝識決定依於法生。汝今諦觀。法法何狀。

此中三法字。皆指內對法塵也。首二句。牒標也。次二句。令觀也。何狀者。詰其有何自體可得乎。

申二離外無體

若離色空動靜通塞合離生滅。越此諸相。終無所得。

色空等。猶指外塵。缺略甜淡。惟生滅二字方是法塵。以此結後者。言離此諸外塵生滅影子。欲別有實體。超前諸相而獨存。不可得也。越者。超者。超於外也。

申三決託外影

生則色空諸法等生。滅則色空諸法等滅。

言生。則是色空諸法之影子生。離彼諸相。決不更有實生之體。滅亦如是。

未三躡意結破

所因既無。因生有識。作何形相。相狀不有。界云何生。

承上言。外之實法既不入於內。而內又無自體之實法。則法塵畢竟虛妄。則師云。所因者。即法塵也。所因之法自無實狀。則因之生識復作何狀耶。狀不有。則界亦亡矣。此闕根境合辨之科。愚謂。意法本自無相。非同前五根塵有實性境。況分破中。又極明其虛無。故無復共生之相可破。非闕文也。

巳四結妄歸真

是故當知意法為緣。生意識界。三處都無。則意與法及意界三。本非因緣。非自然性。

準上。會通四科即性常住已竟。此科可為理事無礙法界之由致。雖不全具彼之諸門。但悟此而自可達彼諸門之義。故曰由致。良以凡夫著於事相而全不見理。權教隔乎事理而兩不通融。故皆不能入理事無礙法界。今經且將事相一一融歸於理。即彼十門中全事皆理門也。既達諸事即理。則眾妙之門。自相次而洞開矣。非彼由致而何哉。

子三圓彰七大即性周徧。人皆知此科理趣深廣。必勝前科。實多不能較其所以勝。舊註謂前近取身。後遠取物。又云。前悟一身。後融萬法。皆非也。良以前四科除六入。餘皆如來對機各立。一一皆該內外盡萬法。如五陰中。色攝十一。謂五根六塵。五根即同見大。六塵即前五大。而後四陰即識大。以此類推處界。更顯然該於七大。若惟執此較量前後。攝法全同。曾無優劣。何有四科專於內而七大專於外耶。前淺後深之故元不係此。請申正義。當知四科即七大中別相。七大即四科上總相。法本無殊。但四科方談其一一皆是性真。而未嘗言其一一皆周法界。如指香柴煤炭一一言其是火。而未及言一一皆可洞燒林野。至後七大。方談其一一皆周法界。故總名為大。如方說出諸火每一星皆有洞燒之極量也。蓋前顯法法當體真常。後乃顯法法圓融周徧矣。豈離前法而別有哉。此固淺深之正義也。分二科。丑一阿難轉疑雙非。又分二。寅一執權疑實

阿難白佛言。世尊。如來常說和合因緣。一切世間種種變化。皆因四大和合發明。云何如來因緣自然二俱排擯。我今不知斯義所屬。

如來二句。舉昔所立一大宗名也。蓋佛初立教。以和合因緣為宗。同條而共貫。故統言之。益以符前旨趣相關也。一切下四句。撮略一宗之大義也。一切世間謂一者根身即眾生情世間也。二者器界。即無情器世間也。皆各具多種變化。四大。謂地火水風。諸經中

但談四大。發明。猶言出現也。夫阿難攝前四科起疑。而總陳四大。足顯大之為名。但是四科總相。非有別法。不然。前未顯排四大。今何舉之為疑乎。齊此是執昔權義。云何下。疑今教也。撥毀曰排。斥逐曰擯。詞雖似乎。而意獨疑其排擯因緣。如曰。排擯自然則無可疑。今何並因緣而二俱排擯乎。意怪大違自教之宗也。斯義。即排擯旨趣。屬。收也。歸也。言此雙非之旨。畢竟為何等教法中所收屬耶。

寅二請佛開示

惟垂哀愍。開示眾生中道了義無戲論法。

中道。則不滯二邊。了義。則顯明究竟。戲論反此。謂偏枯不中。覆密有餘之說也。夫萬法因緣而有生。正屬有門戲論。權應初心之言。而阿難反執之為了義。今經剖相出性。而斯妙性不滯於有為。故非因緣。不墮於無為。故非自然。正中道了義。而阿難見其一切排擯。反疑為偏空戲論。此固常情迷惑顛倒溺有怖空之故習。故佛於下文深責之。問。佛於示見處。已將因緣和合等破盡。何阿難今又疑之。答。前約見性而論。故阿難但領性體非因緣等。而諸法因緣之執如故焉。今聞陰入處界悉非因緣和合是以又起斯疑也。蓋前疑一性而此疑萬相耳。善須辨之。

丑二佛與進示圓旨。分三。寅一責迷許說。二。卯一責迷。又二。辰一明應求施教爾時世尊告阿難言。汝先厭離聲聞緣覺諸小乘法。發心勤求無上菩提。故我今時為汝開示第一義諦。

言昔因緣之教。但為欣取小乘者說。今因汝厭離小乘。希冀菩提。故說第一義諦。是知排擯因緣等正棄戲論而示了義也。求菩提者。自婬室歸來。即求十方如來得成菩提等。然求佛果即是厭小乘也。

辰二責取捨昏悋。

如何復將世間戲論。妄想因緣。而自纏繞。汝雖多聞。如說藥人。真藥現前。不能分別。如來說為真可憐愍。

此法喻互有影略。蓋阿難本有二失。一悋於舊聞而不能頓捨。二昏於今教而不能識取。今乃於法中獨責悋於舊聞。於喻中獨責昏於今教。若全二意。應云。汝方厭權乘而求正覺。我正擯戲論而談了義。汝即當盡捐因緣之舊聞。而欣領超情之了義可也。何乃纏繞舊聞而昏疑了義。如人說藥。實未親採。誤執假藥。而真藥現前反疑棄之。豈不甚可愍哉。

卯二許說

汝今諦聽。吾當為汝分別開示。亦令當來修大乘者通達實相。

初。正被當機也。亦令下。普被未來也。大揀於小。實揀於權。實相者。終實教中皆取為體。未可偏目無相。三如來藏渾然畢具。方始相應。經自佛與阿難釋迷悶。即責其不達實相。今七大科中又復標許。則知三大科所出藏性即是實相。在六根。剋體所具妙精明元。在四科。全相所即妙真如性。在七大。當體所本如來藏心。以至清淨本然周徧法界。方是一切法真實之相。如是知者。即為通達實相矣。

寅二阿難佇聽

阿難默然。承佛聖旨。

寅三正與開示。分二。卯一總喻性相。此中所用。即比量中同異二喻。同喻者。與法相類。正明於法也。異喻者。與法相反。反顯於法也。今經異喻居先。而同喻居後。至下分科自見。又三。辰一牒取前語

阿難。如汝所言。四大和合。發明世間種種變化。

辰二異喻別明。又二。巳一明非不和合

阿難。若彼大性體非和合。則不能與諸大雜和。猶如虛空。不和諸色。

和合與不和合。以性相相望而論。諸大即相也。諸大之性即如來藏心也。首二句牒定也。不能雜和者。言性應不能隨緣成相也。是法固反言。而喻亦反顯。意則正明性能隨緣而成相。永異虛空之頑斷。故非不和合也。問。阿難惟執和合。佛何並不和合而兼破乎。

答。二計相待。若不兼破。則破和合之後。阿難必又以為非和合矣。故佛首破之。杜轉計也。

已二明非是和合

若和合者。同於變化。始終相成。生滅相續。生死死生。生生死死。如旋火輪。未有休息。

首句標定也。同於變化者。言與相同遷也。始終與生滅稍不同。始終者。細相也。生滅者。大分也。故生滅各有始終。如生為住始。住為生終。異為滅始。滅為異終。始終相成者。謂因始有終。因終復始也。生滅相續者。謂生而接至於滅。滅而復繼以生也。又生滅兼乎無情。生死局於有識。生死死生者。順次而言也。生生死死者。間隔而論也。如云。今生之於來生。前死之於後死也。又或如轉蛻業化。則生而復生。故曰生生。如中陰命終。則死而復死。故曰死死。如旋二句。言性無不變之體。常隨相遷。竟不能復於無始終等也。此亦法固反言。而喻亦反顯也。意則正明相實不能變性。不同火輪之不息。故非是和合也。問。今何現成輪轉。答。月岸不移。雲舟見動。若果真動。豈能悟之而頓息乎。異喻別明已竟。

辰三同喻總明

阿難。如水成冰。冰還成水。

上言性相不同彼二物。故為異喻。此言性相惟同此二相。故曰同喻。以冰水非二物。故言二相。正明性相本非二物。但有隨緣不變二義而已。此緣更用同喻。翻前異喻。故重呼阿難以起之。言性雖一味。能隨緣而成相。既不如虛空之一於不和。當如何等乎。當如水能成冰。蓋水雖一體。自能結之成冰。無所和合。而能現和合之相。豈可謂之一定屬於非和合乎。相雖萬殊。能融而歸性。既不如火輪之不息。當如何等乎。當如冰還成水。蓋水雖凝結成冰。融之而依然是水。但似和合。而終無變遷。豈可謂之一定屬於和合乎。還字當玩。足顯不變。正因不變故還為水。正於還為水處見其非真和合。若真和合則變矣。如青黃和合即變為綠。豈能還為青黃乎。總立量云。諸大性相是有法。非不和合非和合為宗。隨緣不變故為因。同喻如水冰冰水。異喻如虛空火輪。此意妙甚。宜珍玩之。又當知阿難惟問四大之相。而佛則雙約性相答之。良以權教所談。雖依性說相。而性是密意。不言即性。阿難久習其教迷性循相。故和非和計展轉不能忘也。今佛與之洗前舊見。故性相雙舉。而仍以性融相。蓋必相得性融。始可以雙袪二計也。且說四科時。實即一一與之融相歸性。阿難領之未徹。故重申而極顯之。總喻性相已竟。

卯二別詳七大。就分為七科。辰一地大。又三。巳一標性約析

汝觀地性。麤為大地。細為微塵。至鄰虛塵。析彼極微色邊際相七分所成。

更析鄰虛。即實空性。

首句標性者。令其追究根元性體也。鄰虛者。與空為鄰也。至者。自麤相七分而析。展轉至鄰虛也。次三句。言此鄰虛者。乃析彼極微色邊際相為七分。以成此鄰虛之名也。極微色邊際相。作一句讀之。言此極微乃色法之邊際。過此將無色相。可謂極微矣。然取一極微。又析七分。方成鄰虛。則微之又微。極之更極者也。末二句。言更析遂至於空矣。

巳二就析詳辯。又分二。午一因析入而定生出

阿難。若此鄰虛析成虛空。當知虛空出生色相。

此之妄計。大似愚者見空花滅於虛空。遂計空中出花。大抵不達萬相真源出於藏心者。未有能出此計者也。故西域凡小共計無異。與此方太虛凝結成形者。皆相似也。

午二總牒起而詳推破。又二。未一標牒

汝今問言。由和合故。出生世間諸變化相。

牒定原問。欲舉鄰虛而摻成和空之謬。令其無遁辭也。

未二詳破。又為三。申一約空無數量破

汝且觀此一鄰虛塵。用幾虛空和合而有。不應鄰虛合成鄰虛。

破意全在用幾虛空一句。蓋和合須有數量。或二或三。和合為一。故難云用幾云云。末

二句。遮轉救也。設救云。我言和合。但合色相。非謂合空以成色相。故此遮云不應云云。良以諸餘麤色。若言是彼細色合成。容或可通。今此鄰虛。向下更無細者。唯有虛空。故須合空。若不合空。豈是鄰虛合成鄰虛耶。設許合成。當有三謬。一者合自成自謬。蓋唯合他成自。而未有合自成自者也。二者合一成一謬。蓋唯有合多成一者。未有合一成一者也。三者合細成細謬。蓋唯有合細成麤者。未有合細成細者也。是則若執諸相和合。須此鄰虛亦是和合。若此鄰虛既是和合。須是和空而成。蓋令其無遁詞也。

申二約色不成空破。此以對待例顯其謬也。蓋阿難所執諸相。色空各居其半。即應皆是和合。故此反破空非和合。用以例顯色非和合也。又二。酉一故難成空之謬

又鄰虛塵析入空者。用幾色相合成虛空。

言色之邊際鄰於空。既須合空而成色。空之邊際鄰於色。亦須合色而成空。蓋是順彼所執以為難也。然空者下。有缺當補云。當知色相出生虛空。卻接以末二句讀之。後仍有反難救詞當申。救云。既言析入何又詰其合成。而阿難不敢如是難者。以析色為空。是彼小乘之自教。諸相和合。是今阿難之自語。故今順彼自語。違彼自教。正以顯彼自語與自教互違。乃墮宗九過中之二過也。是以佛雖故違縱難。而阿難亦不能施辨。何以故。順析入而非和合。則違今自語。依和合而違析入。則背昔自宗。兩處負墮。故默然而不敢辯。

此意妙甚。

酉二例明成色之謬

若色合時。合色非空。若空合時。合空非色。

此申正義而例破之也。四句不平。蓋以上二句例明下二句也。如云。若知合色不可成空。即知合空不可為色矣。可見上科但是故難。意在此科相例而明矣。色不成空破已竟。

申三約空無合義破

色猶可析。空云何合。

上句縱。下句奪也。色猶可析者。猶可析而歸空也。然猶可亦是權許之辭。其實析色但自析色。虛空實非析色而成。空云何合者。言空決無合義也。虛空略有四義不可言合。一無形礙。二無數量。三無邊際。四無變動。據此四義。云何可合乎。後當翻轉申正意云。若知空之不可合。則知鄰虛非和合而成。鄰虛既非和合。則地大元非和合而有。和合之計豈實義耶。是則阿難惟據麤相。如來究至細塵。良以既執諸相和合。須以至細之塵為元始也。然細塵與空為鄰。必至合空之謬。故惟明一空不可合。則和合之計。自可翻轉而破盡矣。妙甚妙甚。

巳三結顯斥執。分二。午一結顯。又分為二科。未一全體圓融汝元不知如來藏中。性色真空。性空真色。清淨本然。周徧法界。

此科與陰等俱稱如來藏。理無不融。而義有差別。中之一字。意味即殊。當以喻明。如大富長者。藏中寶物無限。每有宅舍。必出藏寶。廣列堂閣之間。然但千萬分中之一分而已。深藏而未發現者。實無邊量。故上四科。如方指堂閣之寶。說其皆是藏中之物。今此七大。如說此但藏中少分。而彼未發現者。一一充滿。但隨時處應用若干即出若干耳。只此已發未發較其淺深。當立見也。汝元不知者。意貫下科。此科文分五段。一源委。二相融。三離過。四元具。五帀滿。如來一句。指其源委也。良由不知地大之源委。本是如來藏中之物。方乃妄謂從空出色。謬起和合之計。故此一句所以指之也。性色二句。明相融也。權外多計性為空理。而不知內有空色相融。故此二句所以明之也。變地為色有三義。一者標本示廣。蓋地為諸色之本。而所該攝甚廣。無情則金木瓦石等。有情則毛膚骨肉等。皆地也。故色所攝法。地當十之七八。二者義具揀異。蓋色有顏色形質堅礙三義。而各有滿分少分。顏色。以黑白可別為滿分。形質。以當體可捉為滿分。堅礙。以體不相入為滿分。故水於礙義不滿。火於質礙俱不滿。風於色質全缺。而礙亦不滿。惟地大三義具滿。故易名為色。揀異彼三缺而不滿也。三者示同諸經。蓋凡般若等諸經。舉法與空相融者。皆色法為首。以等八十餘科。今實示同彼意。故易以色名也。性則言其非相。亦即理而非事也。真則言其非俗。亦即體而非用也。性色真空者。言性具之色。即真體之空也。性空真色者。言性具之空。即真體之色也。性色真色。以性融大之辭。真空性空直目性體之意。顛倒言之。又以總成融即矣。此以性真二字無別。故影互用之。若不影互。應有四句。如云。性色真空。真空性色。性空真色。真色性空。字句方全。經以義該文簡。故影互之。問。此與般若等尋常所談。色即空空即色為同否耶。曰。實大不同。蓋般若等。惟據目前所對已發現諸相。而言其即空即色等意。今此不對目前諸相。惟深談如來藏中渾涵未發。即色空融一如此也。後經所謂先非水火。正此意矣。故此性色真色。非但揀於實等諸色。實顯異於事相俗諦中即空之色也。性空真空。非但揀於斷等諸空。實顯異於事相真諦中即色之空也。舊以體用真俗理事並言者。欠研究耳。不知此但全體。而大用尚在下科。具眼者詳之。清淨二字。見離過也。良以色尚檢於般若即空之色。豈墮凡夫之染色。空尚檢於般若即色之空。豈墮二乘之滯空。自來離過絕非。二清淨中屬自性清淨也。本然二字。表元具也。如來藏中元有之故物。所謂悉天真之本具。非緣起之新成。此句揀於權教菩薩修成之惑也。周徧一句。示匝滿也。極於無外曰周。周。即匝也。貫於無內曰徧。徧。即滿也。前雖以寶藏為喻。非世間之寶藏可比。良以世間寶藏。若眾寶具全。決不能一一匝滿。若一寶匝滿。決不能種種具全。此則二義皆不為礙。故每舉一大。即周匝徧滿於法界。而互不相礙也。法界者。法有軌持二義。界有性分二義。軌即隨緣。持即不變。性即體空。分即成事。總則統於一真。別則開為多種。今此法界合一真。則無容別議。望多種。則正周偏於理法界。冥周徧於一切法界耳。以一切離一真悉不可得矣。由是冥中總統之故。方能隨應循發。無不足也。

未二大用無限

隨眾生心。應所知量。

此約其本具妙用。能隨能應。不與循業相同。舊於此二句仍連循業發現通為一氣。及詳下諸大。實從隨心應量處斷之。因得其分屬之本意。請詳下解。眾生。攝盡九界有情。心。以根性言。有勝有劣。量。以心知言。有大有小。若但以劣心小量致之。則所以應之以麤少之色者。固無不副其心。而無不滿其量也。若能以勝心大量致之。則所以應之以廣妙之色者。亦無不副其心。而無不滿其量也。世出世間。有為無為。亦復如是。通上科論之。則上科是性。是體。是真。是理。此科是相。是用。是俗。是事。故知上之色空。早露相用等釋者非也。且既從性起相。便知全相即性。體用等亦復如是。所以說地大即藏中之性也。又當知陰等四科。皆先剖破相妄。然後結顯性真。故以破相之義。猶半同於空宗。今此七大。乃窮自性海淵涵。流出諸法。故純標性真。杳無虛妄字面。誠法性宗之獨談。非惟迥超般若。而亦大異於前文也。結顯一科已竟。

午二斥執

循業發現。世間無知。惑為因緣。及自然性。皆是識心分別計度。但有言

說。都無實義。

此方約迷位及悟人因位而言。先問云。體既本然周徧。而用又隨心應量。則稱體作用。無不自在。何必循業乎。答。正由無始未悟。久迷本有。以致全不自在。豈惟迷位必循染業而後能發。縱是悟人。亦須循淨業而後能現。是故此之四字。雙具兩種不自在意。一者世出世間一切淨妙之色。若不循彼種種淨業。雖欲發現不可得也。二者三塗四惡一切苦穢之色。若不戒彼種種染業。雖欲不發現不可得也。蓋不戒即是循也。故此四字。非但只表不循業則不得發現。兼表循業則不得不發現。而二俱無自由分矣。然此四字。正是致下二惑之由。故分屬下文。良以業之起也。似有由籍。故世間淺智眾生。執此生起之近由。而遂惑為因緣性。曾不達圓融不變之體。周徧法界。何所藉於因緣。業之成也。似難改移。故世間無智眾生。執此難改之現量。而遂惑為自然性。曾不達無限隨緣之用。隨心應量。何得泥於自然。是皆為一循業之所惑耳。向使只隨心應量而不必循業。則眾生皆應達唯心之旨。而不至種種惑矣。問。悟人既須循業。佛循業否。答。佛在因位循之。卻即菩薩因滿果發之後。但惟隨心。尚無量之可應。何有業之可循。惟除示現。無實業也。故知稱體作用。無不自在。惟佛能之。問。現見菩薩作用自在。何言惟佛能之。答。菩薩修行未畢。正由循業所發。故今非揀其不能作用自在。但揀其非是不循業耳。然惟圓實菩薩。所循大自在業所發十玄妙色。與果人敵體相似焉。問。何為大自在業。答。應即華嚴十玄妙觀。及本經耳門三昧是也。又所應之知。即解悟也。所循之業。即修行也。若惟務修行而不求圓解。則三祇六度。終無實果。正以知自局而量自有限也。若但專務多聞而不策圓修。則恒沙妙理。祇益戲論。正以業不循而果終不發也。以此而知圓解圓修不可不相應矣。識心。即六識也。辨析不混曰分別。詳細較量曰計度。即徧計執也。但。徒也。徒有言說。即情有也。都無實義者。即理無也。此則和合即兼於因緣中。不和合即兼於自然中矣。又解。但。凡也。凡有言說者。推類廣指之詞。如和合。及諸重疊是非之計。皆在其中。二釋俱通。夫不知體用及惑執二計。阿難與世間義應互該。影略而已。此全科意。後皆準之。地大已竟。

辰二火大。分三。巳一標性約求

阿難。火性無我。寄於諸緣。汝觀城中未食之家。欲炊爨時。手執陽燧。日前求火。

無我者。溫陵所謂火無體寓物成形是也。故執火者須憑柴等。離柴等則無當體可捉也。檇李曰。陽燧者。崔豹古今註云。以銅為之。如鏡之狀。照物則影倒向日則火出。淮南子曰。陽燧。火方諸也。論衡曰於五月丙午日。銷鍊五方石。圓如鏡。中央窪。予亦曾見。映日光影。注處即燒。然水晶珠注燒全同也。

巳二就求詳辯。分四。午一舉例

阿難。名和合者。如我與汝一千二百五十比丘。今為一眾。眾雖為一。詰

其根本。各各有身。皆有所生氏族名字。如舍利弗。婆羅門種。優樓頻螺。迦葉波種。乃至阿難。瞿曇種姓。

此舉和合之例。亦異喻也。意顯下火大不同此例也。此之破法蓋約分開之相以破和合之計。蓋必有分開之相以為和合之本。然後方同和合。故舉一眾和合而分開各有氏族以為定例。至下開合二科。而火無生處。足顯和合之計為妄矣。婆羅門。此云淨裔。溫陵曰。優樓頻螺。此云木瓜林。迦葉波。此云大龜氏。瞿曇。此云日種。後代改姓釋迦耳。

午二牒定

阿難。若此火性因和合有。

午三標徵

彼手執鏡。於日求火。此火為從鏡中而出。為從艾出。為於日來。

彼手下。標也。此火下。徵也。

午四逐破。分二。未一開破例審。又分二。申一開破。又三。酉一破從日生

阿難。若日來者。自能燒汝手中之艾。來處林木。皆應受焚。

自能二句。猶是牒定之辭。來處二句。方是破意。言燒林何異燒艾也。

酉二破從鏡生

若鏡中出。自能於鏡出然於艾。鏡何不鎔。紆汝手執。尚無熱相。云何融泮。

自能二句。亦牒也。鏡何一句。破也。紆。屈也。紆汝三句。證也。

酉三破從艾生

若生於艾。何藉日鏡光明相接。然後火生。

申二例審

汝又諦觀。鏡因手執。日從天來。艾本地生。火從何方遊歷於此。

例審者。比例而審其所從來也。鏡因三句。取例也。火從二句。審之也。此審有二意。一者且破和合。蓋上科三處無生。已顯不同舍利弗等各有氏族所生。而此之例審。又言況彼三物各有從來。而此火何所從來。既無從來。其何以為和合之本乎。足見其非和合性也。二者更索源委。意謂彼三各有來處。而此火何獨無所從來乎。欲人審其來源也。開破例審一科已竟。

未二合破直審。又二。申一合破

日鏡相遠。非和非合。

上言無從生之處。但顯無和合之本。此則正明無和合之實也。言凡謂之和合者。須同一處交雜。安有懸遠相隔而為和合者哉。缺艾。語略耳。艾亦同鏡。與日遠也。

申二直審

不應火光無從自有。

此之直審。與前例審不同。彼云從何歷此者。疑問令人審識之辭。此云不應無從者。決定斷其本有之謂也。一疑一決。所以不同。文雖寄於合破科中。而意仍雙承上文云。開之既無從生之處。合之又無和合之相。此火豈無所從來而自有乎。躍然而未說破。到下文方說破也。又開合所分四科。以次酷似不他生。不自生。不共生。不無因生。文雖似而旨各別。彼因人執萬法有生。故詳破生相。顯其無生而已。此因昧法真源。而妄謂出於和合。故隨破隨審。令其悟真本源也。就求詳辯已竟。

巳三結顯斥執。又二。午一結顯。又分二。未一全體圓融

汝猶不知如來藏中。性火真空。性空真火。清淨本然。周徧法界。

準上。

未二大用無限。又二。申一正明大用

隨眾生心。應所知量。

準上。

申二驗其無限

阿難。當知世人一處執鏡。一處火生。徧法界執。滿世間起。起徧世間。寧有方所。

蓋就上求火之事以推開徵驗。可見隨心應量無有限極也。此取凡夫現境尚無限極。聖人分上愈可知矣。結顯已竟。

午二斥執

循業發現。世間無知。惑為因緣。及自然性。皆是識心分別計度。但有言說。都無實義。

準上。火大已竟。

辰三水大。分三。巳一標性約求

阿難。水性不定。流息無恒。如室羅城迦毗羅仙。斫迦羅仙。及鉢頭摩訶薩多等。諸大幻師。求太陰精。用和幻藥。是諸師等。於白月晝。手執方諸。承月中水。

流息。如雨露之有無。川源之溢竭。水性大概如此。迦毗羅。此云青色。斫迦羅。此云鴛鴦。鉢頭摩。訶薩多未詳。遛陵曰。四皆外道。善幻術者也。其曰求太陰精及承月中水者。順諸師計從月出也。十五夜為望。望前為白月。望後為黑月。月當正午。光皎如晝。故稱為晝。方諸。陰燧。水精珠也。孤山引高誘註淮南子。乃云大蛤。拭熱向月。則水生也。而經文明白言珠。況珠亦蛤出。以珠取水。應亦拭熱矣。

巳二就求詳辯。又為二。午一徵起

此水為復從珠中出。空中自有。為從月來。

午二逐破。又分為二。未一開破例審。又二。申一開破。又三。酉一破從月生

阿難。若從月來。尚能遠方令珠出水。所經林木。皆應吐流。流則何待方諸所出。不流。明水非從月降。

經。臨也。即照臨之謂也。遠方者。言珠比所經林木尚為隔遠。又如月當正南。則自珠以南之林木。皆是所經近處。或珠在平地。則高阜以上之林木皆是所經近處。此是以遠證近之必流也。下四句。則是流與不流皆不當理矣。

酉二破從珠生

若從珠出。則此珠中常應流水。何待中宵承白月晝。

酉三破從空生

若從空生。空性無邊。水當無際。從人洎天。皆同滔溺。云何復有水陸空

行。

申二例審

汝更諦觀。月從天陟。珠因手持。承珠水盤。本人敷設。水從何方流注於此。

除空添盤者。以空無從來。不可取例。盤無與水。人不疑生。故兩科互為去取也。開破例審已竟。

未二合破直審。又分二。申一合破

月珠相遠。非和非合。

申二直審

不應水精無從自有。

準上可知。就求詳辯已竟。

巳三結顯斥執。分二。午一結顯。又二。未一全體圓融

汝尚不知如來藏中。性水真空。性空真水。清淨本然。周徧法界。

義皆準上。

未二大用無限。又二。申一正明大用

隨眾生心。應所知量。

申二驗其無限

一處執珠。一處水出。徧法界執。滿法界生。生滿世間。寧有方所。

午二斥執

循業發現。世間無知。惑為因緣。及自然性。皆是識心分別計度。但有言說。都無實義。

準上。水大已竟。

辰四風大。分三。巳一標性約拂

阿難。風性無體。動靜不常。汝常整衣入於大眾。僧伽梨角。動及傍人。則有微風拂彼人面。

風之動靜不常。人所易見。當不止於垂衣拂衣。但約衣發辯而已。僧伽黎。此云大衣。

巳二就拂詳辯。又二。午一徵起

此風為復出袈裟角。發於虛空。生彼人面。

袈裟。此云壞色。若從義而翻。則離塵出世等種種多譯。茲不繁引。

午二逐破。又二。未一開破例審。又二。申一開破。又為三。酉一破從衣生阿難。此風若復出袈裟角。汝乃披風。其衣飛搖。應離汝體。我今說法。會中垂衣。汝看我衣。風何所在。不應衣中有藏風地。

汝乃三句。言衣即風。風性不住。故應離體。我今六句令傍觀察審也。

酉二破從空生

若生虛空。汝衣不動。何因無拂。空性常住。風應常生。若無風時。虛空當滅。滅風可見。滅空何狀。若有生滅。不名虛空。名為虛空。云何風出。

此有三破。仍含多義。汝衣二句。不應藉緣破也。言既云空生。即當自生。何假衣動為緣乎。空性六句。體性相異破也。言空以常住為體性。風以生滅為體性。故首二句以風從空。則應同常。次二句以空從風。則應同滅。今皆不然。可見體性畢竟異矣。末二句申滅空之謬。以足空之無滅而已。若有四句。名實相乖破也。言義須與名相應。名須與體相當。今約無情。則生滅乃有形質之義。虛空乃無形質之名。故曰若有生滅。則非虛空。見名義不相應也。又虛空表以無物為體。風出則是有物非虛。故曰名為虛空。云何風出。見名體不相當也。

酉三破從面生

若風自生。被拂之面。從彼面生。當應拂汝。自汝整衣。云何倒拂。

自汝整衣。云何倒拂者。何得只待汝整衣之時。而又倒拂於彼。不拂於汝也。蓋出於彼面而又拂彼面。故曰倒拂也。

申二例審

汝審諦觀。整衣在汝。面屬彼人。虛空寂然。不參流動。風自誰方鼓動來此。

虛空二句。非取從來之例。卻即是風空性隔之意。亦現前可別之相。不宜泥也。

未二合破直審。又二。申一合破

風空性隔。非和非合。

此只就風與空性體乖隔。而說非和非合。與前二大稍異。良以風從空生。人所常執。故多破空生。如此方言虛能生風。其見一也。佛語隨宜無定耳。

申二直審

不應風性無從自有。

準上。就拂詳辯已竟。

巳三結顯斥執。又分二。午一結顯。又為二。未一全體圓融

汝宛不知如來藏中。性風真空。性空真風。清淨本然。周徧法界。

未二大用無限。又曲分為二科。申一正明大用

隨眾生心。應所知量。

申二驗其無限

阿難。如汝一人。微動服衣。有微風出。徧法界拂。滿國土生。周徧世間。寧有方所。

午二斥執

循業發現。世間無知。惑為因緣。及自然性。皆是識心分別計度。但有言說。都無實義。

準上。風大已竟。

大佛頂首楞嚴經正脈疏卷十五

大佛頂首楞嚴經正脈疏卷十六

經文卷三之三

明京都西湖沙門交光真鑑述
蒲州萬固沙門妙峰福登校

辰五空大。分四。巳一標性約鑿

阿難。空性無形。因色顯發。如室羅城去河遙處。諸剎利種。及婆羅門。毗舍首陀。兼頗羅墮。旃陀羅等。新立安居。鑿井求水。出土一尺。於中則有一尺虛空。如是乃至出土一丈。中間還得一丈虛空。虛空淺深。隨出多少。

首二句。言其自無形表。對色方顯。唯識謂之空一顯色。不必局於鑿土方顯。溫陵曰。西天貴賤族分四姓。如此方四民。剎帝利。王族也。婆羅門。淨志也。亦云淨行。以守道居正。潔白其操也。毗舍。商賈也。首陀。農夫也。是為四姓。頗羅墮。利根也。旃陀羅。魁膾也。此又智愚之族也。名義集云。旃陀羅。此云屠者。屠殺人畜者也。西天姪殺同賤。殺者猶目為惡人。國法令其搖鈴執幟。警人異路。不與良民同行。故亦翻嚴幟也。

巳二就鑿詳辯。又二。午一徵起

此空為當因土所出。因鑿所有。無因自生。

午二逐破。又二。未一開破例審。又二。申一開破。又曲分三。酉一依無因破

阿難。若復此空無因自生。未鑿土前。何不無礙。惟見大地。迥無通達。

迥。遠貌。謂極目而視也。言未鑿無空。明因鑿有。何成無因耶。

酉二依出土破。又為二。戌一破有出入

若因土出。則土出時。應見空入。若土先出。無空入者。云何虛空因土而出。

既未鑿之先。原不見空。則必謂出土而後成空。故此即約出土而難也。意謂既言空因土出而後有。須土先出而空後入。如開池引水者可也。故曰則土出時。應見空入。然土出可見。空入何相。故曰若土云云。言既無空入之相。則計因土出而有空者。妄情而已也。

戌二破無出入

若無出入。則應空土元無異因。無異則同。則土出時。空何不出。

防轉計也。仍承上難。必言土自出入。空何出入。故即約空無出入以難也。意謂既言空無出入。則土未出時。應即有空。而空土一體不分。故曰則應空土元無異因也。一體遂成同出之謬。故難曰無異云云。

酉三依鑿以破。又為二。戌一破因鑿以出

若因鑿出。則鑿出空。應非出土。

意謂既言空獨因鑿。不因出土。即應惟以鑿空。何必鑿土。故曰則鑿出空。應非出土。

戌二破不因鑿出

不因鑿出。鑿自出土。云何見空。

意謂若言空非因鑿。與鑿無干。鑿應惟出於土。應不見空。今何隨鑿隨見虛空。開破已竟。

申二例審

汝更審諦。諦審諦觀。鑿從人手。隨方運轉。土因地移。如是虛空。因何所出。

疊言審諦。令極詳察也。隨方運轉。選地施功也。土因地移者。土從地中移出也。無因非是實法。故不取例從來。

未二合破直審。又二。戌一合破

鑿空虛實。不相為用。非和非合。

意言鑿須鑿實。空乃是虛。前風空。言其性乖。此鑿空。謂其用背皆不成和合相生之義矣。

申二直審

不應虛空無從自出。

準上。就鞶詳辯已竟。

巳三合會警悟。吳興曰。四大後。所以點空均名五大者。蓋諸經常談。惟四而已。此既異彼。故特言之。下根識中。其例亦爾。此解全得此科之來意也。又二。

午一融性合會

若此虛空性圓周徧。本不動搖。當知現前地水火風。均名五大。性真圓融。皆如來藏。本無生滅。

融性。謂融結空性。合會謂會同四大。首三句。結空之性也。若此二字。承上破審說下。圓周徧三字。重一圓字。良以尋常論空。亦言周徧。然有色法礙處。即不圓滿。是言周徧而非圓周徧也。今言空性圓滿。色不為礙。故曰圓周徧矣。此句結其即是性真也。不動搖。同後無生滅。蓋周徧。表其非此有而彼無。此無而彼有。圓滿意也。不動。表其非先無而後有。今有而後無。常住意也。此句結其離諸妄相也。以上結定空大。向下方是合四成五之意。中三句。先以合會其名。現前。即指目前所對已發現之法說其皆藏性。迴與結顯處別矣。均名五大。語會五大名同。實乃新許空為大也。末三句。後以會合其體也。性真圓融。即前性圓周徧。本無生滅。即前本不動搖。但上是單結空大。此是合同五大。皆如來藏一句。文總五大。意通上下。上通性真圓融。下通本無生滅。總與申其源委。然記但是以四例空。又當知非但此一新得大名。雖彼四者舊稱為大。亦惟據其處處皆有言之。而實相礙互闕。非真大也。自今融以藏性。圓融常住。方為真大。是則雖非新得大名。而實迥非舊比也。如迦葉等。舊雖久稱聲聞羅漢。必經法華開顯。方乃即真矣。

午二警令發悟

阿難。汝心昏迷。不悟四大元如來藏。當觀虛空為出為入。為非出入。

上科方以空大會同四大。是欲將四大例明空大。此科舉四大令其因空反觀。卻是欲將空大發明四大也。昏者。情識常暗。迷者。動惑於邪也。由昏故迷相因而致然。前執四大諸相皆和合。即其事也。然既暗惑於邪。必背馳於正。故即不悟四大元如來藏。非和非合。亦非不和合也。下卻教其觀空大以審其有出有入乎。及無出入乎。意蓋令其若悟虛空周徧不動。非出非入。非不出入。即悟四大圓融常住。非和非合。非不和合矣。經文明皆雙遣二邊。舊註皆墮一邊。所以不敢取也。

巳四結顯斥執。又二。午一結顯。又二。未一全體圓融

汝全不知如來藏中。性覺真空。性空真覺。清淨本然。周徧法界。

性覺真空二句。比前變其文。而復顛倒其意也。以前俱用本大與空相融。此則本大即是空字。若準前相融。則合兩句皆云性空真空。文不可別也。今將前指性之空換為覺字。即改寂為照。義無傷也。則此中空字。乃是虛空之空字。若照前不顛倒。合云性空真覺。性覺真空。今文上下交換。然亦無礙。但令人覺其文耳。

未二大用無限。又分二。申一正明大用

隨眾生心。應所知量。

申二驗其無限

阿難。如一井空。空生一井。十方虛空。亦復如是。圓滿十方。寧有方所。

午二斥執

循業發現。世間無知。惑為因緣及自然性。皆是識心分別計度。但有言說。都無實義。

義皆準上。空大已竟。

辰六見大。即根大也。總攝六根。但舉眼根以為例耳。然但取根中之性。非取浮塵。故惟言見等。而不言眼等。意可見也。分為四。巳一標性約塵

阿難。見覺無知。因色空有。如汝今者在祇陀林。朝明夕昏。設居中宵。

白月則光。黑月便暗。則明暗等。因見分析。

此中全約見之與塵為同異等。以破和合之妄執。然其別名塵相。二三開合不定。應先總釋不過色空明暗之四互為隱顯耳。如總言色空。是合明暗以對空。只言明暗。是開色攝空也。若言明暗空。是開色以對空。如言見空。是空攝色而對見也。至文再指庶不惑矣。見覺者。猶言見性也。無知者。離塵無別所知。因色空有。釋成上句也。以雙離明暗。無復見之自相。故言因色空有。此即合明暗以對空矣。方以標定向下歷舉目前現塵也。朝明夕昏。晝之明暗也。白月黑月。夜之明暗也。等。即等於空耳。因見分析者。因此塵而見得分析也。方表見托塵立。不可言塵因見分析。以此單破見之和合非破塵也。此中乃是開色攝空。

巳二就塵詳辯。又二。午一徵起

此見為復與明暗相。并太虛空。為同一體。為非一體。或同非同。或異非異。

㰖李曰此問四句。一同。二異。三或同或異。四非同非異。但經文分兩同兩異各成一句。斯解與下破處相合。此中亦開色對空也。

午一逐破。又分二。未一開破例審。又二。申一開破。又四。酉一破同。牒中

開色對空。破中開色攝空。又三。戊一牒起徵詞

阿難。此見若復與明與暗。及與虛空。元一體者。

戊二約塵顯謬。又曲分為二科。亥一標定相亡

則明與暗二體相亡。暗時無明。明時無暗。

此是先將外塵互相陵奪之相標定也。前半總明。後半別明也。

亥二正以顯謬

若與暗一。明則見亡。必一於明。暗時當滅。滅則云何見明見暗。

言既與暗一體。則明時暗亡。見安得而不亡哉。於明亦然。末二句。言隨暗而滅。云何復見於明。隨明亦然。其謬當自顯矣。

戊三結成非同

若明暗殊。見無生滅。一云何成。

此躡上意而結成也。言明暗任殊。而見體恒在。自然顯其非是一體。以上皆開色攝空也。破同已竟。

酉二破異。此科牒中開色攝空。破中開色對空。又三。戊一牒起徵辭

若此見精與暗與明非一體者。

戌二顯不離塵。又二。亥一離塵令觀

汝離明暗。及與虛空。分析見元。作何形相。

亥二離塵無體

離明離暗。及離虛空。是見元同龜毛兔角。

直斷之也。此亦設言離。而顯其無自體也。

戌三結成非異

明暗虛空。三事俱異。從何立見。

俱異之異。訓作離字讀之。蓋言三者俱離。則此見元無自體。故曰從何立見也。破異已竟。

酉三破或同或異

明暗相背。云何或同。離三元無。云何或異。

悉是上義。但撮合一處耳。上二句。開色攝空也。下二句。開色對空也。

酉四破非同非異

分空分見。本無邊畔。云何非同。見暗見明。性非遷改。云何非異。

分空二句。以空攝色而對見也。見暗二句。言塵殊見一。顯然不同。故曰云何非異。

此卻開色攝空也。

申二例審

汝更細審。微細審詳。審諦審觀。明從太陽。暗隨黑月。通屬虛空。壅歸大地。如是見精。因何所出。

汝更三句。疊言以教其著眼之意。初云細審。次細不徒細。而加以微細。審不徒審。而加以審詳。次諦觀已是切察。而又審於諦審於觀也。此亦開色對空。而加通壅。盡其詳也。

未二合破直審。又二。申一合破

見覺空頑。非和非合。

蓋以性體異而言其不成和合也。此亦以空攝色。而對乎見也。

申二直審

不應見精無從自出。

準上。就塵詳辯已竟。

巳三合會警悟。又二。午一融性合會

若見聞知性圓周徧。本不動搖。當知無邊不動虛空。并其動搖地水火風。

均名六大。性真圓融。皆如來藏。本無生滅。

科意準上。此總該六根。覺。兼鼻舌身。而不言者。略也。性圓二句。亦同上科。向下不動。與動搖。皆就相言。空之相即不動。四相猶動。合會以性。俱不動矣。餘準上。

午二警令發悟

阿難。汝性沈淪。不悟汝之見聞覺知本如來藏。汝當觀此見聞覺知。為生為滅。為同為異。為非生滅。為非同異。

沈淪者。溺於權見。無超拔之智也。此不悟。與當觀。叫應如前。然其中法則不同。上不悟者四大。而當觀者空大也。此則不悟者見大。而當觀者亦見大也。生滅就自體言。同異對外塵言。意令若悟見等非生滅同異。亦非不生滅同異。則知見等藏性圓常。非和合。亦非不和合。更深悟也。合會警悟已竟。

巳四結顯斥執。又二。午一結顯。又二。未一全體圓融

汝曾不知如來藏中。性見覺明。覺精明見。清淨本然。周徧法界。

性見覺明者。言性中之見。即覺上之明也。覺精明見者。言真覺之精。即性明之見也。性見明見。猶言性色真色。以性融大之辭。覺明覺精。猶言真空性空。直目性體之意。合而言之。不過性見相即而已。此如來藏中未發真體。不可以覺明為無明。清淨亦稍不同。

當云全見而覺。非凡夫根結之見。全覺而見非二乘冥寂之覺。故曰清淨也。本然同前。

未二大用無限。又二。申一正明大用

隨眾生心。應所知量。

申二總類六根。又二。酉一類全體

如一見根。見周法界。聽嗅嘗觸。覺觸覺知。妙德瑩然。徧周法界

見周法界者。牒前見之徧周法界也。溫陵曰。嘗觸。即舌根。以味合方覺。故亦名觸。覺觸覺知。身意二根也。妙德者。言見聞等即妙性之德用。瑩然者。靈明不昧也。即略上覺明覺精之意。徧周法界。言皆同見之全體圓融也。

酉二類大用

圓滿十虛。寧有方所。

言發為大用。隨心應量。圓滿云云。十虛。作十法界亦可。如見聞等。隨量大小。極盡其量。即滿十虛。若約起成根身。或成一根身。乃至普現無量根身。皆其隨心應量之大用。

午二斥執

循業發現。世間無知。惑為因緣。及自然性。皆是識心分計度。但有言說。

都無實義。

義並準上。問。此既惟取根中之性。則前已開顯其全為性體。今何勞復融之而為大乎。答。約此經別意。則開悟證入皆依六根。故前特開顯為性之全體。約諸經通意。則惟如來藏方為性之總相。故今仍以六根融入如來藏也。又諸教有定相總別。有圓融不定。約定相。則如來藏恒為總相。而萬法皆其別相也。約圓旨。則萬法實皆可互為總別。故前依圓旨。取別為總。見精遂成全性總相。而萬法皆其別相。今依定相。則如來藏依舊是總。而見與六大依舊是別。然雖總別不定。仍知二意無乖。良以前之開顯。今之融入。俱有初後二相。前之初相。自根中薦出。及其後相。則會萬法為一體。而根身器界皆是其中幻影。當即是此中如來藏也。今之初相。亦自目前明暗辨起。與前根中薦出無異。及其後相。則合會結顯性真圓融。周徧法界。當亦與前開顯中之後相無有異也。但此中七大。皆許同是圓融。又是依圓旨之萬法互含也。而彼中見性。獨許冠於萬法。又是本經之別旨宗要也。故前欲其巧於悟修。而此欲其圓於見解矣。具眼者辨之。

見大已竟。

辰七識大。分為四科。巳一標約根塵。又二。午一標舉三法

阿難。識性無源。因於六種根塵妄出。汝今徧觀此會聖眾。用目循歷。

標雖全標三法。意但約根塵以辯識而已。識性。觀下但因六種根塵。是惟約於前六。而所以無七八者。以八即前之根大。而七亦即是意根故也。性字。猶言體相。非謂真性。無源者。狀如野燒。起滅無從也。因根塵者。假托而起也。此以上標定也。汝今下舉約現

前眼識因根塵而妄起者。以例餘五皆然。觀。即根也。聖眾。即塵也。循歷。即識也。

午二揀別根識。揀雖對塵。而混濫之意殊不關塵。良以識塵體性自別。而根識自來難分。故特與揀別之。又分二。未一揀明根相

其目周視。但如鏡中。無別分析。

萬象對照。一念不生。正是根相。

未二揀明識相

汝識於中次第標指。此是文殊。此富樓那。此目犍連。此須菩提。此舍利弗。

此即眼識。仍兼隨眼家明了意識。然眼識名隨念分別。但對性境初起一念。不帶名言。隨眼意識名計度分別。亦對性境起第二念。計執名字。如標文殊等是也。然此自眼家以例餘四皆然。至於意家。離前五識。獨頭自緣。獨影塵境。亦在例中。

巳二就根塵辯。又分為二。午一徵起

此識了知。為生於見。為生於相。為生虛空。為無所因。突然而出。

問。虛空尚可屬塵。無因似非就根塵辯。答云。須約不依根等。方成無因。故亦是就根塵辯。

午二逐破。又二。未一開破例審。又分為二。申一開破。又曲分為四。酉一破因根生

阿難。若汝識性生於見中。如無明暗。及與色空。四種必無。元無汝見。見性尚無。從何發識。

見。即根也。此言去塵無根。則根已先無自體。憑何者以發識哉。

酉二破因塵生

若汝識性生於相中。不從見生。既不見明。亦不見暗。明暗不矚。即無色空。彼相尚無。識從何發。

相。即塵也。此言除根無塵。則塵已無自相。何能發識。不從一句。除根也。既不二句。猶是牒上除根之意。明暗二句。方是轉成無根之過。明暗色空。相即互用。彼相二句。結成其非也。

酉三破因空生。又二。戌一牒徵開義

若生於空。非相非見。

上句。牒徵辭也。下句。開成二義也。

戌二分合例破。又曲分為二。亥一分二破

非見無辨。自不能知明暗色空。非相滅緣。見聞覺知無處安立。

非見三句。同上去根無塵。非相三句。同上除塵無根。

亥二合二破

處此二非。空則同無。有非同物。縱發汝識。欲何分別。

溫陵曰。處此非相非見之間。識體若空。則同龜毛。識體若有。非同物象。既自無體。安能有用耶。

酉四破無因生

若無所因。突然而出。何不日中別識明月。

言日中無月。分別明月之識既不得起。然則識豈無因生乎。但經是反詰之辭。開破已竟。

申二例審。

汝更細詳。微細詳審。見託汝睛。相推前境。可狀成有。不相成無。如是識緣。因何所出。

見託二句。根塵也。可狀二句。色空也。言此四者各不相混。詳察此識從何出乎。開破例審已竟。

未二合破直審。又二。申一合破

識動見澄。非和非合。聞聽覺知。亦復如是。

溫陵曰。識有分別名動。見無分別名澄。識動見澄。性相隔異。見與識隔。聞知亦然。皆非和合也。

申二直審

不應識緣無從自出

準上就根塵辯竟。

巳三合會警悟。又二。午一融性合會

若此識心本無所從。當知了別見聞覺知。圓滿湛然。性非從所。兼彼虛空地水火風。均名七大。性真圓融。皆如來藏。本無生滅。

本無所從者。不從根塵諸緣所出也。了別見聞覺知者。管見謂會前根大是也。準前二大。當知下俱無本大。而舊謂別指六識。既異前文。而又缺根大。何成七數乎。管見非之。當矣。性非從所。亦不屬諸緣之意也。餘並準上。

午二警令發悟

阿難。汝心麤浮。不悟見聞發明了知本如來藏。汝應觀此六處識心。為同

為異。為空為有。為非同異。為非空有。

麤浮者。乏於精切之深慧。而惑於著相之淺談。不字。雙貫悟字與發明二字。了知即是覺知。譯之誤耳。或了知屬意識。而缺一覺字。非誤則略。智者詳之。依後說。則覺兼三識。並影略也。例上科。惟指本大六識而言。同異對根塵言。空有就自體言。餘準上。

巳四結顯斥執。又二科。午一結顯。又二。未一全體圓融

汝元不知如來藏中。性識明知。覺明真識。妙覺湛然。徧周法界。

性識明知者。性真之識。即妙明之知。覺明真識者。本覺之明。即性真之識也。性識真識。以性融大之辭也。明知覺明。直目性體之意也。總是性識融即之意。清淨本然。變為妙覺湛然者。良以根塵雖相倚立。在象猶是歷然至於識之為相。自來常若空華。故上諸大皆言清淨本然者。承上性大相融。雙言其皆離過而本具也。至於識大。既先元無體相。又經融入覺性。故周徧含吐。皆惟約覺性言之。是以直稱妙覺即性體。而不必又言其清淨。湛然即性明。而不必又言其元具矣。徧周法界者。蓋覺性如鏡。識但如影。知影即鏡體。則惟約鏡之徧周。而說影之徧周矣。或約圓極境界。則亦直說念包十方三世。然是頓說。有宗無因。若徵其因。仍用前說。如云何以故。識無自相。即覺性故。而鏡影即其同喻也。

未二大用無限

含吐十虛。寧有方所。

此無隨心應量者。有二意。一者。眾生自知前文諸大。因眾生以根為稟定。塵為外物。俱無自在之分。故佛乃說與隨心應量。顯其亦是惟心自在之法。至於識心。則眾生自來皆知其是隨我自在之法。故不必又言其隨心應量也。二者。即是自法。謂心即識心。量即識量。不復自隨自應。如眼不見眼也。含吐十虛。亦約覺性轉顯。然有含有吐。相亦不同。如云運想則含。不想則吐也。若依圓極。照前科說。結顯已竟。

午二斥執

循業發現。世間無知。惑為因緣。及自然性。皆是識心分別計度。但有言說。都無實義。

諸識各由種子方起。種子須由宿業。故須循業。勝如上二界。無種不起前五。劣如水母缺種。不起眼家根識。餘並準上。問。此經首先正破識心。如七處曲搜。三迷決了。名義皆妄。畢竟無體。乃至顯見文中。又復旁兼相形而破。未嘗少假寬容。何後於十八界。即已許為如來藏心妙真如性。至此愈稱其周徧法界。含吐十虛。是即性之全體。而同彼開顯見性之極量。何前乃妄之至。而後則真之極乎。答。前約初心悟修。須從方便。決擇真妄。捨生死根本。取涅槃妙心。則識須破盡。決定不用。後約圓解普融。無法不真。無法不如。乃至剎塵念劫。無非一真法界。何況識心不融法界。懸示中雙具二門。此意詳盡。宜研味之。又當知前之四科。方一一鎔歸於理。未言俱周法界。故惟是理事無礙之由致。今七大總攝上陰等諸事。而言其一一俱周法界。所以為事事無礙之由致也。蓋彼觀取事如理融為十門總因。良以惟事。則彼此相礙。惟理。則無復可融。今由一一事皆如理融。悉無邊際。方有此事事無礙玄門是雖剋體而論。似方與事如理門符契無二。其實由此總因。則相入相在等眾妙之門。無不洞開矣。問。若爾。三法界由致無不具在。何又言且談一真。答。三法界同以攝事歸理而為由致。此對阿難之妄執。而一一會妄以歸真。正惟攝事歸理。融相入性而已。尚未及於從性起相。從理成事。是則三藏之中。正惟屬於空如來藏。而有人強以三觀三諦判之者。欠研審也。智者思之。如來破妄顯真一大科已竟。

庚二阿難悟謝發心。分二科。辛一承示開悟。此皆經家所敘也。又二。壬一敘承示

爾時阿難。及諸大眾。蒙佛如來微妙開示。

通承破妄顯真科中諸文為言。良以此大開解。功夫非近。今當總前撮其大要。令知微妙之實。破妄心有三。一七破以密示無處。二重徵以顯呵非心。三縱奪以決其無體。是所以破妄心者。可謂極微細而盡精妙矣。顯真心文中亦三。一示見等而剋就根性以指其實體。

二示陰等。廣融諸相以明其一體。三示地等。而極顯圓融以彰其全體。是所以顯真心者。亦可謂極微細而盡精妙矣。且指根性融諸相時。兼以對顯依正萬相之妄。而相妄性真之旨。纖悉昭徹矣。故經家總以結述於此。以彰下開悟之大本耳。

壬二敘開悟。夫奢摩他微密觀照。雖應圓照三如來藏。此由阿難初悟一真心體。是方顯其照徹空如來藏矣。然而理智圓融。境無偏僻。是即惟妙覺明。圓照理法界矣。分二。癸一悟周徧。又二。子一總標

身心蕩然。得無罣礙。

身謂法身。心謂真心。蕩然。周徧貌。下文分科詳釋。無罣礙者。妄身妄心。不復繫罣隔礙也。蓋法身真心本自現成。而無始恒為妄身妄心繫罣隔礙。曾不知覺。了無自在。今於言下開通。故得大自在。得大受用矣。

子二詳敘。又二。丑一心蕩然。又曲分為二。寅一標能徧意

是諸大眾。各各自知心徧十方。

眾則位兼深淺。知則悟兼證解。譬如有眾。處暗境中。本自空廓曠蕩。以暗無所見。誤執狹隘。此之位深而證知者。或色陰已盡。十方洞開。如暗忽得光明。親見空廓也。位淺而解知者。或色陰未盡。隨言發大勝解。如暗中聞人說境本量。頓覺虛豁無邊。不復作

狹隘之想也。徧十方者。極盡十方之量也。作十法界亦可。

寅二徹悟依報。又二。卯一轉大為小

見十方空。如觀手中所持葉物。

虛空。是依報最大者。更是器界所依。故并屬依報。手中葉物。即貝葉也。緣彼方以貝葉書字。故手中常持之。見空如葉者。以虛空無大不容。而真心更大百千萬倍。不可為喻。由心觀空。故空小如葉耳。此科多領七大即心徧周法界之旨而成此悟也。

卯二轉他為自

一切世間諸所有物。皆即菩提妙明元心。

首二句。即器界萬法。俱屬依報。菩提。指本覺果體。前文所謂此見及緣。元是菩提妙淨明體是也。妙明元。即如來藏心。蓋凡小觀物非心。權教謂物為妄。今悟全物皆心。純真無妄也。此科多領上陰等四科皆即藏性而成此悟矣。至此。則斥破妄心之旨方以極領。更不認緣塵分別以為心。更不惑為色身之內。更不迷己為物。而是見非見。及四大和合諸疑。渙然冰釋也。心蕩然已竟。

丑二身蕩然。又分二。寅一標能包義

心精徧圓。含裹十方。

身以含裹為相。四大和合。含裹五臟。是為肉身。心精徧圓。含裹十方。是為法身。故佛祖凡言不離身中。及身是道場等語。皆謂法身。非謂肉身。行人悟此法身本來元具。則行住坐臥。身常無邊。而無量剎海。皆悉轉入身中。蓋世人尋常皆謂空裹界。界裹身。身裹心。重重拘縛。曾無超越。今忽心裹十方。身包空外。內外轉換。大小變更。真所謂妙能轉物。常住此身者。方可承當。咳唾掉背。無非祖意。四卷文云。身含十方無盡虛空。故知此為法身。況與下文生身相形而言。又且不重上文。

寅二徹悟正報。又二。卯一轉麤為細

反觀父母所生之身。猶彼十方虛空之中。吹一微塵。若存若亡。

所生肉身。乃屬正報。此因領上法身虛豁曠蕩。包越虛空之外。故見肉身渺小。而更浮假如此。蓋相形而見也。十方虛空。喻能形之法身。微塵。喻所形之肉身。若存若亡。狀其渺漠將淪於盡。蓋平日麤重者。於此至輕細而不足為累也。

卯二轉實為虛

如湛巨海。流一浮漚。起滅無從。

湛明不動。巨表無邊。起滅無從者。起無從來。滅無從去也。蓋平日堅實者。於此至浮虛而不覺其有也。此二科。多領前不失科中。色身外泊山河。乃至咸是真心中物。及不分科中。并所想相。如虛空華本無所有等意。而成此悟也。至此。則身境客塵之旨方以領極。更不認五蘊四大以為身。更不惑為我所。不執為實有矣。悟周徧已竟。

癸二悟常住

了然自知獲本妙心。常住不滅。

此科與上科義齊。而文為甚短者。以周徧全是常住之因。涅槃亦以徧為常義。良以徧法界既皆即心。則萬劫此法界。萬劫此心。豈復有滅乎。故不勞多文。而一語結定矣。了然自知者。指掌分明。不由他悟也。說雖憑佛。悟由自己。亦親見實到。自信自肯之意。本妙心者。本來面目。恒徧一切。但惟迷不自知。非今新得也。常。無始終。住。無去來。無始終去來。故永不滅矣。此亦領上不滅不失不還及非因非緣。清淨本然等意。而成此悟矣。經家於佛說之後。偈讚之前。特詳敘此者。正以示奢摩他祕奧觀體。令行人於此著眼。蓋通前三卷功夫。全為揭露此至妙至密之觀體也。良以眾生常輪迴。權乘不究竟。皆緣未見此體。猶如生盲故也。行人若能於斯所敘。心境一如。不犯思惟。物物頭頭。了然在目。渾是妙心自體。亦不費纖毫功力。身心本來廓周沙界。但不馳散。如是積之歲月。而不心開者。未之有也。當知本惟一體。若語正因本性。即空如來藏。以一味真如。更無餘物故。若略兼了因。即奢摩他祕密觀照。以親見自心。非作意思惟故。若更不避彌天過犯。則西來直指正法眼藏。即此而已。但彼直入無分別。此由方便分別。至此無分別處。其歸一也。

問。此似意盡無餘。然奢摩他未竟。後二藏未談。彼是何意。答。微密觀照。此方了其密字。以體屬隱奧故也。後乃兼用。盡其精細。始屬微字。宜斟分之。承示開悟已竟。

辛二讚謝發心。分為二。壬一禮謝標偈

禮佛合掌。得未曾有。於如來前。說偈讚佛

得未曾有。言從來未得此等妙悟。而今始得之。除圓教菩薩元具圓解者。其餘凡小權教。皆得未曾有也。又圓教初心。或增深解。或成新證者。亦然。

壬二正陳偈詞。又二。癸一讚謝

妙湛總持不動尊。首楞嚴王世希有。銷我億劫顛倒想。不歷僧祇獲法身。

此下方是阿難之言。初二句讚也。標偈中。惟標讚佛。以法即佛德。故不雙標。而解中仍分佛法。首句。讚佛也。孤山曰。妙湛讚真諦。般若德也。總持讚俗諦。解脫德。不動讚中諦。法身德也。又即三而一。故曰妙湛。即一而三。故曰總持。非三非一。故曰不動。尊者。十號之一。由證此三。號世中尊。惟應讚佛三德。加三諦。助明而已。中諦。即第一義諦。仍當補即一即三方完。又此因感前開示而讚。故讚意應與開示相關。良以前所示者。生佛等具。故因已悟而方見佛德也。初於剋就根性中。十番正示。二見翻顯。悟得澄清覺海。朗耀性天。浩然無際。即佛般若德也。本此。故以妙湛讚之。次於會通四科中。萬相融攝。總別發揮。悟得諸相皆性。萬物一心。森然畢具。即佛解脫德也。本此。故以總持讚之。後於圓彰七大中。合會大性。均顯徧周。悟得根根塵塵。俱滿法界。悉無起滅。各不往來。居然交徹。即佛法身德也。本此。故以不動讚之。三一交互。及尊字如前。然三德是所證。尊即能證之人。次四字。讚法。佛前云。有三摩提名大佛頂首楞嚴王是也。其實方與究竟堅固相應。王。乃尊統諸法之稱也。世希有三字。雙歎佛法皆難遭也。緣此娑婆界。佛出世固難。正使出於世。說是法復難。俱如優曇華。暫時一現耳。末二句謝也。上句謝破妄。顛倒想者。謂我法二執分別也。如執緣塵分別以為心相。計五蘊四大以為身相。迷心為在色身之內。認物為己。迷己為物。身心萬法。謂為各自有體。性相四大。悉疑和合因緣等。皆是億劫之所惑者。今實併銷之矣。下句謝顯真。僧祇者。如孤山所引婆沙論。明三阿僧祇劫修六度行。百劫種相好因。然後獲五分法身。乃至如唯識云。地前歷一僧祇。初地至七地滿二僧祇。八地至等覺是三僧祇。然後獲究竟法身。○今云不歷。以教旨大殊。故但辨明教旨。自無可疑。舊註不辯教旨。橫生疑惑。以致紛然無定。今與決之。然舊之所以致惑者。有二因緣。一者執婆沙唯識權教不了之義。二者礙下除惑願成。及方證二果之文。今請以圓頓教旨明之。二惑自解。良以此經多分終實。接入圓頓。

按頓教之旨。未悟之先。法身本自現成。一念迴光。便同本得。所謂但離妄緣。即如如佛。尚不復論證與不證。成與不成。豈同權漸之教。必歷僧祇而後獲乎。若執乎彼而不信乎此。是由執走者之遲。而不信飛者之速也。何膠柱之深哉。若更按圓教之旨。則行布不礙圓融。故雖未及斷惑究竟。不防全獲法身。全體即佛。如前開示迷心於色身之中者。既名為性顛倒。至後開悟見心於太虛之外者。豈不號為正徧知哉。正徧知。即成正覺而獲法身矣。然則執現果而不許阿難獲法身者。失旨之甚也。又圓融不礙行布。故雖全獲法身。不妨更除細惑。更歷諸果。更成究竟寶王也。此經後云。理則頓悟。乘悟併消。事非頓除。因次第盡。可為明證矣。如是。則雖卻後更歷僧祇以成究竟佛果。當亦與此不歷之前先獲法身。了不相礙也。何況圓頓悟後之修。念念是佛。雖進斷通惑。亦與權漸修者日劫相倍。至於住後。斷別惑以去一生有圓曠劫之果者矣。如是。則雖謂其卻後更不歷乎僧祇。亦無礙也。若更取於延促同時之玄旨。愈不可以長短拘矣。問。若此。則阿難與善財龍女同乎。答。不盡同也。良以圓人雖不因果條然。而亦有初心究竟之別。論初心則無不同。望究竟則惑有淺深。根有利鈍。龍女惑盡。故彈指功圓。善財利根。故一生事辦。是初心與究竟頓齊也。今此會中。如二人者應亦非少。但約阿難所示一類當機。多是中根而又具惑者也。且惟同彼二人發心。而舊證初果。居然未移。下之願成寶王。希登上覺。方求齊彼二人之究竟耳。然諸聖惟重初心。故此現獲法身。意非淺淺。經云。發心究竟二不別。如是二心先心難。則可見矣。至於證悟解悟。均獲本有法身。殊不係此而為差別矣。

癸二發心。又二。子一正發大心。又二。丑一總期報恩

願今得果成寶王。還度如是恒沙眾。將此深心奉塵剎。是則名為報佛恩。

正以前獲法身方是初心。故今於悟後方發洪願以取究竟也。首二句。大端是自利以上求佛果。利他以下度眾生。溫陵以首句為智心。次句為悲心。下四字雙運二心。而束為深心。無可議者。而孤山以首句為佛道誓成。次句為眾生誓度。字面顯然。而攝餘二誓。似為顛倒。今當以首句攝煩惱誓斷。蓋必斷盡煩惱。方究竟佛道也。以次句攝法門誓學。蓋必備達法門。方廣度眾生也。願今二字。雙貫下成佛度生。觀今字。便有求其不久即成。不待僧祇之意。得果者。得究竟菩提也。寶王。亦同儒書稱位為大寶也。還度者。言不止惟願成佛。更還願度眾生。非謂待成後度也。奉塵剎。雙含侍佛度生。偏屬似非。莫若以莊嚴佛土釋之。頗切塵剎。二意仍不失也。報佛恩者。蓋雙運二種深心。以莊嚴一切佛土。為報佛微妙開示之恩也。

丑二別求證除。又分二。寅一於度生求證

伏請世尊為證明。五濁惡世誓先入。如一眾生未成佛。終不於此取泥洹。

請證明者。求以威神加被。令其終不違於本願也。五濁。謂刧濁。見濁。煩惱濁。眾生濁。命濁。與此經後所說者不同。意獨指於娑婆一類苦穢界中。百歲以後。濁惡世時。諸惡熾盛。剛強難化者也。先入有二意。一對剎。蓋塵剎雖期俱入。而必先五濁者。慈救急於苦難之深者。亦如周文必先鰥寡。此悲愍心也。二對人。蓋五濁人所怯入。故願勇於先入。倡先率眾。此勇猛心也。泥洹。此云滅度。涅槃別名。如則師所引二種。皆應兼之。一不取二乘獨得泥洹。二不取諸佛泥洹。即如地藏所謂眾生度盡方證菩提。此廣大心也。此欲度盡眾生。隱然須兼法門誓學也。

寅二於成佛求除

大雄大力大慈悲。希更審除微細惑。令我早登無上覺。於十方界坐道場。

能破眾生惑之堅體曰大雄。能拔眾生惑之深根曰大力。究竟以與眾生二嚴之樂曰大慈。究竟以拔眾生二死之苦曰大悲。希。求也。審。詳也。微細惑。方該塵沙。及根本無明別惑。如下答滿慈者是也。若約阿難一類所求思惑。亦應該之。八卷結經畢。阿難得證。斷除三界修心六品微細煩惱。敘謝。乃稱如來善開眾生微細沈惑。斯為明證也。然此希除者。求佛以大雄大力加之。破其體而拔其根也。早字與今字同。登無上覺者。求佛以大悲加之。盡二死而究竟法身。坐道場者。求佛以大慈加之。滿二嚴而現座說法。方是果後度生矣。觀此求除細惑。顯然兼乎煩惱誓斷也。正發大心竟。

子二結以深誓

舜若多性可銷亡。爍迦羅心無動轉。

溫陵曰。舜若多。此云空。爍迦羅。此云堅固。謂空性無體。尚可銷亡。我心堅固。終無動轉。○動轉即退轉也。總承前上求下化而深誓其心。即虛空有盡。我願無窮也。從入正宗至此。說法當為一周。名破妄顯真周。初銷倒想說空如來藏一大科已竟。

大佛頂首楞嚴經正脈疏卷十六

大佛頂首楞嚴經正脈疏卷十七

經文卷四之一

明京都西湖沙門交光真鑑述
蒲州萬固沙門妙峰福登校

巳二審除細惑。說後二如來藏。此亦取三卷末阿難發心偈云。希更審除微細惑。以向下所談。乃生妄之深源。成礙之幽本。故也。後二藏者。謂不空藏。與空不空藏也。古德解釋三藏有二義。一者。圓覺疏以隱覆。含攝。出生。為三。二者。華嚴疏以體相用三大。順次釋空等三藏。今似後義。而亦稍不同。上之空藏全同。以所顯之真。正惟體大。合下二藏。意旨便殊。蓋惟約體用單雙會釋空等三藏。而合相於用。亦非有缺漏矣。至下分科更明。分二。庚一問答辯剏諸惑。又二。辛一滿慈躡前以質二疑。此以滿慈請發者。表下所談惑細理玄。無學深位皆當究心。非獨為有學說也。故今表兩重勝前當機。一者。四住惑盡。勝前惑未盡也。二者。四辯能說。勝前但能強記也。又二。壬一泛敘有疑。又二。癸一讚歎妙示

爾時富樓那彌多羅尼子。在大眾中。即從座起。偏袒右肩。右膝著地。合掌恭敬。而白佛言。大威德世尊。善為眾生。敷演如來第一義諦。

有折伏之勇曰威。有攝受之慈曰德。上契至理。而下契劣機。曰善為敷演。談一諦而

三諦具足。且諦諦文文。皆越小乘見解。故號如來第一義諦。

癸二正舉疑情。又二。子一自疑。又二。丑一敘昔未聞

世尊常推說法人中我為第一。今聞如來微妙法音。猶如聾人。逾百步外。聆於蚊蚋。本所不見。何況得聞。

分得如來最勝四辯。故為說法第一。法音下。當補云。回思昔日。方顯敘昔喻言聾人聆蚋。近已不聞。況百步外。大聲百步。亦未必聞。況蚊蚋聲。極狀其自昔以來。雖證無學。雖善說法。於斯妙法絕未得聞。非謂今在會中尚如聾人等也。

丑二求今斷惑

佛雖宣明。令我除惑。今猶未詳斯義。究竟無疑惑地。

蓋彼平日惑山河等心外實有。今佛上文宣明即心。而又本空。惑五大性互闕不周。上文宣明各皆周徧。令其除此二惑也。斯義即本空周徧二義。究竟無惑。在下文確陳中見之。

子二眾疑。又二。丑一有學明其習漏

世尊。如阿難輩。雖則開悟。習漏未除。

輩字。全該有學。那含亦在其中。開悟者。即前承佛妙示。頓忘法執分別。而於法空中勝解現前。習漏未除者。即彼我執中俱生細惑依然未破。蓋深悟與淺證二不相礙。然習

漏既存。則二執俱生尚深。亦應盡與拔之。

丑二無學述其疑悔

我等會中登無漏者。雖盡諸漏。今聞如來所說法音。尚紆疑悔。

諸漏。界內欲漏。有漏。無明漏也。漏盡則不生三界。此敘舊證已得我空。顯下所疑是細法執。卻比有學能起現疑。兼亦代彼發其種子。今聞下。正明未了。紆者。纏繞也。疑悔。二心所也。疑屬根本。悔屬不定。自他法三疑中。單屬疑法。善惡二悔中。單屬悔惡。即悔前小乘錯亂修習也。舊修已悔。新聞尚疑。故疑悔交纏未決定矣。泛敘有疑已竟。

壬二確陳以請。又二。癸一確陳二疑。又二。子一疑萬法生續。又二。丑一牒佛語

世尊。若復世間一切根塵陰處界等。皆如來藏清淨本然。

此於萬法起疑。故但牒彼陰等科中之語。以彼皆如來藏。便顯即心。清淨本然。便顯本空。又清淨本然。語雖現於七大科中。而意惟取前四科。以彼一一結妄顯本清淨。一一歸真顯即藏心故也。

丑二正舉疑

云何忽生山河大地諸有為相。次第遷流。終而復始。

此疑有二。一疑始之忽生。二疑終之相續。云何者。何因緣故也。若於次第上重讀云

何。二疑自顯。山河大地即世界。諸有為相。兼眾生業果。齊此乃疑始之忽生。意謂既即藏心本空最初何故忽生世界眾生業果耶。次第遷流。即兼上世界等三。終而復始。即是相續之意。此二句方是疑終之相續。意謂既即藏心本空。縱使忽生。亦應忽滅。末後何緣。浩劫遷流相續不斷耶。此問求佛與說始生終續之詳。非直怪問其不當生也。故佛後分始終各答其詳。

子二疑五大圓融。又二。丑一牒佛語

又如來說地水火風本性圓融。周徧法界。湛然常住。

此文分明惟取七大周徧科中之語。

丑二正舉疑

世尊。若地性徧。云何容水。水性周徧。火則不生。復云何明水火二性俱徧虛空。不相陵滅。世尊。地性障礙。空性虛通。云何二俱周徧法界。

據牒中。則惟四大。及舉疑。則棄風而加空。且風空俱與地礙。故確論所疑。但惟五大。而不疑見識者。以彼無形礙也。首二句。地水難容也。次六句。水火難容也。又四句。地空難容也。上科所舉之疑。文如一氣。而疑有兩節。此科所舉之疑。文如三段。而疑惟一意。謂總疑有礙而已。確陳所疑已竟。

癸二請佛開示

而我不知是義攸往。惟願如來宣流大慈。開我迷雲。及諸大眾。作是語已。五體投地。欽渴如來無上慈誨。

是義。二疑中義也。攸。所也。往。歸也。言不知二義所歸趣也。惟願下。求佛釋疑。開迷雲者。欲佛說出生續之由。圓融之故。庶使迷雲頓破。慧日洞明。方到究竟無疑惑地矣。滿慈躡前以質二疑竟。

辛二如來次第以除二惑。分為三。壬一佛慈許說。又二。癸一經家敘眾

爾時世尊告富樓那。及諸會中漏盡無學諸阿羅漢。

經標無學。特顯法深。

癸二正舉佛言。四。子一示所說勝

如來今日。普為此會。宣勝義中真勝義性。

佛言普為。仍彰慈廣。勝義中勝義者。法相宗有四。蘊處界。為世間勝義。四諦。為道理勝義。二空真如。為證得勝義。一真法界。為勝義勝義。彼但真俗不融。為異法性。所立勝義無差。據佛後文答萬法生續。則起於性本二覺。答五大圓融。則歸於一心三藏。究然皆一真法界。

子二示所被機

令汝會中定性聲聞。及諸一切未得二空。回向上乘阿羅漢等。

此於普為中別舉當機以等餘眾。均是四果。言定性者。謂彼尚未回心。似應於此方回。二空。惟指人法。言總意別。蓋於人空已得。而未兼得二空者也。回向上乘者。向了義大乘也。若法華前已向上乘。更開何權。理不通也。等者。等有學及人天眾也。

子三示所獲益

皆獲一乘寂滅場地。真阿練若正修行處。

一乘者。一佛乘也。即法華大白牛車。寂滅場地。即本覺果體。萬妄本空。一真清淨。即下文所謂惟妙覺明圓照法界。極而言之。亦即三藏圓融之境也。梵語阿練若。亦云阿蘭若。此云無喧雜。世間可靜修處皆得稱焉。然但為境靜。是假非真。寂滅場地。乃本心本靜。與境無干。是真離喧雜。古人所謂置之一處。靜坐須臾。皆謂此也。住此修行。譬依金作器。器器皆金。依果起因。因因即果。成佛正因。莫正於此。故曰正修行處。離此即邪修矣。

子四囑聽許說

汝今諦聽。當為汝說。

佛慈許說已竟

壬二大眾欽承

富樓那等。欽佛法音。默然承聽。

壬三正為宣說。分二。癸一正答滿慈。又二。子一說不空藏。以示生續之由。此對上空藏。彼約心真如門。會妄歸真。以顯藏心不變之體。此約心生滅門。從真起妄。以顯藏心。隨緣之用。然用應有二。一隨染緣。起六凡用。二隨淨緣。起四聖用。今為開迷成悟。故且單取染用為言。而全用更在下空不空藏中。又二。丑一正答初問。又五。寅一牒定所疑

佛言。富樓那。如汝所言清淨本然。云何忽生山河大地。

佛牒語略。意必具含。

寅二舉所依真。按起信論。心生滅門中分二義。一覺義。二不覺義。覺。即所依真理。不覺。即能依無明。故云依本覺而有不覺。今答文全符論意。故知此科即彼所依本覺。又二。卯一佛舉常說致問

汝常不聞如來宣說性覺妙明。本覺明妙。

如來常說者。多為菩薩演其實義。聲聞在會。亦普聞知。性覺本覺。顯是所依覺義。而性本異稱者。各有詮表。性表一真理體。未涉事用。故舊以三諦釋者。不知其無俗諦也。本表天然本具。不論修為。故舊以三觀釋者。不達其非功夫也。妙。寂。明。照也。妙明。則即寂而照。明妙。則即照而寂。二覺互影顯融也。明雖似用。亦體上照用。非涉事用。

如來舉此於無明萬法之先。正當空劫以前一段真理。惟有寂照互融。豈有事功。但舉此者。一顯無明萬法。離此無依。二顯寂照具足。不假妄明

卯二滿慈答以常聞

富樓那言。唯然。世尊。我常聞佛宣說斯義。

常聞者。但領其文。未通實義。或依己教別解。所謂一音演說。隨類各解也。一向且令權證。故不破斥。今與開權顯實。故須發其惑而難破之。又此問。全似初問阿難見何發心。皆是借舊見聞以發開示之端也。

寅三辨得妄本。即後三法生續之源。一指深本。二示元妄。根本妄而枝末全空可知。又三。卯一審得其惑。又二。辰一如來雙審真妄

佛言。汝稱覺明。為復性明。稱名為覺。為覺不明。稱為明覺。

此之審意。躡上性覺二句而來。故此首句覺字。即性覺本覺之覺。明字。即妙明明妙之明。然不取妙字而獨用明字者。以有真妄二明。而妄明獨為大迷之體故也。汝稱覺明者。蓋言汝說法時。必常宣演也。為復下。正以雙舉審問也。問意如云。為是性本自明。單稱為覺。即含明意耶。為是覺本不明。須用加明於覺。而雙稱明覺耶。蓋單稱為覺。不假妄明。是為真覺。雙稱明覺。而務假妄明。是為妄覺。雙舉致問。欲令滿慈自決取捨。全似徵問阿難心在何處。及以何為心。皆欲逼出平生所誤認者而斥破之也。

辰二滿慈獨取於妄

富樓那言。若此不明。名為覺者。則無所明。

此答如云。若此不用明之。而即稱為覺。則虛名為覺。而實闇然無所明矣。此蓋詞中反排無所明之真覺。而意中深取有所明之妄覺矣。此不明二字與上不同。上是假言覺本不明也。斯是承言若不明之也。此答全似阿難諍言。若此發明不是心者。我乃無心。同諸土木。皆是被佛徵出素所迷執。而不覺其非者也。但阿難所執六處麤識。滿慈所迷根本無明。麤細淺深。迥然別矣。

卯二斥為無明

佛言。若無所明。則無明覺。有所非覺。無所非明。無明又非覺湛明性。

首二句。全牒滿慈之言。若無所明者。即若此不明也。則無明覺者。即則無所明也。次二句。全失真性也。末二句。妄又非真也。如云。推汝之意。將謂若無所明。則無明覺。殆惟恐其無明覺。而必加明於覺也。而不知一加所明。則覺明二義。皆雙失矣。良以體外加明。非體本有。有生有滅。時有時無。由是約起心有所明時。明則非覺。以加明於覺。非覺體之本有故也。約忘心無所明時。覺則非明。以從來未悟覺體之本明故也。此猶所謂有念無念同歸迷悶之意耳。既非覺非明。二義俱失。全墮無明。汝豈以無明為汝之覺湛明性哉。而無明又非覺湛明性。蓋無明即是不覺。惟濁惟暗。而安有湛明之義。是汝始雖惟恐失乎明覺。而終則至於全失真性。全墮無明矣。

卯三結成妄本

性覺必明。妄為明覺。

上科既斥為全體無明。由是承上而言。汝於本具真覺翻成無明者。元無他故。正以本性之覺。必具本有之明。所謂性覺必明也。汝乃無故妄加明於覺上。所謂妄為明覺也。由是遂成根本無明。萬妄依之而托始。故知明覺二字。便是生世界眾生業果之根柢矣。此於十惑之中。為第一惑。親依真心本覺。獨居九相之先。別名獨頭生相。根本不覺。曰癡。曰迷。及無住本。皆目此也。有二功能。一者。能隱真覺之體。二者。能發萬有之相。下文自見。問。生相無明。等覺未了。今言加明於覺。意何淺近。答。此惑在三細前。本非下位所知。惟佛現量親見。如來有勝方便。能令初心比量而知。借言加明於覺。即是其相。捨此方便。則如啞人見賊。叫喚不出矣。法王自在。豈如是哉。曰。借言非真。寧不誤人。答。豈止不誤。仍有大益。如來親見等覺位中麤細諸念皆盡。惟餘此念。佛法不現。此念忽盡。便入妙覺果海。故令頓根眾生。但了法空心淨。一念不生。遙契如來涅槃妙心。自具照體。不用重起照察。起照。便同此中加明於覺。永嘉云。倘顧還成能所。顧字。便是明覺的明字。能所者。本惟一真本覺。妄成能明之明。所明之覺。而能所俱非真矣。佛祖一揆。若合符節。希頓入者。宜究心焉。**辨得妄本已竟。**

寅四正明生續。原疑兩節。忽生與相續也。就分為二。卯一初之忽生。此科先答云何忽生山河有為之疑。問。諸經皆言妄為無始。此經何獨說有初後。答。本來無始。不妨說出始象。熾然說始。不乖無始之旨。蓋佛之教言。並有二種。一者假立。二者稱真。不假立而談。則真亦不彰。不稱真而說。則假無究竟。比如本無修證。而說修證。悉皆無礙。況經論皆言最初一念不覺心動等。俱依假立之義。故此說始。無所乖焉。又二。辰一最初微細。此科即論之三細。然章法不同。但以惑對境。分為二科。良以聖賢以智了境。凡夫以惑緣境。並皆連帶生起。今約凡故。用惑境相對。分二。巳一細惑

覺非所明。因明立所。所既妄立。生汝妄能。

此惟三細中之前二。尚缺第三。舊解三細全該。轉現顛倒。今解順序惟是業轉二相。首二句即業相。自證分也。蓋上文明覺二字。明。為能明之妄明。覺。為所明之妄覺。雖能所皆妄。俱屬無明。而剋體分別。但能明之妄明。是為無明。而所明之妄覺。即此科業相。在上科但是帶言。非本位也。故此科佛接上文而言。性覺本非所明之境。特因妄加能明。而遂立成所明耳。由是而知因明之明字。即上文能明之妄明。亦即論之不覺。所謂無明。立所之所字。即上文所明之妄覺。亦即論之一念心動。所謂業相。至此方當其本位矣。且論中以依不覺而心動。說名為業。此因妄明立所。說名為業。意固全同。而此文較論猶有發明。良以論言心動。未明何故心動。而經文說出元因加妄明於本覺而引此心動也。所

既二句即轉相。見分也。論標為能見相。當知論中以依心動而轉成能見。此因所立而轉成妄能。意固全同。而此亦較論文為有發明。良以論言心動轉成能見。而亦未明何故即成能見。經乃說出因其妄以覺體為所見之相。由妄所而引起妄能耳。是則妄能顯然合彼能見。

巳二細境

無同異中。熾然成異。異彼所異。因異立同。同異發明。因此復立無同無異。

此即現相。相分也。論標為境界相。又自釋為能現相。首句是能成之本。無同異中。即業相之中也。唯識曰。相見皆依自證起。是也。同者。無差別境也。異者。有差別境也。業相之中。就實論之。既一體一相。能所不分。故迥然無此二種境界也。次句以下。俱是所成之境。熾然者。火光盛貌。雖表顯著。然火光但明於夜。亦表暗中顯著。以此境界雖顯。尚在本識中。未大顯著。故如火光明於暗夜之中也。又雖在本識。亦已熾然。如火夜發。豈同前二相。一則無境界。一則不可知哉。昔人見說熾然。度其顯著。不敢定為細境。而釋為六麤。不察論文自釋生滅因緣。釋至現識則曰。所謂能現一切境界。猶如明鏡。現於色像。又曰。隨其五塵。對至即現。無有前後。何乖今經熾然之說。故知此科決是境界無疑。熾然成異者。言從此無同異中。忽然見種種差別形器。即結暗為色之始相。此句是現有差別之境也。異彼二句。是現無差別之境。即空生大覺始相。上一異字。是不同之意。

下二異字。仍是前差別之境。夫既異異。而又因異。可見全是傍顯之意。蓋言非先異後同。但是見異時傍顯無差別處。便是同境。立字取意即顯也。常途約生起次第。空漚先發。界相後隨。此約轉相見境。先見界相。傍顯虛空。故作如是說也。隨宜無不可耳。末三句。即彷彿有眾生相也。然必同異發明者。以上異之與同相形而顯。此眾生之境。不同上之二境。良以彷彿有形貌差別。殊於同境。即不同虛空。故曰無同。彷彿有運動靈覺。殊於異境。即不同器界。故曰無異。問。既即世界。虛空。眾生。與下麤境何所差別。答。尚在本識中。結暗忽現。恍忽未定之相。與彼麤境中三法作胚胎耳。問。論惟渾標境界。而經乃三相具陳。多少不類。恐不相當。答。論之前標雖渾。而後之自釋尤詳。如前所引能現一切境界。疏取瑜伽釋之。謂具根身器界種子。又五塵對現。疏釋乃謂且舉五塵。而實通現一切境界。由此觀之。論疏皆言一切境界。何所不該。奚以三相為多。況器界之釋。何非同異二境。根身之語。何非知覺眾生。而種子不出情器。且五塵尚不為多。三相何嫌太廣。是知此節科當現相。則經論如出一轍矣。復有人以此配屬三細。其意誠迂。問。通上順釋三相。甚生次第。但釋因明立所則曰。因妄為能明。引起所明。以立業相。此雖經無能字。推意補之。亦通。次經明言因所生能。子即釋為業生轉相。似亦自然之序。但妄明既以業相為所明。轉相亦以業相為所見。此何別乎。又轉相何不以境界為所見乎。答。汝言妄明以業相為所明。此言非是。蓋妄明最初依本覺起妄。以本覺為所明。本不期於業相。其奈本覺。元非可明之境。由是本覺卒不可明。而徒以帶出業相為所明耳。故佛言覺非所明。因明立所。其旨顯然。汝次言轉相妄以業相為所見。斯言不差。蓋轉相依業相起。妄以業相為所見。本不期於境界。其奈業相元無可見之相。由是業相卒不可見。而徒以帶出境界為所見耳。故佛言所既妄立生汝妄能。無同異中熾然成異等。其意更顯。是故經文所之一字。上下連帶二能。而上隱下顯。且上為生所之能。下是所生之能。如祖與孫。何言無別。能之一字。上下連帶二所。而上顯下隱。且上為生能之所。下為能生之所。亦如祖孫。那得混同。至於攝論謂轉相所緣境不可知者。正約其緣業相之初心為言。而記主便指境界。非也。此二皆以心取心。真隱似現。所謂非幻成幻法也。如人瞪目。欲自見眼。本不期於空華。其奈眼非可見。而徒以帶出空華耳。以喻詳法。居然可了。問。論無能所。經何廣陳。答。文法不同耳。論是次第。下依上生。故不彰能所。經是鉤鎖。上引下起。故能所多陳。觀經無明位中。已即累言所明。何疑業相不為所耶。會文取義。經論無不合矣。**最初微細已竟。**

辰二漸成麤顯。此即論中六麤。今亦以惑對境。分為二科。巳一麤惑

如是擾亂。相待生勞。勞久發塵。自相渾濁。由是引起塵勞煩惱。

此即六麤之前五。如是者。承指上文之詞。擾亂之意。全在上科。若寬取總因。則三細起於真淨心中。皆為動亂之相。若剋就引生麤識。則惟是境界一相。所謂境界為緣長六麤是也。以彼境界從無而有。則有無相傾。因異立同。則同異互顯。既而復以一異一同之界相。顯發非同非異之有情。是於藏識海中。境風亂動。已如空華亂飛。豈不甚擾亂哉。楞伽云。藏識海常住。境界風所動。是也。待者。緣對也。相待。即是為緣之意。生。即

長也。勞等。即麤識也。豈非境界為緣而生長諸麤識乎。楞伽云。種種諸識浪。騰躍而轉生。是也。然生勞二字。即論中起成智相。為第一麤。論云。依於境界起分別愛與不愛。故疏云。於前現識所現相上。不了自心所現故。創起慧數。分別染淨。執有定性。夫創起慧數分別。所謂轉生勞慮也。問。轉智二相。俱緣境界有何差別。答。轉相緣境。但如鏡中。無別分析。智相緣境。不了心現。執為外境。分別染淨。所謂分別事識矣。此當法執俱生。勞久二字。即相續相。為第二麤。蓋久即相續不斷之相。論云。依於智故。生其苦樂覺心。起念相應不斷故。疏以二覺不斷為自相續。以又能引持生死為令他相續也。此當法執分別。上之分別。略分染淨而已。此則轉生苦樂覺受。自他相續。法執轉麤。故名分別。發塵二字。即執取相。為第三麤。塵者。染著之相。論云。心起著故。起。即發也。彼云起著。此云發塵。同一旨耳。疏云。依諸凡夫取著轉深。計我我所等也。自相渾濁一句。即計名字相。為第四麤。論。依於妄執。分別假名言相故。疏云。依前顛倒所執相上。更立假名也。今乃取其循名執相。顛倒特甚。以恰合於自相渾濁。雖是一意。而發塵尚淺。故屬我執俱生。渾濁已深。故屬我執分別。末二句。即起業相。為第五麤。彼云起業。此二引起塵等。語意頗同。論云。依於名字。循名取著。造種種業。故疏云。謂執相計名。依此麤惑。發動身口。造一切業。即苦因也。塵勞。有八萬四千。以十結使為體。約身口七支。及三世四心。壘滿其數。煩惱。略言根本六。及隨之二十。若配塵勞。數亦如之。

總即見思。約未起屬惑。即前執取名字二相。今經明言引起。乃是已起而成業之相。且塵勞煩惱。俱須約於身口七支。而起業疏文。亦言發動身口。其義無乖。以必發動方是起義也。問。麤境未成。安得遽有身口。答。語雖約從初起次第而談。理實無始。豈真未成麤境之前。而絕無身口哉。且論亦約從初起。亦須於第六中方成身口。疏釋起業。明用身口。若必執第六方有身口。則前相憑何起業。而執取等憑何計我我所哉。語雖有序。而意須圓活。不宜泥也。況下麤境。亦不是直待五識起畢然後有者。第以言不頓彰。巧敷陳耳。神會之可也。

巳二　麤境

起為世界。靜成虛空。虛空為同。世界為異。彼無同異。真有為法。

此即業繫苦相。為第六麤。論云。以依業受報。不自在故。疏云。業因已成。招果必然。循環諸道。生死長縛。此一科經文。與論文名位雖同。意旨各別。論明萬法唯心。故備明諸識。而心相偏詳。境相為略。所以前境界相。及此果報相。亦皆就識隱略。未詳彰其為惑所執之境也。經答云何忽生山河等。故心境雙舉。而於境相尤詳。所以前細境。及此麤境。文並詳也。於中備明世界虛空及眾生相。且疏於業繫苦相科為受報。今經世界虛空是依報。眾生是正報。意符受報。然於中淨穢苦樂。不得自在。何乖論文。但經且據初成。無循環意。以後另有三種相續。惟此稍不合疏文耳。以上會合經論畢。下當按文釋之。

當知以上皆是展轉敘其緣由。惟此六句方成確答問意。首四句。確答云何忽生山河大地。末二句。確答諸有為相。總承上言由依性覺而動無明。因無明而發心境。緣心境而起塵勞等。於是業力所使。起為云云。起靜勿指時言。當指處說。如云。起成有相處。則山河大地。確然而成定相。靜而無相處。則空闊曠蕩。顯然而見頑虛。次二句。明其不離前之細境。但至此始確定而成就耳。故二為字是即字意。言此虛空。即前同象至此始確定也。此世界。即前異相至此始成就也。然此即當結云。汝問云何忽生山河大地。實由如是而生也。末二句確答諸有為相。亦明不離前境。但文法轉換。上是指後即前。此是取前顯後。言彼細境中無同無異之相。至是而顯然確定以成眾生業果真有為法矣。再結云。汝問云何忽生諸有為相。實由如是而生也。通前雖俱屬忽生。而仍有相待勞久之言者。以從無而有。須由微而著。但約萬法初成一周。而說忽生矣。又約修時逆斷。顯此次第。權說初成次第。將令觀順生之次第。易於開悟。而不至迷悶。了逆斷之次第。易於修證。不至僭亂也。又當知經自無明以至麤境。多用能所上下連持者。令知能所乃生萬有之端。行人於真妄分明之後。一念頓絕能所。可以把定萬有。坐還清淨本然。所謂但離妄緣。即如如佛矣。初之忽生已竟。

卯二後之相續。此科方答云何次第遷流。終而復始之問也。問意在前舉疑科中。分三。辰一世界相續。此中義理。雖似外論中五行相生之意。而實不盡同。不可以一一附合。有二不便。一者。五行反明。經義反晦。二者。令外教之人。將謂不出己意。良以外教正惟執乎五行能成世界。而實不了其真源。縱高推太極混沌等。而終不識其為吾心之妄覺。全體之無明。今與分明指示。正以異彼教意。而舊解卻將覺明釋之為水。以濫彼天一生水之計。仍出無極太極之下。何以令彼祛除舊見而生新悟哉。夫外教多歸化機於陰陽。而吾宗直指化本於心性。又且示天地之源。出於吾心之無明。此誠大異外說。而極警誤執也。弘教者。直不挽外宗而令其明內旨。反推內教而濫外宗。失計之甚也。至於內教所用名言。多用四大。而不名五行。後之合變轉生。但與五行略相似耳。故今解於前之四法。全準孤山四大為正。而前三大顯然依於心起。於後之四法別立名言。略取溫陵父母氣分之說以助明而已。又分三。巳一生能成四大。夫四大雖展轉相生。而實總是能成。以各具能成之力用故也。其曰執持。曰保持。曰變化。曰含。皆其義也。至後四法。則皆不具斯義。諦觀之當自見矣。又曲分四。午一風大

覺明空昧。相待成搖。故有風輪執持世界。

覺明者。覺體之上已起妄明。而妄明必發空漚。空昧者。頑空之體全是晦昧。而昧晦與明乖角。相待生搖者。即溫陵所謂明昧相傾。不覺心動也。當知世間諸風。全是妄心動蕩所感。風輪持世者。諸經言世界最下。全依風輪而住。此大顯然親依妄心而起矣。

午二地大

因空生搖。堅明立礙。彼金寶者。明覺立堅。故有金輪保持國土。

孤山謂土與金皆是堅性。俱屬地大是也。蓋地性堅硬。而堅莫過金。故金是地大精實之體。因空生搖者。因空昧而心動也。如人為睡所偃而發迷悶矣。堅明立礙者。覺明堅執。而妄成有礙也。如偃中堅執求通。而妄覺有物相壓矣。由此即感一切堅礙之相。故言世之金寶。皆是明覺體上一分堅執所感也。如古有凝心結思化為石者。亦是小驗。此固靈心不思議之力用。而業感必然之理也。金輪持國者。地大最下。有金剛際。此大亦顯然親依妄心而起矣。

午三火大

堅覺寶成。搖明風出。風金相摩。故有火光為變化性。

此大固是風金二大轉生。而堅覺搖明。全帶妄心之相。堅覺。堅執之妄覺也。立礙感金故寶成。搖明動念之妄明也。動成風相故風出。此是生火之因起。一堅一動。故相摩生火。如云。一剛一柔。相摩相盪也。為變化性者。蓋火無持含之輪用。而有化成之功能。至後四居功方顯著也。以上三大。雖相待轉生。而俱帶妄覺妄明之心相。本宗固宜偏發明之。豈可多用水土生木等意而晦之哉。

午四水大

寶明生潤。火光上蒸。故有水輪含十方界。

此大方獨用金火二大。而不帶心相。以上三番帶明。此應不言可知。寶明生潤者。蓋寶上之明。即含潤相。如珠光出水。即其驗也。火光上蒸者。火有蒸鬱之氣。即能成水。如盛熱時。萬物多被蒸而出水也。然以寶明。而又暎以火光。此水大所由起矣。含。兼承載涵潤意也。十方界者。諸世界下。皆有水輪。乃至諸輪皆然。別經言世界安立。土輪下依金輪。而同為地大。金輪下依水輪。水輪依風輪。風輪依虛空。而虛空無所依。今約由心生起。序未全同。又顯究竟。仍說虛空依無明。而無明依本覺。以見萬法始於真妄和合之心。而離心悉無自體。故內教惟以顯心方為得旨。生能成四大已竟。

巳二生所成四居。此之四法。即上四法所成。所謂世界國土也。前曰持含。曰變化。即持含變化此四居也。蓋器界元為眾生所居。今於此四方顯眾生所居住處。故曰四居。然此與小教所謂萬法皆由四大和合變起。文不相乖。但小教未了四大畢竟是覺心變現也。上文既明能成四大皆依心起。至此所成四居。但示四大轉變。不復重明心起。令由四大之唯心。而達萬法之唯心也。又分二。午一總成二居。二居。謂海為水居眾生住處。洲為地居眾生住處。以同依水火為能生。故曰總成也。又分二。未一示其由生

火騰水降。交發立堅。濕為巨海。乾為洲潬。

蓋四大雖均成變化功用。而水火土三大。於四居中。功迹顯著。至於風大。執持搏擊。功雖不少。而於已成居上迹則不彰。故不言之。首二句。正明火水二大為生海洲二居之因起。火騰者。火性本炎上也。水降者。水性本潤下也。交發者。水火既濟也。立堅者。結成器界也。如陶器者功惟賴於水火矣。次二句。正所成之二居。海亦由立堅而成者。蓋海非獨目於水。以注水之巨坎。方謂之海。故全是堅體也。洲潬。如四大洲。及諸小洲是也。

未二驗其氣分

以是義故。彼大海中。火光常起。彼洲潬中。江河常注。

以是義故。以是水火共生之義故。彼大海本就濕之處。似不應有火。以不忘母之氣分。故火光常起。洲潬本就燥之處。似不應有水。以不忘父之氣分。故江河常注。蓋外教五行義中。水之望火。為我剋之妻。故火為二居之母。火之望水。為剋我之夫。故水為二居之父。今大海剋肖於父。而不忘母之氣分。故海中火起。洲潬克肖於母。而不妄父之氣分。故洲有江河也。餘皆準此思之。

午二別成二居。以二居生驗各說。故曰別成。揀異總成也。又分二。未一成山居

水勢劣火。結為高山。是故山石擊則成焰。融則成水。

此山居眾生所住之處也。初二句示其由生。水劣火者。如溫陵謂夫劣然後陰陽和而生

子是也。又以水為火之夫。若太勝。則勢必滅火。豈能生他法哉。今以水夫劣於火妻。故成高山矣。末三句驗其氣分。準前思之可見。融則成水者。如煉五金之礦。悉皆成汁是也。

未二成林居

土勢劣水。抽為草木。是故林藪遇燒成土。因絞成水。

此林居眾生所住之處也。首二句示其由生。末三句驗其氣分。義皆準前可知。所成四居已竟。

巳三結成種相續

交妄發生。遞相為種。以是因緣。世界相續。

交妄發生者。互以妄相生也。遞相為種者。初由妄心而生起大種。次由展轉而備生四大。後由諸大而成就四居。於是群生之依止器界具矣。以是因緣者。以是遞相為種之因緣也。世界相續者。成住壞空。終而復始。相續不斷。凡成一番。便是如此展轉生起。所以自忽生之後。永無清淨之期也。世界相續已竟。

辰二眾生相續。分三。巳一推由成陰。又分三。午一指無明本

復次富樓那。明妄非他。覺明為咎。

明妄非他者。言明得眾生必從妄起。而此妄亦非他物。即是真覺妄明為過咎耳。意指不外前文生世界真妄本也。夫覺明既屬能所。向後惟從妄說矣。此科同前忽生科中妄本。

午二三相妄局

所妄既立。明理不踰。以是因緣。聽不出聲。見不超色。

所妄既立。即彼所既妄立。業相也。而明理不踰。即彼生汝妄能。轉相也。理。猶體也。而明理二字。已是妄能。不踰二字。乃是特加妄局之意。以表能被所局也。二句同彼細惑。俱屬妄心。尚未涉境。下三句方涉境界。即彼現相也。而偏重眾生。以是因緣者。若通上科。則無明為因。能所妄局為緣。若止本科。則業相之所為因。轉相之能為緣。而能被所局。即是因緣。聽見屬心。影略覺知。聲色屬境。影略香等。不出不超。俱是心被境局之意。由上能被所局因緣。成此心被境局礙相也。此末二句頗似說根。而委細參詳。猶是本識中境界相。所謂隨其五塵。對至即現是也。但為下文結根成陰之由。

午三二陰成就

色香味觸。六妄成就。由是分開見覺聞知。同業相纏。合離成化。

上二科。總是詳推成陰之由。此科方以妄成二陰。前四句。成中陰也。色香味觸。影略聲法。六妄即六塵。成就者。麤境已著。具足無缺也。足顯上科聲色尚是本識細境。未云成就矣。由是分開見覺聞知者。攬上六塵。結塵以成六根。而分開云者。即經所謂旋令覺知。壅令留礙。體中相知。用中相背也。又云。元以一精明。分成六和合是也。夫根塵成就。則形兆潛彰。然尚未趣生。必當中陰之位。經言中陰六根猛利。勝於生身。足為明徵。問。既無前陰。何得此名中陰。答。理實無始。何缺前陰。但經從細向麤。只得截流而談。亦假立之旨也。末二句。方以轉成後陰生身。溫陵曰。同業。即胎卵類。因父母已。三者業同。故相纏著而有生。合離。即濕化類。不因父母。但由己業。或合濕而成形。即蠢蝡也。或離異而託化。如天獄等也。○總此推由成陰一科經文。展轉四重。鉤鎖次第。一由無明而引起業轉妄局。二由業轉而引起心境拘礙。三由心境而引起根塵分隔。四由根塵而引起四生繫縛。由細而麤。頗順文理。兼合論旨。舊作根塵識三釋者。則根先結而塵後成。固為顛倒。由塵成而分六識。何經可徵。蓋經文只說攬塵結根。而根成分隔。不言塵分於識也。由彼迷前文為根。須以後文為識。且將謂根塵識三。文順界全。而不達根相即是陰體。用表眾生形相已著。而識非形相。義無關也。推由成陰已竟。

巳二詳敘受生。又二。午一委示胎生。獨委悉開示於胎生者。一則急於為人。二則眾生悉以婬欲而正性命。欲愛偏顯故也。又三。未一舉親因

見明色發。明見想成。異見成憎。同想成愛。流愛為種。納想為胎。

中陰之想愛。為受生之親因。孤山曰。妄心見妄境。故云見明色發。即於中陰見其父母也。明見想成者。依妄境起妄惑也。異見謂父。是所憎境。同想謂母。是所愛境。女子託胎反此。故涅槃明十二因緣無明有二。一潤業無明。謂過去煩惱也。二潤生無明。即託胎時。於父母起憎愛也。○流愛為種者。即最初注愛於母。以為投胎之種。納想為胎者。

即投種後。愛著不捨。以為增長成胎之由。經後云想中傳命是也。

未二明助緣

交遘發生。吸引同業。

父母之交遘。為受生之助緣。孤山曰。交遘發生。謂男女會合。染心成就。吸引同業。謂吸引過去同業。而入胎也。○上科以己纏父母為同業。此以父母吸己為同業。

未三結成胎

故有因緣。生羯羅藍。遏蒲曇等。

故有因緣。猶言以是因緣也。孤山曰。俱舍明胎中凡有五位。一七名羯剌藍。此云凝滑。二七名頞部曇。此云皰。狀如瘡皰。三七名閉尸。此云軟肉。四七名健南。此云堅肉。五七名鉢羅奢佉。此云形位。今略舉前二。等取餘三。

午二例示四生。又二。未一總標成應

胎卵濕化。隨其所應。

胎卵濕化。皆應也。下文情想合離。皆感也。隨其所應者。隨其所感。而應之以四生也。

未二各別指明

卵惟想生。胎因情有。濕以合感。化以離應。

上科分釋感應。而經文偏用錯綜。隨便而已。溫陵釋四感好。但合濫於應。今少變云。亂思不定曰想。結愛迷戀曰情。親附不動曰合。捨此趣彼曰離。以此四心感召。而四生各類應之。又曰卵兼後三。其實前前兼於後後。而後後不兼前前。其意始完。詳敘受生已竟。

巳三結成相續

情想合離。更相變易。所有受業。逐其飛沈。以是因緣。眾生相續。

此只依感應二意結之。義無不盡。首二句。即感之相續也。更相變易者。約一眾生。則周而復始。約群靈。則彼此轉換。溫陵謂四感有情皆具。各以多分。召彼四生。○以是經涉長時。互成轉換也。受業。指受生胎等而言。逐其飛沈。即應之相續。胎等各有飛沈。末二句躡上結之。準前可知。眾生相續已竟。

辰三業果相續。分三。巳一業果指本。示業果而又指本者。明業果各本於自心之貪。欲其絕貪而業果自息也。又三。午一欲貪

富樓那。想愛同結。愛不能離。則諸世間父母子孫。相生不斷。是等則以欲貪為本。

吳興曰。欲貪通乎四生。今正約胎生言之。又胎生復通。今多就人倫辨之。以其易見

故也。○想愛同結者。不專指受生時言。亦兼在世時。想念恩愛。皆所以深結生緣。愛不能離。所以相生不斷。欲貪為本。方專指受生時元因愛欲而來也。

午二殺貪

貪愛同滋。貪不能止。則諸世間卵化濕胎。隨力強弱。遞相吞食。是等則以殺貪為本。

貪愛同滋。言由有貪愛。必有身命。由有身命。必賴滋養。同滋者。言彼此皆欲滋養身命。所以貪不止而必至吞食也。

午三盜貪

以人食羊。羊死為人。人死為羊。如是乃至十生之類。死死生生。互來相噉。惡業俱生。窮未來際。是等則以盜貪為本。

溫陵曰。不與而取。及陰取。皆盜。故以人食羊。不與取也。羊死為人。互來相噉。陰取也。皆盜貪也。吳興謂殺貪未論酬償先債。盜貪約過去於身命財非理而取。故互來相噉。以責其盜也。○惡業俱生者。以此惡業為續生之緣。與生俱生也。問。世教論殺。惟以忿爭殺人為重。論盜。惟以劫竊財命為重。而食肉不與焉。似得重輕之宜。今經何獨論其所輕。而反遺其所重乎。答。此有二義。一者斷輕況重義。蓋此方世教。急於止亂。且圖養民。故惟斷現亂。而不禁食肉。今經欲絕生死。須斷生緣。故極至食肉皆併斷焉。若悟輕者尚為生死之緣。則重者不言可知。非反遺於重也。況真慈平等。均為奪命。何有重輕。且約現生食肉。似不為禍亂。若約隔生酬償。則禍亂亦均。更待下義詳之。二者絕本止末義。蓋凡一切殺盜究其深本多起於食肉。如八萬釋種遭琉璃之殺。世人但知近緣罵詈。不知遠因起於食魚之冤。故此方不長太平。緣太平時恣意食噉。三五百年。人之享福者。福終禍起。畜之酬報者。報盡為人。皆帶殺冤。遂成亂世。乃至殺人無量。故佛斷食肉。乃聖智深遠。拔本塞源之意。經云。世上欲免刀兵劫。須是眾生不食肉。外教君子。未能信達者。切勿輕非毀矣。業果指本已竟。

巳二相續明長。既示相續。而又明長者。表續生皆由互不相捨。欲其能頓捨。而即不相續也。又為二。午一殺盜無休

汝負我命。我還汝債。以是因緣。經百千劫。常在生死。

首二句影略多辭。則師補之未全。具載當有八句。如云。汝負我命汝還我命。我負汝命。我還汝命。債亦準此。命屬殺。債屬盜。不出負還二字。以是因緣者。以是負還因緣也。末二句。言命債不了。故生死亦不了矣。

午二欲貪無盡

汝愛我心。我憐汝色。以是因緣。經百千劫。常在纏縛。

首二句影略亦應八句。各開則云。汝愛我心。我愛汝心。憐色準知。交錯則云。汝愛我心。我憐汝色。翻轉準知。不出愛憐二字。以是因緣。以是愛憐因緣也。末二句。言愛憐不斷。故纏縛不斷矣。相續明長已竟。

巳三結成相續

惟殺盜婬三為根本。以是因緣。業果相續。

歸重三貪。為業果及與相續之正因緣也。正明生續已竟。

寅五雙關結答。分二。卯一躡相續而結忽生

富樓那。如是三種顛倒相續。皆是覺明明了知性。因了發相。從妄見生。

三種相續。本答終而復始。今總束之。以結答忽生。正顯忽生非別有法。即生彼相續之三法。意雙關也。首二句。躡上之辭。顛倒有二義。一者首尾相因義。二者顛狂迷倒義。覺明。即是無明。明了知性。即是本真。妄真和合。總是業相。下了字。即能見相。因了發相者。依上業相。起出能見。而帶出境相也。此四句。無明三細皆備。下妄見。即緣此境相。而起我法二執。渾然涵彼前四麤也。蓋三相續即彼後二。而後二皆本無明三細二執而出。故結答云。汝問三種云何忽生。皆是覺明乃至妄見所忽生也。

卯二躡忽生而結相續

山河大地。諸有為相。次第遷流。因此虛妄。終而復始。

此科全牒問辭。惟中間因此虛妄四字。乃是結答之處。夫山河大地。諸有為相。原問忽生。今躡之而結答次第遷流等。正顯相續非別有法。即續彼忽生之三法。亦雙關也。結答意云。汝問三種云何次第遷流。當知但惟因此顛倒相續之虛妄。故終而復始也。是則前云從妄見生。今云因此虛妄。可見忽生相續渾一妄法。了無實體之可得矣。正答前問已竟。

大佛頂首楞嚴經脈疏卷十七

大佛頂首楞嚴經正脈疏卷十八

經文卷四之二

明京都西湖沙門交光真鑑述
蒲州萬固沙門妙峰福登校

丑二兼釋轉難。又二。寅一滿慈執因疑果。又二。卯一躡舉疑端

富樓那言。若此妙覺。本妙覺明。與如來心。不增不減。無狀忽生山河大地諸有為相。

躡前所辯為起疑之端。首四句。本同佛心也。妙覺。指眾生現具在纏之體。而言本妙覺明者。言其未生山河時。本無不妙。元無諸染法也。覺無不明。元無諸障礙也。與如來心不增減者。佛心不增於生心。生心不減於佛心也。次三句。頓生諸妄也。無狀。即無端無故。

卯二正陳疑難

如來今得妙空明覺。山河大地。有為習漏。何當復生。

得妙空明覺者。復其無物之本體。還其圓照之本明也。言其亦同眾生本妙覺明未生山河等法之前也。末三句。正疑諸妄於何時生也。山河大地是世界。有為是眾生。習漏是業果。言如來復還之真覺。元無異於眾生未妄之真覺。則眾生既從真而起妄。如來豈不亦當從真而起妄乎。圓覺中金剛藏全難有三。此經亦具。但問非一人。今滿慈所問。同彼第三。

難曰。十方異生。本成佛道。後起無明。一切如來。何時復生一切煩惱。辭意全同。均是執眾生因性之有始。而疑如來果德之有終也。答處再當配釋。

寅二佛分真妄喻釋。據問意有兩種迷執。俱當破斥。一迷執妄法有始。二迷執真覺有終。今答不生不變。皆惟且破後一有終之疑。以後文另起何因有妄之問。方破前一。勿至混濫。反誣經之重繁也。又分二。卯一喻妄不復生。又二。辰一喻無明本空。無明為能生萬法之妄本。未及論乎所生之萬法。故取迷方之心喻之。以迷心亦無相狀。然意喻從初本空。故終亦不復生也。又二。巳一舉喻辨定。又二。午一舉喻

佛告富樓那。譬如迷人。於一聚落。惑南為北。

聚落。村居名也。

午二辯定。又二。未一辨始無所從。

此迷為復因迷而有。因悟所出。富樓那言。如是迷人。亦不因迷。又不因悟。何以故。迷本無根。云何因迷。悟非生迷。云何因悟。

迷本無根者。諸法展轉皆因無明。而無明更無所因也。又迷不自為生迷之根。以原因迷之難也。悟非生迷者。悟迷相反。安得相生。故亦不作生迷之根也。問。法中似從真心起妄。喻中何不許悟生迷。且迷方誰不先從於悟乎。答。法中正不許真能起妄。惟說妄

依真起。如影依鏡現。終非鏡自生也。圭峰解圓覺種種幻化皆生覺心。而辯其不說心生種種。故知得失。係於毫釐。不可不辨。且迷方者。悟在他方。迷在此方。豈以他方之悟。為此方之迷根乎。理實入之忽迷。初不得其起迷之本。此亦可明妄之無始。但不專重耳。

未二辯終不復起

佛言。彼之迷人。正在迷時。倏有悟人。指示令悟。富樓那。於意云何。此人縱迷。於此聚落。更生迷不。不也。世尊。

倏。忽也。縱迷者。縱使先迷。或久迷也。問。今有迷方者。雖受指示。亦有久久不悟者何也。答。此言悟者。亦須於指示之後。久久觀省。忽於一朝。四方朗然轉正。始為悟也。此等悟後。豈得復迷。指示。正如教下說得人法二空。比解分明。猶自依然二執不脫。觀省云者。正如宗下教人絕解。久久反照參心。忽然心空。人法頓脫。方為現量實悟。永不復迷也。舉喻辯定已竟。

巳二合法喻明。又分為二。午一總示合意

富樓那。十方如來。亦復如是。

言如來亦同悟後不復更迷也。

午二詳盡合辭。又二。未一合無所從

此迷無本。性畢竟空。

此迷即指無明。言此無明既不以自體為本。亦不以覺性為本。無所從來。徹底元空。亦如迷方之迷心更無所因也。

未二合不復起

昔本無迷。似有迷覺。覺迷迷滅。覺不生迷。

昔本無迷。不可作眾生未妄以前解之。即墮有始之過。而順成佛果有終之難。清涼云。由來未曾悟。故說妄無始。是也。只言自昔在迷時。即無迷可得。如迷方者。正迷方時。方實不移矣。迷覺。即前明覺。似有迷覺者。言當彼迷時。似有能迷之妄心。及所迷之妄覺。如當迷方之時。似有顛倒之迷心。及移轉之方位也。末二句。承上言由此徹底虛無。故不覺則已。但一覺迷。迷即頓滅。以真性覺中本無無明也。亦如迷方者。但覺所迷之南。本無有北。則迷相頓滅。以自來元無。故滅無留滯也。覺不生迷者。言正當迷時。已即無迷可得。而況既覺之後。豈復生於迷乎。亦如惑南為北之時。已即實無北相可得。而況既悟是南之後。安得北相復起南乎。上二句。迷時似有。下二句。悟後永無也。圓覺答難處無此喻。而釋無明處卻有此喻。今喻無明。義亦允當。文云。種種顛倒。猶如迷人。四方易處等。然彼猶兼喻身心。此以下文。更有空華以喻萬法。故此專喻無明而已。喻無明本空已竟。

辰二喻萬法現無。據上文。滿慈於萬法問生續之詳。如來答無明為生續之本。今佛上科先以喻明所答無明本來常空。非研斷始空。而此科更以喻明所問萬法現今即無。非先無今有。亦非今有後無。圓覺答難處亦有此喻。卻是翳比無明。華比萬法。空比真體。彼文三節平渾。今經前有迷方喻無明。後有木金喻真體。故此空華。單喻萬法耳。即前世界等三也。分二。巳一舉喻辨定。又二。午一舉喻

亦如翳人。見空中華。翳病若除。華於空滅。忽有愚人。於彼空華所滅空地。待華更生。

首二句。喻在凡時三種宛然。次二句。喻成佛時萬法寂爾。末四句。正喻疑佛何時起妄也。

午二辯定

汝觀是人為愚為慧。富樓那言。空元無華。妄見生滅。見華滅空。已是顛倒。勑令更出。斯實狂癡。云何更名如是狂人為愚為慧。

空元二句。喻萬法自來本空。生滅但是妄見。次二句。喻實執佛滅萬法。已是顛倒妄情。下勑令二句。直斷待華為愚。喻冀佛起妄者決定是愚人也。云何下。又反言以決其必為愚矣。

巳二合法釋明

佛言。如汝所解。云何問言諸佛如來妙覺明空。何當更出山河大地。

如汝所解者。言此待花更生之人。誠如汝言。決愚非慧。云何下。就言反詰也。言汝既知於晴空而待花者乃為至愚。云何乃於如來妙明中。而待生山河等法。與彼愚人何異哉。通前本末元空如此。說何復起。只此二喻。已足以通釋前難。若但止此。是惟達妄本空。而猶未及明真本有。故更說後之二喻也。喻妄不復生已竟。

卯二喻真不復變。理實不但成佛之後。不復更變。縱在迷時。本體亦未嘗變。豈成後而反變乎。上二喻。各喻各合。此二喻。總喻總合也。蓋佛語錯綜自在耳。

又分二。辰一總舉二喻

又如金鑛。雜於精金。其金一純。更不成雜。如木成灰。不重為木。

金鑛者。蘊金之砂石也。雜於精金者。約金在鑛時。二物混和也。一純者。約出鑛之後也。更不雜者。不復生鑛也。須知金之與鑛二俱無始。非金先鑛後。鑛從金生。故出鑛之金。不復生鑛。木灰無二。不同金鑛。又以壞盡無還為相。各有取意。待合處自明也

辰二總合二法

諸佛如來菩提涅槃亦復如是。

菩提者。樹下所成。無上智德。取其無明夢破。五住究盡。翻轉一切煩惱。出纏精真。

非比在纏所具。蓋以完復本有如如智體。亦為照體也。涅槃者。因窮果滿。圓淨斷德。取其遷流浪息。二死永忘。翻轉一切輪迴。究竟寶所。非比中止化城。蓋以完復本來如如理性。亦即寂體也。亦復如是者。以前科二喻。已喻妄不復生。今此二喻。當獨喻真不復變。故惟重菩提涅槃之不變。而不重煩惱生死之不生。茲有二解。隨情去取。一者別合。謂各取類合也。以菩提智光。類於精金明淨。故言菩提不復為煩惱。亦猶精金不復重為鑛也。又以涅槃寂滅。類於木灰燒盡。故言涅槃不復成生死。亦猶木灰不復重為木也。二者總合。謂就文合說也。先合前喻云。菩提涅槃既出乎煩惱生死。則一成永成。不復更變。亦由金之出鑛。一純永純。不復更雜於鑛也。次合後喻云。煩惱生死既轉為菩提涅槃。一滅永滅。無復返還。亦由木之成灰。不復又成乎木也。斯則後喻略涉於妄不復生。似亦無傷。二釋並通。四喻圓覺具有。取喻稍別迷方。彼則通喻無明身心。此則局喻無明。空華。同喻萬法。金鑛。彼喻圓覺。此則喻菩提。或兼喻涅槃。木灰。彼喻幻妄。此則喻生死。或兼喻煩惱。旨亦大同也。是則妄本無生。而非成佛始滅。真本無變。而非成佛始生。故知眾生分中。尚自無生無變。何況成佛者。反有生而有變乎。說不空藏以示生續之由已竟。

子二說空不空藏。以示圓融之故。此答次問五大何得圓融之疑也。夫空藏中破相顯性。相既不有。說誰無礙。不空藏中從性起相。相既宛然。何得無礙。是以前二藏中略開圓融之端。而未竟無礙之說。豈免滿慈之疑。茲欲極彰無礙之由。以銷執相之問。須談空不空藏也。蓋空即不空。則性全即相。而性固無礙。不空即空。則相全即性。而相亦何所礙哉。深研斯旨。則向下微妙難解之文可領略矣。分為二。

丑一正答次問。又分為二。寅一按定所疑。

富樓那。又汝問言。地水火風。本性圓融。周徧法界。疑水火性不相陵滅。又徵虛空及諸大地俱徧法界。不合相容。

首四句雖牒問。而圓融徧界。猶是述己所說。以下方是彼之所疑。然去風加空。通喻五大。

寅二正以開示。又二。卯一就後一藏以銷疑。此蓋雙躡前之二藏。而繼以空不空藏。銷前所疑。用顯次第三藏也。此中全由喻明性相。而其疑得銷。若不申明諸教性相迷悟分量。則不知滿慈發疑之端。拜佛釋疑之妙。夫二無礙理。人天小乘。決定雙迷。極至法相破相。亦均未徹。法相。真不隨緣。相不即性。破相。方談相性二空。有遮無表。終未顯談即性。何能盡發無礙之旨。今斯圓旨。語四科。則全相皆性。語七大。則全性皆相。且一一徧周。無障無礙。是尚遠越大乘之始教。而滿慈依小乘法執舊見。堅謂諸大本來相礙。若如來藏空。可說無礙。今云備具諸大。即當相礙。豈有無礙之理。斯則豈惟不達已發之相為無礙。兼亦尚疑未發之性為有礙矣。而如來釋疑。非但只釋未發之性為無礙。而兼亦詳釋已發之相尚無礙。而況未發之性何得有礙乎。故此科說性無礙。其文最少。釋相無礙。其詞最多。一以銷難況易。一以發後圓修。此意難辨。至文再當示之。又分二。辰一喻明性相。又二。巳一舉喻。又分二。午一標列性相喻。又曲分為二。未一總以略標

富樓那。譬如虛空。體非群相。而不拒彼諸相發揮。

吳興曰。譬前如來藏性本非七大。而不拒彼七大發生。○若更照後文配之。則虛空譬如來藏。體非群相譬先非水火。不拒發揮。譬各現俱現也。當知二俱是妙。既曰先非諸大。則非滯有。而溺有者自成有礙。既曰不拒發揮。則非滯空。而淪空者自失家珍也。

未二徵起詳列

所以者何。富樓那。彼太虛空。日照則明。雲屯則暗。風搖則動。霽澄則清。氣凝則濁。土積成霾。水澄成映。

徵意非推其故。但欲演略成詳耳。然彼太虛空一句。即是體非群相。而下即不拒發揮之詳也。明等七者為相。日等七者為緣。虛空為親因。明暗清濁為對。餘不必強對。然七相雖不配合七大。而亦略應其數。氣凝。如煙霧之聚。霾字從貍。起於山獸騰踏。令土蔽空。或合風雨繽紛而下。謂之霾。水澄成映。如海晴湛之時。虛空交映。朗然澄徹也。

午二難釋相妄喻。上科但雙喻性相。而未喻相妄。此科難釋。方顯相妄。然此妄字。但是無有定實之意。非如妄心妄想。及貪瞋等妄也。又分三。未一總舉雙徵

於意云何。如是殊方諸有為相。為因彼生。為復空有。

殊方。且作同時各處而言。蓋虛空無量。此方明而彼方暗。乃至霾映。各現不同也。有為者。以其不偏不常。異虛空無為之體故也。彼字。總指日等七緣。對空雙詰。正令指陳也。

未二單舉別難

若彼所生。富樓那。且日照時。既是日明。十方世界同為日色。云何空中更見圓日。若是空明。空應自照。云何中宵雲霧之時。不生光耀。

單舉日明以例餘六。先緣後空。各別難問也。辭雖難問。意則正明二皆不可指陳。若彼下。明非緣生也。意言既是日明。則當普天共成一日之體。不應更見圓日。若見圓日。則自日之外。云何不是空體之明。而顧獨謂明屬於日乎。問。此日為例。而雲等皆依此成難也。然日有圓體。雲等不然。或滿虛空。其何成難。答。雲等雖無圓相。而有高相。準日當云。既是雲暗。則當自地以上。同為雲氣。不應更見高雲。若見高雲。則自雲以下。云何不是空體之暗。而顧獨謂暗屬於雲乎。若是下。非因定有也。言非虛空一定恒有之相也。其文易知。

未三直以釋難

當知是明。非日非空。不異空日。

非日非空者。非因緣也。以雙離則互奪無定也。不異空日者。非不因緣也。亦即非自然也。以雙離則畢竟無體也。問。虛空譬性。明等七相譬七大。日等七緣譬於何法。答七大循業而發。則日等譬七大各所循之業也。理實亦是眾生所惑。生七大之緣也。藏性。即七大親因也。問。前破七大不由因緣。今何復立。答。今言非日非空。即是雙破。豈云立乎。向下自顯。問。總標中惟空與相。意取喻於藏性及七大也。徵釋中。宜只明其非空及不異空足矣。何更加以七緣。而言非日及不異日乎。答。若不加以日等。有二不備。一者顯妄不備。蓋必二者皆非。二者不異。方顯宛轉虛妄。無可指陳也。若惟單就空言。是尤有可指陳處也。二者顯妙不備。苟若但言非空。而不言非日。則但顯性無礙。而不兼顯相無礙也。若但言不異空。而不言不異日。則但顯不違性。而不兼顯不壞相也。又味此乃非一非異之旨。試明之。彼虛空惟是一味。亦徧亦常。七相各自差別。不徧不常。是虛空與七相非一也。又虛空離彼七相。則無自相。七相離彼虛空。則無自體。是虛空與七相非異也。又正由空非群相。方能不拒諸相發揮。是由非一故非異也。又正由不礙諸相。方見虛空體非群相。是由非異故非一也。由是。則帝心理事事事二無礙玄門。及下經文一多大小互現之要樞。皆隱然開發矣。一喻而盡妙如此。學者加意研審可也。

舉喻已竟。

巳二法合。分為二。午一先伸釋疑兩途。此科正以直釋滿慈之疑。準常諸文。

舉喻法合兩楹之間。自來未有如此文橫隔於中者。惟見或安於舉喻之前。即是法說。或安於法合之後。乃是銷歸所疑。或是申其正義。於義皆順。今置於此。難為順銷。姑且曲從現文。承前喻意。以先釋所疑。然後以法合喻。合喻之後。到銷疑科盡處。別有虛科審定淆訛。就分為二。未一約相妄釋

觀相元妄。無可指陳。猶邀空華。結為空果。云何詰其相陵滅義。

承難釋中非日非空不異空日而言。如云。由此明相之妄不可指陳而觀七大之相。元亦至妄。悉無指陳。若乃妄謂有可指陳。如執空花實有。已為迷妄。若復詰其淩滅。是猶復邀空花。而期其更結空果。真可謂迷中之迷。妄中之妄。云何詰其相淩滅乎。淩滅該攝不容。非局水火。此即兼示已發現之相常自虛無。說誰為礙。奈何據今熾然陵滅。宛然不容。其故何也。答下云。汝以色空相傾相奪。則傾奪二字即其故也。是知淩滅不容。病根在於眾生無始妄習傾奪。非彼妄相真有是也。其猶月運岸移。惑本在於雲駛舟行之妄見。非彼月岸真有是也。又如夢見水火。執為實有。便見淩滅。纔知是夢。便可橫身直過。尚無燒溺。豈有淩滅。是知今之熾然宛然。實由堅執之久。而忘執之功未至耳。傾奪之義。請觀下文自見。

未二約性真釋

觀性元真。惟妙覺明。妙覺明心。先非水火。云何復問不相容者

承標列中虛空體非群相而言。如云。由此虛空廓然迥無諸相。而觀七大之性。元亦純真。先非水火。水火尚無。說誰不相容乎。理實滿慈之疑。只消此科便釋盡矣。而必兼前相妄者。以難況易也。意謂直約已發現之相。尚無指陳。不可淩滅。何況未發現之性。迥非水火。豈應問其不相容乎。意令滿慈非惟悟性之無礙。兼亦並悟相之無礙矣。所謂問一得二也。

午二後合前文兩喻。又分二。未一合標列性相喻

真妙覺明。亦復如是。汝以空明。則有空現。地水火風。各各發明。則各各現。若俱發明。則有俱現。

此科羅合喻中兩科。首二句。合略標中體非群相。合詳列中彼太虛空。真妙覺明者。元真之妙覺明心也。冥含萬有。不滯一相之體耳。汝以下。合略標中不拒發揮。合詳列中日照則明等七相也。前五句。各明各現也。謂諸大現不同時。各各自現也。首八字。先別舉空也。明之一字。即是循業之意。亦應兼於神通。即自在業力也。汝以空明者。即是循發空之業也。大則如大千空劫。及諸舜若多。小則如鑿井出土等。皆眾生循空業而發空相。所謂以空明而有空現也。極論小乘涅槃。亦此類耳。次十二字。後總例四大也。略釋水火。巨則如大千火壞火現。水壞水現。細則如執鏡火現。執珠水現。乃至神通所現。不假鏡珠。皆是也。大約是言諸大異時獨現而已。末二句。俱明俱現也。所謂俱現之相者有二類。一

者同時異處。如吹火者。口中現風。薪中現火。鼓熾同時。而口薪異處也。神通。如身上出水。身下出火等。燒注同時。而上下異處也。如此之類。意淺易知。詳下喻意不專為此也。二者同時同處互呈齊現之相。如一恒河。人見水現。鬼見火現也。如一娑婆。我淨土不毀而眾見燒盡。乃至一切四土皆同一處。而各見懸殊。此皆相之俱現也。神通如應身是一。而能令見者千差。圓音是一。能令聽者萬別。乃至一多大小。同時同處。炳然俱現者。不可勝舉也。問。下文說相為妄。何至引不思議神用為釋乎。答。正以相本無有定實。故稱為妄。亦正由相妄。方有不測之神用。向使相本定實。則眾生法執為本然。諸聖神通非性分也。但業報依通者實未達此。所以力盡則失也。故惟實聖性發神用。方能通達相妄以盡其妙耳。明此。則下之二種緣起。皆可識其故矣。末當結云。此與虛空體非群相。而不拒七相之發揮者。何以異乎。

未二合難釋相妄喻。又分為二科。申一徵舉影喻

云何俱現。富樓那。如一水中。現於日影。兩人同觀水中之日。東西各行。則各有日隨二人去。

相之各現。不足以表其宛轉虛妄。而俱現之相方可以表之。故單承俱現以合相妄之喻。云何俱現。合前喻中於意云何之徵也。下釋復用喻者。以俱現之妄。難為法說。故復用水日雙現之喻以釋明之。是謂以喻合喻也。水喻如來藏性。影喻七大之相。兩人各行。喻循俱明之業。東西各隨之日影。喻俱現之大相。此方平平舉喻。未說其為虛妄也。詳經本只

用水中日影。以水影一體。明性相不二。元不用天上之日。故舊註非是。

申二就喻明妄。又三。酉一境先無憑

一東一西。先無準的。

準。定也。的。實也。一日而現東西。二影誰為定實。喻一處而現水火二大。亦誰為定實耶。先無者。言不待分別。已自先無定實矣。

酉二戒止難詰

不應難言此日是一。云何各行。各日既雙。云何現一。

權以一日喻一恒河。此日是一。云何各行者。喻恒河是一。云何雙現耶。各日既雙。云何現一者。喻水火既俱。云何恒河是一耶。

酉三分別愈妄

宛轉虛妄。無可憑據。

此二句結破分別之愈妄。要與上不應二字。及先無二字。俱相照應。如云。何故不應難詰乎。假使境有定實。猶可容辯難。今既境先無定無實。而顧於無定實之境宛轉辯難。則難愈多而愈入於虛妄矣。如孤山云。同觀是一。知二是虛。各行既二。驗一是妄。然則一之與二孰可憑據哉。但例恒河水火。餘可類知。方與俱現相應。末後仍當合前難釋相妄之喻云。觀此諸大俱現。無可憑據如此。其與空日生明無可指陳者何以異乎。喻明性相已竟。

辰二申義釋疑。此科虛設於此。無有現在經文。其文即前觀相觀性兩條文也。反覆詳玩。決是此處申明正義。結釋前疑之正文。不知何緣錯簡。隔於法合之前。甚失語脈。多繕寫者之誤也。前為尊經。曲順現文科釋。然訛誤豈容不辨。今請莫移其處。但試將彼文。接此無可憑據之後讀之。自見意趣無邊。略出三妙。妙莫加焉。一者。舉喻法合。中無所隔。二者喻明性相。隨即申義釋疑。結歸元問。首尾應合。收束得宜。三者引起伏疑。畢見下文來意。置之彼處。斯等意味悉皆失之。智者幸惟審定。就後一藏以銷疑竟。

卯二圓彰三藏以勸修。由前次第三藏急於破迷成悟。故俱就眾生迷境顯示。未暇普收聖凡染淨二緣。十界一如無二。以畢彰藏心全體大用。今既麤細二惑次第破盡。妙明披露。道眼近圓。理宜罄竭諸佛之靈府。而徹底顯示。故此統會畢彰。用顯圓融三藏也。問。前言引起伏疑。可得聞歟。答。由前極談眾生現住迷境。當體性相。二俱無礙。疑云。若爾。即應不揀聖凡。同見無礙。今何我等動成有礙。而如來獨得無礙耶。於是如來應念各示其由。所以復有後文之圓示也。舊註既不辨訛誤。復不推此來意。致令此處經文。前無結歸。而後無發起。復何脈絡之可通哉。閱斯文者。幸研味之。又分三。辰一極顯圓融。問。七大結顯。已判全體圓融。而微妙開示下。亦言極顯。與斯何別乎。答。大不同也。一者。彼方各融一大。縱窮七大。亦止世間法耳。茲則十界普融。何可較量。二者。彼方融相入性。未言融現一切無礙妙用。亦難齊等。且惟極顯空藏。故佛但云清淨本然。辭意可見。特以周徧深於四科。又第一義空非同灰斷。故表圓融耳。又分為二。巳一雖本有。若不依悟加修。但發塵勞。而無量自在無礙妙用皆不能發。故圓乘。悟前依迷悟心對辨緣起。此中翻眾生之迷心。成諸佛之智境。全顯修成之意。蓋眾生性雖重本有。而悟後須重修成也。又二。午一約染緣起。出有礙由。又二。未一執成有礙。又三。申一以相隱性

富樓那。汝以色空相傾相奪於如來藏。

此密銷我等何得動成有礙之伏疑也。色空傾奪有二釋。一約最初釋。色。即結暗所成者。空。即晦昧所為者。傾奪。即妄發見取也。蓋始由心動妄發終由見取成就也。二約稍近釋。則以字即執字。法執也。傾奪。總作背趨之意。凡外等背空而趨有。是以色而傾奪於空也。權小等背有而趨空。是以空而傾奪於色也。蓋前連三細。後截六麤。故分初近耳。二義並通。

申二全性皆相

而如來藏隨為色空。周徧法界。

此是真如隨緣與妄心相應。而普成諸色空境界也。

申三結成諸礙

是故於中風動空澄。日明雲暗。

於中者。即於色空法界中也。澄。即靜也。動靜交礙。明暗互防。於諸礙中略舉此四。如是乃至地空不容。水火陵滅。皆例而知也。執成有礙已竟。

未二原始要終

眾生迷悶。背覺合塵。故發塵勞。有世間相。

此科撮文的指迷來之要。重結上文也。省略釋之。迷悶。即所起之惑。內含三細。及前四麤。此亦連最初而釋。若取淺近。截流而談。則下界與三塗有念為迷。上界與二乘無念為悶。所謂有念無念。同歸迷悶也。更通。背覺合塵。即所造之業。違逆性真。謂之背覺。親順妄法。名為合塵。內含趣有趣空種種著相顛倒。塵勞世間。即所招之苦。內含色空明暗一切障礙境界。即第六麤。末當結云。汝等所以動成有礙者。由此自迷自背之故耳。豈性相之過哉。約染緣起以出有礙之由已竟。

午二約淨緣起。出無礙由。此密銷如來獨得無礙之伏疑也。分二。未一融成無礙。又曲分三。申一以性融相

我以妙明不滅不生合如來藏。

翻上以相隱性也。當機者。既疑如來何以獨得無礙。佛因自陳無礙之由。故首言我以

也。以猶用也。妙明不滅不生者。即揀別不用緣塵生滅識心。所用者。即經前指示六根中見聞覺知無分別不動之體。融徹四科七大。如來藏常住周圓妙真如性也。合。即融也。如來藏。即前隨為色空徧成生滅有礙之相者也。意言我所以得一切無礙者。豈有他術乎。但惟用彼六根中圓湛不生滅性。以融彼徧成色空生滅之如來藏而已。然合之為言。即脫塵旋根。不外流逸之意。宜莫過於耳根圓通矣。

申二全相皆性

而如來藏惟妙覺明。圓照法界。

此科即當理法界。言如來藏迷時。縱成色空生滅。而妄本常空。相非實有。今由以妙明常住之性融之。而生滅妄相了不可得。惟一妙淨本覺湛明之性。圓融照了。徧周法界。所謂以如如智。契如如理。住持大光明藏。亦即觀音寂滅現前無生忍位。不見少法生滅。但彼言寂。此言照也。此是圓教信滿入住以去之深心。方契寂光之體。向下則圓發大用。即如來本因地心也。

申三結成無礙。此真如隨淨緣起之業用也。前眾生逆性。而真如尚隨染緣與妄理相應。成世間相。今況順性妙修。安有不隨發妙用者乎。然此中孚契理事無礙及事事無礙二種法界。吳興科為列義示相。今但依其分科。而不取其釋義也。就分為二。酉一標發四義

是故於中。一為無量。無量為一。小中現大。大中現小。

是故者。承上理法界。為此二界之總因。蓋眾生由前迷事。故全障理。今佛悟理。故能融事。於中者。即於理法界中也。從體起用。自然之理。下之四義。每二義。各成一種無礙緣起。俱通二界。先約理事無礙法界言之。理不可分。故理惟一也。事無紀極。故事無量也。然一與無量既互相為。則二義於法界觀十門內。八門俱收。如理徧事。理成事。理即事。皆一為無量也。事徧理。事顯理。事即理。皆無量為一也。至於理奪事。則無量為一也。事隱理。則一為無量也。又理無分限。理故大也。事有分限。事故小也。然大之與小既互相現。則二義於觀中十門內惟收二門。即理事相徧門也。意云。以無邊真理。一一全徧於一切塵中。而理非小。即小中現大也。以一一微塵皆全含無邊真理。而塵非大。即大中現小也。一塵亦可對理單作。今以難而該易也。此亦可以兼顯前之二義。思之可見。惟相非二門無交互意。故不相當。必欲收之。同奪隱二門。次約事事無礙法界言之。取其簡明。則前二義。於華嚴疏十玄門中。且收一多相容諸法相即二門。如一塵。一毛。一身。一界。皆一也。多塵。多毛。多身。多界。皆無量也。互為之義。且就相即門說之。一塵即多塵。一為無量也。多塵即一塵。無量為一也。毛剎身等。一多相即。類此可推。若收相容門。則改即字為入字。可以意得。此之即入。獨約同類法言。若異類交錯而言。則塵對毛剎身等。或毛對塵剎身等。相即相入。皆可類知。後二義且收廣狹自在因陀羅網二門。微塵。毛端。

皆小也。無邊剎。無邊身。皆大也。互現之義。且就廣狹門說之。無邊剎在微塵中。而剎海不小。小中現大也。微塵包無邊剎。而微塵不大。大中現小也。此句中字作處字會。即大處現小也。比上句更是難省。舊註說為易知。彼蓋濫同上句中字也。後更有辨。此雖具有大小。皆約依報而言。若依正交錯。則如下示相經文。又觀疏於各義皆帶非一非異以為總因。今圖簡明。皆不帶之。又復當知四義亦應收盡此中十門。恐繁未備。如十世隔法中念劫無異。塵剎何不可作。剋意委搜。門門皆爾。特就明省者釋出。令例知而已。思之。是則佛以十六字。具含兩法界二十玄門。辭義無礙。安可涯涘。問。理界十門。何獨不收。答。以不滅生合如來藏。即是會色歸空。融空即色。空色無礙。泯絕無寄。何言不收。今為顯本經耳根圓通。故不暇敘。然亦須知耳門入流。即是此中合藏。非有二也。

酉二別示其相

不動道場。徧十方界。身含十方無盡虛空。於一毛端。現寶王剎。坐微塵裏。轉大法輪。

有義而必有相。故此科即上四義之相也。然須曉解義可統收。相則難盡。略舉例餘而已。故今經文以八字為句。亦作四句。於上四義。不必各句全承。但隨文便。以分屬之。前二句。單出理事無礙中前二義一多無礙之相。且約徧包而顯二義也。不動道場。指理言即華嚴一真法界。此經即如來藏妙真如性。又一乘寂滅場地。永離諸生滅等一切戲論之相。

極為真常寂靜。故曰不動道場。十方界。即是事相。橫該一切佛剎。豎盡十法界矣。不動道場為能徧。十方界為所徧。揆之二義。則不動道場即是一理之全體。徧十方界者。即是於一一事中皆全體以遍之。然以不動道場望十方界。順讀經文。是一為無量。屬理不礙事。即觀之一不礙異也。以十方界望不動道場。應逆其經文云。徧十方界皆不動道場。是無量為一。屬事不礙理。即觀之異不礙一也。蓋法界觀中文義例皆如此。通達彼者。自信斯言。下句準此。次句。即約能包所包以顯二義也。十方虛空。指事相之空。吳興所謂必攝世界是也。蓋此十方空與上十方界互影而語略也。身為能包。十方空為所包。揆之二義。身亦即是一理之全體。含十方空者。即是總包乎一切事法而無外也。然以一身望十方空。順讀其文。是一為無量屬理不礙事。即觀之一不礙異也。以十方空望一身。應逆其經文云。十方虛空皆含於身中。是無量為一。屬事不礙理。即觀之異不礙一也。後二句。單出事事無礙中後二義廣陿無礙之相也。且約依正而顯無礙。每一句中。首尾即具二義。初句即約正攝依。而以依入正。用顯二義也。毛。謂身毛。正報別相。又其最小者也。大疏名為分正。端。猶處也。實即毛孔之中。寶王剎。謂佛土。依報總相。普該諸剎。乃其最大之相也。大疏名為具依。毛端現剎者。經云。菩薩於一毛孔中不可說剎次第入。是也。揆之二義。順則由毛端而望寶剎。雖處毛端。而寶剎不小。是小中現大。即觀之陿不礙廣也。逆則由寶剎而望毛端。毛端。雖包寶剎。而毛端不大。是大中現小。即觀之廣不礙陿也。中字準前末句。即約依攝正。而正入依。以顯二義也。微塵。即隙中映日所見之塵。依報別相。亦其最小者也。大疏名為分依。轉法輪。謂現身說法。取所現之身為正報總相。非只一身。該盡無量身雲。乃其最大之相也。大疏名為具正。塵中轉輪者。經云。於一塵中塵數佛。各處菩薩眾會中。是也。二義。亦順言之。由塵望身。則身處微塵。而身相不小。即小中現大。而狹不礙廣也。逆言之。由身望塵。則塵包身相。而微塵不大。即大中現小。而廣不礙陿也。此全準於觀疏二文。兩義具足。本無缺略。舊註謂大中現小易明。故略之者。全不達此順逆相望。雙具二玄。將謂房中床榻盒裏碗碟之類為大中現小。若爾。何但易知。仍是愚執定相。豈成玄門。甚至二門不分。釋證皆謬。如道場徧界。既釋為理事無礙。卻證以不動而升。不知斯文卻屬事事無礙中通局無礙耳。此類甚多。清涼所謂不善他宗輒引輒釋是也。逆成無礙已竟。

未二原始要終

滅塵合覺。故發真如妙覺明性。

此科撮文的指修成之要。以重結上文也。敵體翻上。以滅塵合覺。翻上背覺合塵。以故發真如妙覺明性。翻上故發塵勞有世間相。此科末後性字。應上科末後相字。顯是以元真之性翻元妄之相。豈非融妄即真。無上圓修之旨乎。但上科眾生迷悶四字無有翻詞。然意必有。而文從略也。對彼迷悶二字。應以悟達二字翻之。蓋省悟則不迷。通達則不悶。

又悟謂悟真本有。達謂達妄本空。應云。諸佛悟達。滅塵云云。良以一乘圓頓教理。須以頓悟為先。滅塵二字。牒上以性融相之科。蓋上文合字即今滅字。皆是融意。塵。即相也。滅塵者。但是滅其二執生滅之塵。即融相也。合覺二字。牒上全相皆性之科。此合字與上小異。契入意也。所以牒上惟妙覺明圓照法界句也。故發下八字。牒結成無礙科也。上諸無礙。皆性發境界。然離性無別境界。全體作用。故即是發性也。依迷悟心對辨緣起已竟。

大佛頂首楞嚴經正脈疏卷十八

大佛頂首楞嚴經正脈疏卷十九

經文卷四之三

明京都西湖沙門交光真鑑述
蒲州萬固沙門妙峰福登校

巳二依本來心圓彰藏性。圓彰者。不惟以一心而圓具三藏。且於每一藏中即圓具十法界。如非則十界俱非。即則十界俱即。融則十界俱融也。然此文當有兩重了揀。令義了然畢彰深妙。初望前文辨差別有五對。而科中已具前二。一者迷悟本來對。前科眾生迷而傾奪。如來悟而合融。有迷有悟。似心有差別。此科出本來心。與迷悟了無交涉。圓融自若也。欲令眾生莫退屈而高推聖境矣。二者緣起一真對。按華嚴疏。初重緣起法界。以能照法義邊為文殊。即前所謂惟妙覺明圓照法界也。就能起法義邊為普賢。即前所謂是故於中一為無量等文也。以皆尚待能所。故屬緣起法界。次重一真法界。即此科也。以理智契合。會緣歸實。即歸一真法界。前謂勝義中勝義者此也。予謂即毗盧身相矣。三者足相足性對。前釋疑處。以說相無定實。故無陵滅。今前科言正由相無定實。所以傾奪之則偏成有礙。合融之則極成無礙。以尚能成諸佛一切無礙妙用。豈更疑其陵滅等耶。又說性非水火。故無不容。今此科言不但只非水火。而十界俱非。乃至俱即俱融。尚即本來圓融性海。豈更疑其不容等耶。四者修成性具對。蓋謂前有合有發。全顯修成之相。亦是能證。此科無合無發。惟論一心。圓該十界。亦是所證。五者體用用體對。上為依全體之大用。雖不離體。而偏顯妙用。此為攝大用之全體。雖不缺用。而偏顯妙體也。次約本科勸尊經。此中非一切。即一切。而又融拂一切。酷似三諦三觀。心麤浮而不沈玩者。輒立諦觀。不知詳佛深旨。但是直指眾生現具本來之心。便是如此圓融妙極。眾生迷時。諸佛證後。常只如此。了無增減也。又復應知亦不離前根中所指圓妙明心。但於十顯一破方以指明。四科七大復進常徧。今乃至此方極圓融而無以復加矣。始終惟顯心性。何曾與說觀門。問。不立觀門。何由修證。答。汝不見下文阿難喻此心為華屋。求門而入。佛與說耳根圓通。方是入此之門。今何閱佛經而不遵候佛旨。亂立觀門。苟此處觀門已立。便當依此修行。觀音圓通何用哉。吾宗義學。幸勿專擅也。且此中佛既三標如來藏心。便當依佛判科。不必別立名言。就分三。午一圓彰空藏。語中既以一心偏非諸法。即同經初偏破諸法。惟顯一真如心。故即空如來藏。但彼惟破世間。此則兼非出世。又二。未一牒舉藏心。

而如來藏本妙圓心。

而字承接上文之意。如云。妙性雖隨染淨二緣起成二相。而如來藏云云。卻是顯真不隨迷悟而變也。此經首即指妙明心。而古德釋為寂照。今詳此三標藏心。皆以此二字互為重輕。前單後複。以別其空與不空耳。今於空藏有妙無明。應是重此妙字。目其寂體耳。而言本妙者。本來虛寂。無有一物。如珠淨體。本來非青非黃等。而又係以圓心者。明其但是不定屬於一法而已。非灰斷偏空也。

未二一切皆非。不但只非六凡。而亦並非四聖也。且又依佛後結。但以世出世間分科。又二。申一非世間。此中二科。是如來常說世間之法。故該六凡法界。然皆隨染緣而起者。今此約於心體未涉染緣。故皆非也。又分二。酉一攝非七大

非心。非空。非地。非水。非風。非火。

此非字即前先非水火之非。攝。謂心之一字攝根識二大。六根之性。前已明其為黎耶心。意根復該末那心。識大全攝前六心。故此心字總攝餘之五大。易明。

酉二攝非四科

非眼。非耳鼻舌身意。非色。非聲香味觸法。非眼識界。如是乃至非意識界。

此科據文但顯十八界。而實以意攝陰。入。處。收盡四科。攝五陰者。以五根六塵攝色陰。以意根六識攝後四陰至於入處開之。即是。

申二非出世間。此中四科。是佛常說出世間法。故該四聖法界。然皆隨淨緣而

起者。今約心體未涉淨緣。故皆非也。分四。酉一非緣覺法

非明無明。明無明盡。如是乃至非老非死。非老死盡。

此與非聲聞科。頗似心經語。但彼直約諸法空相。故言無。而此直約一心不屬諸法。故言非也。皆是取流轉還滅二門。雙舉因緣之頭。而雙超因緣之尾也。惟最初多一明字為不同耳。意謂無明無體。體是本明。故兼帶言之。以見離本明外。別無所謂無明。斯即真心。似不當非。然對無明而立明。乃是有待之法。今此圓心絕待。故亦非之也。此即舉流轉因緣之頭也。明無明盡者。本明之上。無明盡也。然緣覺但盡我執無明而已。此舉還滅因緣之頭也。此於兩門十二支中。俱各但舉一支。即惑因也。如是乃至者。超中間十支也。十支者。二曰行。即前陰業因。連上無明。乃過去二支因也。三曰識。謂投胎八識。即中陰位也。四曰名色。即在胎五陰。名。即受想行識之四。色。即色陰也。五曰六入。即出胎六根。現陰初生之位也。六曰觸。六根初能照境。未成欣戚之時也。七曰受。對境能生欣戚時也。自識至此。名現在五支果也。由惑業所感之苦果矣。下倣此。八曰愛。指誦說婬欲。未知追求之時。即現陰惑因也。九曰取。指追求婬欲未遂之時。業因也。十曰有。指婬事得遂之時。亦業因也。自愛至此。名現在三支因也。十一曰生。後陰自胎而出生也。不帶盡字。是流轉十緣。若各支下俱加一盡字。是還滅十緣。末句非老非死者。即非第十二支流轉因緣之尾也。老死共惟一支。指後陰身從生所至之老死合前生支。是未來二支苦果矣。非老死盡者。非第十二支還滅因緣之尾也。斯亦謂盡分

段。而變易猶未盡也

酉二非聲聞法

非苦。非集。非滅。非道。非智。非得。

前四。為聲聞所修四諦法也。苦諦。謂世間果。三界上下。無非是苦。以逼迫為性。即三苦八苦等也。二集諦。謂世間因。以招感為性。即十結使。并本隨煩惱。聚集以招感苦果者。三滅諦。謂出世間果可證為性。盡滅世間諸苦。出三界外。虛無寂靜。所謂盡諸有結。分段永離也。四道諦。謂出世間因。可修為性。即八正。及三十七助道品。所以能成滅諦之果者也。後二智得者。依孤山。作小乘所證智理。智。謂生空之智。理。謂我空之理。心經略疏。通指上能空之智所空之理皆無。今因係於四諦之後。依孤山亦通。況心經此句之後方標菩薩。則前屬聲聞何傷。

酉三非菩薩法

非檀那。非尸羅。非毗棃耶。非羼提。非禪那。非般剌若。非波羅密多。

孤山曰。非檀那等。先非能趨行。非波羅密多者。總非所趨理也。○此中多用梵文。前六。即六度也。檀那。此云布施。財法無畏之三也。尸羅。此云持戒攝律儀善法眾生之三。所謂三聚也。毗棃耶。此云精進。專而不雜曰精。勇往不退曰進。此普對諸度萬行。悉皆專勤也。羼提。此云忍辱。有六相。一力忍。不忘瞋。而但不報也。二忘忍。雅量容物。處辱如無也。三反忍。反己自責。不尤人也。此三未必得理。四觀忍。外人內身。皆達如夢也。五喜忍。喜其能成我之忍力。又如力士。試力而喜也。六慈忍。憐彼加辱者愚癡。而發願度脫也。此三非得至理不能也。此與刊定記小異大同也。禪那。此云靜慮。初心。則靜即止。慮即觀行。成。則靜即定。而慮即慧也。種類極多。此惟取於大乘權實漸頓偏圓等禪也。般剌若。此云智慧。有三相。謂文字。觀照。實相也。亦種類甚多。大約了妄達真契理如如等智也。上六為能趨之行。波羅密多。此云到彼岸。離生死此岸。度煩惱中流。到涅槃彼岸。此一為所趨之理。三句。皆上半為法。下半是喻。以彼岸所喻是涅槃。而涅槃即佛所證不生滅之理。在菩薩方以趨之。而未證極也。故作六行所趨之理。尋常贅於各度之下。故云六波羅密。此以一句總之耳。又前五度。不假般若導之皆事相之行。不到彼岸。故般若又為六度之要也。

酉四非如來法

如是乃至非怛闥阿竭。非阿羅訶。三耶三菩。非大涅槃。非常。非樂。非我。非淨。

如是者。結上菩薩之法。乃至之至。從因至果之意。非有超又。顯前菩薩法即如來之因也。孤山曰。先非能證人。後非所證法。怛闥阿竭。此云如來。阿羅訶。此云應供。三耶三菩。此云正偏知。即十號之三也。○以號目人。故即為能證之人。略釋。證真之極。

故稱如來。二利之極。故稱應供。徹照真俗。故稱正徧知。他經所釋甚多。不能繁引。向下是所證之法。涅槃。此云無生滅。謂遠離諸生死也。又云圓寂。謂萬德俱圓。諸妄永寂也。是四德之總體。下四德。乃其別相。常者。非惟二死永忘。無諸生滅。亦且世相常住。究竟堅固也。樂者。非惟遠離諸生死苦。亦且得不思議解脫。受用無量法樂也。我者。非惟證真法身。猶若虛空。亦且山河草木全露法王也。淨者。非惟妙淨理體。無諸染著。亦且清淨徧周。無染非淨也。何不非菩提。答。三號中正徧知亦該之矣。以惟獨約心體。故凡聖俱非。而直指人心者。所以不存聖凡之見。乃至心佛俱非也。而法界觀立理與事非一者。義允合也。圓具空藏已竟。

午二圓具不空藏。首既便即世間法。理實即同十惑忽生山河大地等。但此望彼有二了簡。非是盡同。一者。彼方即於世間。此則圓即十界。二者。彼隨染緣已起。此約一心理具。隨緣隨用。皆可即之也。既即萬法。故定屬不空藏也。分二。未一承上起下

以是俱非世出世故。

以。因也。是。此也。孤山曰。世結六凡。出世結四聖。○正以此心寂體。不滯一法。方能成普即一切之用。如摩尼珠。由其不屬一切色。方能徧現一切色。故雖體不臨照。而實用無不含。向使墮於一色。豈有徧現之用乎。故躡空藏為不空之由。

未二正明不空。又二。申一牒舉藏心

即如來藏元明心妙。

承上由心寂體徧非諸法。故即如來藏云云。元明。對上本妙。重一明字。元。亦本也。元明者。本明照用。有涵具之意。而復係之以心妙者見用但體含。仍非滯有之用也。

申二一切皆即。非但即於四聖。亦並即於六凡。然即者。無施不可之意。非便指於已現之用也。此下法相皆同空藏。但改即字。其餘悉準上知。分二。酉一即世間。又分為二。戌一攝即七大

即心。即空。即地。即水。即風。即火。

戌二攝即四科

即眼。即耳鼻舌身意。即色。即聲香味觸法。即眼識界。如是乃至即意識界。

酉二即出世間。又四。戌一即緣覺法

即明無明。明無明盡。如是乃至即老即死。即老死盡。

戌二即聲聞法

即苦。即集。即滅。即道。即智。即得。

戊三即菩薩法

即檀那。即尸羅。即毗棃耶。即羼提。即禪那。即般剌若。即波羅密多。

戊四即如來法

如是乃至即怛闥阿竭。即阿羅訶。三耶三菩。即大涅槃。即常。即樂。即我。即淨。

以十界諸法。離此心無片事可得。故惟據藏心之體。便即十界之體。隨所現而無不可者。所以直指人心者。信手拈來。無有不是。乃至心佛俱即也。法界觀立理與事非異者。義允合也。圓具不空已竟。

午三融空不空。上非與即。皆對十界為言。今此不復更陳十界。但與拂融即非二字。則空與不空。合一圓融不可思議矣。故此科。應是圓具空不空藏。而省略文也。分為二。未一承上起下

以是俱即世出世故。

承上不空徧即諸法。故不墮於一法。由徧即而又不墮。故為融拂之由。

未二會歸極則。又分二。申一牒舉藏心

即如來藏妙明心元。

躡上二科之本妙元明。以雙標妙明二字。泯合一心。寂照融一。張下圓中之本。復係之以心元者。兼明其本來元具。非假於修成作為者也。

申二即非圓融

離即離非。是即非即。

此中渾含世出世間。一切融會。離即離非。雙遮前之二藏。以顯此之一心圓神不滯之體。固不定屬於即。亦不定屬於非。故曰離即離非也。下句非即二字。本是非二字。而翻說非即耳。文之巧也。是即是非者。雙照前之二藏。以顯此之一心隨宜自在之用。全非而即。全即而非。所謂能即能非也。故曰是即非即。大約對萬法而獨顯心。是圓融極至耳。所以直指人心者。有曰。若要直捷會。一切總不是。若要委悉會。一切無不是。而法界觀立非異即非一。非一即非異。義允合也。舊註引淨明遣盡之說。方是空藏中一切皆非意耳。管見非之。當矣。夫顯心之談。妙極於此。問答原意。宜此重伸。良以義廣言長。忘其最初本意。則始終語脈不可通矣。原夫佛酬阿難妙定之請。捨置權小所修。示以諸佛本定。然斯定所以迥異者。以是全彰自性本妙圓定。釋者不可多用修意。以仍濫於常途也。況此奢摩他中。純談本定。曲顯性真。而說修之意絕少。從初三卷直指藏心本定之體。顯次第空藏也。而大眾各各自知心徧十方。常住不滅。斯則頓意成矣。而圓意猶未彰也。問。七大何說圓融。答。彼約周徧說也。復次滿慈頓興二難。為後二藏之發起。於是答萬法云何生續。

則略彰藏心隨染緣之用。顯次第不空藏也。斯則體用略備。圓意已露。而猶未具彰也。復答五大不合相容。且示性相二無礙理。顯次第空不空藏也。斯則且彰無礙。釋彼有礙之疑而已。至於即性之相。無量不思議業用。即相之性。混融不思議妙體。未極顯也。更因當機之伏疑。而與之備談染緣淨緣。四義四相。則一切圓用方以盡彰。又與開二合二。雙拂雙融而三一妙體方以極顯。然用須證而後發。故略帶修成。體則本來現成。故仍彰不變。縱因修顯。亦非修生。所謂是了因之所了。非生因之所生矣。是則後之圓融三藏。收前次第三藏。而自心本具圓定。方以極顯而無以復加矣。閱斯文者。幸加意焉。極顯圓融已竟。

辰二普責思議

如何世間三有眾生。及出世間聲聞緣覺。以所知心。測度如來無上菩提。用世語言入佛知見。

首二句責界內凡夫。三有。即欲有色有無色有也。出世間。即三有外也。不責偏教菩薩者。舉正為而略兼為耳。以所下二句。見不可思也。以者。用也。所知心。凡小各所證之理性也。以彼證非妙。未離能所。各以本智為能知。各據證境為所知。今即以此所智心境比類推度。謂佛無上菩提亦同此也。然佛無上菩提。是佛圓修圓發證極妙覺。即前淨緣起中四義四相。具足本始之究竟。彰顯全體之妙用。應即十十玄門法界無障礙智。亦即不思議解脫。如來自言。我所得智慧微妙最第一者。此也。此誠非識所知。非心所測。豈可用所知心以妄測度哉。正所謂儘思共度量。不能測佛智也。末二句。見不可議也。用世語言。如陵滅不容之語。因緣和合之言。是也。入者。參雜於中也。佛知見者。法華標名。而未釋義。疏家隨自意明。如三智五眼。多從證得。豈定合於佛意。斯經佛口親談如來藏心。發揮本有。乃至末後極顯圓融三藏語竟。乃責凡小用世語言。入佛知見。是則顯然以圓融三藏為佛知見復何疑哉。又特取於生佛本來不變妙心。不獨取於證得。然則學者宜應惟佛是遵可也。問。菩提既取於修成。則知見安知不獨取於證得者乎。答。此處縱不信其決定重本來心。到五卷初。佛釋根塵縛脫。明指根性即是知見。文云。知見立知。即無明本。知見無見。斯即涅槃。可見佛於斯經。前後發揮眾生根性。即是開示佛之知見。不爾。但取佛所證得。與眾生何關。而必欲開示之乎。是則法華標名而未釋義者。於斯經方釋其義矣。我故常曰斯經為法華堂奧者以此耳。又當知菩提知見皆可互通。此處菩提。即是證得知見。此處知見。即是真性菩提。因佛於菩提取無上者。既分屬於修成。故須知見但取於本來耳。智者善須甄別。思議分言。亦互影耳。普責思議已竟。

辰三結喻推失。又二。巳一喻智最要。又分二。午一舉喻

譬如琴瑟箜篌琵琶。雖有妙音。若無妙指。終不能發。

四皆絲屬之樂。琴今七絃。瑟今二十五絃。箜篌今十四絃。琵琶今四絃。古之絃數不同。不繫引也。喻圓具三藏之妙性。即寶覺真心也。妙音。喻妙用。即前一為無量等也。妙指。喻妙智。所謂如如真智。即前妙明不滅不生能合如來藏者也。發字。喻中即謂發音。

法中即謂發用。所謂故發真如妙覺明性。猶發音也。

午二法合

汝與眾生亦復如是。寶覺真心。各各圓滿。如我按指。海印發光。汝暫舉心。塵勞先起。

首二句。總與合定。向下詳開合文。寶覺真心。合琴等也。世之所稱為寶者。略有三義。一離垢穢。二具光明。三富財用。今以本覺不變之體。即離垢義。圓照之相。即光明義。隨緣之用。即財富義。故稱寶覺也。真心。檢非緣慮等心。然覺以照體言。心以總相稱也。不偏滯曰圓。無缺減曰滿。各各圓滿。言人人皆本具。合雖有妙音也。以下合無指不發。有二釋。一者補缺釋。以喻中缺有妙指能發妙音。今度反顯必有。則如我二句作法說。正合之也。海印。即佛心常住三昧。按指發光。即動成妙用也。二者局喻釋。以喻中但說無指不發。而總合又但言汝與眾生故也。按指發光。但作重以喻明。以按指喻舉心以發光喻塵勞起也。正以不具妙智。故但發塵勞。不發妙用。正合無妙指不發妙音也。海印者。應是佛手印文。不指佛心三昧。及大用等釋也。舉心塵起。若剋取前文。實即傾奪而隨為色空耳。

巳二責其不求

由不勤求無上覺道。愛念小乘。得少為足。

此出其不發妙用之由。而激勸其求也。上文直言不發妙用。而實未明言由無妙智。至此方說出也。無上覺道。即佛智果。所謂發妙用之妙智也。若因果地而尋求因地。即根中不生滅性。佛初以之合如來藏者也。小乘無志上求佛果。故不勤求於此。所以妙用終不發也。末二句。又出不求之故。皆由愛小而失大也。愛念其功省而利近。得少為足者。但以六通十八變等化城偽寶為足矣。蓋激其速回小以取大也。正答次問已竟。

丑二兼釋轉難。分二。寅一滿慈索妄因而擬進修。滿慈依因緣舊宗。知苦因集。而後斷集脫苦等。緣覺是義更明。今聞諸妄起自無明。乃欲知無明所因。而剋苦斷之。不知諸妄尚可推審其因。獨此一法無因可推審也。是知此問無明之因。不同前問萬法生續之因也。又此擬修。乃是意取。有三。一者。據佛前言由不勤求。理宜奮求修法。二者。據今自語未究聖乘。亦須究竟修之。三者。據後佛言何藉劬勞修證。故知意中必有奮修之念。佛方鑑機云然也。又二。卯一推較本末。又二。辰一推本無二

富樓那言。我與如來寶覺圓明真妙淨心。無二圓滿。

我與如來者。就己對佛推論。以例眾生諸佛無不皆然。見生佛本覺無不同也。寶覺圓明者。領前寶覺。而加圓明二義。圓。即前之富有財用意。明。即前之離垢光明意。真妙淨心者。領前真心。而加妙淨二義。不滯一相曰妙。不涉一塵曰淨。無二圓滿者。領前各

各圓滿。而但加同佛之意。如云在佛無增在生無滅也。

辰二較末懸殊

而我昔遭無始妄想。久在輪迴。今得聖乘。猶未究竟。世尊諸妄一切圓滅。獨妙真常。

先以舉己久迷未復也。然遭無始之妄者。領初之忽生中意也。久在輪迴者。領後之相續中意也。聖乘未竟者。領愛念小乘。得少為足之責也。孤山曰。未究竟。二意。就外現。則羅漢無明全在。就內祕。則菩薩有上地惑。故未究竟也。諸妄圓滅。即極果斷德。獨妙真常。即究竟智德。○蓋世尊下。即說如來獨得滅妄純真。此領前辨果中妄不復生真不復變意耳。

卯二索請妄因

敢問如來。一切眾生何因有妄。自蔽妙明。受此淪溺。

承上問本既無二。我等從無二中。何故忽遭根本無明。自蔽妙淨圓明之寶覺。受此久在輪迴。聖乘未竟之淪溺。竟與如來無妄純真者岐而為二乎。然淪溺二字皆取喻於水。淪者。水之旋復也。喻久在輪迴。溺者。水之深處也。喻聖乘未竟。經說二乘墮無為深坑故也。

寅二如來喻無因而示頓歇。分三。卯一喻明無因。又分四。辰一牒惑起問

佛告富樓那。汝雖除疑。餘惑未盡。吾以世間現前諸事。今復問汝。

汝雖除疑一句。是許其大疑已除。蓋據其推本無二。是信己本真。稱佛圓常。又已信佛永證。乃至萬法生續之疑。性相難融之惑。皆已破矣。餘惑未盡者。尚不達此無明無因。是以強索之也。現前諸事者。因現前諸事中偶有此一事也。蓋就事引喻。非假設之喻也。

辰二舉喻辨定

汝豈不聞室羅城中。演若達多。忽於晨朝。以鏡照面。愛鏡中頭。眉目可見。瞋責己頭。不見面目。以為魑魅。無狀狂走。於意云何。此人何因。無故狂走。富樓那言。是人心狂。更無他故。

溫陵曰。演若達多。此云祠授。從神乞得故也。○以為魑魅者。自以為魑魅而驚怪也。此中但取狂走。惟喻最初根本無明獨頭橫起。故說無因。若依舊註句句解配。則狂走最後。反喻麤惑。何得無因。無狀。同無故也。夫無狀無故。已自無因。而更問何因者。欲其自審也。故滿慈於喻了知不謬矣。

辰三以法合喻。巳一舉法詳合。又分二。午一直標無因

佛言。妙覺明圓。本圓明妙。既稱為妄。云何有因。若有所因云何名妄。

首二句。先舉無妄之體。以正顯妄本是無也。妙覺明圓者。以一覺字處於三義之中。

顯覺體具乎三義也。無妄縛之曰妙。無妄蔽之曰明。無妄虧之曰圓。本圓明妙者。復表三義皆本具。而非假修證也。既稱下。明虛妄與有因展轉相違。蓋既妄則必無因。有因則必非妄。可見於妄而索因者。不達妄理者也。

午二極明虛妄。又二。未一因空無始不可說

自諸妄想展轉相因。從迷積迷。以歷塵劫。雖佛發明。猶不能返。

起信論。無明與妄想皆是最初細惑。互相引發。凡有幾重。茲不繁敘。彼分二相稍殊。無明。最初癡相也。妄想迷中動相也。卻後凡迷真處便是無明。凡執似處便是妄想。雖常互為因緣。而實一虛妄。無別因也。今此妄想。即同論中。而迷字。即彼無明。首二句。正明因空而說妄想。自相成因。更無別因。次二句。正明無始而說無明。自相積集。以至微塵紀劫。終不得其因之始相。末二句。雙承妄想自因。而無明無始。雖佛八音四辯。亦不能逆推而說其本始之因。故曰猶不能返。良以妄體本空。無可說矣。

未二妄空無生不可取

如是迷因。因迷自有。識迷無因。妄無所依。尚無有生。欲何為滅。得菩提者。如寤時人。說夢中事。心縱精明。欲何因緣取夢中物。

首二句。非是明其因迷生迷也。因迷因悟。上文已經雙破。此是一翻一正。如是迷因。指法之詞。因迷自有者。正因迷惑。不達無因。所以常自成有也。蓋為迷妄因為有。故并妄體亦皆成有故也。下二句。翻迷成悟也。識迷無因者。達得迷無生因也。妄無所依者。自見諸妄悉皆本空也。蓋為達妄因為無故并妄體亦空故也。次二句。結成無生。言識得無因。不但只達妄空。亦達最初即未曾生。而卻後將何所滅乎。後引夢喻以明不可取也。得菩提者。即如寤時人醒夢之後也。宣說無明。即如說夢中事也。雖有大智。不能取無明確實之體相。即如心縱精明。不能取夢中物也。大約亦同不可說意。特以取字別上說字。以妄體別上妄因耳。舉法詳合已竟。

巳二取喻帖合

況復無因。本無所有。如彼城中演若達多。豈有因緣。自怖頭走。忽然狂歇。頭非外得。縱未歇狂。亦何遺失。

首二句。牒法也。況字。以上夢喻。況下本喻。如云。只此夢喻已足顯其妄性無生。況復云云。首句牒妄因本空。次句牒妄體亦空也。如彼下四句。帖喻妄因本空。忽然下四句。帖喻妄體亦空。設使其頭真有得失。不名為狂。帖喻法中設使妙覺真有得失。不名為妄。今乃歇非外得。未歇無失。帖喻法中悟非外得。迷非真失。可見妄體本來無有也。以法合喻已竟。

辰四結成無因

富樓那。妄性如是。因何為在。

性。即體也。言妄之自己體性本來如是。尚不可得。況更索其因哉。喻明無因已竟。

卯二示令頓歇。圓頓教中。知真本有。何勞起修。達妄本空。不須強斷。而強修強斷者。盡屬怖頭狂走。妙在歇狂。當下即是。然歇狂正是無修之修。亦非同撥無放逸之流也。分三。辰一示無修之修。又三。巳一略除妄緣

汝但不隨分別世間。業果。眾生。三種相續。

詳但之一字。即所以止其意中奮修之念。如云。汝究妄因。將欲得其本因。而苦修以斷之也。今即悟其無因本空。何必乃爾。汝但云云。分別二字至重。應是緣麤境之麤惑。總該法執。對三種相續為三分別。故下科呼為三緣也。不隨二字。便是頓修頓斷功夫。蓋二乘我執已盡。尚猶不了法空。於三相續而分別心外實有。長纏理障。今教其於承示悟空之後。但惟息此三種緣念分別而一切不隨。即是頓斷法執也。良以彼之三種相續。本無因而末全空。但惟依此隨念分別。故常不即空。今惟不隨。彼自無依。不空何待。此誠頓悟家最為省力之修也。思之。夫觀三種相續。文取初問科中之語。則知此之頓修。全藉初問中生續皆空以張其本也。

巳二妄因自絕

三緣斷故。三因不生。

上句牒上科意也。蓋上科不隨三種分別。即是斷三緣也。而麤惑麤境已盡。三因。乃

帶細境之細惑。即三細中流注細念。所以為前麤惑境之深因。故亦對境成三。不生者。良以麤念除而功熟。細念亦隨盡也。

巳三妄本亦盡

則汝心中演若達多。狂性自歇。

心中演若狂性者。借喻直指根本無明。良以前演若狂走之狂本喻根本無明故也。歇者。息也。滅也。由前達空之後。麤細二念俱忘。則根本無明豈能獨存。亦泯然而息滅矣。然歇字雙含伏斷兩意。若約伏意。則十信滿心圓伏無明。若約斷意。則等覺後心永斷無明也。

辰二示無證之證

歇即菩提。勝淨明心本周法界。不從人得。

前皆滅妄。此科證真也。菩提。智果之號。本覺出纏。三智圓滿之相。勝淨明心。極果之體。合名體而兼舉也。勝者。超過一切。無比無上之意。淨者。煩惱不能染。明者。無明不能昏也。權小菩提。下對凡外亦稱淨明。而非勝淨明也。心之一字。亦顯唯心。非別有也。此亦雙含發心究竟二種菩提。承前圓伏無明。此為發心菩提。初住位也。雖斷一證一。而圓融該徹四十二地。即成正覺。克肖究竟也。承前永斷無明。此為究竟菩提。如來位也。亦就滿慈已齊七信。進則二果可階。故作斯判。若約初心具頓根者。則雖觀行位中。圓伏五住。一超直入。是亦菩提勝淨明心。曾無優劣。幸勿退屈。祖云。但離妄緣。

即如如佛。允合此中頓歇之意。本周法界者。但由歇而顯。非由歇而始有也。前云。一切世間諸所有物。皆即菩提妙明元心。即周法界意也。不從人得者。縱使從人指示。而實理備吾身。非從人與。如燈傳點而已。

辰三責劬勞修證

何藉劬勞肯綮修證。

藉者。假也。須也。吳興曰。骨間肉曰肯。筋肉結處曰綮。出莊子枝經肯綮之未嘗。○依管見。作勞筋苦骨。剋苦修行之意。何藉者。言不須作意苦求修證也。良以頓人悟處高妙。了達妄本空而真本有。但息顛倒分別。一念入無分別。本空者無依而何所留。本有者無覆。而何所隱哉。故不假於苦修證也。此若滿慈意中無擬修之念。則佛責何所謂乎。然而欲希頓修者。當先求於頓悟。如其悟未大徹。而妄撥事修。自成陷墜。亦愚惑之甚也。慎之。示令頓歇已竟。

卯三結喻推失。又分三。辰一本有不覺喻

譬如有人。於自衣中繫如意珠。不自覺知。

衣。喻三緣顛倒分別。三因微細流念。及狂性根本無明重重包裹之相。珠。喻菩提勝淨明心。由此枝末與根本無明重包重裹。故雖有而不覺知也。

辰二迷之非失喻

窮露他方。乞食馳走。雖實貧窮。珠不曾失。

纏空而乏於妙用為窮。滯有而無所退藏曰露。空有二皆邊地。故如他方。吳興曰。求人天樂。取偏小益。猶乞食馳走。○珠不曾失者。萬妄交馳。一真宛在。猶雖貧珠在也。

辰三悟之非得喻

忽有智者指示其珠。所願從心。致大饒富。方悟神珠非從外得。

吳興曰。佛如智者。教如示珠。證理起用。則致大饒富也。溫陵曰。末二句喻妄息真現。不勞修證也。○致大饒富。喻本周法界。末二句喻不從人得也。此中問處。原同圓覺經金剛藏云。若諸眾生本來成佛。何故復有一切無明。但一切意該本末。而此經以末從本。亦言諸妄悉無因而本空也。問。此之頓歇。與耳根圓通同耶異耶。答。歇意同。而就位有異也。若博地凡夫。名字位中。聞斯法門。悟徹真有妄空。從耳門入流忘所。即是不隨世間分別。三緣頓斷也。若仍隨分別。三緣不斷。何名入流忘所耶。自此由忘而不生。由不生而盡。由盡而空。由空而滅。一路休歇。自淺之深。直至寂滅現前。即是菩提勝淨明心現前矣。此則全同也。若滿慈七信位後。根結已盡。何用翻前又從耳門而入。但從覺所覺空。頓歇法執分別俱生。至寂滅現前。則勝淨明心亦現前矣。蓋前位人法二執齊歇。此位但歇法執。故云就位有異耳。正答滿慈已竟。

癸二兼示阿難。阿難本是當機。以此疑接咐滿慈問中而起。故曰兼示也。分二。

子一阿難躡佛語而執因緣。此阿難第三翻疑因緣也。最初第一於顯見超情科中。疑見性不由因緣。第二於圓彰七大科前。疑萬法不由因緣。今此第三。乃疑證果成道何亦不屬因緣。有果無因。誠大可疑。意蓋聞佛久排因緣。而語中又帶因緣。既說因緣。又言何藉修證。故起斯問。是則前疑性相。今疑因果矣。分三。丑一起問

即時阿難在大眾中。頂禮佛足。起立白佛。

丑二正問。又復曲分為四。寅一躡牒佛言

世尊現說殺盜婬業。三緣斷故。三因不生。心中達多。狂性自歇。歇即菩提。不從人得。

現說殺盜婬者。依天如作略牒業果。而意該世界眾生。若是。則業字應是等字之誤。而緣字即是分別。非即指殺等業也。此說極好。以滿慈三業絕無、豈佛更說令斷之乎。

寅二證成怪問

斯則因緣皎然明白。云何如來頓棄因緣。

首二句。證成佛言現說因緣。下二句。怪問既說因緣。何又頓棄而言迷妄無因。何藉修證。以至多明今教不屬因緣耶。

寅三昔教有益

我從因緣。心得開悟。世尊。此義何獨我等年少有學聲聞。今此會中大目

犍連。及舍利弗須菩提等。從老梵志聞佛因緣。發心開悟。得成無漏。

首二句。自受益也。世尊下。他受益也。梵志者。西竺出家者之通稱。謂其有清淨志行者也。經載目連等最初於途中相遇波離迦葉等。聞說生滅四諦因緣。開悟信從。然後見佛。成羅漢果也。

寅四今濫自然

今說菩提不從因緣。則王舍城拘舍棃等所說自然。成第一義。

觀今說二字。即指現說無因本空。歇即菩提。何藉修證等語。而為頓棄因緣之意。不必取前文也。外道自然。如八萬劫後。自然成道。猶如縷丸。極處停止。皆自然不假修證之意也。正問已竟。

丑三結問

惟垂大悲。開發迷悶。

意謂約佛之言。則仍帶因緣。究佛之意。則頓棄因緣。今請決定仍是因緣耶。必非因緣耶。決一則不迷悶矣。

子二如來拂深情而責執恪。又二。丑一就喻拂情。又二。寅一拂情伸意。又三。

卯一即喻揆情。

佛告阿難。即如城中演若達多。狂性因緣若得滅除。則不狂性自然而出。因緣自然。理窮於是。

即喻者。即取前喻。揆情者。揆度阿難兩種情執也。如云。汝所謂因緣自然者。今且就前狂喻以推之。汝必謂狂性云云。理窮於是者。言汝不過執此為因緣為自然。出此二途。則情盡理窮也。大意忖度阿難之意而先以按定。下方破也。此但說喻。若約法中。須得無明因緣滅除。菩提自然而出。若此。則本空本有二意俱失。全成兩種執情矣。

卯二雙拂二計。又分為二。辰一約頭雙拂。約頭者。法中蓋指菩提不墮二計也。

又二。巳一拂自然

阿難。演若達多頭本自然。本自其然。無然非自。何因緣故。怖頭狂走。

首二句。標定頭為自然也。本自其然者。牒上句意。猶言既是自然也。無然非自者。猶云無非自然也。言其常應自然而有。不得驚其忽無而發狂也。末二句。即詰問其何故忽驚無頭而狂走乎。因緣。亦只是故字意。不取照鏡。但表其既狂。便不屬於自然而已。法中謂本性若屬自然。眾生即當常自見性。不復有迷淪者。今何故復有迷而馳背者乎。可見菩提不屬於自然也。大端破自然只破自然。切不可謂以因緣破自然。交破即屬矯亂。如前辯也。

巳二拂因緣。又二。午一對詞反詰

若自然頭。因緣故狂。何不自然。因緣故失。

文雖雙舉。實惟獨重因緣。語雖帶狂。實惟獨約頭辯。若自然頭者。頭本先有也。因緣故狂者。照鏡因緣而遂怖無頭也。若此。則全非真因緣。何以故。若實因緣。何不此頭元自然有。照鏡因緣遂真失乎。必真失其頭。而後為真實因緣也。法中如云。若菩提妙性先自然有。而後假無明因緣背馳不見。遂謂此性全屬因緣。即當真失其性。方信因緣不妄。今何不由因緣真失乎。詰令自審也。

午二正結其非

本頭不失。狂怖妄出。曾無變易。何藉因緣。

首二句。是中其正意。以結定頭在不失。而無端狂怖。妄謂無頭而已。末二句。是出其非為因緣。如云。正當妄怖無頭之時。而本頭實無變易。及覺有頭狂歇之後。而此頭何假因緣。法中合云。性本不失。無端迷背。似失而已。然正當迷背似失之時。而本性實無變易。及見性破迷之後。此性何假因緣哉。此亦破因緣只破因緣。非以自然而破因緣也。大約言此頭若是自然。當無狂怖。此頭若是因緣。當須真失。今由有怖。故非自然。又由無失。故非因緣。以法詳喻。歷然可見。但是雙非。決無雙是。若用互破。則前墮是因緣。後墮是自然。故曰矯亂。觀後文尚須重重遣盡。豈此中反令雙非而翻成雙是乎。

辰二約狂雙拂。約狂者。法中蓋指無明不墮二計也。分二。巳一拂自然本狂自然。本有狂怖。未狂之際。狂何所潛。

本狂自然者。若狂本出於自然也。本有狂怖者。言即當本來常有狂怖也。末二句詰問可知。若以合法。則未狂之語。法喻難齊。良以喻中真有未狂之際。法中實無未妄之時。若爾。當墮無明有始之過。只可義取之云。清淨本然之中。妄何所潛。如諸祖謂空劫以前。亦是義立而已。

巳二拂因緣

不狂自然。頭本無妄。何為狂走。

不狂自然者。若不是狂出於自然也。又說首二字顛倒。應是狂不自然。即反說因緣耳。蓋此句先以翻成因緣。下二句。方躡上詰問以破之也。頭本無妄者。即同頭本不失也。末句正詰問也。法合當云。若謂妄非自然而有因緣。然性本不失。何因緣而背馳乎。雙拂二計一科已竟。

卯三躡伸己意

若悟本頭。識知狂走。因緣自然。俱為戲論。是故我言三緣斷故。即菩提心。

此即躡上破辭。而重伸己說歇即菩提之意。首句是躡上約頭雙拂。而悟頭之非自然非因緣也。次句。是躡上約狂雙拂。而知狂之非自然非因緣也。下二句接云。若如是解。則二計俱為戲論。而全無實義矣。法合當云。若悟覺性本具。又知無明本虛。二計誠為戲論矣。以上躡前結束已定。是故下。就伸己意也。如云。由是二俱戲論之故。我故前說但使三種分別戲論之緣斷除。即真菩提心矣。良以法執未除者。於三種相續。不忘分別。正是戲論。前云不隨分別者。所以止絕戲論耳。戲論止。而無明無依。菩提離障。不真何俟哉。拂情伸意已竟。

寅二疊拂諸情。分三。卯一先出兩重生滅。又二。辰一約菩提出生滅

菩提心生。生滅心滅。此但生滅。

承上言三緣斷故以即菩提。而不可更作生菩提想。何以故。若菩提心生。則生滅心滅。此則仍是生滅之心。非真菩提心也。

辰二約自然出生滅

滅生俱盡。無功用道。若有自然。如是則明自然心生。生滅心滅。此亦生滅。

承上言不但此為生滅之心。縱使滅生俱盡。無功用道。亦不可更生自然想。何以故。若自然心生。則生滅心滅。此亦全是生滅之心。非真無功用道也。此重更難察識。故下偏喻之。先出兩重生滅已竟。

卯二喻明自然非真

無生滅者。名為自然。猶如世間諸相雜和成一體者。名和合性。非和合者。稱本然性。

承上問言。何為自然猶是生滅。良以計無生滅為自然者。蓋對彼生滅之不自然而立非真本有也。若以喻明。正如世間因雜和成一體者名和合性。對此和合。而遂將非和合者稱本然性。則此本然二字。元是對待翻顯增立之法。豈本有哉。本然即自然也。

卯三極盡妄情方是

本然非然。和合非合。合然俱離。離合俱非。此句方名無戲論法。

本然即自然。就喻而用也。和合即因緣。取類而稱也。本然非然者。本然與非本然也。和合非合者。和合與非和合也。合然俱離者。和合與非和合固俱離也。本然與非本然亦俱離也。若單遣。則反淺於前句矣。離合俱非者。離與不離又復雙離之也。此離合的合字。不與和合的合字相干。蓋是對離說合。故即不離也。末二句。方許其真無戲論矣。蓋遣之又遣。以至無遣。方契真無功用道。真菩提心也。是由識知狂走。則因不墮於二計。覺本頭。則果不墮於二計。而真無功用即真因也。真菩提心即真果也。故知阿難此番之辯。全辯因果也。就喻拂情已竟。

丑二切責執恪。分二。寅一抑斥戲論。又二。卯一直斥耽著戲論。舊說世尊教阿難歷劫勤修。不可徒恃多聞。如是。則與前何藉劬勞肯綮修證意相矛盾。若約對位淺深。則博地凡夫。豈得一超直入。若約多聞寄斥。則因緣六度。寧免塵劫曝腮。當知不捨戲論。歷劫無功。能捨戲論。何須歷劫。必謂捨戲論而又當歷劫。則不藉劬勞之語。終乖前後矣。請詳今解。本意自見。復分為二。辰一判果難成

菩提涅槃。尚在遙遠。非汝歷劫辛勤修證。

首句。智斷二果號也。承上如云。據汝所執所問。則極果尚在遙遠。非汝歷劫辛勤所能修證。意謂縱經塵劫修行。亦終不能實證也。此且斷定難成。下科方出其所以也。

辰二出其所以

雖復憶持十方如來十二部經清淨妙理如恒河沙。祇益戲論。

蓋言我所以斷汝歷劫難成極果者。正以汝雖憶多經。本皆離戲論。而清淨詮了義之妙理。汝反取之以資益戲論。所以難成也。意謂若能遠離戲論。則歘即菩提。尚不藉於劬勞。亦何有於歷劫難成哉。直斥耽著戲論竟。

卯二現證戲論無功。又二。辰一自全無力

汝雖談說因緣自然。決定明了。人間稱汝多聞第一。以此積劫多聞熏習。不能免離摩登伽難。

言其若憑自己多聞。全無道力可免婬術之難也。

辰二仗咒方免

何須待我佛頂神咒。摩登伽心婬火頓歇。得阿那含。於我法中。成精進林。愛河乾枯。令汝解脫。

夫乘佛咒力。一時頓證三果。超斷見惑八十八使。進斷思惑欲界九品。故曰成精進林。勝多曰林。以其進速而證多。故以稱也。報居不還。不來欲界。故曰愛河乾枯。欲愛溺人。無異瀑河。故以喻也。夫阿難固是權人。登伽亦不定實。但一見多聞無功。示居初果。一顯咒力功大。速證第三。義無不盡。至於一期勝會。見解俱圓。本皆信位。而但依小稱者。取其名位勝。而令凡小生敬羨耳。抑斥戲論已竟。

寅二激修無漏。又分二。卯一正勸勤修無漏

是故阿難。汝雖歷劫憶持如來祕密妙嚴。不如一日修無漏業。遠離世間憎愛二苦。

常不開演曰祕密。不可思議曰妙嚴。一日者。翻上歷劫也。無漏業者。捨權歸實。遠離戲論。行起解絕。入無分別。即不漏落於戲論分別而已。若以下文取之。即須反聞自性。所謂將心持佛佛。何不自聞聞也。初不漏落於循聲。以次而深。重重脫之重重無漏矣。憎愛。現對摩登耶輸。何須玄釋。且阿難既示初果。但就初果論之。教載須陀洹人。隔生多婬。後有畫瓶之悔。又羅漢斷愛。而憎習全在。如淨名會上。天花著身是也。夫憎習被縛。如獼猴推粘求脫。若是。則潤生之根柢尚在。何用他說。況在婬室時。既稱將壞戒體。足顯救之遲而未必不壞也。何待隔生。至於遠離。功亦非淺。約戒。則須身心俱斷。先以絕愛。斷性亦無。後以絕憎。約定慧。則須寂照含空。摩登在夢。至此豈惟但無憎愛。亦乃情器俱超。而更妙能轉物矣。

卯二更舉劣機激責。分三。辰一單舉登伽破障

如摩登伽。宿為婬女。由神咒力銷其愛欲。法中今名性比丘尼。

宿為婬女四字。具含三障。宿為業障也。婬習。煩惱障也。女身。報障也。故下文銷其愛欲。則煩惱障已破。名之以性。則業障已除。作比丘尼。則報障現轉。顯咒力能破三障。障消性顯。故成性比丘尼也。

辰二兼與耶輸同益。承上文所謂三障既開。不證何俟。故此科顯益又分二。巳一開悟益

與羅睺母耶輸陀羅。同悟宿因。知歷世因。貪愛為苦。

女身之報。全由慾愛深重。今緣宿命開通。洞知累劫苦本皆因貪愛。而悔悟深切也。

巳二修證益

一念熏修無漏善故。或得出纏。或蒙授記。

激勸之旨。偏屬此科。前責阿難不如一日修無漏業。令出二苦。今舉劣機一念熏修。即得出纏受記。正相應也。上二句。二人之修也。熏修無漏者。乘悔悟心。止貪愛水。不外流逸。一念迴光湛居性定。恒無漏落也。下二句。別言二人之證也。出纏是登伽所證。即出貪愛纏縛。若約三果。即如愛河乾枯之解。授記。是耶輸所得。已證四果。法華蒙記成佛。號具足千萬光相如來。進證應入住位矣。兼與耶輸同益已竟。

辰三詰責阿難自欺

如何自欺。尚留觀聽。

承上言耶輸女身。已為劣弱。而登伽婬女。更是下劣。此等劣機。今尚以一念熏修。即皆高證。而汝以丈夫根智。徒守多聞。淹於下位。自欺云者。蓋現見熏修有益而不修。明知戲論無功而固執。留者。戀也。觀聽。即見聞也。尚留觀聽者。言尚戀見聞分別。而耽著戲論也。當知阿難此番辯問。最有關要。良以前既排盡因緣。後復將談修證。若一向有修有證。則違前自言。若一向非因非緣。則廢後修證。此誠聖言宛似互違。而不可不辯也。今明真本無變。猶夫頭本無失。而何有實修實證。固非一向墮於因緣也。又明妄之現迷。猶夫狂之現起。而豈終無修無證。亦非一向墮於自然也。由是則知斯經無修無證。固不礙於有修證。而有修有證。仍不礙於無修證也。前後之文。無復矛盾之可議矣。其旨亦甚微妙也哉。問答辯劾已竟。

大佛頂首楞嚴經正脈疏卷十九

大佛頂首楞嚴經正脈疏卷二十

經文卷四之四

明京都西湖沙門交光真鑑述
蒲州萬固沙門妙峰福登校

庚二大眾領悟感謝。此科通結前滿慈阿難等銷疑悟理也。以答滿慈之後。尚無領悟之文。故知此科非單結阿難因緣之問也。分二。辛一領悟

阿難及諸大眾。聞佛示誨。疑惑銷除。心悟實相。身意輕安。得未曾有。

示誨。總承前正答滿慈。及兼示阿難之文。而言惑除者。通指正答中萬法生續。性相圓融。轉難中何當復起。何因有妄。及兼示中頓棄因緣。五重深惑皆除也。心悟實相者。按前文佛慈許說科中。所謂真勝義性。一乘寂滅場地。真阿練若正修行處。是則初句實相總名也。次句實相果地也。末句實相因地也。法華以實相為體。一乘因果為宗。正孚斯義。答中生續本空。及性相無礙。即寂滅場地。不隨分別。及遠離憎愛。即正修行處。而實相炳然昭著矣。通前更論。有三處表顯實相一者。十番示見之尾。佛責聲聞不達實相。則下談離二見妄。及四科藏性。即皆顯實相也。二者。七大之前。許令當來修大乘者通達實相。則下談七大徧周及阿難承示開悟處。皆顯實相也。三者。即此處經家敘眾已悟實相。逆知說後二藏一大科中。全以發揮實相如上所解也。若揀差別。則前二顯實相常徧。後一顯實

相圓融矣。又當知就心性謂之如來知見。統萬法謂之一乘實相。是可見法華渾標名字。此經方以釋義。我故曰斯經乃法華之堂奧也。輕安。定相也。定慧互倚。故躡慧成定。頓銷麤重戲論。得無分別。迴光湛然。渾一實相。法華所謂其心安如海是也。極慶其聞所未聞。故曰得未曾有。滿慈至此方到究竟無疑惑地。而阿難亦從此更不復疑因緣自然矣。

辛二感謝。又二。壬一感謝之儀

重復悲淚。頂禮佛足。長跪合掌而白佛言。

重復悲淚者。以前悲淚雖多。感悟猶淺。此則所悟既徹。而悲感益深。故標重復耳。

壬二感謝之言。又為二。癸一稱讚善開

無上大悲清淨寶王。善開我心。

清淨。即智也。讚佛為證極悲智。利樂無盡之寶王。善開心者。言我等惑妄重封。權宗固閉。佛善令其開通。而豁然見諦也。

癸二詳申謝益

能以如是。種種因緣。方便提獎。引諸沈冥。出於苦海。

首三句。申上善開之意。如是指上之詞。種種因緣者。推妄發真微細因緣。非世間和合麤相也。方便。即善巧也。提。謂提撕以警其迷執。獎。謂獎勸以振其疲怠。末二句。謝其深益。引謂誘掖。沈。謂陷溺。冥。謂障蔽。苦海。謂憎愛二苦海也。此固謝前。而語意首標重復悲淚。末望究竟出苦。亦所以啟後修門矣。自滿慈發問至此。復為一周。名無生無礙周。良以阿難於三卷末。承佛破妄顯真之示而開悟者但初悟所執之妄。初見所遺之真。故方謝其銷我倒想。隨請其更除細惑。故四卷之初。滿慈代舉生續圓融之二問。而佛答初問。則深窮萬法始於無明。而本空無生。答次問。則圓彰性相是佛菩提知見。而融徹無礙。與夫三番轉難。則審除細惑無餘。而無生無礙之旨愈明矣。故曰無生無礙周也。良以細惑要因修所斷故。又若結歸性定。則前周中談空如來藏。以直指自心本具妙定之體。奢摩他文齊此已盡。又當知前周初明二執分別。純屬悟境。此周搜抉二執俱生。兼啟修意。極顯其常住周偏。此一周中談後二如來藏。乃至圓融三藏。以詳發自心本具妙定體用。極顯其無礙圓融。此即十方如來得成菩提妙圓真心。不假修習。如如本定。三名中即妙奢摩他。而徹悟此者。即微密觀照也。又此心此定一切眾生。乃至權小。悉不測知。所以錯亂修習。終無實果。故於經題四實法中。正屬如來密因也。而舊註謂見道分者亦齊於此。餘意在下周中。說奢摩他。令悟妙心本具圓定已竟。

戊二說三摩提令依妙心一門深入。此科次答阿難妙三摩提之請也。蓋據經文於建立義門科下。即親命名妙三摩提。向後通一大科偏稱三摩提號。或三摩地。但梵音小異耳。乃至二十五聖無不云然。故今首判屬之。然舊註科為修道理雖不差。義亦小濫。按天台判圓住同於別地方謂真修。而住前未全許為修也。今圓通。根之初解始得人空。正在信位。蓋是似修。而未入真修。舊註判此為修。而判後為證。豈此無位而後無修耶。況此中明以前之性定妙心喻為華屋。而圓通方喻入門。足見升堂入室。更在後修諸位也。應知此科論修。尚在修之初門。論證。不無證之初位。以圓通功就。亦信滿而入住也。是則謂此科全該修位固不可。而謂此科一無證位猶不可也。是故今科按定屬三摩提。而遵經標一門深入。庶乎其離彼二過也。不知具眼者以為何如。分二。己一選根直入。前已屢明此經所以異於權小者。惟在用根而不用識。故前顯真。始於根性。今談修證。惟選本根證入圓通也。又分三。庚一阿難說喻求門證入。又四。辛一述領佛旨。又二。壬一領開心之旨

世尊。我今雖承如是法音。知如來藏妙覺明心徧十方界。含育如來十方國土。清淨寶嚴妙覺王剎。

上言善開我心。此方敘述心開之相。亦總攝上科二周全分開示之力。明心體圓融。包含周徧。今所述心徧十方。即徧意。含育寶剎。即包意。表其於此信解無疑。成大開悟矣。

壬二領勸修之旨

如來復責多聞無功。不逮修習。

逮。及也。述此。乃見請修實為順佛之旨也。

辛二正喻須門

我今猶如旅泊之人。忽蒙天王賜與華屋。雖獲大宅。要因門入。

宿陸曰旅。宿水曰泊。春秋係王於天。譯者準用指人主也。迷心。如常棲旅泊。開心。如忽賜華屋。即喻上徧界含剎之心。屋必得門可居。心亦假門始入。此方舉喻。下科乃合喻而求門也。

辛三求佛指示。二。壬一普求入大之路

惟願如來不捨大悲。示我在會諸蒙暗者。捐捨小乘。畢獲如來無餘涅槃本發心路。

蒙暗。即宮牆外望。畢。竟也。乃究竟必欲得之。誓不中止也。無餘涅槃者。以小乘止斷四住見思。尚餘五住。如來權許有餘涅槃。猶如化城。今欲進趨五住究盡之寶所。故求導師舊由之路也。合前華屋。正欲得門而入之矣。

壬二別求有學總持

今有學者。從何攝伏疇昔攀緣。得陀羅尼。入佛知見。

別為有學而更請者。正求初心方便。要使具足五住無明者亦得入門也。向下圓通先得人空。道場方許一果。蓋可見矣。疇昔攀緣。即無始來我法二執分別。承前開示。已悟知見。而不能入者。二執障之也。故須攝伏之。陀羅尼。解見二卷。一念總持三藏圓入之法也。後文一念反聞。不勞諸觀。乃至寂滅現前。知見即入矣。

辛四拜懇候教

作是語已。五體投地。在會一心。佇佛慈旨。

庚二如來教示一門深入。分四。辛一分門以定二義。又二。壬一欲開修路。又二。癸一標所為之機。又分二。子一令在會者安心。

爾時世尊哀愍會中緣覺聲聞。於菩提心未自在者。

佛慈雖云普為。而二乘猶為當機。故特舉之。意兼有學。非獨無學也。回小向大。即二乘發菩提心。未自在者。即不得其門而入者也。

子二令當來者發心

及為當來佛滅度後。末法眾生發菩提心。

此眾生不獨凡外。亦兼小乘。與上科互影略也。

癸二明所說之法

開無上乘妙修行路。

無上乘。即一佛乘。然理實一乘同教猶為有上。而一乘別教方為無上。妙修行路。即下耳根圓通。欲開修路已竟。

壬二建立義門。分三。癸一標示。又為二。子一本其發心勤求

宣示阿難及諸大眾。汝等決定發菩提心。於佛如來妙三摩提。不生疲倦。

小乘原於五百由旬。中路疲倦。而戀止化城。今如已滅化城。決定進趨寶所。故不復疲倦。妙三摩提即趨寶所之路也。

子二教其究心義門

應當先明發覺初心二決定義。

即從本覺而發始覺也。初心。即最初起修之正念也。決定者。即定見定依無猶豫也。

癸二徵起

云何初心二義決定。

癸三分判。又分為二。子一決定以因同果。澄濁頓入涅槃義。以因同果四字。便是第一決定之宗。澄濁等。便是此宗之趣也。蓋言所以必欲因果相同者。以因果不同。則不能澄濁取涅槃也。經文顯然可見。然此一義。文短而義長。義長者。蓋直至如來斷果。究竟極證也。又此雖因果雙舉。而意在略明果證之遠。非比小教化城之果僅齊圓之七信。亦非比始教曝腮之果。僅止圓之二行也。由彼皆以生滅識心為本修因。而因果不同。故不能遠趨佛之常果。是故先須說此第一決定也。此旨妙甚。分三。丑一正令審觀。又分二。寅一令剋體審觀。剋體直就因果而加研窮也。

又三。卯一標本回心

阿難。第一義者。汝等若欲捐捨聲聞。修菩薩乘。入佛知見。

菩薩乘者。非墮三乘。乃一乘之圓頓也。佛知見。詳現三藏科中。

卯二令審同異

應當審觀因地發心。與果地覺為同為異。

卯三反決必同

阿難。若於因地。以生滅心為本修因。而求佛乘不生不滅。無有是處。

不生不滅。即涅槃妙德。四德中舉常為要。明生滅因不可以成真常果也。

寅二令閱世例觀。閱世者。旁觀萬法以例推也。分二。卯一令閱世

以是義故。汝當照明諸器世間。

以。因也。是義者。即因果須同之義也。此句躡上起下。照明世間者。徧觀常無常品。

於中審察也。此句略標。下科方以詳教觀法也。

卯二令例觀。又分為二。辰一觀有作必壞

可作之法。皆從變滅。阿難。汝觀世間可作之法。誰為不壞。

首句。促舉諸有為法。次句。佛先斷定盡屬無常品類。所謂如夢幻泡影也。阿難下教

令詳觀。驗其是否也。

辰二觀無作不壞

然終不聞爛壞虛空。何以故。空非可作。由是始終無壞滅故。

首二句。借例虛空。發明常品。次二句。更以徵釋無作為因。末二句。斷定畢竟不壞也。此但借虛空為例。意明欲求不壞因心。須取無作之性。不應復用生滅心也。生滅。即指識心。無作妙性。即根中圓湛不生滅性也。正令審觀已竟。

丑二明所欲除。科名正顯經文來意。此須徵問上文所以必取無生滅性為因心者果何故耶。良以眾生心海。現為五濁昏擾。無時清明。今欲澄之以取涅槃妙德。非圓湛不生滅性以為因心必不能也。故此科先明所除之濁。而下文乃示能除之性。教其去取之法。此經文之脈絡也。分為二。寅一總示五濁。孤山曰。今文五濁。永異餘經。餘經。見。以五利為體。煩惱。以五鈍為體。利鈍共十使也。眾生。但攬見慢果報。立此假名。命。以連持一期色心為體。摧年促壽。故曰命濁。劫無別體。但以四濁聚在其時。故名劫濁。今文不然。蓋約五陰妄想為五濁也。故下文色陰有堅固妄想。受陰有虛明妄想等。○此說今濁猶約後文而推。尚非懇切。今據本文。但是於圓湛見等水中。投以空大等土。而分亂見等不圓不湛便是濁體也。又分二。卯一剋示濁體。夫心海湛然。而渾濁於其中者。諸大即其實體也。然外五大。與內

四大。雖均之為濁體。而逼切生死障絕涅槃者。惟內四大為尤甚。故下科多論身中者此也。又三。辰一釋身中四大

則汝身中堅相為地。潤濕為水。煖觸為火。動搖為風。

堅相。即骨肉之類。潤等可知。心海中本無此物。妄自結暗為色。乃至想相為身。遂被此物渾濁。久不能復湛也。

辰二示分隔圓明

由此四纏。分汝湛圓妙覺明心。為視為聽。為覺為察。

本無渾濁曰湛。本無分隔曰圓。下覺之與心。名體雙舉也。覺者心之體。由圓而不隔。則本有互融之妙。故曰妙覺。心者覺之名。由湛而不渾。則本有徹照之明。故曰明心。具此湛明圓妙。是本然性。一為四大所分。則本然俱失。但為目之視。乃至意之察。渾濁分隔。無復湛圓之體矣。覺攝鼻舌身三總六根也。

辰三結成濁標數

從始入終。五疊渾濁。

始終者。按下文始於劫濁。終於命濁。

卯二喻明濁相

云何為濁。阿難。譬如清水。清潔本然。即彼塵土灰沙之倫。本質留礙。二體法爾。性不相循。有世間人。取彼土塵。投於淨水。土失留礙。水亡清潔。容貌汨然。名之為濁。汝濁五重。亦復如是。

倫。類也。留礙。謂有形塊也。法爾。本來一定之相也。不相循。猶言不相干。土失留礙。謂形塊開散也。汨字從日從水。謂如水中日影。昏擾不定也。總示五濁已竟。

寅二別示五濁。此別即前總中之別。而所示諸濁。與前總中亦稍不同。總中但約內四大。方當別中第二見濁。今餘四既兼外之五大。而又併約法塵生死及六根也。然法塵是四大之影象。生死是四大之合離。六根是四大之分隔。故總中獨約四大六根。意已略盡。別中亦外少而內多。詳之。分五。卯一劫濁

阿難。汝見虛空徧十方界。空見不分。有空無體。有見無覺。相織妄成。是第一重。名為劫濁。

孤山曰。此濁依於色陰。○當知凡言濁者。蓋以本然見聞覺知如湛水。而內四大外五大等。俱如灰沙。故此中外五大以濁四性。而大之與性各有影略。性則舉見以影聞等。大則舉空以影地等。而所以獨舉見之與空者。以見空各徧。皆無自體。而妄織之相易明也。首二句。即舉所依色陰。蓋空是對一顯色故也。空見下。就見空而正是濁體。有空無體者。

以虛空可見而不可執捉。無形塊也。有見無覺者。以見雖徧空。而無冷煖等覺受也。如見空中有火。而見不覺熱是也。相織者。如經緯密織。不可分也。妄成者。本無二相。而成此交織之妄也。末二句。結成濁名。所以名劫濁者。正以此中並該四大山河等。有成住壞空之劫也。又表眾生無始。自晦昧為空時便入劫濁。非如常途百歲以後也。舊說不明影略。則性大各有所缺。豈無體之空尚為渾濁。而地水等熾然反非濁乎。且澄濁之後。則所澄之性。豈獨澄見而不澄聞等。所沈之濁。豈獨沈空而不沈地等乎。請詳味之。當信然也。

卯二見濁

汝身現摶四大為體。見聞覺知。壅令留礙。水火風土。旋令覺知。相織妄成。是第二重。名為見濁。

孤山曰。此濁依於受陰。○湛圓中本無內四大之身相。今摶四大為之。故為第二重濁。首二句。即所依受陰。摶。即受也。領納為身境耳。見聞下正示濁體。壅者。障隔也。留礙者。滯於形也。謂四性本無留礙。而為四大所壅。無留礙者於是而有留礙矣。旋者。攝為自體也。四大本無覺知。而為四性所旋。無覺知者而有覺知矣。相織妄成者。一旋一壅。如一經一緯密織而不可分矣。亦是有知無知渾合無分。便同相織耳。末二句結成濁名。見濁者。以四大本無情之物。由因妄織。雖鍼鋒草刺咸有痛覺。是以眾生堅起我見為諸見之主。六十二見咸統於此。是謂見濁也。

卯三煩惱濁

又汝心中憶識誦習。性發知見。容現六塵。離塵無相。離覺無性。相織妄成。是第三重。名煩惱濁。

孤山曰。此濁依於想陰。○首二句。即所依想陰。長水曰。憶過去境。識現在塵。誦未來境。○性發下。正示濁體。蓋想陰但是所依。而能依濁體更是法塵。孤山曰。性發知見。謂能取六想。容現六塵謂所取六塵之相也。○六想。即六識妄覺也。六塵。即現在五塵。過未法塵。離塵無相者。謂覺離六塵。則覺無自相。離覺無性者。謂塵離妄覺。則塵無自體。二法更互相依。離一泯二。固未有離塵之覺。亦未有離覺之塵也。相織妄成者。塵覺既不能離。亦如經緯密織而不可分矣。末二句結成濁名。煩。擾也。惱。勞也。緣塵盈念。無時而不勞擾。故為煩惱濁矣。

卯四眾生濁

又汝朝夕生滅不停。知見每欲留於世間。業運每常遷於國土。相織妄成。是第四重。名眾生濁。

孤山曰。此濁依於行陰。○首二句。即所依行陰。指念念遷流而言。知見下正示濁體。然行陰亦但是所依。而濁體更是生死。蓋湛圓中本無生死。以上三濁。器界身心俱備。故於遷器界續身心處。遂有無邊生死。知見欲留者。生從順習。而凡夫無不貪生也。業運常遷者。死從變流。而凡夫無自由分也。相織妄成者。謂一留一遷。亦如一經一緯密織而不可分矣。末二句結成濁名。由因此故。流轉七趣。變幻一切。眾生之相。故名眾生濁也。

卯五命濁

汝等見聞。元無異性。眾塵隔越。無狀異生。性中相知。用中相背。同異失準。相織妄成。是第五重。名為命濁。

孤山曰。此濁依於識陰。○首二句亦指所依識陰。然偏指第八。不取前六。以根中無分別之見聞。正是第八見分。今濁體中同異。元約根言。非識也。問。前見濁約身。似已該根。豈不重複。答。彼約內四大為身總相。而顯我見為見濁。此約六根別相。而顯乖背為命濁。總別各旨。不為重也。問。舊釋指於六識。今不取彼。豈六識於湛圓中獨不為濁乎。答。煩惱濁中。全約識之六想方成。豈塵自能成於煩惱耶。然此濁必欲約識。則唯約前五。以第六無隔越義。分屬煩惱濁中。亦似略通。但據後佛伸一六之妄。明約六根。顯體知用背之旨似甚可憑。況所依既是識陰。而能依又復是識。是自依自。恐不通也。智者酌之。眾塵下。正示濁體。隔越生異者。即四大結為六根。隔離見聞。各不相通耳。次二句。躡成同異也。性體相知。似同而非異。動用相背。則又異而非同。或同或異。二不可定。故曰失準也。相織妄成者。亦以一同一異。如一經一緯密織而不可分也。末二句結成濁名。所以為命濁者。只以六根結滯。命托於中。體用俱不自在。便為命濁。

或以根塵攬結則為命存。根塵離散則為命謝。亦通。通上論之。妙覺明心。惟一湛圓。尚無內外。豈有諸濁。今自晦昧為空之後。則外被五大器界所渾而為劫濁。稍內被四大身相所渾而為見濁。更內被六塵緣影所渾而為煩惱濁。由是斷續身心。遷流國土。復被生死所渾而為眾生濁。約此四相。則內外通一渾濁。而全失湛義。又由是而眾塵結滯。六根不復通融而為命濁。約此一相。則全失圓義。故欲復本湛圓。須求澄濁之法。是以下文方教澄濁也。明所欲除已竟。

丑三去取方除。上科先示所除之濁。此科次示能除之法。除法在於決擇去取。若決擇不明。而去取顛倒。則濁不能除。湛圓終不可復也。分四。寅一示欲頓證

阿難。汝今欲令見聞覺知遠契如來常樂我淨。

見聞覺知眾生現具六根中性。即本覺也。常樂我淨。如來無餘涅槃。即究竟覺也。解現前圓具空藏科中。蓋凡夫本覺湛圓雖與佛同。以有眾生濁則遷流生死。故失真常。以有煩惱濁。則法塵勞擾。故失真樂。以有劫濁。則空界無情。故失真我。以有見濁命濁。則根身不淨。故失真淨。此約別義。若約通相。則每於一濁俱失四德。是以與佛果德迴爾懸殊。今欲即以具五濁之四性。而遠契如來四德。以頓證極果。誠為最勝之法門也。

寅二決定去取

應當先擇死生根本。依不生滅圓湛性成。

擇者。揀去不用也。死生根本。即六處識心。而經初七番破處。顯發全非者也。凡外權小悉取之而錯亂修習。皆為因不同果。今決定擇去而不用。此緣佛前判二種根本時。即以此心為生死根本。故知然也。不生滅圓湛性者。即根中所具。經初十番顯示。二見剖瑩。近具六根。遠周萬法者也。凡外權小悉昧之而日用不知。今決取而依之。茲蓋緣佛自判此性為菩提涅槃元清淨體。故知然也。若此。則經文前後召應。脈絡貫通。極為妙旨。舊註不達於死生根本自呼為五濁業用。圓湛之性。自立為三止觀門。全不取於經中本有。此等非惟臆說無憑。仍使前之開示悉成無用。豈前之開示。不與此修進相干哉。詳之。

寅三取以伏斷。分二。卯一法。又分二。辰一伏成因地

以湛旋其虛妄滅生伏還元覺。得元明覺無生滅性為因地心。

上科成字但是帶言。正謂成此因地。并下果地也。以。用也。湛。即取上不生滅圓湛性也。約前。即如來所示之見性。約後。即觀音所用之聞性。其體本來湛然而不動。按前文屈指飛光。及後文擊鐘所驗。不動不搖無生無滅之本性也。虛妄滅生。即前五濁總一生滅之妄法。以湛旋之者。如後文云。若棄生滅。守於真常。常光現前。根塵識心應時銷落。是也。五濁不過根塵識而已。伏還元明覺為因地心者。正表因中即本真常。非同生滅為因。約下合喻似是十信滿心。至合喻處再當明之。

辰二斷入果地

然後圓成果地修證。

此自初住以去。至等覺。為果地之修。妙覺。為果地之證。問。前云自五濁起已失四德。何得復有此圓湛之性。能成因果二地。答。五濁雖徧擾圓湛。如空中華。常自虛無。圓湛雖被濁徧擾。如太虛空。不動自在。人惟迷棄圓湛。而反用五濁中生滅心為因。終不能澄諸濁。以此說失。豈真失哉。

卯二喻。又二。辰一喻伏成因地

如澄濁水。貯於靜器。靜深不動。沙土自沈。清水現前。名為初伏客塵煩惱。

五濁濁於見等圓湛性中。徧成虛妄滅生之相。如沙土濁於清水之內。徧現渾濁之形。故以湛旋妄。如以靜器澄水。靜器即根中性也。理實後文反聞自性。即靜深不動也。漸獲二空。即沙土自沈也。末二句。出名合喻也。檇李曰。客塵煩惱。諸經論皆說為煩惱障。天台目為界內見思。○按小乘法。初伏見思。位在七賢。方當圓之觀行。似太卑劣。今詳經意。惟以進斷根本無明方說為斷。見思塵沙雖斷。亦只云伏。故知初伏客塵。應是信滿已斷二惑。并伏無明者也。佛語隨宜。勿泥執焉。且圓通文云。生滅既滅。寂滅現前。與今所謂旋其虛妄滅生。伏還元覺無生滅性。語意何別乎。

辰二喻斷入果地

去泥純水。名為永斷根本無明。

前之沙土方沈。泥猶未去。以喻無明伏而未斷。斯則去泥。喻斷無明也。前之清水現前。以喻元覺澄而未純。斯則純水。喻究竟淨覺也。末二句。出名合喻。檇李曰。根本無明。諸經論皆說為所知障智障等。天台目為界外見思。〇此亦不分塵沙無明二相。今詳經文既云永斷。而又云根本。明是初住以去所斷別惑。乃至等覺生相悉盡無餘。正是如來無餘涅槃。其取果豈不遠哉。取以伏斷已竟。

寅四結證極果

明相精純。一切變現。不為煩惱。皆合涅槃清淨妙德。

明相精純者。如清涼所謂富有萬德。蕩無纖塵。孤山曰。一切變現。即隨機所感。十界現形也。〇理實依舊變現器界身心。乃至示居生死。互融六根。皆不為濁。皆成妙用無礙涅槃。良以昔由迷心起執。人法紛然。故悉成濁礙。今由迷盡執空。唯心所現。自在無礙。故無非妙德。亦如泥盡水純。任攪不復渾也。此科全顯因果若同。取果究竟。非如權教因果差異。中止化城也。涅槃妙德。即常樂我淨。攝盡萬德。皆合云者。順行逆行。左右逢源之意。決定以因同果。澄濁頓入涅槃義已竟。

子二決定從根解結。脫纏頓入圓通義。從根解結者。便是第二決定之宗。脫纏等便是此宗之趣。蓋言所以必欲從根解結者。以不從根。則不能脫纏頓入圓通也。

經文亦顯然可見。然此一義。義短而文長。義短者。以所說圓通。似惟始入住位。較前涅槃義則短也。文長者。以一經要義。下手工夫全在此科。故不但本科較前為長。次下釋二疑。示倫次。選本根。皆所以足此科之義。問。一大因果何故前詳後略如此。答。此有二意。一者是初心方便故。蓋初學切要所當詳知者。住前功夫也。不得不詳。假使詳談住後功夫。殊非初學切用也。二者是圓頓化儀故。蓋圓頓法門。功夫惟在住前。住後則一超直入後心。此意本經後文亦甚顯著。後再發明。此科對前科。前是顯果遠而究竟。此是顯因巧而證速也。以經於六根尚選圓根。文云。圓根與不圓根日劫相倍。何況較之從識從塵而入者。則豈止於日劫之倍哉。故知此之法門。最巧而至速矣。夫果雖遠。而入之遲鈍。因雖速。而證之淺近。皆不足為勝。今證之既遠。而入之又速。此所以為最勝法門也。具眼者辨之。分二。丑一開示解結一周。分三。寅一標處指根明結。又三。卯一原其增上修心

第一義者。汝等必欲發菩提心。於菩薩乘生大勇猛。決定棄捐諸有為相。

佛慈利生雖急。而施教須待發心。所謂不憤不啟也。菩提心。即直深大悲之三。屬願。亦是果體。菩薩乘。即一佛乘。無有二三。運至寶所。圓滿六度。屬行。方是真因。按位。則上句欲從初信希入初住。下句欲從住後希至等覺不退轉也。諸有為相。即權小舊修行也。蓋權小皆以生滅心為本修因。故彼所證無為尚非真正。何況諸行。後偈云。真性有為空。

緣生故如幻。無為無起滅。不實如空華。是也。今迴權小向於實大。故皆決定棄之。

卯二泛言當知結處。泛言者。不明指何法為處也。分二。辰一法說。又分二。

巳一正令審詳妄本

應當審詳煩惱根本。此無始來發業潤生。誰作誰受。

煩惱者。按唯識局於心所。徧於惡法根隨二十六數而已。此則不然。應如起信。並該界內善惡無記。及權小諸愚。以其俱為二死深源。故均名煩惱。根本。暗指六根。問。生死根本與此何別。答。生死是苦果。根本即是六識。煩惱是苦因。根本即是六根。問。根以起因。識以起果。各不相干耶。答。根所引生之煩惱。意許總相即是六識。如唯識根隨心所。不過心王開出。而合為一體。即是心王。此可類知。是則煩惱既即六識。當知六識為生死根本。六根復為六識根本。元是一貫。豈不相干耶。業。謂現陰所造。發與造不同。造。即煩惱成辦。發。謂煩惱來由。生。指中陰所潤。即求父母時憎愛等無明也。誰作誰受。正令自審詳也。吳興曰。發業潤生者。此指煩惱也。誰作誰受者。此推根本也。意顯六根自作自受。〇然又當知根即八識。八識引起六識全是煩惱而為苦因。六識招引生死而為苦果。麤論似惟六識作之。而細推實是八識自作。現觀似當六識受之。而六識惟是八識自受故曰自作自受。但不言八識而言六根者。意使眾生現前易曉解也。

巳二反顯決當知處

阿難。汝修菩提。若不審觀煩惱根本。則不能知虛妄根塵何處顛倒。處尚不知。云何降伏取如來位。

虛妄根塵。攝法甚寬。根。即總指四大六根之肉身。塵。即總指徧虛空之無情器界。一真清淨之全心。緣此二法總成結縛。然根身器界雖極廣大。而的實結處。至為簡要不繁。決當知而後可解也。詳下譬喻。明白可了。

辰二喻明。又分為二。巳一同喻正明

阿難。汝觀世間解結之人。不見所結。云何知解。

此如以繩作結。雖諸股共成結體。而的實所結之處惟在一股。若不真見而知之。則終不能解。

巳二異喻翻顯

不聞虛空被汝隳裂。何以故。空無相形。無結解故。

此喻顯所解六根。非指根中無形性體。乃指六精墮於勝浮二根之結體也。以勝浮二根俱有相形。能令無留礙之妙性妄成留礙也。虛空無有相形。是彼異喻。故取以反顯根有相形。有結必解也。且以密顯結解。惟有相形之二根即是結處矣。問。解結聖人。豈皆灰滅二根耶。答。不然。根雖全具。而見聞十虛。互融變現。不被縛礙而已。若此。則豈惟根身不縛。器界亦無留礙矣。下文可了。泛言當知結處已竟。

卯三確實指根是結。上科註雖偷釋根義。而經實未顯然說根。此科方顯然指出矣。分為三。辰一直指處體

則汝現前眼耳鼻舌。及與身心。

心意根也。此蓋直指六根乃是真實結處之體。

辰二出其過患

六為賊媒。自劫家寶。

賊媒者。內人而引外賊者也。如世外賊。必賴家內奸人勾引指教。方能成劫也。媒喻六根無疑。舊註賊喻六塵。然塵雖在外。而體本無情。說賊非義。亦於本經無據。今據七徵之初。佛云。譬如發兵討賊。要當知賊住處。向下便徵心處。是佛明以識心為賊也。問。心說外賊。其義何居。答。識是有情。賊義勝塵。體即塵影說外亦通。自劫家寶者。根引識起。顛倒分別。遂將如來藏中諸大家寶。悉皆劫為外之六塵。乃至肉身。皆不自在。經云。由汝認賊為子。迷惑無知。故有輪轉。祖師云。損法財。滅功德。莫不由他心意識。是也。

辰三顯為結處

由此無始眾生世界生纏縛故。於器世間不能超越。

世界即世間。別經云。世間有二。一者眾生世間。即有情根身。二者器世間。即無情器界。惟此二法盡一切法。眾生於二。徧成纏縛。皆不自在總為結體。然的實結處。不在器界。唯在六根。故迷者求出三界。悟者但解六根。今經言由根縛故。不能超世。反顯根解則不惟於身自在。而於器亦超。得大自在。如後觀音三十二應等。即超越之相也。標處指根明結已竟。

寅二備顯六根數量。上科大要方以指出根是結處。而行人已知解結必從於根。然根乃有六解惟從一。不可不擇。欲擇。當須通達六根數量。不知數量。憑何選擇。此科所以顯數量也。分為二。卯一統論本所數量。本所數量。則無優劣。不可選擇。然必先陳此科者有二意。一者明數量緣起。由於世界相涉。二者顯原用本無優劣而優劣生於隨方之業力而已。分為五科。辰一躡前徵起

阿難。云何名為眾生世界。

觀此徵詞。當知所說世界但約根身。非干器界。至下再明。

辰二正釋世界。三。巳一釋名

世為遷流。界為方位。

世屬於時。故以遷流不住為義。界屬於處。故以方位定在為義。

巳二指體

汝今當知。東西南北。東南西南。東北西北。上下為界。過去未來現在為世。

此界世皆約身中而言。問。世無可議。界似不通。器界不動。可說東西等定位。身常轉移。何有定方。答。此有二說。一者假借。謂借器界東西等以明身中東西等也。此則在身惟左右前後等。如溫陵所解是矣。二者就實。謂身外可見轉移。身中豈覺轉移。如世界非真不動。當亦有轉動時。雜華明世界遊行往來。過百千萬世界。而世界中人但見不動不移。豈能覺哉。當知身中亦有定位。界外亦見轉移。何用情計乎。

巳三結數

方位有十。流數有三。

正釋世界已竟。

辰三明其相涉

一切眾生織妄相成。身中貿遷。世界相涉。

首二句泛論諸法。蓋言理中本無眾生。迷而後有。一切眾生皆由諸妄交織而成。下二句方以確指世界。身中二字。足顯惟屬根身。貿者。有無交易也。遷者。彼此互到也。如世行商。貿遷諸貨也。相涉者。即交織不離之義。下文自明言此世界相涉。乃織妄相成中之一法耳。夫織妄貿遷。相涉。皆同一意。但上通而下局焉。織妄舊局根塵。非也。辰四勒成數量。分二。巳一去留界數。世數惟三。而界數有十不將界數去留成四。不能與世涉成十二也。又分為二。午一去六留四

而此界性設雖十方。定位可明。世間只目東西南北。

午二明其所以

上下無位。中無定方。

則師云。上下無位者。指著上下。皆是四方之上下也。除此別無上下。故曰無位。中無定方者。謂四隅之中也。隅以兩方交接而得名。既一隅而屬兩方。故曰無定方也。○當結云。因此所以界數惟四也。

巳二正勒涉數。分二。午一涉成本數

四數必明。與世相涉。三四四三。宛轉十二。

此為疊數之本。故曰本數。

午二疊成滿數

流變三疊。一十百千。

流者。自一重流至三重也。變者。變少為多也。吳興曰。一十百千者。通舉增數之法

耳。謂增一為十。增十為百等。今且以方涉世明三疊者。第一約四方各論三世。共成十二也。第二於東方三世。變一為十成三十。南西北方亦復如是。四方各三十成一百二十也。第三於東方三十。變十為百。成三百。三方亦爾。四方各三百。成千二百也。以世涉方。其例可解。

辰五總括始終

總括始終。六根之中。各各功德有千二百。

此中德字。義當活看。乃是用字能字之意。蓋六根中三世四方。即唯識色心假分位法。名不相應行。全依根中色心而立。故六根之功用功能。皆於自體所具三世四方無不圓滿。自少增多。顯其圓滿而已。似不必強配法相。以傷穿鑿。況古德言。西天傳來三疊註釋。亦止增數而已。如上岳師所解也。且此意但是欲令選根。不得不明數量。非是正修行處。而修行正意。惟在耳根圓通。長水剋意深釋。畫圖示人。乃謂修行意惟在此。是雖別有理據。而不知遮晦本修正意。智者不應惑之可也。又此千二百數。但是統論凡夫所具。未局此方。故言各滿非即真性勝用。且如下言此方眾生耳舌意現滿千二。亦但比餘根稍圓而已。豈即徧周法界。如佛所證耶。故知稱真聖人。六根功德數當無量。溫陵謂此但權依世論。六解一忘。則何數量可及。斯為知言矣。統論本所數量已竟。

卯二揀別隨方數量。此科是獨就娑婆而揀。若依上科。則不可揀別。今因諸方互有優劣。而娑婆三優三劣。仍可獨推一根最優。故須揀別。分為二。辰一。總令克定。

阿難。汝復於中克定優劣。

辰二別示具缺。具則千二。缺則八百。分六。巳一眼根缺

如眼觀見。後暗前明。前方全明。後方全暗。左右旁觀。三分之二。統論所作。功德不全。三分言功。一分無德。當知眼惟八百功德。

則師云。若一方三百。前與左右合成九百。義不通也。當知四方各二百。四隅四百。今眼所見。前及左右三方已成六百。並前二隅二百。共成八百。惟後方二百。及後二隅二百不見。故云三分之二也。

巳二耳根具

如耳周聽。十方無遺。動若邇遙。靜無邊際。當知耳根。圓滿一千二百功德。

有聲為動。若者。相似非實之辭。邇。近也。動若邇遙者。如世人聞聲。必知遠近也。就實而論。如前經云。觀聽與聲俱無處所。則邇遙亦屬情執非實。故曰若也。靜無邊際者。如世人聞無聲之靜豈能度其遠近。夫圓聽十方。聞靜無際。斯根所以最優也。

巳三鼻根缺

如鼻齅聞。通出入息。有出有入。而闕中交。驗於鼻根。三分闕一當知鼻惟八百功德。

闕於中交者。如調適之息。出盡少停。後乃方入於少停時。所謂闕中交也。冬月驗之可見。息既有闕功豈能全。溫陵曰。出能取香。入能聞香。出入之中無能。故闕中交。長水曰。出入中交共成三分。一分四百闕於中交。故惟八百而已矣。

巳四舌根具

如舌宣揚。盡諸世間出世間智。言有方分。理無窮盡。當知舌根圓滿一千二百功德。

孤山曰。取能言說。不論嘗味。若取嘗味。其功則劣。以合中知故。問。宣揚二智。智者能之愚者不能。有能不能。豈皆千二。答。愚者之言。雖無出世之智。而世間之智則有之。況下文云。言有方分者詞或局也。理無窮盡者。義徧通也。約此。則世諦語言至麤淺者。皆通至理。如祖師聞婬詞而悟道出世智也。孔子聽孺歌而警心。世間智也。若是。則愚者之言亦具二智。圓滿功德。何所差別乎。

巳五身根缺

如身覺觸。識於違順。合時能覺。離中不知。離一合雙。驗於身根。三分闕一。當知身惟八百功德。

孤山曰。離一合雙者。離中不知是闕一分。合時能覺有違有順。故具二分。

巳六意根具

如意默容十方三世一切世間出世間法。惟聖與凡。無不包容。盡其涯際。當知意根圓滿一千二百功德。

默容者。異前宣揚也。彼是能議。此是能思。問。約通達一切法者。則能包容盡際。而未通達者無有此能。何均千二。答。意根本具此能。而愚者不能引發。非意根之罪也。譬如剛刃本能解斷。而拙工不能磨礪。非刃之罪也。今但約其本具。故說一切圓滿備顯六根數量竟。

大佛頂首楞嚴經正脈疏卷二十

國家圖書館出版品預行編目資料

大佛頂首楞嚴經正脈疏／（明）京都西湖沙門交光真鑑著述. -- 1 版. -- 新北市：華夏出版有限公司, 2022.07

冊； 公分. -- (Sunny 文庫：242-243)

ISBN 978-626-7134-25-2（上冊：平裝）. --
ISBN 978-626-7134-26-9（下冊：平裝）

1.CST: 密教部

221.94 111008351

Sunny 文庫 242

大佛頂首楞嚴經正脈疏（上）

著　述　（明）京都西湖沙門交光真鑑
印　刷　百通科技股份有限公司
　　　　電話：02-86926066 傳真：02-86926016
出　版　華夏出版有限公司
　　　　220 新北市板橋區縣民大道 3 段 93 巷 30 弄 25 號 1 樓
　　　　電話：02-32343788 傳真：02-22234544
E-mail：pftwsdom@ms7.hinet.net
總經銷　貿騰發賣股份有限公司
　　　　新北市 235 中和區立德街 136 號 6 樓
　　　　電話：02-82275988 傳真：02-82275989
　　　　網址：www.namode.com
版　次　2022 年 7 月 1 版
特　價　新台幣 850 元 (缺頁或破損的書，請寄回更換)

ISBN：978-626-7134-25-2

《大佛頂首楞嚴經正脈疏》由道恒法師同意華夏出版有限公司出版